Johann Jakob Bernoulli

Römische Ikonographie

Erster Teil

Johann Jakob Bernoulli

Römische Ikonographie
Erster Teil

ISBN/EAN: 9783741130717

Hergestellt in Europa, USA, Kanada, Australien, Japan

Cover: Foto ©Lupo / pixelio.de

Manufactured and distributed by brebook publishing software
(www.brebook.com)

Johann Jakob Bernoulli

Römische Ikonographie

RÖMISCHE
IKONOGRAPHIE

VON

J. J. BERNOULLI

———

ERSTER TEIL

DIE BILDNISSE BERÜHMTER RÖMER

(MIT AUSSCHLUSS DER KAISER)

———

STUTTGART

VERLAG VON W. SPEMANN

1882

VORWORT.

Seit dem Erscheinen der epochemachenden Werke von Ennio Quir. Visconti* ist das Gebiet der Ikonographie im Vergleich zu dem reichen wissenschaftlichen Leben, das in allen übrigen archäologischen Disciplinen herrschte, auffallend vernachlässigt worden. Höchstens von Zeit zu Zeit ein schlichterner Versuch, die Zahl der bekannten Bildnisse um ein neues zu vermehren oder ein vom Altmeister aufgestelltes als falsch zu erweisen, selten ein auf einschlagenden Kenntnissen beruhender Museumscatalog, und keine einzige umfassendere ikonographische Arbeit. Und doch wird niemand glauben, dass Visconti bei all seiner Genialität mit dieser ersten wissenschaftlichen Bearbeitung durchweg abschliessende Resultate geliefert habe. Im Gegenteil möchte es kaum einen Zweig der Altertumswissenschaft geben, der mehr einer Revision bedürftig wäre, als grade die Ikonographie. Nur darüber kann man verschiedener Meinung sein, ob es jetzt schon an der Zeit, das Gegenständliche einer zusammenfassenden Neubehandlung zu unterwerfen, oder ob nicht abgewartet werden sollte, bis gewisse stilistische Vorfragen erledigt sind.

Rationeller wäre das Letztere ohne Zweifel, aber damit würde die eigentliche ikonographische Arbeit auf unbestimmte Zeit hinausgeschoben. Denn die stilistischen Fragen gehören zu den schwierigsten der Archäologie, und ihre Erledigung hängt nicht bloss vom Einzelnen ab, sondern verlangt andauernden und vielseitigen Meinungsaustausch. Wir glauben der Sache im Ganzen besser zu dienen, wenn wir ohne allzu grosse Aengstlichkeit einen Versuch machen, auf dem Grunde unseres gegenwärtigen Wissens, soweit damit ein feststehender Begriff verbunden ist, die Revision vorzunehmen. Nicht als ob wir ein Handbuch der Ikonographie schreiben wollten. Dazu allerdings sind die Urteile und Meinungen noch zu wenig krystallisiert, und dazu standen dem Verfasser auch nicht die genügenden Hilfsmittel zur Verfügung. Seine Hauptquelle sind die an Ort und Stelle gemachten eigenen Beobachtungen und Aufzeichnungen, die italienischen Museen ziemlich vollständig, ausserdem die Hauptsammlungen von Deutschland, Oesterreich, Frankreich und England um-

---

* Iconographie grecque 3 Bde. 1811, und Iconographie romaine 4 Bde. 1817—29 (Die Kaiser von seinem Fortsetzer Mongez bearbeitet).

fassend. Dagegen fehlten ihm manche ältere Specialschriften, manche schwer erhältliche Cataloge und, wenigstens bei der Ansarbeitung, sehr viele Galleriewerke. Jeder mit ähnlichen Aufgaben Vertraute weiss aber zur Genüge, wie hemmend es ist, wenn man die vorhandenen Abbildungen nicht immer wieder vergleichen kann. Aus diesem Grunde und im Bewusstsein mancher Lücken seines Wissens, namentlich die Gemmenkunde betreffend, hätte der Verfasser sein Buch am liebsten *Ikonographische Studien* betitelt. Nachdem er sich aber entschlossen, das ganze Gebiet, zunächst wenigstens der römischen Bildnisskunde, einer neuen Durchforschung zu unterwerfen, musste schliesslich doch der gewählte Titel als der einzige passende erscheinen.

Den Begriff der Ikonographie fassen wir in der üblichen Beschränkung auf berühmte, resp. historisch bekannte Persönlichkeiten. Namenlose Bildnisse oder solche, von denen uns nichts weiter als der Name bekannt ist, und die vorunssetzlich keine historischen Personen darstellen, sind grundsätzlich ausgeschlossen worden. Sie gehören nicht der Bildnisskunde, sondern der Geschichte des Bildnisses an. Allerdings geben sich auch manche unbekannte Köpfe durch die Bedeutsamkeit ihrer Physiognomie oder durch mehrfaches Vorkommen als historische Personen zu erkennen, und eine Einreihung derselben könnte nur als wesentliche Vervollständigung unsrer Arbeit angesehen werden. Wir haben sie unterlassen, weil wir nicht mehr unternehmen wollten, als was wir hoffen durften, zu Ende zu führen, und weil es sich mit der von uns zu Grunde gelegten chronologischen Anordnung nicht vertrug. Bei den meisten derselben lässt sich die Entstehungszeit höchstens nach dem Jahrhundert bestimmen, so dass sie doch nur anhangsweise, entweder nach grösseren Perioden oder nach Museen geordnet, hätten hinzugefügt werden können.

Dass wir mit den Römern statt mit den Griechen beginnen, hat seinen Grund einmal in der von aussen an uns herangetretenen Nötigung, uns mit Numismatik zu beschäftigen, und dann in dem, wie uns scheint, grösseren Bedürfnis, d. h. in der grösseren Vernachlässigung des Arbeitsfeldes. Wir gedenken dem vorliegenden Teile, welcher die Republikaner und die historischen Privatpersonen der Kaiserzeit enthält, in nicht gar langen Zwischenräumen, da die Vorarbeiten grösstenteils vollendet sind, drei weitere von ähnlichem Umfang und ähnlicher Ausstattung folgen zu lassen, die römischen Kaiser und ihre Angehörigen enthaltend: Zunächst die Mitglieder der julisch-claudischen Dynastie, dann die Flavier und Adoptiv-Kaiser, und endlich die Kaiser des dritten und vierten Jahrhunderts bis zum Untergang des westlichen Reiches.

In Betreff der Methode verweisen wir den Leser auf das Buch selber. Die Ikonographie und zumal die der römischen Republik ist bekanntlich ein Tummelplatz der Willkür. Wir haben uns von unbegründeten Hypothesen möglichst fern zu halten gesucht. Allein auf einem Gebiet, das noch so wenig bearbeitet ist und auf welchem mit so schwankenden Begriffen wie Aehnlichkeit und Unähnlichkeit operiert werden muss, würde es dem Zweck wenig entsprechen, wollte man bloss das absolut Sichere geben. Soweit es im Bereich des

Verfassers stand, sind daher alle nicht vollkommen wertlosen Deutungen und auch diejenigen offenbar falschen, welche noch Gläubige haben, berücksichtigt und nach dem Grad ihrer Berechtigung beurteilt worden. Sogar unter den Abbildungen haben manche unbekannte oder zweifelhafte Büsten Aufnahme gefunden, um die Unhaltbarkeit dieses oder jenes Namens zu erweisen.

So ist das Buch in erster Linie für Archäologen geschrieben und möchte, teils durch das, was es bietet, teils durch Anregung zu weiteren Studien, die Wissenschaft als solche fördern. Da wir indes voraussetzen durften, dass der Gegenstand im Grund alle Gebildeten interessiere, so ist durch möglichste Beschränkung des gelehrten Apparats — die Hinweisung auf vorhandene Abbildungen wird man nicht dazu rechnen dürfen —, durch Unterdrückung manches Details, sowie durch Aufnahme einiger sonst nicht notwendiger Abbildungen auch auf einen weiteren Kreis von Lesern Rücksicht genommen. Eine mit Ortsregister versehene handliche Ikonographie dürfte, wenn uns unsre Hoffnung nicht täuscht, mehr als einem Besucher unsrer Antikenmuseen, sei's zu unmittelbarer Benützung in den Sammlungen, sei's zu vorausgehender oder nachträglicher Orientierung, willkommen sein.

Für die Abbildungen ist je nach der Wichtigkeit des Objects oder je nach den Vorlagen, die erhältlich waren, bald der Lichtdruck, bald die Zinkographie in Anwendung gekommen, nachträglich in einigen wenigen Fällen auch der Holzschnitt. Doch ist der Verfasser nur für das, was er giebt, nicht für das, was er weglassen musste, verantwortlich. An einigen Orten werden unerschwingbare Preise für photographische Extraaufnahmen gefordert, anderswo ist der Ort der Aufstellung nicht zur Photographierung geeignet, oder es wird, wie in manchen Privatsammlungen, überhaupt keine Aufnahme gestattet. Um so mehr ist der Verfasser denjenigen Besitzern zu Dank verpflichtet, bei denen er ein gefälliges Entgegenkommen fand, wie namentlich durch Prof. Helbig's freundliche Vermittlung bei der Principessa Rospigliosi und dem Principe Spada in Rom. — Dass eine Anzahl der Originalclichés wegen ihres Massstabes oder wegen Ungleichheit der entsprechenden Kopfaufnahmen nicht unmittelbar für den Lichtdruck verwendet werden konnten, sondern zuerst neu aufgenommen werden mussten, wodurch natürlich die Schönheit und Frische derselben wesentlich verlor, ist ein Uebelstand, der hoffentlich bei der Fortsetzung des Werkes vermieden werden kann.

Die Zeichnungen sind teils von Herrn Froer in Stuttgart nach zugeschickten meist photographischen Vorlagen, teils von Herrn Eichler in Rom nach den Originalen in Paris, Pisa, Florenz, Rom oder ebenfalls nach Photographien ausgeführt, und zwar die des letzteren noch bevor über die Reproductionsweise (Holzschnitt oder Zinkographie) entschieden war, weshalb sie in Bezug auf Feinheit der Linien etwas zurückstehen. — Die Lichtdrucktafeln kommen aus der Offizin des Hrn. Brunner in Winterthur.

Für mancherlei Mitteilungen und Dienstleistungen bin ich den Herrn Helbig, Dressel, Maass, P. L. Visconti, Maler Zürcher in Rom, V. Promis in Turin, Benndorf und v. Sacken in Wien,

v. Duhn in Heidelberg. Jul. Friedländer, v. Sallet in Berlin, Fel. Ravaisson, Feuardent, Hoffmann und dem verstorbenen Herrn Cohen in Paris, R. St. Poole und Murray in London, Stephani in Petersburg u. A. zu grossem Dank verpflichtet, niemand aber mehr als meinen verehrten Freunden Michaelis in Strassburg und Imhoof-Blumer in Winterthur, die mich seit Jahren in meiner Arbeit unterstützt und gefördert haben. Die grössere Hälfte der abgebildeten Münzabdrücke sind mir durch Imhoof verschafft oder zugestellt worden, wie er auch freundlichst die Anfertigung der Münztafeln in Winterthur für mich besorgt hat. — Vollste Anerkennung endlich muss ich dem gefälligen Entgegenkommen und der sorgfältigen Mühwaltung des Herrn Verlegers zollen.

Zum Schluss die Bemerkung, dass ich Visconti's Iconographie nach der Mailänder Oktavausgabe citiere, welche den meisten Fachgenossen ohnehin leichter zur Hand sein wird als die Pariser Prachtausgabe. Die Nummern der Tafeln sind in beiden bekanntlich die gleichen.

Winckelmann ist citiert nach der deutschen Ausgabe von H. Meyer und J. Schultze. Dresden 1809 ff.

Die Nummern der Villa Albani sind die der Indicazione antiquaria vom Jahre 1869.

Die des Museo Torlonia beziehen sich auf den (jetzt vergriffenen) Catalog von P. Erc. Visconti.

Die grosse Gemmenabdrucksammlung von Cades ist, wie bei Brunn (Gesch. d. griech. Künstler Bd. II.), nach der Kestner'schen Numerierung citiert.

Basel, im August 1881.

J. J. Bernoulli.

Verzeichnis der Abbildungen *.

* Wo keine Quelle angegeben, sind es Originalaufnahmen.

INHALT.

———

Inhalt.

Anfänge der Porträtbildnerei bei den Römern.

Seit wann die Bildniskunst von den Römern geübt wurde, oder wann zuerst öffentliche Bildnisstatuen von ihnen aufgestellt wurden, lässt sich nicht mehr genau bestimmen. Doch ist es eine echt italische, nicht erst von Griechenland herüberverpflanzte Sitte. Denn sie bestand schon lange vor dem Beginn des Einflusses griechischer Kultur, mindestens im vierten, und, wie es scheint, schon im fünften Jahrhundert vor Christo. Cicero und Varro sprechen von den Statuen der Vorfahren, welche mit langem Haupthaar und Barte dargestellt seien, was letzterer auf den Umstand zurückführt, dass es damals noch keine Barbiere in Italien gegeben habe[1]. Erst im J. 454 d. St. (= 300 v. Chr.), sagt Varro, seien solche aus Sicilien nach Italien gekommen, wie zu Arden öffentlich geschrieben stehe. Nun mochten allerdings einige Jahrzehnte und wohl auch ein halbes Jahrhundert verstreichen, bis die Sitte des Rasierens allgemeine Aufnahme gefunden hatte. Aber immerhin werden wir mit Varro einen Teil jener *statuae antiquorum* in diese Zeit, da es noch keine Barbiere gab, also vor 300 zu setzen haben, womit auch das Beispiel stimmt, das Cicero (a. a. O.) in der Person des Appius Claudius Caecus herausgreift. Wie lange vor diesem Zeitpunkt schon Bildnisstatuen gemacht wurden, darüber äussern sich die Schriftsteller nicht. Die Anfangstermini der Kunstbestrebungen pflegen sich ja überhaupt einer genaueren Fixierung zu

---

[1] Cicero pr. Coel. XIV. 33: *Aliquis mihi ab inferis excitandus est ex barbatis illis, non hac barbula, qua ista (Clodia) delectatur, sed illa horrida, quam in statuis antiquis et imaginibus videmus.* Varro de re rust. II. 11. 10: *Omnino tonsores in Italiam primum venisse ex Sicilia dicunt post R. c. a. CCCCLIV, ut scriptum in publico Ardeae in literis extat, eosque adduxisse P. Titinium Menam. Olim tonsores non fuisse adsignificant antiquorum statuae, quod pleraeque habent capillum et barbam magnam.* Vergl. Plin. II. Nat. VII. 211. Liv. V. 41.

entziehen. Indes sind uns in den Erwähnungen von dergleichen Denkmälern aus einer früheren Periode doch einige Stützpunkte geboten, mit
deren Hilfe wir zu einer etwas präciseren Zeitbestimmung gelangen
können [1].

Von offenbar mythischen Datierungen, wie die des Plutarch, der
den Romulus seine eigene von der Siegesgöttin bekränzte Bildsäule
im Tempel des Vulcan aufstellen lässt [2], oder wie die des Livius und
des Plinius, nach welchen die Statuen des Horatius Cocles, des Attus
Navius und der drei Sibyllen auf dem Forum noch in die Königszeit
fielen [3], sehen wir hier natürlich ab. Auch die Notiz des Plinius,
dass Sp. Cassius (486 v. Chr.) sich selber ein chernes Standbild am
Forum gesetzt habe [4], entbehrt aller Wahrscheinlichkeit und ist mit
verschiedenen anderen Angaben zum Teil desselben Schriftstellers im
Widerspruch [5]. Dagegen werden aus der Zeit zwischen dem Decem-
virat und dem gallischen Brand einige Statuen erwähnt, die doch
wohl damals errichtet sein müssen, da ihre Entstehung nur im un-
mittelbaren Anschluss an die Ereignisse, die sie hervorgerufen, eine
Erklärung findet. Es sind dies die Statue des Ephesiers Hermo-
dorus auf dem Comitium, der die Decemvirn bei Abfassung der
zwölf Tafeln unterstützt haben soll (450 v. Chr.) [6], die des Getreide-
präfecten Minucius vor der Porta Trigemina, welcher den Sp. Maelius
des Strebens nach der Königsherrschaft beschuldigte [7], und die des
Reiterobersten Ahala, welcher denselben niederstiess (439) [8]; endlich
die der vier römischen Gesandten, welche von den Fidenaten
getötet worden waren (438 oder 426) [9]; lauter Denkmäler von Erz,
wenigstens die drei, resp. sieben, die von Plinius im 34sten Buche
aufgezählt werden. Völlig wurzellos in einer späteren Zeit erscheinen
namentlich die vier Gesandtenstatuen auf der Rednerbühne. Was
hätte der römische Senat, von dem der Beschluss ausgieng, in dem
darauffolgenden Jahrhundert, nach Verlauf von ganzen Menschen-
altern und nachdem Fidenae längst zerstört war (426 v. Chr.), noch
für einen Beweggrund haben können, ein verhältnismässig so unbe-

[1] S. darüber Detlefsen De arte Romanorum antiquissima. Part. II. Glück-
stadt 1868.

[2] Plut. Rom. c. 24. Dionys. II. 54.

[3] Liv. II. 10. Plin. XXXIV. 22 u. 29.

[4] Plinius XXXIV. 30.

[5] Detlefsen a. a. O. pag. 13 f.

[6] Plinius XXXIV. 21.

[7] Plinius XVIII. 15. XXXIV. 21. Vgl. Detlefsen a. a. O. p. 14.

[8] Cic. Phil. II. 11. 26.

[9] Liv. IV. 17. Cic. Phil. IX. 2, 4. Plin. XXXIV. 23.

deutendes Ereignis auf so ostensible Weise in Erinnerung zurückzu-
rufen? Der Ehrgeiz der betreffenden Familien mag immerhin seine
Hand mit im Spiele gehabt haben, aber auch dies wohl nur kürzere
Zeit nach dem Ereignis, so lange die Ueberlieferung davon noch
lebendig war. Später hätte derselbe schon ohne Zweifel eine ver-
dienstlichere That ersonnen, als dieses passive Märtyrertum. Wenn
also nicht alles trügt, so wären die Ehrendenkmäler der fidenatischen
Gesandten — allerdings nach Plinius nur in halber Lebensgrösse [1] —
bereits am Ende des 5. Jahrhunderts v. Chr. errichtet worden. Und
das Gleiche muss man der Ueberlieferung nach von den Statuen des
Minucius und des Ahala annehmen; ob auch von der des Hermodor,
mag wegen des halbmythischen Charakters der Persönlichkeit dahingestellt bleiben.

Man könnte sich freilich täuschen, wenn man in diesen verein-
zelten ikonischen Darstellungen schon den Beginn einer normalen
Entwicklung der Porträtbildnerei bei den Römern erblicken wollte.
Vom Jahr 426 an vergeht beinahe ein ganzes Jahrhundert, ohne dass
von weiteren Denkmälern in Rom die Rede ist. Erst in der zweiten
Hälfte des 4. Jahrhunderts v. Chr., nachdem der Rückschlag der
gallischen Katastrophe überwunden und durch die licinische Gesetzgebung der Parteihader im Innern geschlichtet war, ja sogar erst
nachdem durch die Samniterkriege das Nationalgefühl der Römer
lebendiger angeregt worden war, hören wir wieder, dass dem C. Mae-
nius und dem L. Furius Camillus, dem Enkel des Dictators,
wegen ihrer Siege über die Latiner (338) Statuen gesetzt werden,
und zwar diesmal Reiterstatuen [2], wie einige Jahrzehnte darauf dem
Q. Marcius Tremulus für die Besiegung der Herniker (306) [3].
In dieselbe Zeit fallen die Erzstatuen des Pythagoras und des
Alcibiades am Comitium [4], und wenn eine Mommsen'sche Conjectur
das Richtige trifft [5], die des Appius Claudius Caecus an der
Via Appia.

---

[1] Plin. H. N. XXXIV, 24: *Hoc a republica tribui solebat injuria caesis, sicut
aliis et P. Junio, Ti. Coruncanio, qui ab Teuta Illyriorum regina interfecti erant. Non
omittendum videtur, quod annales adnotavere, tripedaneas iis statuas in foro statu-
tas. Haec videlicet mensura honorata tunc erat.* Der angegebene Maasstab bezieht sich zunächst nur auf die Statuen der Coruncanier († 229 v. Chr.). Aber
es scheint sowohl in der Meinung des Plinius, als in der Natur der Sache zu
liegen, dass er auch für alle früheren Ehrenstatuen gilt.
[2] Liv. VIII. 13.
[3] Liv. IX. 43. Plin. XXXIV. 23.
[4] Plin. XXXIV. 26. Plut. Numa 8.
[5] Wonach unter dem Claudius Drusus bei Suet. Tib. 2. der Censor des
Jahres 312 v. Chr. verstanden wäre (Mommsen Röm. Forschungen I. 308 ff.).

Es möchten also in der That nicht so gar viele Ehrendenkmäler vor der Mitte oder dem Ende des 4. Jahrhunderts in Rom existiert haben, und die bürtigen Statuen des Varro möchten zu einem guten Teil noch dem dritten angehören. Im Laufe des letzteren, Hand in Hand mit der Befestigung der Nobilität, scheint dann allerdings das Aufstellen öffentlicher Statuen eine überaus grosse, im Anfang des 2. Jahrhunderts sogar eine Anstoss erregende und den Verkehr beeinträchtigende Ausdehnung genommen zu haben. Daher das censorische Decret vom Jahr 158, wonach alle Statuen am Forum, die nicht durch Volks- oder Senatsbeschluss errichtet waren, entfernt werden mussten [1].

Im engsten Zusammenhang mit der Entwicklung der Porträtplastik in Italien steht die Sitte der vornehmen Geschlechter, die Wachsbilder ihrer Vorfahren im Atrium aufzustellen; auch diese, wenn nicht uralt patricisch, doch sicher bis an den Anfang des 3. Jahrhunderts v. Chr. zurückreichend.

Es ist verschiedentlich die Meinung ausgesprochen worden [2], dass ihre Entstehung erst von der licinischen Gesetzgebung (366 v. Chr.) her datiere. Darüber hinauf rede kein Zeugnis von einer solchen; das *jus imaginum* als ein Vorrecht der Nobilität habe die Gründung eines Amtsadels, also eben die licinischen Gesetze zur Voraussetzung. Allerdings können die hie und da erwähnten vorlicinischen Ahnenbilder für eine frühere Existenz der Sitte nicht viel beweisen, da die Anfänge und Lücken der Stammbäume in späterer Zeit häufig hinaufgefälscht wurden. Man sieht dies u. A. deutlich an den unter den Ahnenbildern der Julier erwähnten Bildnissen des Aeneas und der albanischen Könige [3], welche nicht nur die allgemeine Einbürgerung der Aeneassage (3. Jahrh.), sondern auch einen bereits höher entwickelten Glanz des julischen Hauses voraussetzen. Allein ebensowenig beweist der Mangel an weiter hinaufreichenden Zeugnissen etwas dagegen. Es ist kein Grund abzusehen, warum die Sitte, Ahnenbilder aufzustellen, als Familieninstitut nicht schon vor der gesetzlichen Ausbildung des *jus imaginum* existiert haben sollte; ja ein solches Recht ist eigentlich erst aus der vorausgehenden Sitte erklärlich. Und wenn wir ihre Entstehung nicht schon ins 5. oder 6. Jahrhundert

---

[1] Plin. XXXIV. 30.
[2] Becker Röm. Alterth. II. 1. p 220 ff. Stark Ueber die Ahnenbilder des Appius Claudius im Tempel der Bellona, in den Verhh. der Philol. vers. zu Tübingen 1879 p. 43.
[3] Tacit. Annal. IV. 9.

zurücksetzen, so geschieht es bloss, weil wir Bedenken tragen, die ganze Kultur und Anschauungsweise, die notwendig damit verbunden sind, einer so frühen Zeit zuzuschreiben [1]. Ueber das dabei angewandte technische Verfahren, zumal soweit es die Anfänge betrifft, sind wir leider wenig unterrichtet [2], und es scheint nicht zulässig, die später für das römische Porträt allgemein werdende Büstenform ausschliesslich auf diesen Ursprung zurückzuführen [3]. Aber ein gewisses Maass von ikonischer Bedeutung müssen diese Bilder denn doch von jeher gehabt haben. Und wenn wir sehen, wie später unter allen Zweigen der Plastik grade die Porträtkunst quantitativ und qualitativ bei den Römern zur höchsten Blüte gelangt, und zwar ganz in jener realistischen Richtung, welche auf das Abnehmen von Totenmasken hinweist, so können wir uns der Annahme nicht verschliessen, dass die Sitte der Ahnenbilder einen intensiven Einfluss auf diese Entwicklung geübt haben muss.

---

[1] Vgl. Mommsen Röm. Staatsrecht I. p. 358 ff. Lange Röm. Altertümer II. p. 5 ff.

[2] S. die Stellen bei Becker-Marquardt Handb. d. rom. Altertümer V. 1. p. 246.

[3] Vgl. Helbig Campanische Wandmalerei p. 39, mit Bezug auf Schöne Bullet. d. Instit. 1866. p. 99, und Benndorf u. Schöne Bildw. des Lateran p. 209.

Königszeit.

— —

Die ersten angeblich historischen Persönlichkeiten, von denen sich ikonographische Denkmäler erhalten haben, sind zugleich die ältesten der specifisch römischen Tradition. Auf Denaren des letzten Jahrhunderts der Republik finden wir die Bildnisse des Romulus und seines Nebenkönigs Titus Tatius, des Numa Pompilius und des Ancus Marcius [1]. Es kann sich dabei natürlich nicht um authentische Bildnisse handeln, sondern höchstens um solche, die nach der Meinung der späteren Römer authentisch waren. Doch ist dies kein Grund, sie von unserer Betrachtung auszuschliessen, zumal wenn sie auf alte, wohl gar typische Vorbilder zurückgehen sollten.

Dass in der Königszeit selber die für monumentale Bildnisstatuen nötige Kunstfertigkeit noch nicht bestanden habe, muss nach unsern Vorstellungen von der damaligen Kultur als selbstverständlich angenommen werden. Alles was von römischen Denkmälern dieser Art gegenständlich in jene Periode zurückreichte, verdankte der Ruhmsucht der späteren Geschlechter, ausnahmsweise auch dem historischen Sinn des Volkes, seinen Ursprung. Dazu gehörten denn auch die Erzbilder der Könige, welche, mit Namensaufschriften versehen, an der Façade des Jupitertempels auf dem Capitol aufgestellt waren [2]. Ihre Entstehungszeit ist nicht genauer zu bestimmen. Sie werden zuerst und hauptsächlich nur bei Anlass der Geschichte Cäsars er-

---

[1] Visconti war geneigt, das Erscheinen dieser Münzbildnisse als ein Symptom der beginnenden monarchischen Reaktion anzusehen (Icon. rom. p. 21 Anmerk. 3). Allein ihre Prägung verteilt sich auf einen grösseren Zeitraum, als er annahm, und fängt mit T. Tatius an, dessen Figur oder Kopf ein unglückliches oder doch ungeschicktes Symbol der Monarchie gewesen wäre. Offenbar wurden die Münzmeister hier wie bei den andern Bildnissen, die sie prägten, nicht von politischen, sondern in erster Linie von persönlichen, resp. gentilen Rücksichten geleitet.

[2] Val. Max. III. 4. 3. Vgl. Liv. VI. 61. Appian. B. C. I. 16.

wähnt, indem es zu den übertriebenen Ehrenbezeugungen des Senats gehörte, dass ihm nach der Schlacht bei Munda eine Statue unter den Königen decretiert wurde[1]. Der alte capitolinische Tempel war unter Sulla (83 v. Chr.) abgebrannt, und es liegt nahe zu vermuten, dass dabei der statuarische Schmuck ebenfalls zu Grunde gieng, so dass die erwähnten Königsbilder als Werke des letzten Jahrhunderts der Republik zu betrachten wären. Indes spricht Plinius von ihnen als von uralten Denkmälern; er meint sogar, die Könige möchten sie sich selbst noch errichtet haben[2]. Auch wird hervorgehoben, dass sie ausser Numa und Servius Tullius noch keine Ringe an den Fingern trugen[3], ein Gebrauch, der schon am Ende des 4. Jahrhunderts bei den Senatoren aufkam[4], und dass die Statuen des Romulus und des Tatius gleich der des Camillus auf der Rednerbühne nach alter Sitte *(ex vetere consuetudine)* in der blossen Toga ohne Tunica dargestellt waren[5].

Es scheint also doch, dass die Statuen aus einer früheren, wenn auch nicht alle aus der gleichen Zeit stammten, sei's dass sie den Brand überdauerten, weil an der Aussenseite des Tempels aufgestellt, sei's dass sie erst nachher an diese Stelle versetzt wurden. Aus der Verschiedenheit ihres Costüms möchte man schliessen, dass Romulus und Tatius zu den ältesten unter ihnen gehörten (vielleicht errichtet, bevor noch die Siebenzahl der Könige durch die Annalisten festgestellt war)[6], und, wenn die andern nicht auf einmal hinzugefügt wurden, Numa und Servius zu den letzten. Jene würden dann etwa dem 4., diese dem 3. Jahrhundert v. Chr. zufallen.

Diese capitolinischen Statuen waren, soviel wir sehen, die einzigen, welche die Könige in ihrer Gesammtheit repräsentierten, und, abgesehen von solchen des Romulus und des Tatius, die einzigen Königsstatuen, die überhaupt erwähnt werden. Es ist kein Grund, dies für zufällig zu halten, wenn man bedenkt, was für einen Begriff die Römer mit dem Königtum zu verbinden pflegten. So kann es leicht der Fall gewesen sein, dass die Denkmäler zum Prototyp der späteren Münzbildnisse dienten.

---

[1] Cicero pro Dejot. 12. Suet. Caes. 76. Dio 43. 45.

[2] Plin. H. N. XXXIV. 29: *Atta enim ac Sibyllae Tarquinium ac reges sibi ipsos posuisse verisimile est.* Vgl. XXXIV. 22: *Primas putarem (statuas) positas aetate Tarquinii Prisci, nisi regum antecedentium essent in Capitolio.*

[3] Plin. XXXIII. 9. 24.

[4] Plin. XXXIII. 17.

[5] Ascon. zu Cic. pro Scaur. p. 30 Orell. Plin. XXXIV. 23.

[6] Was etwa am Ende des 4. Jahrb. v. Chr. geschah. S. Mommsen Röm. Chronologie p. 137. 2. Aufl.

Romulus.

Die Personen der beiden ersten Könige, Numa freilich erst ziemlich spät, sind von der Sage enger als die der übrigen mit den Grundlagen des römischen Staates verflochten worden. Dem grösseren Anrecht auf den Dank der Nation entsprach daher auch, zumal bei dem als Stadtgründer verehrten und später vergöttlichten Romulus, die grössere Zahl der öffentlichen Denkmäler in Rom. Man zeigte nicht nur das capitolinische Haus und das Grab des Romulus, sondern es gab verschiedene ihm geweihte Heiligtümer und zahlreiche Statuen [1] und andere plastische Darstellungen *(simulacra infantium).*

Von dem Typus der Statuen können wir uns noch einen ungefähren Begriff machen aus den Nachklängen, welche sich davon auf den späteren Münzen erhalten haben.

Massgebend erscheint namentlich der Denar des Aedilen C. Memmius [2] (Münztaf. I. Nr. 1. 2) mit dem Kopf des Romulus-Quirinus auf dem Avers, geschlagen zwischen 74 und 50 v. Chr. [3]. Der Halbgott ist auf demselben zeusartig dargestellt, mit über der Stirn emporstrebendem, an den Seiten herabwallendem Haupthaar und einem in spiralförmige, schematisch altertümliche Locken geteilten Bart. Um den Scheitel ein Lorbeer- oder Myrtenkranz; hinter dem Kopfe die Umschrift QUIRINUS.

Ein zweites Bildnis des mythischen Stadtgründers glaubte Visconti in dem Kopf einer kleinen vom Senat geschlagenen Kupfermünze zu erkennen mit dem Revers der säugenden Wölfin [4], angeblich aus der Zeit des Augustus. Nach Cohen ist es aber vielmehr eine Tessera des Domitian [5] und der Kopf stellt nicht den Romulus, sondern den schilfbekränzten Tiber dar. In der That ein von der Memmiasmünze verschiedener Typus mit kurzem Haar und ungegliedertem, spitz zulaufendem Bart [6].

---

[1] Plut. Rom. Cap. 16.

[2] Cohen Méd. cons. XXVII Memmia 5.

[3] Mommsen Gesch. d. r. Münzw. p. 642 N. 291. Nach Cavedoni zwischen 64 u. 56.

[4] Visconti Icon. rom. Tf. I. 2.

[5] Cohen Méd. imp. VI. p. 544. 15.

[6] Dass ein verwandter, man kann nicht sagen ähnlicher Kopf, mit Binde statt des Kranzes, auf einem Onyx der ehemaligen Sammlung Poniatowski (Cades Cl. V. Nr. 47) die Umschrift Romulus trägt, kann wohl schwerlich etwas in

Auch von Darstellungen des Romulus in ganzer Figur begegnen
uns Spuren auf den Münzen, darunter eine, die noch durch ander-
weitige Zeugnisse bestätigt wird. Die Reversbilder einiger Münzen
des Hadrian [1] und des Antoninus Pius [2] zeigen einen gepanzerten Jüngling, der in der Rechten eine Lanze, über der linken Schulter eine
Trophäe trägt, mit der Umschrift: *Romulo conditori* oder *Romulo
Augusto*. Sie beziehen sich offenbar auf die Erzählung vom Sieg des
Romulus über die Caeninenser, wie er als erster Triumphator, aber im
Gegensatz zu den späteren zu Fuss, mit den erbeuteten *spolia opima*
vor seinem Heere einherschritt [3]. Derartige Bildsäulen gab es zur
Zeit des Plutarch noch eine grosse Anzahl in Rom [4], und zu einer
ähnlichen möchte auch, wie Detlefsen bemerkt [5], die Inschrift einer
pompejanischen Basis (Mommsen I. R. 2189) gehören [6].

Zweifelhafter ist es, ob die sitzende behelmte Figur auf dem
Denar des N. Fabius Pictor [7], welche die Priestermütze in der Rechten
hält, die Linke auf einen Schild mit der Inschrift QVIRIN stützt, den
Romulus-Quirinus darstelle. Mommsen fasst sie mit Bezug auf Livius
(Bch. 37, 47 und 45, 44) als ein Bild des Q. Fabius Pictor *flamen
Quirinalis* (189 bis 167 v. Chr.), geprägt von dessen Enkel oder Ur-
enkel, der vielleicht mit dem bei Cicero [8] erwähnten N. Fab. Pictor
identisch [9].

Immerhin brauchte man sich nicht zu wundern, wenn den Statuen des Romulus, wie es wenigstens die Kaisermünzen andeuten, vorzugsweise ein kriegerisches Costüm gegeben wurde [10]. Es wäre dies

der Sache beweisen. Dergleichen Aufschriften sind ja meistens modern. — Der
Kopf eines florentinischen K a r n e o l s (Cades V. 48) ist mit keiner der beiden
Münzen mehr zu identificiren; und der eines S a r d o n y x *en face* mit Diadem
(Cades V. 46) würde ohne die Aufschrift, welche Romulus heissen soll, ebensogut
Sophokles genannt werden.

[1] Cohen Méd. imp. II. p. 241 Nr. 1095.

[2] Cohen a. a. O. p. 385. Nr. 773.

[3] Plut. Rom. Cap. 16: »Gehüllt in ein Purpurkleid und das fliegende Haar
mit dem Lorbeer umwunden, trug er das Siegeszeichen hoch an der Schulter vor
dem Heere her, das ihm in voller Rüstung nachfolgte .... Dieser friedliche Aufzug war der Ursprung und das Vorbild der in der Folge üblichen Triumphe.«

[4] Plut. a. a. O. fin.

[5] Detlefsen De arte Rom. ant. p. 4.

[6] Vgl. den Storch'schen Karneol in Berlin (Tölken Verz. d. geschn. Steine
V. II. Nr. 87).

[7] Coh. Méd. cons. pl. XVII Fabia 6.

[8] Cic. De div. XXI. 43.

[9] Mommsen, Gesch. d. röm. Münzw. pag. 542. Nr. 141.

[10] Vgl. Virg. Aen. VI. 779: *Viden, ut geminae stant vertice cristae.*

ganz im Einklang mit dem Charakter, den ihm die Tradition seinem milderen Nachfolger gegenüber verliehen, und mit dem Charakter des Quirinus, der ja im Grunde nichts Anderes als der sabinische Mars. Um so beachtenswerter ist es, dass die capitolinische Statue, wie uns ausdrücklich überliefert wird, mit der Toga bekleidet war. Diese hier als Kriegskleid zu fassen, weil die alten Latiner sie angeblich auch in den Schlachten trugen[1], geht nicht an. Denn zu der Zeit, wo die Statue mutmaasslicher Weise entstand, waren die Panzer längst üblich. Sondern es handelt sich ohne Zweifel um die purpurne *trabea*, welche, mit einem weissen Saum verbunden, für das Gewand der Könige galt[2], und welche von den Dichtern verschiedentlich dem Romulus-Quirinus gegeben wird[3]. Auch Plutarch[4] lässt ihn ja in einem Purpurkleid dem siegreichen Heere vorangehen.

Es ist dies von einiger Bedeutung, wenn wir die Frage entscheiden wollen, auf was für ein Urbild der Kopf der Memmiasmünze zurückzuführen sei. Ganz gewiss hat sich der Münzmeister oder der Stempelschneider nicht an eine Panzerstatue gehalten. Hätte er eine solche vor Augen gehabt, selbst eine unbehelmte wie die der Kaisermünzen, so würde er es sicher durch irgend ein kriegerisches Emblem im Felde angedeutet haben. Aber der greise zeusartige Kopf lässt sich überhaupt nicht mit einem Panzer vereinigen. Hier ist wirklich nur die Toga der capitolinischen Statue am Platze, und wir sind um so mehr berechtigt, beide Darstellungen mit einander in Verbindung zu bringen, als sich die notorische Altertümlichkeit der Statue unverkennbar in dem Typus der Münze reflectiert.

Allerdings gab es in einzelnen Häusern auch Ahnenbilder des Romulus, welche zum Vorbild dienen konnten, wie deren eines u. A. beim Leichenbegängnis des Drusus, des Sohnes des Tiberius, aufgeführt wurde[5], und vielleicht besassen grade die Memmier ein solches, da sie zu den ältesten Familien gezählt sein wollten[6]. Aber diese Ahnenbilder waren wohl späteren Ursprungs und selbst wieder vom capitolinischen Typus abhängig.

[1] Servius zu Virg. Aen. VII. 612.

[2] Serv. a. a. O. Plin. H. N. VIII. 195.

[3] Ovid Fast. II. 501: *Decorus trabea Romulus.* Fast. VI. 369: *Lituo pulcher trabeaque Quirinus.*

[4] A. oben a. a. O.

[5] Tacit. Ann. IV. 9.

[6] S. Mommsen a. a. O.

Titus Tatius.

Es ist nicht ganz klar, ob die Statue des T. Tatius auf dem Capitol unmittelbar bei den andern Königen oder für sich gesondert stand. Nach Plinius[1] sollte man das Erstere meinen. Denn, nachdem er zuerst von den capitolinischen Königsstatuen im Allgemeinen gesprochen, fügt er hinzu: *Ex his Romuli et Tati sine tunica.* Indes ebenso bestimmt berichtet Dio[2], es seien ihrer zwar acht Statuen gewesen, aber nur sieben der Könige, die achte des Brutus, der die Tarquinier vertrieb. Die Statue des Tatius muss also entweder abseits gestanden haben, was jedoch bei der engen Beziehung dieses Königs zu Romulus nicht wahrscheinlich ist; oder es liegt ein Irrtum Dio's vor, welcher über der herkömmlichen Siebenzahl den Nebenkönig des Romulus vergass. Letzteres scheint um so mehr der Fall zu sein, als auch das zweite Bild des Tatius, von dem wir Kunde haben, unterhalb des Capitols an der heiligen Strasse einem Romulus gegenüber stand, zur Erinnerung an das zwischen ihnen geschlossene Bündnis[3]. Als öffentliche Denkmäler waren diese Statuen bekannt und beglaubigt genug, um den Stempelschneidern der späteren Republik zur Richtschnur zu dienen.

Auf T. Tatius sind nämlich die Köpfe einiger Denare zu beziehen, welche von den Münzmeistern L. Titurius Sabinus (nach Cavedoni 88 v. Chr.) und P. Vettius Sabinus (zwischen 69 u. 62) geschlagen worden sind (Münztaf. I. Nr. 3, 4)[4]. Es geht dies teils aus den Reversbildern der Turiamünzen hervor, welche einmal den Raub der Sabinerinnen, ein anderes mal den Tod der Tarpeja[5] zeigen; teils aus den zuweilen dem Kopf beigefügten monogrammartig verbundenen Buchstaben TA(tius). Ausserdem wird es nicht zufällig sein, dass das cognomen Sabinus überall den Kopfseiten zugewiesen ist, als ob man damit zugleich die Person des römisch-sabinischen Königs etwas näher habe bezeichnen wollen. Indem also die Deutung als sicher

---

[1] Plin. H. N. XXXIV, 23.
[2] Dio XLIII, 45.
[3] Servius zu Virg. Aen. VIII, 641: *Hujus facti in sacra via signa stant, Romulus a parte Palatii, Tatius renientibus a rostris.*
[4] Cohen Méd. cons. pl. XXXIX Tituria 1—6 und pl. XL. Vettia 2. Vgl. Mommsen Gesch. d. röm. Münzw. Nr. 214 u. Nr. 298.
[5] Vergl. Plut. Rom. 17.

angesehen werden kann, fragt es sich nur, ob auch dem Bildnis als
solchem ein Gewicht beigemessen werden darf.

Es ist ein Kopf, anscheinend in mittlerem Alter, mit Vollbart
und schlichtem, in die Stirn fallendem Haar, ohne Diadem. Auf
der Münze des Titurius (Nr. 4) oft roh, selbst von barbarischem
Charakter, mit eigentümlich nach hinten abfallender Scheitellinie,
während er auf der Münze des Vettius (Nr. 3) eine vollendet schöne
Kopfform und ein edles Profil zeigt. Aus diesem Zwiespalt könnte
man schliessen wollen, dass den Münzköpfen kein bestimmt überliefertes Bildnis zu Grunde gelegt sei. Doch sind es eigentlich mehr
Unterschiede des Stils als der Typen, wie denn auch einige Stempel
der Titurianmünzen dem Kopf der Vettianmünze ziemlich nahe kommen.
Und da es nicht glaublich, dass neben den genannten Statuen noch
andere öffentliche Bildnisse von Tatius existierten, so hat auch hier
die Rückführung auf jene Denkmäler, die sich im Typus schwerlich
sehr von einander unterschieden haben werden, eine gewisse Berechtigung. Die eckigen Formen der Titurianmünzen lassen sich vielleicht
gerade durch die Altertümlichkeit der Vorbilder erklären.

Zwei schöne Gemmenköpfe [1] mit schlichtem, nach vorn laufendem Haar sind bloss nach der Vettianmünze Tatius genannt, stellen
aber höchst wahrscheinlich Bildnisse der Kaiserzeit dar. Man vergleiche z. B. die sog. Gallienbüste in den Uffizien Nr. 234 [2], oder
den sog. Elagabal im Louvre [3].

Numa Pompilius.

Numa trägt in der römischen Tradition vor allen übrigen Königen
den Charakter der Ehrwürdigkeit und Heiligkeit, und man wird annehmen dürfen, dass auch die bildende Kunst diesem Charakter
einigermassen gerecht zu werden suchte. Einmal konnte dies durch
Hervorhebung seines hohen Lebensalters geschehen — die Ueberlieferung giebt ihm achtzig Jahre und schon in der Jugend graues Haar —;
andrerseits wird von Dionysius vielleicht nicht ohne Rücksicht auf
damals noch vorhandene Statuen betont, er sei von wahrhaft könig-
licher Gestalt gewesen [4].

[1] Cades V. Nr. 50 u. 51.
[2] Dütschke Ant. Bildw. in Oberit. III. Nr. 223.
[3] Clarac pl. 1080. 3327 C.
[4] Dion. II. 58.

Das Bildnis seines Kopfes besitzen wir noch auf Münzen der Calpurnier und der Marcier, welche Geschlechter, wie auch die Pomponier, Pinarier [1] und Aemilier [2], ihren Stammbaum auf diesen König zurückführten. C. Marcius Censorinus, wahrscheinlich der im ersten Bürgerkrieg (81 v. Chr.) gefallene Marianer [3], schlug Bronzemünzen (Münztaf. I. 6) und Denare mit den vereinigten Köpfen des Numa und des Ancus, der Numakopf vorn [4]; Cn. Calpurnius Piso, beim Ausbruch des zweiten Bürgerkriegs Proquaestor des Pompejus in Spanien (49 v. Chr.), einen Denar mit dem Numakopf allein (Münztaf. I. 5) [5]. Ausserdem giebt Cohen (pl. LI. Calpurnia 8) noch eine Bronzemünze des Cabinets Bunbury aus augusteischer Zeit mit demselben Kopf.

Uebereinstimmend trägt Numa auf denselben Bart und Diadem; letzteres von der Stirn durch einen Kranz von Haaren getrennt, mit seinen Enden schleifenartig in den Nacken fallend. Aber auf dem Denar des Calpurnius ist das Diadem breit und mit den Buchstaben seines Namens (N V M A) beschrieben [6], auf den Münzen des Marcius schmal und manchmal doppelt. Dort ist der Bart schlicht und in eine Spitze auslaufend, hier gelockt und anschliessend. Dort sind die Formen von conventioneller, aber bestimmter Altertümlichkeit, hier haben sie einen rohen und stillosen Charakter.

Bei der calpurnischen Münze, deren Kopf ähnlich auf der Bronze des Cabinets Bunbury wiederkehrt, lässt es sich nicht verkennen, dass wir es wie bei Romulus, und zwar fast noch deutlicher als dort, mit einem überlieferten Typus zu thun haben. Derselbe bietet zugleich eine Handhabe für die Zeitbestimmung nach der einen Richtung hin, indem seine Entstehung nicht wohl früher als an das Ende des 4. Jahrhunderts v. Chr. gesetzt werden kann. Denn erst unter Alexander dem Grossen und seinen Nachfolgern kam die Stirnbinde als königliches Abzeichen auf. Die Statue des Numa auf dem Capitol

---

[1] Plut. Numa 21.
[2] Plut. Numa 8.
[3] Mommsen Gesch. d. röm. Münzw. p. 606.
[4] Cohen Méd. cons. pl. LVIII Marcia 9. 10; pl. XXVI Marcia 7.
[5] Cohen pl. X Calpurnia 25.
[6] Was Platner (Beschreib. d. St. R. III. 2 p. 480 Anm.) fälschlich für eine Spitzenkrone nahm. — Wegen der Breite der Binde könnte man auch an ein priesterliches Abzeichen denken, wie bei der weiblichen Figur des Vaticans in der S. a. croce greca N. 567 (abgeb. Pio Clem. III. 20). Allein sie hat doch gewiss dieselbe Bedeutung wie die auf den marcischen Münzen, und bei Numa dieselbe wie bei Ancus. Bei letzterem aber (vgl bes. Münztaf. I. 7) ist der Charakter des Diadems vollkommen klar.

scheint nun eher zu den später (im 3. Jahrhundert) gesetzten zu gehören, wie man aus der Notiz des Plinius entnehmen könnte, wonach
sie bereits einen Ring am Finger trug [1]. Insofern würde kein Hindernis im Wege stehen, die Münztypen auf sie zurückzuführen. Eine
Schwierigkeit liegt nur darin, dass der Denar in Spanien geprägt
ist, also nicht unmittelbar der Statue entnommen sein kann. Allein
wie sich die Münzmeister häufig mit Zwischengliedern behalfen, so
mag auch hier entweder ein Siegelring des Calpurnius oder ein zum
voraus gefertigter Stempel die auswärtige Prägung vermittelt haben,
wenn man nicht annehmen will, dass der Münztypus nur ein Bild
aus der Erinnerung sei.

Dass neben der capitolinischen Statue auch Ahnenbilder existierten, ist freilich bei Numa besonders wahrscheinlich. Aber diese
konnten in Spanien noch viel weniger zur Richtschnur dienen. Möglich, dass der in Rom geprägte und nach einem andern Vorbild gemachte marcische Typus auf ihnen beruht.

Von den bei Cades (V. Classe) abgedruckten G e m m e n sind der
Chalcedon Nr. 52 (Sammlung Poniatowski) und die Karneole Nr. 54
und 67 (Sammlung Demidoff) offenbar abhängig von dem calpurnischen Denar. Der Kopf des Chalcedon in archaistisch-griechischem
Stil hat ebenfalls die breite mit dem Namen beschriebene Binde; bei
Nr. 67 (angebl. Tullus Hostilius) ist sie nur schmal, bei 54 fehlt sie
ganz. Nr. 53 endlich, ein Kopf von jüngerem Alter, mit kurzem von
einem Reif umgebenem Haar, ist aus der Liste der Numabilder zu streichen.

Die Antiquare des vorigen Jahrhunderts, denen sich Visconti anschloss, glaubten in einer kleinen Marmorherme der Villa Albani
Nr. 112 [2] ein noch erhaltenes Rundbild des Numa erkennen zu dürfen, wie denn einerseits die greisen Züge und das zeus- oder vielmehr serapisartige Lockenhaar, andrerseits die priesterliche Verhüllung des Hinterhaupts nicht übel zu den Vorstellungen der Römer
von diesem Könige zu passen scheinen [3]. Indes auf die Münzen
konnte man sich dabei nicht stützen. Diese führen im Gegenteil
zu der Annahme, dass Numa trotz seinem sacerdotalen Charakter
gewöhnlich unverhüllt, d. h. in seiner Eigenschaft als König dargestellt wurde. Auf einer Münze der Gens Pomponia [4] erscheint er sogar
als Augur mit Diadem und lituus ohne Verhüllung des Hauptes. — Es

---

[1] Plin. XXXIII. 9 u. 24.
[2] Dopp. abgeb. bei Visc. Icon. rom. Tf. I. 5, 6.
[3] Vgl. die schon von Visconti citierte Stelle bei Virgil Aen. VI. 809: Nosco
crinis incanaque menta Regis Romani; und für die Verhüllung Plut. Numa 7.
[4] Cohen Méd. cons. pl. XXXIV Pomponia 2.

liegt daher wohl näher, bei der albanischen Herme an eine Darstellung des griechischen Unterweltsgottes zu denken, welchem der Schleier so wenig wie dem Himmelsgott fremd ist [1]. Zu einem verschleierten Zeus [2] fehlt die Nacktheit der Brust, zu einem Sarapis der Kalathos. Der Name Hades aber ist in jeder Beziehung zutreffend.

Damit fallen natürlich auch die sonstigen Bezeichnungen, die etwa auf die Numabedeutung der Herme basiert sind, in nichts zurück, z. B. die des schönen Kopfes auf dem Karneol bei Cades V. Nr. 55. — Sollten dagegen noch Monumentalbildnisse des zweiten Königs vorhanden sein, so wären sie vielleicht eher unter den oft allzuschnell als Darstellungen des indischen Bacchus bezeichneten Köpfen zu suchen. Ein den Münztypen sehr analoger (nach der mir vorliegenden Skizze zu schliessen) in der Sammlung Pembroke zu Wilton House Nr. 7.

Ancus Marcius.

Das Bildnis des dritten Königs ist von den Hostiliern, die sich seiner Ahnenschaft rühmten, nicht auf die Münzen geprägt worden; wohl aber wieder das des vierten, des sabinischen Ancus, von den Marciern, von denen ja ein Zweig gradezu den Namen Rex führte.

Mit dem Kopf seines Grossvaters Numa zusammen (und zwar hinter demselben) ist er dargestellt auf den bereits erwähnten Denaren und Bronzemünzen des C. Marcius Censorinus aus der Zeit des ersten Bürgerkrieges (Münztaf. I. Nr. 6) [3]; für sich allein auf dem Denar des Philippus, mit dem Revers der Reiterstatue des Q. Marcius Rex (Münztaf. I. 7) [4]. Der Münzmeister der letzteren ist wahrscheinlich L. Marcius Philippus, einer der Volkstribunen des Jahres 49 [5].

Die beiden Münztypen scheinen in einem ähnlichen Verhältnis zu einander zu stehen, wie die früheren und späteren mit dem Bildnis des T. Tatius. Der halb von Numa verdeckte Kopf des Censorinus ist von rohem Gepräge und von unbestimmtem Charakter; der Einzelkopf des Philippus so schön wie irgend ein Münztypus der republi-

---

[1] Vgl. Müller-Wieseler Denkm. II. N. 854. 860.
[2] Overbeck Atl. z. Kunstmyth. Tf. III. 2.
[3] Cohen Méd. cons. pl. XXVI Marcia 7 und pl LVIII. 9. 10.
[4] Bei Cohen pl. XXVI. 8.
[5] Vgl. Mommsen Gesch. d. röm. Münzw. zu Nr. 290.

kanischen Zeit, einem Diadochenbildnis ähnlich. Bei letzterem allein
kann von physiognomischer Durchbildung gesprochen werden, obgleich Visconti dann wieder zu viel Absicht in die einzelnen Züge
(das zurückgeworfene Haupt, die zufriedene Miene?) hineinlegt [1].
Ancus hat hier eine gebogene Nase, eine in der Mitte etwas einge-
senkte Stirn und leicht gelocktes, über den Schläfen zurücktretendes
Haar. Besonders merkwürdig ist, dass er im Gegensatz zu den anderen Königen und der Sitte des Altertums zuwider bartlos erscheint,
und dies zwar auf sämmtlichen Münzen [2], wie er auch auf allen, gleich
seinem sabinischen Vorfahren, proleptischer Weise das Diadem trägt.
Durch die Bartlosigkeit sollte Ancus vielleicht von dem greisen Numa
unterschieden werden, obgleich man sich sonst nicht bestrebt hat,
ihn viel jünger darzustellen, zumal nicht auf der Münze des Philippus,
wo er durch spärliches Stirnhaar und runzlichte Wangen charakterisiert ist. Oder aber, was wahrscheinlicher, sie schreibt sich von dem
zu Grunde liegenden Vorbild her, als welches dann nicht die capitolinische Statue, sondern irgend eine Darstellung aus den letzten
zwei Jahrhunderten der Republik angenommen werden muss. Detlefsen [3]
glaubt umgekehrt, von der Münze auf die Bartlosigkeit der capitolinischen Statue schliessen zu müssen. Allein wenn diese auch erst in
einer Zeit errichtet wurde, wo man sich rasierte, so geschah es doch
schwerlich so spät, dass die Erinnerung an die alte Sitte bereits
erloschen war. Der altertümliche Charakter, der den Königsstatuen
als einer zusammengehörigen Gruppe zugeschrieben wird, deutet darauf hin, dass sie alle bärtig dargestellt waren. Wird doch Ancus bei
Martial auch zu den »Behaarten« gezählt [4]. Dagegen scheint es
nicht absolut notwendig, für beide auf den Münzen vereinigte Köpfe
dieselbe Quelle zu statuieren, indem eine Verschiedenheit in dieser
Beziehung sowohl durch den erwähnten Unterschied der Barttracht
als durch die Ungleichheiten des Diadems motiviert wäre.

Den Typus der Philippusmünze reproduciert eine Gemme (Onyx)
bei Cades V. Nr. 63.

---

[1] Visc. Icon. rom. p. 22.

[2] Die Abbildungen bei Cohen (M. C. pl. LVIII Marcia 9, 10) lassen den
Kopf der Bronzemünzen bärtig erscheinen. Indes auf zwei mir im Abdruck vorliegenden Exemplaren des brit. Museums und des Cabinets Hoffmann in Paris ist
Ancus deutlich bartlos. Auf einem dritten (Berliner) ist das, was man als Bart
nehmen könnte, ohne Zweifel nur der Umriss des Doppelkinns.

[3] De arte Rom. ant. p. 5.

[4] Mart. ep. IX, 28:
Curios, Camillos, Quintios, Numas, Ancos
Et quicquid umquam legimus pilosorum.

Die drei letzten Könige.

Mit dem Bisherigen ist die kurze Reihe der durch Münzen überlieferten Königsbildnisse geschlossen. Der Grund, warum die Tarquinier fehlen, ist leicht ersichtlich. An ihrem Andenken klebte
der Makel der Tyrannei. Man konnte sich keinen Ruhm daraus
machen, sie zu Almherrn zu haben. Wenn man gleichwohl ihre
Statuen mit denen ihrer Vorgänger auf dem Capitol aufstellte, so
geschah es nicht aus Pietät, sondern aus dem jedem selbstbewussten
Volke eigentümlichen Drang, seine Geschichte monumental zu verewi-
gen. Gab es doch später selbst von Hannibal 3 Statuen in der Stadt,
die einst vor seinem Namen gezittert hatte [1].

Für das Fehlen des Servius Tullius [2] liegt kein ersichtlicher
Grund vor. Es kann zufällig sein, oder die Servier wagten es nicht,
eine so erlauchte Ahnenschaft öffentlich durch die Münzen zu beanspruchen. — Ausser der capitolinischen Statue, die mit der des Numa
zu den jüngsten von ihnen zu gehören scheint (s. oben p. 6), wird noch
ein uraltes Holzbild im Tempel der Fortuna erwähnt [3], ganz in zwei
Togen eingehüllt, welche Tanaquil selber für ihren Pflegesohn gewoben
haben sollte [4]. Eine ikonische oder gar künstlerische Bedeutung konnte
es nicht gehabt haben.

Dass der schöne an Caligula erinnernde Kopf mit schmalem Haar-
band und kurzem Bart auf einem Sardonyx bei Cades (V. 82) ohne
Grund auf Servius bezogen wird, geht aus dem Gesagten von selbst
hervor.

---

[1] Plin. XXXIV. 82.

[2] Die angebliche Münze der gens Tullia mit dem Kopf des Servius (abg.
Morelli Thes. famil. Numi inc. 6d. Tf. XXXIII. 2.) ist schon längst als ein Falsum
erkannt.

[3] Ovid Fast. VI. 563 ff. Dionys IV. 40.

[4] Vgl. Detlefsen a. a. O. II. p. 7, und Preller Röm. Mythol. p. 553 f.

Republik.

Lucius Brutus.
(Münztaf. I. 8—10.)

Die Bildnisse römischer Republikaner, welche sich auf den Consularmünzen vorfinden, datieren, wie die der Könige, fast alle aus dem letzten Jahrhundert v. Chr., sind daher, wo sie längst Verstorbene darstellen, ikonographisch von geringer Zuverlässigkeit, häufig nach ebenfalls erst später gesetzten Ehrenstatuen oder gefälschten Familiendenkmälern gemacht, bisweilen wohl auch willkürlich erfunden. Erst bei den Angehörigen des letzten Jahrhunderts selber, wo noch eine Controle der Zeitgenossen stattfinden konnte, haben wir eine gewisse Garantie für ihre Authenticität.

Von L. Junius Brutus, dem Begründer der Republik, sind uns noch zwei solcher Münzbildnisse erhalten: Das eine auf einem Denar (Münztaf. I. Nr. 8. 9.) [1] mit dem Revers des Ahalakopfes, höchst wahrscheinlich von M. Brutus geprägt, als er Münzmeister war (c. 59 v. Chr.) [2]. Das andere auf einer Goldmünze (Münztaf. I. Nr. 10) [3], welche L. Pedanius Costa, ein Unterfeldherr des M. Brutus, zwischen 44 und 42 in Asien schlagen liess (Rev. Kopf des M. Brutus). Auf jenem ist der Kopf grösser gebildet und, weil in Rom geprägt, wohl auch eher an den Typus eines vorhandenen Denkmals sich anschliessend; doch zeigt die Goldmünze im Ganzen einen übereinstimmenden Charakter. Die Kopfform ist hoch, zumal auf dem Denar, das Haar voll und schlicht (auf der Cohen'schen Abbildung etwas zu

---

[1] Cohen Méd. cons. pl. XXIII. Junia 11. Der entsprechende Aureus ist zweifelhaft.

[2] S. Mommsen Gesch. d. röm. Münzw. p. 626 Nr. 266.

[3] Cohen pl. XXIV. Junia 18.

kraus), in einem Winkel die Stirn begrenzend, letztere durch eine
Furche horizontal geteilt, und ziemlich eckig in die Scheitellinie über-
gehend. Der Hinterkopf nach oben etwas ausladend, die Nase hoch
und gerade und in derselben Flucht wie die Stirn. Kinn und Wangen
von einem krausen Barte bedeckt. Auf der Goldmünze ist der Bart
schlichter und die Kopfform etwas gerundeter.

Die relative Uebereinstimmung zweier an verschiedenen Orten
und zu verschiedenen Zeiten geprägter Münzbildnisse beweist, dass
die Stempelschneider nicht ganz willkürlich zu Werke giengen, sondern
sich an einen bestimmt vorliegenden Typus hielten. Nun existierten
in Rom einmal die Ahnenbilder der vorgeblichen Nachkommen des
L. Brutus [1], obgleich er in Wirklichkeit keine Descendenz hinterlassen [2]. Ausserdem hatte man schon in früher Zeit (οἱ πάλαι Ῥωμαῖοι)
dem Vertreiber der Könige auf dem Capitol mitten unter den Statuen der letzteren und aus demselben Material (Erz) eine Bildsäule
errichtet, welche ihn mit blossem Schwert in der Hand (dem Dolch
der Lucretia?) darstellte [3], dieselbe, welche von C. Cassius benützt
wurde, um den Tyrannenhass in M. Brutus wachzurufen [4]. An den
Münztypen tritt jedoch keinerlei Spur von Altertümlichkeit zu Tage.
Die Stempelschneider scheinen daher nicht unmittelbar von diesen
Denkmälern ausgegangen zu sein, was bei auswärtiger Prägung auch
gar nicht möglich war, sondern einen conventionellen Typus des letzten Jahrhunderts vor Chr. reproduciert zu haben. In welchem Verhältnis derselbe zur capitolinischen Statue stand, und in wie weit
er allgemeinere Geltung hatte, können wir nicht entscheiden.

Neben diesen Münzen hat in der Renaissancezeit, ungewiss durch
wen und aus was für Gründen, noch ein anderes Denkmal, der bekannte
bronzene Charakterkopf im Conservatorenpalast auf dem Capitol
(s. Fig. 1.) [5], eine Art von autoritärer Geltung als Bildnis des älteren
Brutus erlangt. Er sitzt auf einer modernen Togabüste mit breitem
Faltenband, an sich wohlerhalten, von schwärzlicher Bronze, mit in-
crustierten Augen, deren Lider mit Haaren besetzt sind. Ueber seine
Herkunft wissen wir bloss, dass er im 16. Jahrhundert vom Cardinal
Ridolfi Pio da Carpi dem Magistrat der Stadt Rom geschenkt wurde [6],

---

[1] Cic. Philipp. II. 2. 26.
[2] Dion. V. 18.
[3] Plut. Brutus Cap. 1. Vgl. Dio XLIII. 45. Plin. H. N. XXXIII. 9. Plin. Pa-
neg. LV. 6.
[4] Plutarch a. a. O. 9.
[5] Visconti Icon. rom. pl. II. 1. 2; Bouillon Mus. d. ant. II.; Righetti
Campidoglio II. 248. Vgl. Beschreib. d. St. Rom III. 1. p. 117.
[6] Faber Imagg. p. 50.

ohne Zweifel seiner schon damals üblichen Bezeichnung wegen. Mit
den Münztypen ist keine Aehnlichkeit vorhanden (runde Schädelform, Adlernase, eckiges Profil des Untergesichts), jedenfalls keine
derartige, dass man auf sie die Namengebung der Büste basieren
könnte. Man wird sich also kaum irren, wenn man annimmt, dass
dieselbe von Anfang an einzig und allein durch den Charakter-
eindruck motiviert war, mit anderen Worten, dass es sich lediglich
um eine physiognomische Hypothese handelt. Es ist keine Frage,
dass die Strenge und Herbigkeit des Ausdrucks, die düster blickenden, tiefliegenden Augen mit den buschigen Brauen, der fest geschlossene, an den Winkeln etwas herabgezogene Mund vortrefflich zu dem
Charakterbild des unerbittlichen Rächers und Befreiers passen [1]; auch

Fig. 1.   Bronzebüste des sog. L. Brutus im Conservatorenpalast zu Rom.

scheint die Auffassung und der Stil eher auf einen älteren Römer, als auf
einen nachhadrianischen, aus der Zeit, wo der Bart wieder Sitte war, zu
denken. Indes liegt mit alle dem weiter nichts als eine Möglichkeit
vor. Es giebt denn doch auch noch andere Römer, deren Charakter
sich aus diesen Zügen herauslesen liesse, im Grunde all die vielen,
die sich durch Herbigkeit und Sittenstrenge auszeichneten, darunter
namentlich der jüngere Cato. Und ebenso trifft man auch sonst noch
zuweilen auf Bildnisse, die Einem den Eindruck eines Brutus, gewöhn-

---

[1] Plut. M. Brut. 1: »Er hatte gleich einem kaltgeschmiedeten Schwerte einen
von Natur spröden, nicht durch Vernunft und Ueberlegung gemilderten Charakter.«

lich freilich ebensogut des jüngeren als des älteren, machen könnten, ohne dem capitolinischen Kopfe ähnlich zu sein, z. B. die Togastatue aus dem Grabe der Servilier im Museo Chiaramonti Nr. 15, die denn auch wirklich als L. Brutus publiciert worden ist (Mus. Chiaramonti III. 18), so wenig das Kraushaar mit den Münzen und der antoninische Stil zu dem vermeintlichen Gegenstand stimmt.

Bildnisse, welche die gleiche Person wie die capitolinische Erzbüste darstellten, giebt es meines Wissens keine mehr. Wo man dem Namen etwa sonst noch in den Sammlungen begegnet, scheint mehr nur eine gewisse Verwandtschaft des Ausdrucks, manchmal auch die Aehnlichkeit mit den Münzen bestimmend gewesen zu sein, aber nirgends mit zureichendem Grund. Am ehesten könnte noch, weil durch Beides zugleich empfohlen, ein Marmorkopf auf moderner Alabasterbüste in Neapel (s. Fig. 2)[1] als mögliches Brutusbildnis bezeichnet werden. Kurzbärtig, mit geradem Nasenrücken (der allerdings ergänzt) und nach vorn abschüssiger Scheitellinie, liesse er sich zur Not mit dem Denar des M. Brutus vereinigen, während er andrerseits die niedrigere Kopfform und den herben Zug der Brauen und des Mundes mit der capitolinischen Büste gemein hat, ohne freilich an den grossartigen Ausdruck derselben hinanzureichen. — Ein ähnlicher Kopf in der Antiken-Sammlung des Belvedere zu Wien Nr. 202 (hoch aufgestellt) scheint modern zu sein.

Entfernte Anklänge zeigt auch der sogenannte Brutus in Holkham Hall[2], z. B. die überhängenden Brauen (capitolinische Büste), die lange gerade Nase (Münzen), die hier wie der ganze Kopf vollkommen erhalten. Allein ein solches Gemisch von Elementen heterogener Darstellungen möchte schwerlich das richtige Kriterium der Brutusköpfe sein; und übrigens passt das dünne Stirnhaar der Holkhamer Büste weder zu dem einen noch zu dem anderen Prototyp.

Ganz willkürlich, wenn auch zaghaft, wird ein bärtiger Kopf der

Fig. 1. Marmorbüste in Neapel.

---

[1] Gerhard Neap. ant. Bildw. Nr. 250, jetzt in der Gruppe der Römerbüsten aufgestellt.

[2] Michaelis Arch. Ztg. 1874 pag. 19 Nr. 28.

Ermitage in Petersburg Nr. 229, (der aber nach Stephani's Mitteilung von dem capitolinischen total verschieden), und wurde von Scotti ein früher auf Hannibal gedeuteter behelmter Kopf im Neapler Museum (jetzt neben dem vorhin genannten aufgestellt)[1], mit L. Brutus in Beziehung gebracht.

Die bei Guattani[2] abgebildete Büste aus Pal. Rondanini mit quer über der Brust geknotetem Wehrgehenk scheint ihrem Stil und ihrem Gegenstand nach vielmehr dem 3. Jahrhundert n. Chr. anzugehören (etwa Gordian I oder II). Und ebenso die in Castle Howard[3] mit nur durch Einkratzen ausgedrücktem Bart. Die ziemlich schlechte Büste ähnlichen Charakters in Wilton House Nr. 166[4] ist wahrscheinlich modern.

Endlich mag eine nackte Statue in Newby Hall (abgeb. Clarac 369. 2210 A.) erwähnt werden, welche Jenkins aus einem Torso zu einem Brutus mit dem Dolch ergänzen liess[5]. Dass er dabei einen im Ausdruck der Erzbüste verwandten Kopf *(an austere head)* wählte, war in der Ordnung. Wenn er aber an die alte capitolinische Statue erinnern oder seinem Fabrikate den Anschein einer Nachbildung desselben geben wollte, so versah er sich im Torso; denn jene Statue war jedenfalls wie die der Könige der Hauptsache nach bekleidet[6].

Von den drei Gemmenköpfen bei Cades V. 113 — 115 ist der auf dem Amethyst Nr. 113 einigermassen mit dem capitolinischen Bronzekopf verwandt. Die beiden andern, wie auch der Kopf auf dem Stosch'schen Bergkrystall in Berlin (Tölken Verz. d. geschn. Steine V. 2. Nr. 92)[7] stellen jeder eine verschiedene Person dar.

---

[1] Gerhard Neap. ant. Bildw. Nr. 321.

[2] Monum. ant. 1786. Ottob. Tf. 3.

[3] Michaelis a. a. O. p. 20 Nr. 28.

[4] Zu unterscheiden von dem unbärtigen sog. M. Brutus ebenda (abgeb. Kennedy Descr. of Wilton House 19.).

[5] Michaelis a. a. O. p. 54. Nr. 15.

[6] Vgl. auch die Büste mit dem Dolch in Knowle (Michaelis a. a. O. p. 35. 3.), falls hier nicht etwa M. Brutus gemeint ist.

[7] Wo fälschlich von M. statt von L. Brutus gesprochen wird.

Postumius Regillensis.

(Münztaf. I. 11.)

Von historischen Persönlichkeiten aus der Gründungszeit der Republik besitzen wir ferner auf römischen Denaren die Bildnisse des A. Postumius Regillensis und des L. Domitius Ahenobarbus; auf einer Gemme, wie einige glauben, das des P. Valerius Poplicola[1]. Die Münzen mit dem Bildnis des Dictators Postumius, des Siegers in der Regillerschlacht (496 v. Chr.), sind von Dec. Brutus im Jahre 44 v. Chr. geschlagen worden (abg. Münzt. I. 11)[2]. Dieser war durch Adoption in die gens Postumia gekommen; daher nennt er sich auf dem Revers nach dem Beinamen seines Adoptivvaters Albinus. Postumius selber wird durch die Beischrift bloss als Consul bezeichnet, was von Seiten der Mörder Caesars, denen der Name Dictator verhasst war, erklärlich erscheint. Nur könnte man sich wundern, warum Brutus das Bild eines Mannes auf seine Münzen setzte, der auch ohne Beischrift an die Dictatur erinnern musste. Der Kopf ist der eines bejahrten unbärtigen Mannes mit kurzem Haar, von groben Zügen, dicker Stumpfnase, durchfurchtem Gesicht. Ob, wie Visconti meinte, der alten in der Familie aufbewahrten Wachsmaske nachgebildet, oder ein conventioneller Typus aus der Spätzeit der Republik, wird nicht auszumachen sein; der Bartlosigkeit nach eher das letztere, aber auch im ersteren Fall kein irgendwie authentisches Porträt.

Im Museum von Neapel, Gruppe der Römerbüsten (Gerhard Neap. ant. Bildw. Nr. 51), wird der Kopf eines grämlichen Alten mit vorstehender Unterlippe Postumius Albinus genannt. Es soll offenbar der Dictator gemeint sein und zwar auf Grund der vorliegenden Münze. Dann sollte man ihn nur wenigstens mit seinem richtigen Namen Postumius Albus nennen. Allein es handelt sich bloss um eine jener Taufen, die, weil sie sich auf einen Schein von Aehnlichkeit basieren, deswegen nicht weniger willkürlich sind als pure Erfindungen.

[1] Unbeachtet lassen wir den Sardonyx der Sammlung Beverley (Cades V. 116) mit der Beischrift L. T. COL. (L. Tarquinius Collatinus), welch letztere ohne Zweifel modern. Der danach ebenfalls Collatinus genannte Kopf eines grossen Cameo in Florenz (Cades V. 117) stellt nicht die gleiche Person dar.

[2] Cohen M. cons. XXXV Postumia 10, vergrössert bei Weisser Bilderatlas Tf. XXXVI Nr. 37.

L. Domitius Ahenobarbus.

(Münztaf. I. 12.)

Ein zweites Münzbildnis bezieht sich auf den mythischen Ahnherrn des domizischen Geschlechts der Ahenobarbi, der nach der Schlacht am See Regillus zuerst den Dioscuren begegnet sei und durch ihre Berührung einen roten Bart statt des bisherigen schwarzen bekommen habe [1]. Cn. Domitius Ahenobarbus, der Neffe des jüngern Cato, der in den Zeiten des zweiten Triumvirats die Flotte der Republikaner befehligte (42 v. Chr.), liess ausser dem Goldstück mit seinem eigenen Bildnis, von dem wir später sprechen werden, auch eine Silbermünze mit dem Kopf seines Stammvaters prägen (abgeb. Münztaf. I. Nr. 12) [2]. Doch scheint es ihm dabei nicht auf die treue Wiedergabe eines vorhandenen Typus angekommen zu sein, da er das einzige physiognomische Merkmal, das ihm die Tradition an die Hand gab und das bei den Ahenobarbi von besonderer Wichtigkeit war, kaum benützte: der Bart ist so kurz und unansehnlich, dass er auf manchen Exemplaren gar nicht sichtbar ist. Ein hoher magerer Kopf, das gerade Gegenteil von dem des Cnejus (Münztafel II. 74.).

P. Valerius Poplicola.

Ganz unzureichend ist das angebliche Bildnis des P. Valerius Poplicola, des Mitbegründers der römischen Republik und Collegen des Brutus im Consulat (509 v. Chr.), durch eine Gemme beglaubigt. Auf einem Florentiner Intaglio nämlich (Cades V. 118) [3] findet sich ein unbärtiger, ziemlich jugendlicher Römerkopf mit schlichtem, über der Stirn gelichtetem Haar, hinter welchem die drei Buchstaben P O B unter einander gestellt und monogrammartig verbunden sind, während auf der andern Seite des Kopfes ein A mit darüber laufendem Querstrich steht. Die drei Buchstaben können (aber müssen durchaus nicht) als Anfang des Namens Poplicola gedeutet werden.

---

[1] Plutarch Aem. Paul. I. 25; Coriol. 3. Suet. Nero. 1.
[2] Cohen M. cons. XVI. Domitia 4.
[3] Abg. Mus. Flor. Gemmae I. 42. 11; Weisser Bilderatlas Tf. XXXVI. 34.

Das vordere Monogramm aber, welches auf den Münzen des Titurius
und des Vettius (s. oben p. 11) als eine Abbreviation von Tatius erklärt
wird, hier als eine solche von VAL(erius) zu fassen, heisst offenbar den Schriftzeichen Gewalt anthun; und da dasselbe sonst auf
keine Weise mit der vermuteten Persönlichkeit in Verbindung gebracht werden kann, so liegt wohl auch den drei Buchstaben eine
andere Meinung zu Grunde.

Dass übrigens von einem Manne wie Valerius Poplicola, dem ersten
republikanischen Gesetzgeber, in Rom Bildnisse existierten, ist wahrscheinlich genug. In der Sammlung des Fulvius Ursinus befand
sich noch eine kopflose Herme mit der Aufschrift: P. VALESIVS
VOLESI F. POPLICOLA (abg. Faber 147)[1], über deren Existenz
und Aufbewahrungsort mir nichts weiter bekannt ist.

Willkürlicher Weise trägt in Neapel eine im Theater von
Herculaneum zugleich mit dem Aeschines gefundene Rednerstatue
(abgeb. Char. pl. 840 D.) den Namen L. (sic) Valerius Poplicola. Sie
ist mit dem griechischen Himation bekleidet, welches die rechte Brust
und den Arm bloss lässt. Schon Gerhard[2] weiss keinen Grund für
die Benennung anzugeben. Wenn sie auf die erwähnte Gemme zurückgeht, so ist sie auch abgesehen von der schwankenden Grundlage
ohne Berechtigung.

Servilius Ahala.
(Münztaf. I. 13.)

Auf dem Revers des oben erwähnten Denars mit dem Kopf
des Brutus befindet sich, ebenfalls durch eine Beischrift gesichert,
das Bildnis des C. Servilius Ahala (Münztaf. I. 13)[3], jenes sonst
unbekannten Reiterobersten, der auf den Befehl des Dictators Cincin-
natus den volksfreundlichen und angeblich nach der Königsherrschaft
strebenden Sp. Maelius niederstiess (439 v. Chr.).

Wenn die Datierung der Münze (59 v. Chr.) richtig ist, so
konnte M. Brutus, der dieselbe prägen liess, dabei nicht beabsichti-
gen, seine eigene That, an die er damals noch gar nicht dachte,
durch Beispiele ähnlicher Art zu beschönigen; sondern dann geschah

[1] In der Ausg. der Imagg. des Ursinus von 1570. p. 17.
[2] Neap. ant. Bildw. Nr. 344.
[3] Cohen M. C. XXXIII Junia 11.

es nur, weil er mütterlicherseits den Servilius Ahala zu seinen Ahnen
zählte. Das Wachsbild des Letzteren stand in seinem Atrium [1]. Auf der
Münze sieht Ahala, dem L. Brutus fast zum verwechseln ähnlich, wenigstens möchte es schwer sein, die unterscheidenden Charakterzüge Beider
namhaft zu machen. Eben deshalb ist es auch nicht glaubhaft, dass
ein bestimmt ausgeprägter Typus zu Grunde liege.

Eine sichere Nachbildung des Münzbildnisses, freilich eben so gut
des Brutus als des Ahala, ist der Gemmenkopf bei Cades V. 127.
Die Wiener Gemme dagegen (Sacken u. Kenner Nr. 706) zeigt einen
kraushaarigen Kopf, der seinem Typus nach eher dem 2. Jahrh.
n. Chr. angehört.

Ser. Sulpicius Rufus.
(Münztaf. I. 14. 15.)

Auf einer Silbermünze des L. Servius Sulpicius Rufus, geschlagen
im J. 43 v. Chr. [2] und restituiert von Trajan (Münztaf. I. Nr. 14. 15) [3]
findet sich ein Kopf, der allgemein für ein Porträt des Ser. Sulpicius
Rufus, Consulartribuns im Jahr 377 v. Chr., genommen wird. Dieser, ein
Schwager des berühmten Volkstribuns Licinius Stolo, befreite nämlich die Stadt Tusculum von den Latinern [4], auf welche That nicht
bloss die Dioscuren, die Schutzgottheiten Tusculums, auf dem Revers
jenes Denars anzuspielen scheinen, sondern noch mehr die Stadt-
mauern Tusculums selber auf andern Münzen desselben Monetars
(Coh. 38. Sulpicia 4). — Der Dargestellte trägt einen Bart [5] und macht
den Eindruck eines rauhen, strengen Kriegsmannes. Da er indes
nicht zu den eigentlich berühmten Männern gehört und ausserhalb
der Atrien schwerlich ein Bildnis von ihm existierte, so ist es überflüssig, die Züge zum Behuf der Vergleichung genauer zu präcisieren.
Wenn sich zufällig eine Büste von ihm erhalten hätte, so könnte sie wahrscheinlich mit Hilfe dieser Münzen doch nicht herausgefunden werden.

---

[1] Cicero Phil. II. 11. 26.
[2] Nicht 45, wie nach Cavedoni und Cohen, vgl. Mommsen Gesch. d. röm.
Münzw. p. 741. Ob der Münzmeister ein Sohn des berühmten Rechtsgelehrten,
ist zweifelhaft.
[3] Cohen M. cons. XXXVIII. Sulpicia 5; XLV. 14.
[4] Liv. VI. 33.
[5] Unbärtig, wenn es nicht eine blosse Mangelhaftigkeit des Stempels ist,
auf einem Exemplar des Münzcabinets zu Neapel.

M. Atilius Regulus.

Auf Regulus, den Feldherrn des ersten punischen Kriegs, wurden und werden zum Teil noch jetzt ein paar numismatische, glyptische und plastische Bildnisse bezogen, von denen indes auch nicht eines wissenschaftlich aufrecht erhalten werden kann.

Der unbärtige Kopf mit der Adlernase und dem fetten Kinn auf den Denaren der gens Livineja, bald mit der Umschrift (L.) REGVLVS PR., bald ohne Umschrift, hat, wie Borghesi bewiesen [1], mit dem alten Regulus nichts zu thun, sondern ist das Bildnis eines Praetors Regulus aus caesarischer Zeit, geprägt im J. 43 v. Chr. von dessen Enkel L. Livinejus Regulus, Sohn eines der 6 oder 8 Stadtpraefecten, die während Caesars Abwesenheit in Spanien (46 auf 45 v. Chr.) mit der Leitung der öffentlichen Angelegenheiten beauftragt waren (Mommsen), wenn anders der Münzmeister nicht selber einer der Stadtpraefecten war, und das Bildnis vielmehr seinen Vater darstellt (Borghesi) [2].

Ganz apokryph ist ferner die Beziehung auf Regulus bei einem

---

[1] Borghesi Oeuvres numismat. I. p. 194.

[2] Ueber das Jahr der Prägung vgl. v. Sallet Zeitschr. f. Numism. IV. p. 135, als Berichtigung von Mommsen Gesch. d. röm. Münzw. p. 741, welcher das Jahr 38 v. Chr. vermutet hatte.

So lange man das Bildnis auf den Consul des ersten punischen Kriegs bezog, sah man sich der befremdlichen Thatsache gegenübergestellt, dass ein Livinejer der Atilier auf seine Münzen geprägt haben sollte. Um dieselbe zu erklären, hatte Visconti nach dem Vorgang von Faber (Illustr. imagg. Nr. 38) und Andern angenommen, dass der Name Regulus durch Adoption von den Atiliern in das Geschlecht der Livinejer übergegangen sei, weshalb die letztern den M. Atilius Regulus zu ihren Vorfahren zählen und eine Ehre darin suchen konnten, sein Bildnis auf ihre Münzen zu setzen.

Hiegegen macht Borghesi folgende Gründe geltend:

Der letzte uns bekannte Atilius Regulus ist der Prätor des Jahres 541 der Stadt (213 v. Chr.), nach welcher Zeit der Name aus der Geschichte verschwindet. Die Livinejer umgekehrt sind ein ziemlich spätes Geschlecht, das erst im letzten Jahrhundert der Republik, als die Atilier höchst wahrscheinlich schon ausgestorben waren, zu einigem Ansehen kam. Eine Verbindung beider Familien durch Adoption ist also an sich schon im höchsten Grade unwahrscheinlich. Aber gesetzt auch, sie hätte stattgefunden, so würde sich der Adoptierte aller Analogie nach nicht Livinejus Regulus sondern Livinejus Atilianus genannt haben, wie der jüngere Scipio sich nach seinem Adoptivvater (Paulus Aemilius) Aemilianus nannte. Die unveränderte Annahme des väterlichen Familiennamens durch den Adoptierten (z. B. Caecilius Metellus Pius durch Metellus Scipio) kommt vor

mehrfach vorkommenden Gemmenbildnis, hinter welchem im Felde
ein Nagel angebracht ist [1]. Derselbe wird als Andeutung seines
martervollen Todes gefasst, mit Bezug auf die bekannte Erzählung, wonach er in einen eisernen Kasten gesteckt worden sei,
der überall mit Nägeln ausgeschlagen war [2]. Der Kopf zeigt einen
älteren, ebenfalls zur Fettigkeit neigenden Mann mit kurz geschorenem Haar und etwas hängender Unterlippe.

Was sodann die Marmorherme in Brocklesby Park betrifft,
welche die Aufschrift M. ATTI REGVLVS trägt (Michaelis Arch. Ztg.
1874 p. 13) [3], so ist das ganze Bruststück mit der Inschrift modern
und die letztere vermutlich durch die Gemmenköpfe veranlasst. Es
ist ein unbärtiger Römerkopf mit kurz geschorenem Haar, kahler
Stirn, flacher Scheitellinie, breitem niedrigem Gesicht, gebogener
Nase, vorstehender Unterlippe, etwas rechts aufwärts gewandt. Ob
ausserdem eine vermeintliche Aehnlichkeit mit den Münzen den In-
schriftsetzer geleitet hat oder ob vielleicht das geschorene (übrigens
nicht glatt rasierte) Haar, welches für ein Charakteristicum der sog.
Scipioköpfe gilt, Grund gewesen, auch hier einen Helden der punischen Kriege zu erkennen, ist mir nicht bekannt. Im letzteren Falle
hätte man aber besser gethan, sich unmittelbar an das Zeitalter des
ältern Scipio zu halten und etwa auf Fabius Maximus oder Claudius
Nero zu rathen. Allein es leuchtet ein, dass jenes Merkmal, das
zudem nur annähernd das der Scipioköpfe ist, im Ernste nicht als
ein Kriterium einer gewissen Zeit gefasst werden kann.

Endlich gilt für Regulus ein ebenfalls in Hermenform (hier antik) überkommener Kopf des Neapler Museums, aufgestellt in der
Gruppe der Römerbüsten (abg. Mus. borbon. XIV. 12. 2) [4], angeblich

Sulla nicht vor. Ausserdem wäre die Umschrift REGVLVS PR(aetor) und die
Anspielung auf die curulische Aedilität (durch den Armstuhl und die Stäbe auf
dem Revers) bei dem Consul Regulus nicht zu erklären. Visconti selber hat ja
das ganz richtige numismatische Axiom aufgestellt, dass, wenn keine bestimmten
Gegengründe vorliegen, der dargestellte Porträtkopf als der durch die Umschrift
bezeichnete zu fassen sei.

Ueber den Praetor L. Regulus wissen wir bloss aus Cicero (Epp. ad Atticum
III. 17 u. ad fam. XIII. 60), dass er mit dem Redner befreundet war, und sich
zur Zeit von dessen Verbannung (58 v. Chr.) um ihn verdient machte. Aus dem
Brief an Munatius (ad fam. a. a. O.) ist zu schliessen, dass ihn bald ebenfalls das
Schicksal der Verbannung traf: *L. Livinejus Trypho est omnino L. Reguli fami-
liarissimi mei libertus, cujus calamitas officiosiorem me fecit in illum.*

[1] S. Cades V. Nr. 133. 135. 136.
[2] Vgl. Appian Sicil. 2 und and.
[3] Abg. Mus. Worsl. Taf. XIII. 2; Weisser Bilderatl. 37. 4.
[4] Gerhard Neap. ant. Bildw. Nr. 408.

aus Herculaneum. Er hat leichtgelocktes Haar, ein rundes volles
Gesicht und einen kurzen dicken Hals. Dabei ist er ziemlich stark
nach links gewandt und sitzt auf einem niedrigen würfelförmigen
Hermenstück. Ohne auch nur entfernt den Eindruck der Identität
mit dem oben genannten Münztypus zu machen, von dem er sich
durch eine gewölbtere Kopfform und eine gerade Nase unterscheidet,
scheint er doch zunächst auf Grund desselben benannt zu sein. Möglich, dass ausserdem die verkümmerte Hermenform als ein Zeichen
höhern Altertums und somit als Bestätigung des Namens gefasst
wurde. Allein die Berufung auf die Münzen fällt nach dem oben
Gesagten für Regulus ausser Betracht und bloss auf die Plumpheit
der Hermenform kann die Benennung niemals basiert werden.

M. Claudius Marcellus.
(Münztaf. I. 16. 17.)

M. Claudius Marcellus (geb. vor 268, st. 208), mit Scipio, Fabius
Maximus und Claudius Nero einer der Haupthelden des zweiten punischen Kriegs und derjenige, welcher sich am meisten durch persönliche Tapferkeit auszeichnete, von ebenso grosser Leibesstärke als
kühnem unternehmendem Geiste, der Mann, dem die Römer vor
allen ihre moralische Wiederaufrichtung nach dem furchtbaren Tage
von Cannae verdankten. Obgleich mannigfach angefeindet, wurde er
schon bei Lebzeiten aller möglichen Ehren teilhaftig, und bei dem
Ansehen seines Geschlechts, als dessen Ahnherr er scheint gegolten
zu haben[1], konnte es ihm auch an ikonischen Denkmälern nicht
fehlen. Nach Plutarch[2] gab es eine Statue von ihm zu Lindos
auf Rhodus bei den Kunstwerken, die er aus der Beute von Syrakus
hingesandt hatte; nach Cicero[3] eine eherne zu Syrakus, und so jedenfalls auch andere zu Rom, wenigstens in späterer Zeit, wo von allen
berühmten Männern Statuen aufgestellt wurden. Der Münzmeister
Marcellinus[4], der seinen Kopf auf die M ü n z e n prägte (Münztafel I. 16

---

[1] Plut. Marc. 1.
[2] Plut. Marc. 30.
[3] Verrin. II. 2, 21.
[4] Wahrscheinlich P. Lentulus Marcellinus, Quaestor 48 v. Chr., s. Mommsen
Gesch. d. röm. Münzw. p. 648 Nr. 303.

restit. 17) [1], durfte also nicht ein willkürlich erfundenes Bildnis darauf
setzen, sondern nur eines, das mit den bereits vorhandenen stimmte. Es
ist ein ältlicher bartloser Kopf mit kahler Stirn und energischer, hinten
stark ausladender Schädelbildung; die Nase gebogen, alle Formen von
knochiger Magerkeit. Dass aber wirklich der Eroberer von Syrakus
gemeint sei, deutete der Münzmeister durch die sicilische Triquetra
hinter dem Kopf an, und noch mehr durch den Revers, auf welchem
Marcellus (mit Namensbeischrift) dargestellt ist, die *spolia opima* des
Virdomarus in den Tempel des Jupiter tragend (222 v. Chr.) [2].

Von diesem hinlänglich verbürgten Bildnis ist der Gemmenkopf
bei Cades V. 144 mit der Beischrift M. C. MAR toto coelo verschieden, die Beischrift also wahrscheinlich gefälscht oder anders zu deuten
(s. unten bei Cicero).

So individuell man von dem Münzkopfe angemutet wird, so ist
doch bis jetzt weder eine Büste noch ein Statuenfragment nachgewiesen worden, das auf Grund desselben mit einiger Sicherheit für ein
Bildnis des Marcellus ausgegeben werden könnte. Zumal ist dies nicht
der Fall bei der sitzenden Consularstatue im Philosophenzimmer des
capitolin. Museums [3], die schon als Bestandteil der Sammlung
Giustiniani diesen Namen führte und noch heutigen Tags so benannt wird.
Es liegt hier wie bei der Erzbüste des L. Brutus eine jener ikonographischen Benennungen vor, die bloss auf die Physiognomie gebaut sind,
d. h. auf einen Charakterausdruck, wie er dem Träger des Namens
einigermassen adäquat zu sein scheint. Allein wo das einzige stichhaltige Kriterium, wie hier die Münze, so entschieden dagegen spricht,
haben dergleichen Hypothesen absolut keinen Wert.

Auch der sogenannte Marcelluskopf bei den Römerbüsten in
Neapel (abg. Mus. borbon. XIV. 12. 3) [4], obgleich im seitlichen Contour
übereinstimmender, widerspricht in einigen Hauptpunkten dem Typus
der Münze. Er hat weder die kahle Stirn noch den milden Charakter
des Auges, dafür hohe Proportionen des Untergesichts, welche der
Münze fremd sind.

Ein Wiener Kopf endlich, in der Sammlung des Belvedere Nr.
154 [5], den Arneth auf Marcellus bezog, dürfte schon seines greisenhaften Charakters wegen auszuschliessen sein. So gebrechlich konnte

---

[1] Cohen Méd. cons. CXII. Claudia 4; XLIV. 21.
[2] Vgl. Plut. Marc. 8.
[3] Abg. Nibby. M. Chiar. II. 46; Clar. 895, 2288 und 982. 2306; Righetti
Campid. II. 367.
[4] Gerhard Neap. ant. Bildw. Nr. 387.
[5] Phot. abg. bei v. Sacken: Die ant. Sculpt. d. k. k. Ant. Cab. in Wien Taf. 24.

der jugendfrische Feldherr auch in seinem Alter, das übrigens die
Sechziger wenig überschritt, nicht ausgesehen haben, von der küm-
merlichen Schädelbildung, der hohen Oberlippe, dem abfallenden
Kinn zu schweigen. Und wenn der Kopf, wie man aus der ungewöhnlichen Naturwahrheit desselben schliessen will, nach einer Totenmaske gearbeitet ist, so würde dies allein schon gegen Marcellus
zeugen, der ja bekanntlich im Kampfe fiel und nicht von seinen
Freunden bestattet wurde [1].

Von wirklicher Aehnlichkeit mit der Münze dagegen wäre ein
anderer Wiener Kopf, Belvedere Nr. 105 [2], dort Marcellinus genannt, ohne Zweifel, weil man den Namen des Münzmeisters als Bezeichnung des Bildnisses fasste: von bläulich grauem Marmor, sorg-
fältigster Ausführung und vollkommener Erhaltung. Es ist aber,
wie v. Sacken richtig bemerkt, eine hausbackene Physiognomie, hinter
der man nicht gerade «das Schwert Italiens» vermuten würde.
Ausserdem scheint mir das Altertum des Kopfes verdächtig. — In
seiner Art ebenso ähnlich und von weit bedeutenderem Eindruck
ist ein Kopf der Uffizien zu Florenz, über der ersten Haupttreppe
(Dütschke Ant. Bildw. in Oberit. III. Nr. 21): Ein hagerer alter Römer
mit kahler Stirn und eingesunkenen Augen.

Auf ganz willkürliche Bezeichnungen wie die eines unterlebensgrossen Marmorkopfs im Cabinet d. Médailles zu Paris (Chabouillet
Cat. gén. Nr. 3292) oder die der Petersburger Togabüste Nr. 205
aus Sammlung Campana, die ebensogut «einen jener *barbutuli juvenes*
aus der Umgebung des Catilina» darstellen kann, brauchen wir uns
hier nicht einzulassen.

In diese letztere Classe gehört auch der Diaspro mit den angeblichen Köpfen der drei berühmtesten Claudier (abg. im Bullet.
Napolet. 1853. Taf. XI. 6), dessen Aufbewahrungsort mir nicht bekannt ist. Die von Garrucci herrührende Deutung stützt sich hauptsächlich auf die Identität des ersten Kopfes mit dem jugendlichen
Nero. Allein der Zeichnung nach ist dieselbe durchaus nicht sicher,
die Beziehung des zweiten Kopfes auf Kaiser Claudius ohne alle Berechtigung, und die des dritten auf den Eroberer von Syrakus trotz
der kahlen Stirn und der gebogenen Nase mit dem Münztypus wenig
übereinstimmend.

---

[1] Vgl. die Erzählung seines Todes bei Plut. Marc. 30.
[2] Abg. v. Sacken a. a. O. Taf. 23. 3.

Scipio Africanus.

(Taf. I—IV; Münztaf. I, 18, 19.)

P. Cornelius Scipio focht in der Schlacht am Tessin (218 v. Chr.) als *juvenis tum primum pubescens*[1], nach Servius kaum siebzehnjährig[2], wonach er im J. 235 v. Chr. geboren wäre. 212, im Todesjahr seines Vaters, wurde er curulischer Aedil, und schon im folgenden Jahr, erst 24 Jahre alt[3], Proconsul für Spanien. 210 eroberte er Neu-Karthago, 206 Gades, worauf er nach Rom zurückkehrte und zum Consul gewählt wurde. 204 setzte er nach Africa über, schlug den Syphax und die Karthager bei Utica, und bald darauf den Hannibal bei Zama (202). Bei seinem Triumph (201), wo er den Beinamen Africanus erhielt, also auf der Höhe seines Ruhmes, war er erst in der Mitte der Dreissiger. 199 wurde er Censor und 194 zum zweiten mal Consul. Im Kriege gegen Antiochus III. (190) begleitete er seinen Bruder Lucius nach Asien, hatte aber von da an durch eine seinem Geschlecht feindselige Partei manches Widerwärtige zu leiden. 187 wurde er auf Catos Antrieb der Bestechung durch Antiochus angeklagt. Der Prozess wurde zwar niedergeschlagen, aber Scipio zog sich missmutig auf sein Landgut bei Liternum zurück, wo er wahrscheinlich im Jahre 183, also etwa 52jährig starb. Doch gab es über Zeit und Ort seines Todes verschiedene Relationen[4]. Ohne uns auf eine Charakteristik des berühmten Mannes einzulassen[5], heben wir nur hervor, dass ein ungewöhnlich stolzes Selbst-

---

[1] Liv. XXI. 46.

[2] Serv. zu Virgil Aen. X. 800; vgl. Seneca De benef. III. 33 *(praetextatus)*.

[3] Warum Mommsen R. G. I. 6. Aufl. p. 630 und Ihne R. G. II. p. 274 ihn siebenundzwanzigjährig nennen, begreife ich nicht. Denn Mommsen wenigstens nimmt an dem siebzehnten Altersjahr zur Zeit der Tessinerschlacht keinen Anstoss.

[4] Liv. XXXVIII. 56.

[5] Ausser der bei Mommsen R. G. 6. Aufl. I. p. 630 f. vgl. besonders Gerlach Histor. Studien 1841 p. 176 ff.

vertrauen und ein etwas eigenmächtiger, die Schranken des republikanischen Herkommens leicht überspringender Sinn zu den hervor-
stechendsten Eigenschaften desselben gehörten. Er war eine vorzugsweise militärisch begabte Natur, deren entschlossenes selbstbewusstes
Wesen ebenso durchschlagend und begeisternd nach aussen, als zeitweise wenigstens verletzend nach innen wirkte; trotz einem gewissen
Hang zur Ostentation und einem stark ausgeprägten Familienbewusst-
sein von unantastbar grosser und vaterländischer Gesinnung, aber zu
stolz um sich zu verantworten, wo diese Gesinnung in Zweifel gezogen wurde.

Denkmäler und Statuen des Scipio gab es schon früh sowohl in Rom als in Liternum[1]; doch, wie es scheint, nicht vor seinem Tode. Wenigstens lobte ihn Ti. Gracchus im Prozess seines
Bruders Lucius wegen der früheren Mässigung und republikanischen
Entsagung, womit er alle Ehrenstatuen, die ihm das römische Volk
nach seiner Rückkehr aus Africa setzen wollte, zurückgewiesen[2]. Und
dass sich unter den sieben vergoldeten Statuen des Zierbogens, den
er vor seinem Weggang nach Asien auf dem Capitol errichtete[3], sein
eigenes Bildnis befunden habe, ist wenig wahrscheinlich. Er wird
nicht selber gethan haben, was er vorher aus erheuchelter oder
wirklicher Bescheidenheit von Andern sich verbeten hatte; das Lob
des Gracchus hätte sonst keinen Sinn.

Auf frühe Darstellungen deutet die Stelle bei Cicero im *somnium
Scipionis (Cap. 1)*, wo er den Aemilianus sagen lässt, er habe
seinen Grossvater im Traum mehr nach dessen Bildnis als nach
seiner Jugenderinnerung erkannt. Doch ist hier vielleicht bloss von
dem Wachsbild des Atriums die Rede. — Ein Hauptbild dagegen, und
ohne Zweifel ein bald nach Scipios Tod verfertigtes, da der Aufstellungsort eine noch frische Erinnerung an seine Gewohnheiten[4] vermuten lässt, befand sich im capitolinischen Tempel, dasjenige, von
welchem Appian bemerkt, dass es allein bei den Leichenfeierlichkeiten
der Familie nicht im Zuge mit aufgeführt, sondern erst zur Leichen-
rede aufs Forum herabgeholt wurde[5], vermutlich eine Büste. — Eine
zu einem Denkmal des Scipio in Liternum gehörige Bildnisstatue sah
Livius, wie sie vom Sturme umgestürzt war[6]. Wir haben dabei, wenn
auch die Statue vielleicht erst später hinzugefügt wurde, aller Wahr-

[1] Liv. XXXVIII. 56.
[2] Liv. a. a. O. fin.
[3] Liv. XXXVIII. 3.
[4] Liv. XXXVI. 19.
[5] Appian. Hisp. 23. Val. Max. VIII. 15. 1.
[6] Liv. XXXVIII. 56.

scheinlichkeit nach an das Grabmal zu denken, das sich Scipio selber
errichtet haben soll, weil er nicht in der undankbaren Vaterstadt
begraben sein wollte [1]. — Ausserdem berichtet derselbe Geschichtschreiber, dass es im Scipionengrab vor Porta Capena zu Rom drei
Statuen gab, von denen zwei für die des P. und des L. Scipio, die
dritte für die des Dichters Ennius galten [2]. — In der Kaiserzeit
scheinen besonders die Gordiane, die sich rühmten von Scipio abzustammen, und von denen die beiden ersten den Beinamen Africanus
führten, sein Andenken wieder wach gerufen zu haben [3].

Auch als Gemmenschmuck wurde der Kopf des Scipio, wenigstens
bei Familienangehörigen, frühzeitig verwendet, wenn man anders dem
Valerius Maximus glauben darf, welcher berichtet, dass die Censoren
dem entarteten Sohn des Africanus einen Ring mit seinem Bildnis
vom Finger gezogen hätten [4].

An Bildnissen fehlte es also nicht, und fehlt es wohl jedenfalls
auch nicht unter den Resten, die uns noch erhalten sind. Es ist
nur die Frage, ob wir noch die Mittel haben sie nachzuweisen.
Dank den Nachforschungen und den scharfsinnigen Untersuchungen

[1] A. a. O. Cap. 53.

[2] *Et Romae extra portam Capenam in Scipionum monumento tres statuae
sunt, quarum duae P. et L. Scipionum dicuntur esse, tertia poetae Q. Ennii.*
Liv. XXXVIII. 56. Auch die Notiz des Plinius H. N. VII. 114: *Prior Africanus
Q. Ennii statuam sepulcro suo imponi jussit,* scheint eher auf dieses Grab als auf
das zu Liternum bezogen werden zu müssen, obgleich dann die Aufstellung der
Enniusstatue dem Obigen zufolge nicht wohl auf Befehl des Scipio geschehen sein
kann. — Das Familiengrab der Scipionen vor Porta Capena ist bekanntlich
im Jahr 1780 wieder entdeckt worden, und man fand darin den grossen Peperin-
sarkophag des L. Scipio Barbatus, Urgrossvaters des Africanus, sowie einen
wahrscheinlich zu einer Statue gehörigen lorbeerbekränzten Kopf aus demselben
Material, beide jetzt im Belvedere des Vaticans, beim Torso des Herakles
aufgestellt. Da der Kopf ein Porträt, so liegt es natürlich ungemein nahe, an
eine der von Livius erwähnten Statuen zu denken. Nur würde alsdann der
Lorbeerkranz eher auf den Dichter Ennius, als auf einen Scipionen deuten. Indes müssen nicht nur noch andere Scipionenbilder dort aufgestellt gewesen sein, ·
sondern das Material, aus dem der Kopf gefertigt, macht es wahrscheinlich, dass
er eben so wie der Sarkophag auf einen älteren Geschlechtsgenossen zurückgeht.
Den Ennius wenigstens dachte man sich aus Marmor (*Carus fuit Africano su-
periori noster Ennius; itaque etiam in sepulcro Scipionum putatur is esse consti-
tutus e marmore.* Cicero Arch. 9). Es ist ein bartloser jugendlicher Kopf von
regelmässigen, etwas stumpfen Formen. Die Haare kurz und schlicht in die
Stirne fallend, die Brauen gewölbt, die Nase gerade und etwas dick, die Lippen
voll und geschwungen (abgeb. bei Visconti Op. var. Taf. VII, zusammen mit
einem Marmorkopf von ebenda).

[3] Jul. Capitolin. Gord. IX. 4; vgl. V. 7.

[4] Val. Max. III. 5, 1.

Viscontis sollte man meinen, dass darüber kein Zweifel bestehen
könne. Ist es ihm doch gelungen, ein Beweismaterial herbeizuschaffen,
wie es quantitativ keinem voraugusteischen Bildnis auch nur entfernt
zu Gebote steht, nämlich ausser dem bereits vorher bekannten durch
den Fundort beglaubigten Basaltkopf nicht weniger als 3 Monumente,
von denen unter Umständen schon jedes einzelne hinreichend sein
könnte, um danach ein Bildnis zu bestimmen, eine Münze mit dem
Kopf des Scipio, ein Wandgemälde, auf dem er zusammen mit Andern
in ganzer Figur dargestellt ist, und vor Allem eine mit Namensaufschrift versehene Büste. Indessen es kommt natürlich viel weniger
auf die Quantität als auf die Qualität der Beweismittel an, und die
Stärke der letzteren ist meiner Ansicht nach entschieden überschätzt
worden. Ich habe schon früher einmal Gelegenheit genommen [1], das
allzugrosse Vertrauen, das man den viscontischen Ausführungen ent-
gegenbringt, herabzustimmen, und sehe nicht, dass ich in meinen
Zweifeln viel zu weit gegangen bin. Es ist ein Unterschied, ob wir
es mit sichern oder mit bloss wahrscheinlichen Bildnissen zu thun
haben. Die letzteren können durch irgend eine neue Entdeckung
immer wieder cassiert werden. Und da ich glaube, dass wir bei
Scipio noch nicht über die Möglichkeit einer künftigen Cassierung
hinausgekommen sind, so erlaube ich mir hier mit einigen Zusätzen
und Modificationen zu wiederholen, was ich schon anderwärts über
diesen Punkt gesagt habe. Aus einer Kritik der viscontischen Beweisführung wird sich am besten ergeben, was für ein Grad von Beglaubigung für die Scipiobilder zurückbleibt.

Die Grundlage und den Ausgangspunkt der ganzen Frage bilden,
wie schon angedeutet, zwei Büsten, von denen sich die eine im capitolinischen Museum, die andere im Besitz des Principe Rospigliosi
zu Rom befindet. Und ihnen schliesst sich eine ansehnliche Reihe
von Wiederholungen an, welche ohne äussere Beglaubigung, bloss
wegen Identität, resp. Aehnlichkeit des Typus den Namen des älteren
Scipio tragen. Es wird gut sein, bevor wir die Authenticität der
ersteren untersuchen, uns durch eine Uebersicht sämmtlicher Exemplare von dem ungemein häufigen Vorkommen dieses Bildnisses zu
überzeugen.

---

[1] Ueber die Bildnisse des älteren Scipio. Einladungsschrift z. Promotionsfeier
des Pædagogiums zu Basel. 1873.

Die erhaltenen sog. Scipioköpfe.

Nr. 1. Marmorbüste im capitolinischen Museum, Philosophenzimmer Nr. 49, früher in der äusseren Gallerie [1] (abgeb. Taf. I.) [2].
Sie kam schon im 16. Jahrhundert in einen der capitolinischen Paläste,
in das daselbst befindliche Museum aber erst etwa zu Winckelmanns
Zeit; denn im Museo Capitolino von Bottari (1748—55), wo sonst
alle damals aufgestellten Büsten abgebildet sind, ist sie noch nicht.
— Zwei Dritteile der Nase und die Ohrmuscheln sind ergänzt; sonst
ist der Kopf wohl erhalten, überlebensgross, auf nackter, unge-
brochener, massiv gearbeiteter Büste, auf deren unterem Rand auf
einem Täfelchen die Inschrift P. COR. SCIPIO. AFR steht [3]. Er ist
völlig kahl oder kahlgeschoren und bartlos. Die Oberstirn in der
Mitte etwas vorgewölbt, die Muskeln der Unterstirn leicht zusammengezo-
zogen, durch eine unregelmässige und nicht auf beiden Seiten gleiche
Brauenlinie von den Augen getrennt; letztere etwas flach, mit Angabe
der Pupillen. Der Mund breit und fest geschlossen mit etwas ge-
schwellter Nasenlippe, an den Winkeln je ein abwärts gehender, eher
unschöner Muskelzug. Die Kopfbildung im Ganzen rund, ja der
Schädelumriss bildet von vorn gesehen einen fast regelmässigen Halb-
kreis. Der Hals kurz und dick, die Schultern schräg abfallend mit
verkümmerten Ansätzen der Arme. Der Ausdruck hat etwas Un-
wirsches, Befehlerisches, man kann nicht sagen, etwas Bedeutendes.
Links über der Schläfe eine Narbe. — Die Arbeit ist mittelmässig,
und spät; doch wird man die schmalen Schultern kaum dem Unge-
schick des Künstlers zuschreiben dürfen, sondern man wird, wenn
nicht eine entsprechende Gestaltung bei der dargestellten Person,
einen äusseren (durch den Aufstellungsort oder durch den Marmor
gegebenen) Zwang annehmen müssen.
Nr. 2. Büste von dunkelgrünem Basalt im Palazzo Rospigliosi

---

[1] S. Beschr. der St. Rom III. 1 p. 171, Nr. 50.

[2] Nach einem Gypsabguss, da die photographischen Aufnahmen nach dem
Original wegen ungünstiger Aufstellung der Büste leider gänzlich misslangen.
Sonstige Abbildungen bei Visconti Icon. rom. pl. III, 1—4; in der Ausgabe des
Plutarch von Korais Bd. II.; Righetti Campidoglio II. 258; Weisser Bilderatlas
Taf. 37, 19 und 20, u. and.

[3] Ein Büstenfuss mit ähnlicher Inschrift (P. CORNELIVS P. F. SCIPIO)
wurde 1877 in Rom gefunden. Vgl. Arch. Ztg. 1877 p. 176.

zu Rom (abgeb. Taf. II) [1]. Es ist der Kopf, der nach Faber (a. unten
a. O. p. 28) zu Liternum unweit Cumae gefunden wurde, wo der
ältere Scipio in freiwilliger Verbannung seine Tage beschlossen haben
soll. Er befand sich anfangs (zur Zeit des Fulv. Ursinus) beim Fürsten
von Acqua Sparta in der Villa Cesi zu Rom, und scheint beim Ver-
kauf der Sammlung Cesi an den Cardinal Ludovisi im Jahre 1622
zurückbehalten worden zu sein. Dafür gelangte er später und zwar
schon vor Winckelmanns Zeit [2] in den Besitz der Familie Rospigliosi,
welche ihn auf eine Togabüste von vergoldeter Bronze setzen liess [3];
jetzt in einem der Privatgemächer aufgestellt. Er ist wohlerhalten
bis auf die Nase, welche etwas zu lang und zu spitz ergänzt ist.
Er hat eine schmalere, edlere Kopfform als der capitolinische, oben
weniger gewölbt, an den Seiten fast rechtwinklig abfallend. Die Stirn
ist durchfurcht; die Augen liegen tiefer und haben ziemlich starke
Thränensäcke, die Lippen sind schmaler und weniger geschwungen.
Von der Unterlippe zum Kinn hat er ein gerades, schräg zurücktretendes Profil. Das Kinn selbst ist klein, aber markiert und durch
bestimmte Faltenzüge gegen Wangen und Unterkinn sich absetzend.
Trotz diesen Abweichungen scheint indes die gleiche Person wie in
der capitolinischen Büste dargestellt zu sein. Die specifischen Merk-

---

[1] Ungenau schon bei Faber Illustr. immagg. Taf. 49; wiederholt bei Gronov
Thes. ant. graec. Bd. III, Taf. p. und mit verkehrten Seiten bei Sandrart Teutsche
Akad. I. pl. 4. Vgl. Beschr. d. St. Rom III. 2 p. 402. — Eine Marmorkopie von
der Hand des Bildhauers Schlöth besitzt Herr Professor Bachofen in Basel, da-
von die Abbildung in meinem Programm: Ueber die Bildnisse des älteren Scipio.
Ein Gypsabguss, wahrscheinlich von Mengs herrührend, in Dresden.

[2] S. Winckelm. Monum. ined. II. p. 291.

[3] Winckelmanns Werke VI. 2 p. 260; Visconti Icon. rom. p. 67, Anm. —
Schreiber Die ant. Bildw. der Villa Ludovisi p. 112 bezieht die Abbildung der
Faberschen Ausgabe des Ursinus sammt der Fundnotiz auf den Bronzekopf
des sog. Jul. Caesar in V. Ludovisi (Hauptsaal Nr. 27; abgeb. unten Fig. 25);
Faber habe sich nur darin geirrt, dass er die Bronze für schwarzen Marmor
genommen. Allein die Vergleichung der Abbildung bei Faber, weit entfernt,
diese Beziehung zu rechtfertigen, beweist vielmehr das Gegenteil. Der dort
gegebene Kopf hat, wie es ja auch im Commentar hervorgehoben wird, eine
vollkommen glatt rasierte Haut (rasos capillos), was als Merkmal des ludovisischen Caesars zu bezeichnen Niemandem einfallen konnte, während es gerade
ein Hauptcharakteristicum des rospigliosischen Kopfes ist. Zudem erkennt man
noch bei letzterem (s. unsere Tafel) das mit dem Kopf zusammenhängende antike
Gewandstück, das sich gerade so auf der Abbildung bei Faber findet. — Wenn
das Haus Cesi erst 1799 ausstarb (Schreiber), so lässt sich damit freilich die
Angabe Winckelmanns, dass die Rospigliosi den Kopf für eine Schuldforderung
von 3000 Scudi annehmen mussten, als der letzte Cesi starb (Winckelm. W. s. oben
s. O.), nicht vereinigen; denn zu seiner Zeit besassen ihn die Rospigliosi bereits.
Entweder ist das Datum des Aussterbens oder das der Acquisition unrichtig.

male der völligen Kahlheit und der Narbe (hier doppelt) in Verbindung mit dem eigentümlichen Charakter von Mund und Kinn, und
die Fettrunzeln im Nacken sprechen deutlich dafür. Doch geht der
Kopf auf ein besseres Original zurück, wie er auch bei weitem mehr
den Eindruck einer bedeutenden Persönlichkeit macht. In Beziehung
auf die Ausführung urteilen die Herausgeber Winckelmanns (VI. 2.
p. 265) richtig: »Das Werk hat keine fliessende Zeichnung; man bemerkt den Widerstand, den der harte Stein dem Künstler verursachte,
und wie er denselben nur mit Mühe bezwang.«

Die weiteren mir bekannten Exemplare sind, nach Museen geordnet, folgende:

Nr. 3 Bronzebüste von Herculaneum zu Neapel (abgeb. Taf. III)[1]
von ältlichen, aber edeln und charaktervollen Zügen. Die Schädelbildung wieder schmal und an den Schläfen scharf abfallend. Die
Stirne kahl, der übrige Kopf wie rasiert, mit deutlicher Angabe der
Haarwurzeln (welche bei den Marmorköpfen fehlt). Die Augenbrauen
gewölbt und etwas unterhöhlt. Ueber der Nasenwurzel drei Vertikal-
falten, die stärkste in der Mitte; auch die Stirn gefurcht, doch nicht
in Ober- und Unterstirn geteilt. Ueber dem linken Auge statt der sonst
freilich etwas höher sitzenden Narbe eine starke Beule, die nicht wohl
auf blosser Beschädigung beruhen kann. Die zwei Striche darüber
können unmöglich als von ihr ausgehende Schrammen gefasst werden;
sie unterscheiden sich durch nichts von den Stirnfalten, der untere
ist sogar deutlich die Fortsetzung einer solchen. Charakteristisch die
etwas gebogene und abwärts gerichtete Nase, der zahnlose Mund und
die abstehenden Ohren. Von dem in der schmalen Schädelform übereinstimmenden rospigliosischen Kopf weicht er namentlich durch die
Bildung des Mundes und durch das senkrechtere Profil des Untergesichts ab.

Nr. 4. Kopf im Jesuitencollegium zu Neapel (nach Burckhardt Cicerone p. 525. b, wo er als »weit das beste Exemplar von
den übrigen beträchtlich abweichend« bezeichnet wird); meiner Nach-
frage nach nicht mehr daselbst befindlich.

Nr. 5. Kopf im Museo Chiaramonti des Vaticans Nr. 232
(unediert), von *nero antico*, auf Consularbüste von weissem Marmor;
die Nasenspitze neu. Er zeigt den Typus des rospigliosischen Kopfes
bei etwas gerundeteren Formen. Die Unterstirn tritt in der Mitte
vor, die Oberstirn ist schmal und schön gerundet, mit kreuzförmiger

---

[1] Ant. d'Ercol. Br. 1 Tf. 39. 40; Visconti Icon. rom. pl. III 5. 6.

Schramme rechts. Die Augen sehr tief liegend gebildet, die Brauen wenig gewölbt und regelmässig gezogen, ohne Absenkung bei der Nasenwurzel; am äusseren Augenwinkel je zwei Furchen gegen die Schläfen. Die Oberlippe ist in der Mitte abwärts geschwungen und etwas vorstehend, das kleine Kinn durch eine tiefe gerundete Einkehlung gegen die Unterlippe und ebenso gegen den Hals zu abgegrenzt. Das dadurch entstehende Doppelkinn bloss im Profil sichtbar [1].

Nr. 6 u. 7. Zwei vollkommen erhaltene Köpfe im Pal. Sciarra zu Rom (Michaelis in d. Arch. Ztg. 1863. Anz. p. 121), der eine von weissem Marmor, früher im Pal. Barberini [2]; der andere von einem dunkeln basaltartigen Stein, von ernsterem Ausdruck, aber weniger gut ausgeführt.

Nr. 8. Ein dem chiaramontischen ähnlicher Kopf mit Narbe ist einer Gewandfigur aufgesetzt im Hof des Pal. Giustiniani zu Rom (abg. Clarac Mus. d. sc. pl. 900). Der Torso entspricht etwa dem sog. Marius im Salone des capitolinischen Museums. Die Namensinschrift auf der Plinthe modern.

Nr. 9. Basaltkopf auf Porphyrbüste im Museo Torlonia Nr. 73 (nach dem Cat. v. P. Erc. Visconti). Im Jahre 1879 fand ich ihn nicht mehr an seiner Stelle oder beachtete ihn nicht.

Nr. 10. Kopf in Villa Borghese, Zimmer des Apollo Nr. 3 (wahrscheinlich der bei Nibby Mon. scelti della V. Borghese Taf. 24 abgebildete mit nacktem eckigem Bruststück, während der auf Tf. 25. 2, mit kleinem gerundetem Bruststück den modernen Porphyrkopf in der Galleria darstellt), zur Zeit der Beschreibung der Stadt Rom, wie es scheint, noch nicht daselbst. Auf moderner Büste, die Nase neu. Im Profil dem chiaramontischen ähnlich, teilt er zugleich mit demselben die tiefliegenden Augen unter scharf gezogenen, horizontal laufenden Superciliarbogen, sowie die eigentümliche Bildung des abgekehlten Kinns, das an sich klein und gespalten, durch ein (hier sehr prononciertes) Doppelkinn mit dem Hals verbunden ist. Die Stirn, eher hoch als breit, ermangelt der Narbe. Mit der capitolinischen Büste hat er die etwas zusammengezogenen Brauen und den festgeschlossenen, vortretenden Mund gemein, was ihm einen ähnlichen barschen und befehlshaberischen Ausdruck giebt.

Nr. 11. Ueberlebensgrosse Togastatue im Vorsaal der V. Ludovisi Nr. 39, mit aufgesetztem verschleiertem Scipiokopf, der aber nach Schreiber (Die ant. Bildw. der V. Ludovisi Nr. 52) modern.

---

[1] Der sogenannte Scipio im Büstenzimmer des Vaticans Nr. 366 (Kekulé Kunstmuseum Nr. 513) stellt offenbar eine andere Person dar, wie ihm auch die Narbe fehlt.

[2] Winckelm. W. VI. 2. p. 266.

Nr. 12. Kopf im Casino der Villa Albani, untere Gallerie links Nr. 45. Von etwas freundlicherem Ausdruck als der borghesische, aber mit hässlich fettem Untergesicht, die Kopfform hoch und abgeflacht, auf der Stirn die Narbe.

Nr. 13. Verschmiertes Köpfchen ebenda, Bigliardo Nr. 319, fälschlich Vespasian genannt.

Nr. 14. In den Magazinen der Commissione archeol. municipale zu Rom befindet sich nach Helbig die 1875 auf dem Esquilin gefundene Scipiobüste mit Narbe (Hemans in der Academy VII p. 48).

Nr. 15. Ehemals im Besitz des Kunsthändlers Abbati zu Rom ein vom gewöhnlichen Typus abweichender, aber ebenfalls durch völlige Kahlheit und durch zwei Wunden charakterisierter Kopf (Helbig im Bullet. 1868. p. 82). Soll in das österreich. Museum zu Wien gekommen sein [1].

Nr. 16. Kopf in Villa Aldobrandini zu Frascati, in einer Nische des Rundells, mit fetten Wangen, auf Büste mit breitem Togaband.

Nr. 17. Kopf in den Uffizien zu Florenz, Halle der Inschriften Nr. 274 (abgeb. Fig. 3) [2], nach links gewandt und ein wenig emporgerichtet, auf nicht zugehöriger antiker Consularbüste mit bandartig geschürzter Toga. Die Nase neu, Anderes geflickt. Bei schmaler Kopfform und fettigem Kinn unterscheidet er sich von den meisten übrigen durch ein zugespitzteres Profil. Der Ausdruck wohlwollend und ehrlich. Ueber der rechten Schläfe eine tiefe Narbe. Stammt vielleicht aus Neapel (S. Dütschke a. a. O. Einleitung p. VIII).

Nr. 18. Colossalkopf in Mantua Nr. 183 (abg. Labus Mus. di Mant. III. 28. 2). mit Narbe über der Mitte der Stirn. Er hat tiefliegende Augen und über der Nasenwurzel nach oben divergierende Falten, Doppelkinn und abstehende Ohren. Die Nackenlinie etwas eingezogen. Vollkommen erhalten, aber von zweifelhafter Echtheit.

Nr. 19. Kleiner Kopf im Schloss zu Catajo, mit flacher Scheitellinie, vorquellender Stirn und Doppelkinn, dem in V. Albani ähnlich, aber schwerlich antik.

Nr. 20. Basaltkopf im Cabinet des Médailles zu Paris

---

[1] Nach Platner Beschr. d. Stadt Rom III. 1. p. 122, befindet sich ein angeblicher und wahrscheinlich moderner Scipiokopf in den Zimmern der Conservatoren. Doch nicht etwa der von Winckelmann erwähnte ohne Wunde, den Pabst Clemens XI. mit 800 Scudi erstanden und dahin geschenkt haben soll (W. W. VI. 2. p. 266. Vgl. Mon. ined. II p. 231)?

[2] Vgl. Dütschke Ant. Bildw. in Oberit. III. Nr. 439. Ein Abguss im Wiener Gewerbemuseum.

(Chabouillet Cat. gén. Nr. 3290) [1], von guter Arbeit, Nase und Ohren abgeschlagen. Er hat eine schmale gewölbte Stirn, fleischige Wangen und ein Doppelkinn. Ueber der Stirn und an der rechten Schläfe je eine Narbe. Gefunden in einer Schenke zu Rambouillet, wo er als Gewicht eines Bratspiesses diente.

Fig. 3. Marmorbüste in Florenz.

Nr. 21. Ebenda (Chabouillet Nr. 3291) etwas kleinerer Kopf von Marmor mit denselben Narben. Ob sicher alt? [2]

---

[1] Abg. Duruy Hist. des Romains I. p. 643.
[2] Im Louvre scheinen sich keine Scipioköpfe zu befinden, obgleich man die beiden im 1. Bd. der Sculture della V. Borghese detta Pinciana abgebildeten Büsten (die eine mit breitem Togaband, die andere mit Panzer) am ehesten hier suchen würde. — Ein in den Magazinen befindlicher Kahlkopf (ob der bei Clarac Mus. de sc. pl. 1113. 3515?) ist trotz der Narbe kein Scipio.

Nr. 22. Marmorköpfchen im Musée Calvet zu Avignon Nr. 127 in der Nähe von Tour Magne zu Nismes, gefunden. Mit schmaler, gradaufstrebender Stirn, tiefliegenden Augen und fettem Kinn, wenn ich nicht irre, dem borghesischen (oben Nr. 10) ähnlich, nur aufwärts blickend. Ohne Narbe.

Nr. 23. Kopf in der k. Sammlung zu Madrid (Hübner Die ant. Bildw. zu. Madr. Nr. 190) auf moderner Panzerbüste. Die Oberfläche des Schädels roh behauen, wie Hübner meint, zum Behuf eines metallenen Kranzes.

Nr. 24. Fälschlich sog. Cicerokopf im Gartenhaus von Blundell Hall (Michaelis Arch. Ztg. 1874, p. 27, Nr. 100)[1], mit den charakteristischen Fettrunzeln im Nacken. Indessen sind um die Ohren und hinten die Haarwurzeln durch Meisselhiebe angegeben. Auch fehlt die Kopfwunde und ist die Physiognomie nicht ganz scipionisch. Nase und Kinn neu.

Nr. 25 u. 26. Nicht bekannt sind mir die beiden Büsten in Warwick Castle (Michaelis a. a. O. p. 62), und in Castle Howard (Waagen, Kunstw. und Künstl. in England II. p. 425)[2].

Nr. 27. Büste in der Glyptothek zu München Nr. 266[3], aus Rom stammend, mit Narbe über der Stirn. Von hässlichen Formen, hohem, flachen Kopf mit grossem Gesicht und kleinem Schädel.

Nr. 28. Sogenannte Scipiobüste ebenda, Vorhalle zum trojanischen Saal (im Cat. v. Brunn noch nicht verzeichnet), älter als der gewöhnliche Typus und von abweichender Bildung, aber ebenfalls mit Kreuzschramme über der Stirn. Charakteristisch der in der Mitte zugespitzte, sonst nicht hohe Schädel, die horizontal laufenden, fast überhängenden Brauen, die hohe canallose Nasenlippe. Der Mund, fast ohne Winkel, ist bloss durch zwei schräg abwärts gehende Falten abgeschlossen; das Kinn klein, zurückweichend und nicht entfernt an die gewöhnliche Bildung erinnernd, wie man überhaupt meinen sollte, dass der Kopf in der Person von allen, auch von dem Florentiner verschieden sei; ausser der Kahlheit und der Narbe ist nichts scipionisch. Alt bloss die Maske und der Oberteil des Kopfes, die Arbeit lebendig. Pupillen nicht angegeben.

Nr. 29. Kopf im Belvedere zu Wien Nr. 133, mit Kreuzschramme rechts. Von hoher Kopfform und senkrechtem Profil, mit in der Mitte vorgewölbter Oberstirn, regelmässig gewölbten Brauen, tiefliegenden

---

[1] Abgeb. Engrav. in the Coll. of H. Blundell 57. 2.
[2] Das Scipioköpfchen in Wilton House mit der Aufschrift Solon ist modern.
[3] Abguss in Berlin Nr. 1192.

Augen, festgeschlossenem Mund mit schmalen, etwas vorstehenden
Lippen, breitem Doppelkinn. Er ist unversehrt, ausser einer kleinen
Beschädigung am linken Ohr; aber vielleicht modern.

Nr. 30. Ebenda Nr. 126a ein kleiner Kopf, dem chiaramontischen ähnlich, ein wenig rechts aufwärts gerichtet [1].

Nr. 31. Kopf im Berliner Museum Nr. 292 [2], sehr zusammengesetzt, aber fast durchgängig antik, auf Togabüste von verschiedenem Marmor; ohne Kreuzhieb. Die Proportionen sind lang
und schmal, die Formen unschön, namentlich die Augen zu gross
und nach aussen abscheulich herabgezogen; der Mund vorspringend.

Nr. 32. Colossalkopf ebenda Nr. 410a, ohne Zweifel der im
Jahre 1870 erworbene [3], aus gelblich-braunem Marmor, dessen Ober-
fläche ziemlich gelitten hat; die Nase verstümmelt. Er hat eine runde
Kopfform mit grosser Kreuznarbe und stark vorquellender Unterstirn.
Sonst sind die Formen edel, die Nase leicht gebogen, das Kinn dop-
pelt mit einem Grübchen in der Mitte.

Nr. 33. Ein dritter Kopf ebenda Nr. 410 [4], lebensgross, von
Travertin. Wohlerhalten, aber von geringer Arbeit, auf der linken
Schulter ein Gewandstück. Gleich den vorigen ohne den ausgesprochenen Scipiocharakter, indes durch die Kreuzschramme als solcher
bezeichnet.

Nr. 34. Marmorbüste in Herrenhausen bei Hannover, Nr. 22,
fälschlich als Marius bezeichnet, aber trotz dem leichten Halsbart
von entschiedenem Scipiotypus. — Die Bronzebüste des Scipio in der
Orangerie ebenda ist modern.

Nr. 35. Büste im Museum zu Braunschweig, aus Rom ac-
quiriert (s. Winckelm. Mon. ined. II. p. 231); mit Narbe.

Nr. 36. Colossalkopf im Wallraf-Museum zu Köln (Cat. von
Düntzer Nr. 9), mit dem Wiener Nr. 133 verwandt; schmal und hoch,
doch von der typischen Schädelbildung der betreffenden Köpfe, mit
tiefer Narbe über dem rechten Auge. Charakteristisch die ungemein
tief liegenden Augen, und die von den Nasenflügeln und von den
Mundwinkeln abwärts in die Einkehlung über dem Kinn laufenden
Falten; ebenso zwei Furchen über der Stirn und je zwei Runzeln an
den äusseren Augenwinkeln. Der Nasenrücken leicht gebogen, das

---

[1] Die Scipiobüste im österreich. Museum zu Wien (Möbelsaal) schien
mir modern. Ob sie identisch mit der des Kunsthändlers Abbati (oben Nr. 15),
weiss ich nicht.
[2] Gerhard, Berl. ant. Bildw. Nr. 168.
[3] S. Arch. Ztg. 1870 p. 119 Nr. 3.
[4] Gerhard, Nr. 252.

Kinn über die Unterlippe vorstehend, breit aber niedrig. Mit der
capitolinischen Büste in der Person kaum zu identificieren. Vollkommen erhalten, aber vielleicht modern.

Nr. 37. Ebenda (Düntzer Nr. 20), etwa lebensgross; um 1800
im Rhein gefunden. Von ähnlichen Proportionen wie der vorige, nur
die Stirn etwas niedriger, das Kinn weniger vorstehend und das Untergesicht etwas fetter.

Nr. 38. Kopf im Museum von Stockholm[1], aus grünlichem
Marmor mit bläulichen Adern, ohne Angabe des Kreuzhiebs.

Nr. 39. Büste in der Ermitage zu Petersburg (Cat. Nr. 202),
aus Sammlung Campana. Mit Narbe auf der rechten Seite.

Nr. 40. Geringere Büste ebenda (Nr. 255), mit Narbe links.
1851 durch Pio IX. geschenkt.

Geschnittene Steine. — Von Gemmen mit dem Kopf des Scipio
sollen sich drei Exemplare schon in der Sammlung des Fulvius
Ursinus befunden haben (Faber Illustr. imagg. p. 29 f.); doch ist
die eine davon, mit dem kleinen Sarapisbild vor der Brust (abg.
Gronov Thes. graec. ant. III. o), jedenfalls nicht hiehergehörig, wie
man schon an dem vollen Haupthaar sieht. — Eine im Besitz des
Fürsten Piombino zu Rom befindliche ist bei Cades abgedruckt
Cl. V. Nr. 156[2], mit Kreuzschramme rechts. — Zwei Stoschische
Glaspasten befinden sich in Berlin (Tölken Verzeichnis p. 322
Nr. 99. 100); eine dritte ebenda (Verz. Nr. 101), soll denselben(?)
Kopf von vorn zeigen[3].

Kein Scipio mehr der schöne Gemmenkopf in der Sammlung
zu Windsor, Nr. 218[4], an dem die Haare zwar kurz rasiert,
aber deutlich angegeben sind; nur die Stirn kahl. — Der grosse
Koilanaglyph bei Cades V. Nr. 134 (auch Regulus genannt) würde
in Beziehung auf Kahlheit und Proportionen stimmen, in Beziehung
auf die Gesichtsformen lässt die Aehnlichkeit sehr zu wünschen übrig,
so dass die Person zweifelhaft. — Vollends liegt in dem Kopf der Pariser Gemme mit dem kurz geschnittenen Haar und dem beigeschriebenen Namen SCIPIO (Cades V. 157) ein ganz anderer Typus vor.

Ueber den auf Scipio bezogenen Kopf einer Münze und eines
pompejanischen Gemäldes s. unten.

[1] S. Wieseler im Philologus 1868 p. 229.
[2] Vergrössert abgebildet bei Winckelmann Mon. ined. II. Nr. 176.
[3] Vortreffliche moderne Nachbildungen des Profilkopfs von A. Pichler,
Girometti, und Calandrelli bei Cades Cl. IX. Nr. 53, Nr. 843, Nr. 987, sowie
im Privatbesitz (Dr. Lasker).
[4] Photolith. abgeb. in der Archaeologia Vol. 45. 1877, pl. II.

Dass auf dem sog. Schild des Scipio im Cabinet des Médailles zu Paris (Chabouillet Cat. gén. p. 459)[1] nicht die Enthaltsamkeit Scipios, sondern die Rückführung der Briseis dargestellt sei, hat schon Winckelmann erkannt[2].

— —

So sehr man im Allgemeinen geneigt sein muss, diese Köpfe, zumal diejenigen, wo zur Kahlheit und physiognomischen Aehnlichkeit auch noch die Narbe hinzu kommt, für identisch in der Person zu nehmen, so wenig dürfen die Unterschiede in Abrede gestellt werden, welche notorisch zwischen einer Anzahl von ihnen existiren. Sie betreffen sowohl die Proportionen des Kopfes als die Gesichtsformen.

Während bei der capitolinischen Büste (Nr. 1), wie auch bei dem Berliner Colossalkopf (Nr. 32), der Schädel ziemlich gerundet erscheint, zeigt der Durchschnitt der übrigen eher eine hohe, schmale, oben abgeplattete Kopfform, bald mit gerader, bald mit etwas eingezogener Nackenlinie. So die im Pal. Rospigliosi (Nr. 2), im Mus. Chiaramonti (Nr. 5), im Pal. Giustiniani (Nr. 8), in Villa Albani (Nr. 12) und Borghese (Nr. 10), im Cabinet des Médailles (Nr. 20), und wohl auch noch einige der andern, von denen mir keine genauen Beschreibungen zu Gebote stehen. Der Neapler Kopf (Nr. 3) vereinigt Schmalheit des Schädels mit Rundung der Scheitellinie. Auch die bei der capitolinischen Büste flach liegenden Augen sind bei der Mehrzahl der übrigen Köpfe, wo sie im Gegenteil tief beschattet sind, kaum wieder zu erkennen. Damit ist freilich keine durchgehende Verschiedenheit statuiert; denn in der Bildung von Mund und Kinn tritt bei der capitolinischen Büste das Charakteristische der Scipioköpfe wieder deutlicher hervor, als bei manchen, die den schmalen Schädelbau zeigen. Andrerseits finden sich auch innerhalb der letzteren Gruppe zum Teil sehr weit gehende Eigenheiten, z. B. die hässliche Fettbildung im Untergesicht des albanischen Kopfes (Nr. 12), welche eine Uebertreibung des sonst bald stärker (Nr. 12, 22, 36), bald schwächer (Nr. 2, 3) gebildeten Doppelkinns ist; oder die Verkümmerung des Hinterkopfes wie bei dem Münchener (Nr. 27), dem Berliner (Nr. 31), dem Wiener (Nr. 29) und dem Kölner (Nr. 36), von denen

---

[1] Abgeb. Spon Recherche des antiqu. de la ville de Lyon p. 185; Gronov Thes. ant. graec. III. o; Montfaucon Antiqu. expl. IV. 1. pl. 23; Millin Gall. myth. Tf. 136. Nr. 587.

[2] W. W. VI. I. p. 192.

allerdings die zwei zuletzt genannten nicht sicher antik. Diese Eigenheiten sind ohne Zweifel Abweichungen und Verschlechterungen des ursprünglichen Typus; denn sie finden sich nur an geringen und an verdächtigen Exemplaren, wie übrigens auch die capitolinische Büste offenbar ein spätes und verfehltes Bildnis ist.

Nun giebt es aber Fälle, wo die Abweichungen so weit gehen, dass man denn doch zu zweifeln anfängt, ob wir es noch mit der gleichen Person zu thun haben. Wir reden nicht von Köpfen, die bloss wegen ihrer Kahlgeschorenheit oder wegen der Narbe Scipio genannt werden, während sie doch offenbar einen ganz verschiedenen Typus zeigen, wie der angebliche Maecenas in München (Glypt. Nr. 211), oder der sog. Scipio in Blundell Hall (Michaelis Arch. Ztg. 1874, p. 27, Nr. 99) [1], oder der naturalistisch gebildete Alte mit der zurückweichenden Stirn im Büstenzimmer des Vaticans Nr. 366 [2], oder endlich der mit einer Narbe versehene sog. Scipio Aemilianus in Wien (Catal. Nr. 126), der einen fast tiberianisch geformten Schädel hat und bei dem man sich die Narbe nur durch nachträgliches Aufsetzen erklären kann: Köpfe, die wir eben wegen ihres unscipionischen Charakters in unserm Verzeichnis weggelassen haben. Sondern wir sprechen von Bildnissen, wie die Neapler Bronze (Nr. 3), wie der Florentiner Marmorkopf (Nr. 17) und wie derjenige Münchener, der im trojanischen Saal aufgestellt ist (Nr. 28). Diese zeigen in der Schädelbildung und in einzelnen Formen noch deutliche Anklänge an den Scipiotypus, wie denn auch zwei davon (Nr. 17 und 28) das Merkmal der Narbe tragen, der dritte (Nr. 3) an deren Statt eine Beule. Allein andrerseits zeigen sie auch sehr bedeutende Unterschiede, sowohl dem rospigliosischen Kopf gegenüber, als unter einander. Namentlich die beiden Marmorköpfe machen durchaus den Eindruck einer verschiedenen Individualität. Und wie lässt sich das hohe senkrechte Profil der Neapler Bronze mit dem regelmässig zugespitzten, unten zurückweichenden der beiden anderen, oder die Fettbildung des Florentiner Kopfes mit den mehr schlaffen und ältlichen Formen des Münchener vereinigen? Existierten bloss diese drei, so würde man kaum umhin können, drei verschiedene Personen anzunehmen. Nur jene Anklänge an den uns vorliegenden Typus rechtfertigen einigermassen die Gleichheit der Benennung. Doch gestehe ich, bei keinem derselben alle Zweifel überwinden zu können. Beim Neapler, der physiognomisch noch am nächsten stünde, kommt das

---

[1] Ziemlich gut und von zwei Seiten abgeb. Engrav. in the coll. of H. Blundell Tf. 56.

[2] S. oben p. 39 Anm. 1.

Fehlen der Narbe und die Angabe der Haarwurzeln hinzu. Ausserdem ist er, wie auch der Münchener, älter als die übrigen und namentlich älter als der historische Scipio, der, wenn das von Polybius angegebene Todesjahr richtig ist, schwerlich schon diese Runzeln und diesen zahnlosen Mund gehabt haben kann. Ohne diese Köpfe entschieden aus der Reihe der sog. Scipiobildnisse zu streichen, zu deren besten Exemplaren sie sonst gehören würden, müssen wir sie doch für zweifelhaft erklären [1].

Als Merkmale und Charakterzüge, die aus den sicher identischen Köpfen abgeleitet werden können, ergeben sich ausser der Kahlgeschorenheit und der Narbe eine flache, etwas nach vorn abschüssige Scheitellinie, eine eckige unten vorquellende und etwas gerunzelte Stirn, tiefliegende Augen, eine gerade oder nur sehr wenig gebogene Nase, zwei von den Nasenflügeln um die Mundwinkel herumlaufende Falten, ein markiertes stark überkehltes Kinn, im Nacken zwei oder drei Fettrunzeln, denen vorn ein mässiges Unterkinn entspricht; endlich ein strenger Ausdruck und ein Alter von vierzig bis fünfzig Jahren.

Bemerkenswerth, dass ausser dem Basaltkopf Rospigliosi noch mindestens vier aus ähnlichem Stein gebildete Köpfe sich erhalten haben: im Pal. Sciarra (Nr. 7), im Museo Torlonia (Nr. 9), im Cabinet des Médailles (20) und im Museo Chiaramonti (Nr. 5), letzterer aus nero antico; vielleicht auch noch der grünliche in Stockholm (Nr. 38).

Kritik ihrer Bezeichnung.

Bevor wir die einzelnen für Scipio sprechenden Gründe genauer untersuchen, können wir uns nicht enthalten, an die Aufzählung der stattlichen Reihe von Wiederholungen wenigstens fragweise eine Erwägung allgemeinerer Art anzuknüpfen.

Ist es nicht auffallend, dass das Bildnis des Scipio, selbst wenn wir alles Verdächtige ausscheiden, noch in so ausserordentlich vielen Exemplaren vorkommen soll, während sonstige Darstellungen römischer Republikaner aus vorcaesarischer Zeit, so zu sagen,

---

[1] Bei Vorzeigung des unter Nr. 15 verzeichneten Kopfes kam auch Helbig auf diese Unterschiede zu sprechen. Er meinte, der authentische Scipiotypus sei den späteren Künstlern aus der Erinnerung gekommen; daher hätten sie sich nur an die allgemeinsten Merkmale gehalten. Allein eine Erklärung ist damit nicht gegeben. Man fragt doch immer noch warum?

keine nachgewiesen werden können? Scipio gehört ja allerdings zu
den hervorragendsten Männern der Republik. Indes sieht man nicht,
warum die spätere Zeit veranlasst war, sein Andenken vor dem aller
Andern zu cultivieren. Er repräsentiert keinen auch später noch fort-
lebenden nationalen Gedanken, kein später zurückersehntes Ideal,
mit seinem Namen ist kein besonderes Cultur- oder Parteiinteresse
verbunden. Warum tritt er gleichwohl vor Camillus und App. Claudius
Caecus, vor dem jüngeren Scipio, vor Cato, vor den Gracchen, vor
Sulla und Marius in ikonographischer Beziehung so einzig hervor?
Es kann dies nicht bloss auf der Mangelhaftigkeit unserer Quellen
beruhen; denn auch unter der Masse der unbekannten Büsten, die
mit einiger Wahrscheinlichkeit auf Republikaner bezogen werden
dürfen, findet sich kein zweites Bildnis, das in so vielfachen Wiederholungen vorhanden wäre, ja findet sich vielleicht kein Dutzend auch
nur in sicheren Dupliken. Möglich, dass der Grund in der besonderen Ruhmliebe des cornelischen Geschlechtes, dessen Stolz Scipio
war, zu suchen ist, oder dass die Erinnerung an den Helden des
hannibalischen Kriegs auch später noch lebendiger war, als uns die
Schriftsteller der Kaiserzeit ahnen lassen; aber immerhin bleibt es,
die Richtigkeit der Namengebung vorausgesetzt, eine seltsame und
nicht genügend erklärte Thatsache.

Die Wahrscheinlichkeit, resp. Sicherheit, dass wir es mit Darstellungen des ältern Scipio zu thun haben, beruht zunächst auf
zweierlei: Auf dem Fundort des rospigliosischen Basaltkopfs (Nr. 2)
und auf der Inschrift der capitolinischen Marmorbüste (Nr. 1).

An jenem Fundort, zu Liternum bei Cumae, hatte der Sieger
von Zama seine letzten Jahre zugebracht, daselbst soll er gestorben
sein und da war ihm auch nach dem ausdrücklichen Zeugnis des
Livius ein Denkmal mit einer Statue errichtet worden. Wüssten wir,
aus welchem Material diese Statue gearbeitet war, so wäre auch die
Frage entschieden, ob der erhaltene Basaltkopf unmittelbar von ihr
herrührt oder nicht. Es ist indes kaum wahrscheinlich, dass in den
verhältnismässig noch einfachen Zeiten des 2. Jahrhunderts v. Chr.
dieser harte Stein für eine Porträtstatue verwendet wurde. Und viel
später wird man das Denkmal nicht setzen dürfen, da es zu Livius
Zeit schon eine Art Ruine war. Basaltstatuen waren überhaupt eine
Seltenheit. Gewöhnlich bildete man blos die Köpfe aus diesem Material und setzte sie chernen Gewandstatuen auf. Aber wer möchte
bei einem Grabmal an der Küste des sonst wenig besuchten Liternum
an eine derartige raffinierte Zusammensetzung denken. Und übrigens
deutet das erhaltene Gewandstück an unserem Kopf wirklich auf eine
ganze Basaltstatue, oder doch auf eine ganze Basaltbüste. In letzerem

Fall kann von Zugehörigkeit zu jenem Denkmal vollends keine Rede
sein. Vielmehr wird es ausser den von Livius erwähnten noch andere
Bildnisse des Scipio in Liternum gegeben haben. Die späteren Bewohner machten sich gewiss eine Ehre daraus, auch in ihren Privat-
häusern ein Bild des Mannes zu besitzen, der ihren Ort durch seinen
Tod berühmt gemacht. Und von diesen mag der Basaltkopf eines
gewesen sein.

Die Nachricht selbst, dass er zu Liternum gefunden, geht auf
Fulvius Ursinus und Faber zurück, und ich sehe nicht, dass sie
irgendwo ernstlich angezweifelt wurde. Nur ist die Art, wie sich
Faber ausdrückt [1], etwas sonderbar: *Non tamen confirmare ausim,
quod haec ipsa effigies* (eben der Basaltkopf) *in statua illa* (zu Liternum) *fuerit; sicut nec in illa altera, quae Romae erat extra portam
Capenam, cujus idem Livius meminit*; als ob er die Möglichkeit, dass
der Kopf zu einer römischen Statue gehöre, also nicht in Liternum
gefunden sei, dennoch zugäbe. Wie auch Winckelmann (in der ersten
Dresdner Ausgabe der Kunstgeschichte) die hypothetische Wendung
gebraucht: «Wenn es wahr ist, was Fulvius Ursinus sagt und wissen
konnte, dass der schöne Kopf von Basalt im Palazzo Rospigliosi zu
Liternum gefunden worden etc.» [2]. Aber, wie gesagt, ein eigentlicher
Zweifel ist nie dagegen erhoben worden. Bevor Visconti die Inschrift
der capitolinischen Büste zu Ehren zog, basierte man allgemein die
Benennung der Scipioköpfe auf das rospigliosische Exemplar.

Es war freilich eine ungenügende und keinerlei Sicherheit
gewährende Grundlage. Die Ansiedler Liternums hatten ja jedenfalls
noch andere persönliche Beziehungen, und mochten im Lauf der Jahrhunderte manches Bildnis, sei's eigener Angehörigen, sei's sonstiger besonders verehrter oder bewunderter Männer aufgestellt haben. Vielleicht sind unter den erhaltenen Porträtköpfen noch weitere, die dort
gefunden sind, und wir wissen es nur nicht. Der eine, von
dem wir es wissen, brauchte deswegen noch nicht Scipio zu sein.
Einzig die Erwägung, dass der Kopf seiner vielen Repliken wegen
einen berühmten Mann darstellen muss, und dass von allen berühmten Männern der Sieger von Zama die nächste Beziehung zu Liternum hat, hob die Vermutung auf einen etwas solideren Boden
empor. Da kam die Inschrift der capitolinischen Büste hinzu,
und mit ihr, wie man glaubte, und wie man unter Umständen mit
Recht glaubt, ein Beweismittel, das nicht bloss für sich allein schon

[1] Illustrium imagg. p. 29.
[2] S. Winckelm. W. VI. 2. p. 265.

vollkommene Sicherheit bot, sondern wodurch nun auch die Beweis
kraft des rospigliosischen Kopfes bestätigt wurde.

Die Inschrift befindet sich auf einem langen, die ganze untere
Breite der Büste einnehmenden Täfelchen, das unzweifelhaft mit
dem Kopf zusammen gearbeitet ist, und gehört, wenn echt, der nachhadrianischen Zeit an. Buchstabenform und Abfassung geben nicht
gerade zu Verdacht Anlass, obwohl es immerhin interessant ist, die
neuerdings gefundene sicher antike Scipioinschrift (oben p. 36 Anm. 3)
damit zu vergleichen. Dagegen finden sich an dem Täfelchen, namentlich an seinem oberen Rande, Spuren von moderner Bearbeitung,
und man vermisst an demselben jene Corrosion, welche der übrige
Teil der Büste zeigt. Da es nun sehr häufig vorkam, dass das zur
Inschrift bestimmte Täfelchen, wie auch der untere Rand der Hermen,
leer blieb, so könnte dies ursprünglich auch hier der Fall gewesen
und die Inschrift erst später auf das leere Täfelchen gesetzt worden
sein, etwa wie die sog. Domitia in den Uffizien Nr. 86 (Dütschke
Nr. 116) oder der Pindaros im Philosophenzimmer des Capitols Nr.
33, erst nachträglich, d. h. im vorigen Jahrhundert, zu ihren Namen
gekommen sind [1].

Ich weiss nun allerdings nicht, ob über die Auffindung und die
frühere Geschichte der capitolinischen Büste noch irgendwo Nach-
richten vorhanden sind. Es will mir aber vorkommen, als ob die
Geschichte wenigstens der Inschrift erst mit Visconti beginne. Der
Commentator der *Illustrium imagines* vom J. 1606 scheint dieselbe
nicht gekannt zu haben, wie auch Fulvius Ursinus nicht. Denn
wäre es der Fall, so würde Faber die Büste, wenn nicht abgebildet,
doch sehr wahrscheinlich im Text erwähnt haben, wie er ja auch
die Gemmenbilder des Scipio aufzählt. Noch Winckelmann, der zwar
eine Büste im Capitol erwähnt [2], sagt kein Wort von einer Inschrift.
Der Basaltkopf hat nach ihm allen andern die Benennung gegeben [3].
Und doch lebten alle diese Männer in Rom, wo die Büste (nach
Visconti) schon im 16. Jahrhundert auf dem Capitol aufgestellt war.
Ist es nicht sonderbar, dass den bildniskundigsten Gelehrten des
16. und 17. Jahrhunderts eines der wichtigsten Monumente sollte ent-
gangen sein, und dass der grösste Altertumskenner des 18. die
Scipiobenennung auf die precäre Grundlage des Basaltkopfs statt

---

[1] Zur Domitia vgl. Mommsen in d. Arch. Zeitg. 1880 p. 36. — Herr Dr.
Dressel, der mich auf jenen Mangel an Corrosion aufmerksam machte, ist sehr
geneigt, die Scipio-Inschrift für modern zu halten.
[2] Werke VI. 2. p. 266; Mon. ined. II. p. 231.
[3] Werke VI. 1. p. 190.

auf die Inschrift basiert? Oder aber war die capitolinische Büste
damals ohne Inschrift, und wurde die letztere erst darauf gesetzt,
nachdem man jene als eine Replik des Kopfes von Liternum erkannt hatte?

Es hängt dies, wie gesagt, davon ab, ob sich die Existenz der
Inschrift über Visconti hinaus zurückverfolgen lässt oder nicht. Im
letzteren Fall wird man zugeben müssen, dass durch die Inschrift
der capitolinischen Büste ebensowenig als durch den Fundort
der rospigliosischen eine sichere Basis für die Scipiobenennung gewonnen ist.

Bis zur Entscheidung jener Frage nun, und zwar bis zu ihrer
Entscheidung in positivem Sinn, ist es von Wichtigkeit, auch die
sonstigen Ueberlieferungen, die uns über die äussere Erscheinung des Scipio Aufschluss geben können, in den Kreis der Betrachtung zu ziehen.

Dabei mag vorausgeschickt werden, was die Inschrift unentschieden
lässt, dass in den Büsten wohl jedenfalls nur der ältere Scipio gemeint sein kann. Es ist mir zwar kein anderes Beispiel bekannt,
wo der Beiname Africanus ohne weitere Andeutung als genügend
erachtet wäre, um dessen Person zu bezeichnen, während bei Cicero
im Gegenteil häufig der jüngere damit gemeint ist [1]. Allein erstens
war der Besieger Hannibals doch entschieden der berühmtere, hat
also a priori die Wahrscheinlichkeit vor dem jüngeren voraus. Und
wenn auch der Zufall ebenso gut ein Bildnis des jüngern als des
ältern aufbewahren konnte, so ist zu bedenken, dass es sich nicht
um Einen, sondern um eine ganze Reihe von Köpfen handelt. 30 bis
40 Bildnisse des Aemilianus und kein einziges (bekanntes) seines berühmten Grossvaters, das würde doch über den Zufall hinausgehen.
— Sodann befindet sich unter diesen 40 das von Liternum, welcher
Ort, soviel wir wissen, nicht mit der Scipionenfamilie im Allgemeinen,
sondern bloss mit dem ältern Scipio, der sich dahin zurückgezogen,
in näherer Beziehung stand. Das allgemeine Familiengrab war vor
der Porta Capena zu Rom. — Endlich möchte folgende Erwägung
den Ausschlag geben. Cicero hatte in den Büchern über die Republik einer Statue des jüngern Africanus Erwähnung gethan, welche
beim Tempel der Ops stand und die Aufschrift trug: *P. Cornelio
P. F. Scipio Cens.* Mit Bezug darauf äusserte Metellus Scipio, Cicero
habe irrtümlich eine Statue seines Urgrossvaters Scipio Nasica Se-
rapio für die des Africanus genommen. Darüber schrieb Cicero in

---

[1] Vgl. Epp. ad. Atticum VI. 1, und die Ausleger. Madvig Op. ac. 1 p. 194.

dem schon erwähnten Brief an Atticus: «Metellus scheint nicht zu
wissen, dass sein Urgrossvater niemals Censor gewesen. Auf jener
Statue aber, welche beim Tempel der Ops auf einer Erhöhung steht,
ist grade das Wort *Censor* geschrieben. Und ebenso auf der beim
Hercules des Polycles, welche sich durch Haltung, Gewandung, Finger-
ring, durch die Physiognomie selber als die gleiche Person zu erkennen
giebt» [1]. Um die Identität zweier Statuen des jüngern Africanus zu beweisen, beruft sich Cicero auf die Stellung, die Kleidung, den Finger-
ring. Ist dies denkbar, wenn sein Bildnis so charakteristische Merkmale zeigte wie unsere Büsten? Zwar wird hinzugesetzt, auch die
Physiognomie selber *(imago ipsa)* bezeuge es. Aber offenbar nicht,
um Gewicht darauf zu legen; sie kommt als viertes, schwächstes
Argument hinzu, gleichsam als wollte Cicero sagen: Auch die Physiognomie widerspricht nicht. Von der Narbe dagegen und der glatt
rasierten Kopfhaut, den sichersten Erkennungszeichen, kein Wort.
Aller Wahrscheinlichkeit nach war daher der jüngere Scipio überhaupt nicht durch diese Züge charakterisiert.

Die hauptsächlichste und fast die einzige brauchbare Stelle über
die äussere Erscheinung des ältern Scipio findet sich bei Livius
XXVIII. 35, wo es heisst: «Ausserdem, dass ihm schon von Natur
ein hoher Grad von Majestät eigen war, zierte ihn das lang herab-
wallende Haupthaar, der ungeschminkte, männliche und militärische Charakter seiner ganzen Erscheinung, wie auch sein Alter
in der vollen Entwicklung seiner Kraft war, welche die nach der
Krankheit erneute Jugendblüte gleichsam noch voller und strahlender
machte» [2]. Die Stelle bezieht sich auf den Eindruck, welchen Scipio
auf Massinissa bei der Zusammenkunft im Jahre 206 gemacht haben
soll. Er war damals 29 Jahre alt, wenn er 17jährig am Tessin ge-
fochten hatte (218). Nun ist Livius allerdings keine sehr zuverlässige
Quelle, weder was die genaue Scheidung des Thatsächlichen vom
Poetischen, noch was speciell seine Unbefangenheit gegenüber den
Scipionen betrifft. Aber mag auch der ganze Vorgang dem Gebiet
der Dichtung angehören [3], so ist doch nicht anzunehmen, dass die ge-

---

[1] *Scipio hic Metellus proavum suum nescit censorem non fuisse. Atqui nihil
habuit aliud inscriptum nisi CENSOR ea statua, quae ab Opis parte posita in excelso
est; in illa item quae est ad Πολυκλέους Herculem inscriptum est CENSOR, quam
esse ejusdem, status, amictus, anulus, imago ipsa declarat. Cic. ad Att. VI, 1.*

[2] *Praeterquam quod suapte natura multa majestas inerat, adornabat promissa
caesaries habitusque corporis non cultu munditiis sed virilis vere ac militaris et
aetas in medio virium robore; quod plenius nitidiusque ex morbo velut remotatus
flos juventae faciebat.*

[3] S. Ihne Röm. Gesch. II. p. 331.

gebene Schilderung von Scipios Aeusserem völlig aus der Luft gegriffen sei. Und da muss es im höchsten Grade auffallen, dass
Livius, der die Bildnisse des Scipio aus eigener Anschauung kannte [1],
gerade die *promissa caesaries* hervorhebt, während unsere Büsten das
absolute Gegenteil, einen kahlgeschorenen Kopf zeigen. Wenn das
letztere wirklich seine Bildnisse charakterisierte, weil er etwa in spä-
terem Alter sich auf diese Weise zu scheeren pflegte, so durfte man
wenigstens erwarten, dass Livius bei jener Gelegenheit auf die später
veränderte Gewohnheit hingewiesen hätte, was mit keiner Silbe geschieht. Auch dem Silius Italicus werden die Bildnisse seines Helden,
wenn es denn deren so viele gab, nicht unbekannt gewesen sein. Und
dennoch folgt er getreu der Tradition von seinem langen Haupthaar [2].
Dagegen ist die von Visconti herbeigezogene Stelle des Gellius [3], wonach es im Zeitalter der Scipionen Sitte gewesen sein soll, sich vom
vierzigsten Jahre an zu rasieren, ganz irrelevant. Denn sie bezieht
sich ausschliesslich auf den Bart und auf die Zeit des jüngeren Scipio,
wie auch Plinius sagt: *Primus omnium radi quotidie instituit Africanus sequens.* [4] Will man daraus einen Schluss ziehen auf den älteren
Scipio, so kann es nur der sein, dass zu seiner Zeit diese Sitte noch
nicht existierte [5].

Mit den sonstigen physiognomischen Zügen, welche Livius angiebt,
der natürlichen Majestät und dem ungeschminkten männlichen Charakter, lässt sich für unsern Zweck nicht viel anfangen. Die Majestät
war nach Suidas mit Anmut gemischt, keineswegs etwa Scheu erregend
oder zurückschreckend [6], während beim Durchschnitt der Scipiobüsten
in der That das Strenge vorherrscht. Indes ist der geistige und
seelische Ausdruck bei den einzelnen Repliken verschieden, und ein
objectives Urteil auf diesem Gebiet schwer zu erreichen. Die hohe

---

[1] *Statuam tempestate dejectam Literni nuper vidimus ipsi.* Liv. XXXVIII, 56.
[2] Sil. Ital. VIII. 561:

Martia frons facilesque comae nec pone retroque
Caesaries brevior, flagrabant lumina miti
Aspectu gratusque inerat visentibus honor.

[3] Gell. III. 4: *Scriptum esse animadvertimus P. Scipionem Pauli f. quum
esset reus neque barbam demisse radi, neque non candida veste uti, neque fuisse cultu
solito reorum. Sed quum in eo tempore Scipionem minorem quadraginta annorum
fuisse constaret, quod de barba rasa ita scriptam esset mirabamur. Comperimus
autem ceteros quoque in iisdem temporibus nobiles viros barbam in ejusmodi aetate
rasitavisse: idcircoque plerasque imagines veterum non admodum senum sed in medio
aetatis ita factas videmus.*
[4] Hist. nat. VII. 59.
[5] Winckelmann wollte daher die Köpfe lieber auf den jüngern beziehen.
[6] Ἦν δὲ δὴ συνελθόντων ἰδεῖν τὸν μὲν Σηπίωνα ἐπιφανῆ τε τὸ σῶμα καὶ
ὑψηλόφρονα καὶ πρὸς τὸ χαρίεν μᾶλλον ἢ φοβερὸν πεφυκότα. Ἀννίβᾳ δὲ κάλλος

Stirn des Kriegsgottes und die mild leuchtenden Augen bei Silius
Italicus [1] scheinen wesentlich nur poetische Epitheta zu sein.

Concretere Entscheidungsgründe, wenn sie sich aufrecht erhalten
liessen, wären folgende von Visconti geltend gemachte Punkte: Die
auf die Schlacht am Tessin bezogene, unsere Büsten charakterisierende
Kopfwunde, dann die Aehnlichkeit mit der sogenannten Scipiomünze
und die mit dem angeblichen Scipio eines pompejanischen Wand-
gemäldes.

Servius zu Virgil Aen. X. 800 berichtet, Scipio habe, als er kaum
17 Jahre alt war, seinen Vater im Kampf vertheidigt und sei nicht
vom Platze gewichen, bis er von 27 Wunden bedeckt war [2]. Dannach
müsste man allerdings bei Scipio einen narbenvollen Leib und, obwohl es nicht ausdrücklich gesagt wird, auch eine oder mehrere
Kopfnarben voraussetzen. Allein der Bericht ist zu panegyrisch ge-
färbt, als dass er auf Glauben Anspruch machen dürfte. Livius und
Polybius [3] sagen bloss, dass Scipio seinen verwundeten Vater gerettet,
und Livius sieht sich sogar, trotz seiner Vorliebe für die Scipionen,
genötigt, hinzuzufügen, dass nach Coelius Antipater, auf dessen Zeugnis
er sonst sehr viel Gewicht legt, das ganze Verdienst einem ligurischen
Sklaven zukam, was denn ohne Zweifel auch das Wahrscheinlichste
ist. Nun kommt es aber vielleicht auf das Factische nicht so besonders an. Die Porträtbildner konnten sich ebensogut an die Tradition als an die Geschichte halten. Aber immerhin muss es eine
Tradition gewesen sein, die schon in den Zeiten, da die ersten
Scipiobilder aufgestellt wurden, bekannt war; also nicht die des
Servius, von welcher die frühern Geschichtschreiber schweigen, und
die ihrem ganzen Charakter nach als übertrieben erscheint, sondern
höchstens die des Livius in der allgemeinen Fassung, dass Scipio am
Tessin seinen verwundeten Vater gerettet. Ob er selbst dabei ver-
wundet worden, oder auch nur, ob dies die allgemeine Voraussetzung
war, wissen wir einfach nicht. Und doch soll die Narbe an den
Büsten, eine kreuzförmige Schramme, die schon zum voraus von kei-

---

κατακληκτικόν ἦν, τῷ δεινῷ τι καὶ συνεστραμμένῳ τοῦ προσώπου μεμιγμένον.
Suidas s. v. Σκηπίων. In dieser Gegenüberstellung scheint eher die Schilderung
des Puniers auf unsere Büsten zu passen.

[1] Sil. Ital. XVII. 398: *Flammam ingentem frons alta vomebat* (vgl. die oben
a. Stelle). Doch heisst es auch XV. 133:

. . . . *Pars lumina patris,*
Pars credunt torvos patrui recirescere vultus.

[2] *Nam Scipio Africanus cum esset annorum vix decem et septem patrem suum
defendit in bello; nec cessit nisi viginti septem confossus vulneribus.*

[3] Liv. XXI. 46. Polyb. X. 9.

nem Schwerthieb herrühren kann, als ein weiterer Beweis für die
Richtigkeit der Inschrift ins Gewicht fallen? Ich sehe in der That
nicht ein, mit welchem Recht. Man kann sichs ja gefallen lassen,
dass die Narbe eine Andeutung persönlicher Tapferkeit sein soll.
Aber Proben persönlicher Tapferkeit, die möglicher Weise eine Kopfwunde zur Folge hatten, treten uns in der römischen Geschichte
massenhaft entgegen. Damit liesse sich nicht einmal der ältere vom
jüngern Scipio unterscheiden. Denn ein ganz ähnlicher Zug, wie vom
älteren in der Schlacht am Tessin, wird vom jüngern in der Schlacht
bei Pydna und zwar ebenfalls aus seinem 17. Altersjahre hervorgehoben, indem er blutbespritzt und als der letzte zu seinem ihn
sehnsüchtig erwartenden Vater zurückkehrte [1]. Aber man brauchte
diese Proben nicht notwendig, wie die Scipionen oder auch wie der
ältere Cato[2], in grossen Feldschlachten abzulegen. Seit den Gracchen
hatte man genug Gelegenheit, es in nächster Nähe auf dem Forum
zu thun [3].

Für den älteren Scipio soll ferner eine Münze der gens Cornelia sprechen, welche auf der einen Seite einen behelmten Kopf mit
der Umschrift des Münzmeisters Cn. Blasio (abgeb. Münztaf. I.
Nr. 18. 19) [4], auf der andern die drei capitolinischen Gottheiten zeigt [5].
Der Kopf weicht von der gewöhnlichen Idealbildung etwas ab,
und wird daher für ein Porträt gehalten. Allein wenn wirklich
Scipio gemeint ist, wofür ja ziemlich schwer wiegende Gründe an-

---

[1] Plut. Aem. Paul. 22.

[2] Plut. Cat. maj. 1.

[3] Düntzer im Verzeichnis der Alterth. des Wallraf-Museums zu Köln zu
Nr. 9 erklärt die Narbe als einen vielleicht von der gewaltsamen Geburt her-
rührenden Naturfehler (vgl. Plin. H. N. VII. 47).

Hiebei mag zugleich bemerkt werden, dass, wie es sicher hieher gehörige
Köpfe giebt, die der Narbe entbehren (z. B. in V. Borghese oben Nr. 10; vgl.
Nr. 3, Nr. 22, Nr. 24, Nr. 31, Nr. 38 und Anm. zu Nr. 15), so die Narbe bisweilen an kahlgeschorenen Köpfen vorkommt, die ganz offenbar eine verschiedene
Persönlichkeit darstellen, z. B. bei dem bereits erwähnten Wiener (z. oben p. 46),
der vielleicht eben seiner Unähnlichkeit wegen, als Sc. Aemilianus bezeichnet
wird; ferner bei einem Kopf in den Magazinen des Louvre (s. Anm. zu Nr. 21),
und ich zweifle nicht, dass sich noch weitere Beispiele finden. Es liegt natürlich
nahe, an ein späteres Einhauen derselben zu denken. Wie manche Bildnisse sind
durch Aufsetzen einer Warze zu Cicero gemacht worden? Durch eine ähnliche
Procedur könnten auch die Köpfe in Florenz und München (oben p. 46),
vielleicht auch der von Helbig besprochene des Kunsthändlers Abbati (Nr. 15)
zu Scipionen geworden sein. Indes scheinen in technischer Beziehung allerdings
keine Verdachtsgründe vorzuliegen.

[4] Cohen M. C. Tal. XIV. Cornelia 4.

[5] Vgl. Mommsen Gesch. des röm. Münzwesens p. 563. Nr. 181.

geführt werden können — die Sitte der Münzmeister, die Bildnisse
hervorragender Geschlechtsgenossen auf ihre Münzen zu setzen, die
Darstellung der drei Gottheiten mit Bezug auf Scipios Gewohnheit,
vor jedem wichtigen Geschäft den capitolinischen Tempel zu be-
suchen (vgl. oben p. 33), — so werden dadurch der Bezeichnung
unsrer Büsten ebensowohl Schwierigkeiten bereitet, als Stützpunkte
geboten. Man mag eine allgemeine Aehnlichkeit des (hier doch
immer spitzeren) Profils und, da im Durchschnitt keine Haare
unter dem Helme sichtbar sind [1], auch dieselbe Kahlheit auf der
Münze erkennen. Dagegen zeigt sie weder den bei den Büsten vor-
herrschenden dicken, kurzen Hals, noch das markierte, im Durchschnitt fette Kinn, noch die geteilte Stirn. Auch sollte man nach
der Münze erwarten, dass Scipio gewöhnlich mit dem Helm dargestellt wurde [2]. Sonst begreift man nicht, was den Blasio veranlassen
konnte, die charakteristische Kahlheit, an der Scipio auf Münzen
ohne Namensbeischrift allein sicher zu erkennen war, durch den
Helm zu verdecken. Indes vielleicht ist es besser, die Münze ganz
aus dem Spiel zu lassen. Es giebt sonst keine behelmten Römer-
bildnisse auf Münzen, obgleich eine solche Darstellungsweise bei
Sulla, Pompejus, Caesar ebenso nahe lag wie bei Scipio. Der Kopf
der Blasiomünze galt früher für Mars, und es wäre doch wohl möglich, dass die alten Numismatiker Recht gehabt hätten.

Endlich glaubt man seit Visconti auf einem pompejanischen
Wandgemälde (abgeb. Taf. IV) [3] eine unsere Büste bestätigende
Darstellung des Scipio zu besitzen. Den Mittelpunkt desselben bildet
eine weibliche Figur, welche, auf den linken Ellenbogen gestützt,
bekleidet auf einem Lager liegt, in der Rechten eine Schale haltend.
Hinter ihr, nach der traulichen oder besorglichen Haltung des rechten
Armes, ihr Gemahl oder ihr Geliebter [4], beider Haupt von einem

---

[1] Die Abbildung bei Visconti (Icon. rom. pl. III. Nr. 7), wo Haare ums
Ohr angegeben sind, ist in dieser Beziehung wohl ungenau. Dass aber wirklich
Exemplare mit Haaren vorkommen, beweist das von uns abgebildete aus der vati-
canischen Sammlung (Münztaf. I. Nr. 19).

[2] Obgleich gerade die unrömische (korinthische?) Form desselben wieder
gegen ein Porträt spricht.

[3] Mus. borb. I. 34; Visc. Iconogr. grecque pl. 56, und danach verkleinert
bei Jahn Der Tod der Sophoniba. Bonn 1859. Vgl. Helbig Wandgemälde
Nr. 1385.

[4] Ob auf demselben Lager ruhend (Visconti, Jahn) oder mit vorgebeugtem
Oberkörper stehend (Helbig), ist bei der Zerstörung der untern Teile des Gemäldes nicht leicht zu entscheiden. Die ganze Composition und der, wie man
glauben könnte, beide gemeinsam deckende Mantel, legen es nahe, das Erstere
anzunehmen. Doch müsste sich die männliche Figur dann ebenfalls auf den

bindenartigen Tuch umwunden. Zu ihren Füssen wiederum eine
männliche Figur, dies eben die maassgebende mit dem kahlen Scheitel
(Scipio?), von einem Diener gefolgt, und zwei sich unterredende Diene-
rinnen im Hintergrund. Alles in einer grossen, von Säulen gestützten
und mit Statuen geschmückten Halle. — Visconti deutete das Gemälde
bekanntlich auf die durch Scipio gestörte Hochzeitsfeier des Massinissa und der Sophoniba, Jahn auf den etwas späteren aber tragi-
scheren Moment, wo Sophoniba den ihr von Massinissa gereichten
Giftbecher trinkt, hier ebenfalls in Gegenwart des Scipio.

Aus der uns vorliegenden Ueberlieferung kann diese historische
Beziehung freilich nicht begründet werden; denn Alle, welche über
die Sache berichten, sind, so sehr sie in Einzelheiten von einander
abweichen, darin einstimmig, dass weder Massinissa noch Scipio beim
Tode Sophoniba's zugegen waren. Nach Livius [1] ist es ein Diener,
durch welchen der neuvermählte Numidierfürst seiner Gattin heimlich
Gift schickt, als das einzige Mittel sie vor der Gefangenschaft der
Römer zu bewahren. Nach Diodor und Appian [2] bringt er es ihr
zwar selber, aber nur um ihr die Notwendigkeit des Todes vorzu-
stellen, nicht um Zuschauer desselben zu sein. Scipio vollends kommt
gar nirgends mit ihr in persönliche Berührung. Indes der Maler
brauchte sich nicht sklavisch an die historische Ueberlieferung zu
halten. Vielleicht lag ihm irgend eine abweichende poetische Bearbeitung vor, oder er folgte seinem eigenen Gestaltungstrieb, indem er
»durch Vereinigung sämmtlicher Hauptpersonen das Ergreifende der
Situation zu erhöhen suchte«. [3] Immerhin aber müssen genügende
Gründe vorhanden sein um uns zu veranlassen, in einem historischen
Gemälde, das mit der Historie nicht stimmt, dennoch den vorausgesetzten Gegenstand zu erkennen. Als solche werden die Aehnlichkeit
der am Fusse des Lagers stehenden Figur mit unsern Scipiobüsten
und der unmöglich anders zu deutende Vorgang bezeichnet. — Vom
Kopf der betreffenden Figur sind nur noch die vorderen zwei Dritteile erhalten, und die Stirn ist allerdings kahl. Auch das zur Fettigkeit neigende Gesicht ist mit dem Scipiotypus unleugbar nahe ver-

Ellenbogen stützen, während sie, wie man freilich auf dem Original jetzt kaum
mehr erkennt, den linken Vorderarm gesenkt hat, mit der Handfläche nach vorn
gekehrt. Helbig hat daher doch wohl recht, dass er die Figur als stehend fasst.
Nur möchte ich ihre Stellung noch dahin präcisieren, dass sie soeben herbei-
geeilt ist, und den Oberkörper vorgebeugt hat, während die Beine noch im Aus-
schritt begriffen sind; daher die geringere Scheitelhöhe des Kopfes.

[1] Liv. XXX, 15.
[2] Diod. XXVII. 10 p. 571 Wess.; App. Puu. VIII, 28.
[3] Jahn a. a. O. p. 8.

wandt. Nur existiert nicht jene totale Uebereinstimmung mit der capitol.
Büste, wie man nach der viscontischen Abbildung glauben sollte, und
darf man auch nicht behaupten, dass die Kopfnarbe noch bemerkbar
sei. Es ist ein Grad von Aehnlichkeit, der die Beziehung auf Scipio,
wenn schon anderweitig empfohlen, bestätigen, der aber, sobald
Schwierigkeiten entgegen stehen, ebenso gut zufällig sein kann. Man
vergleiche z. B. den des Haar- und Bartwuchses vollständig erman-
gelnden Dädalus bei Helbig Wandgemälde Nr. 1206, wo trotz der
gleichen Aehnlichkeit Niemand im Ernst an Scipio denkt. Aber freilich
auf unserm Bilde soll hinzukommen, dass auch alles Andere zu der
genannten Persönlichkeit und dem supponierten Vorgang passt. Ich
muss dies, so absolut gefasst, ebenfalls in Abrede stellen. Es ist
denn doch Manches da, was noch keine genügende Erklärung gefunden hat. Schon das Costüm des angeblichen Scipio ist, gelinde
gesprochen, auffällig. Mag er sich während seines Aufenthaltes in
Syrakus darin gefallen haben, seine Neider durch griechische Kleidung zu ärgern [1], hier mitten im Feldzug gegen Syphax und unmittelbar nach der siegreichen Schlacht [2] erwartet man durchaus, ihn als
Feldherrn bezeichnet und, wonicht mit Helm und Panzer angethan,
doch mit irgend einem militärischen Abzeichen versehen dargestellt
zu finden. Statt dessen ist er barhaupt und in der Tunica [3], und
auf dem ganzen Bilde nicht die leiseste Beziehung zu dem kriege-
rischen Hintergrund, auf dem die Scene vor sich geht. Und was
soll ferner der Sklave mit dem Speisebrett hinter Scipio? Jahn erklärt ihn als Opferdiener und als specielle Beigabe des Scipio, um diesen
mit höherer Feierlichkeit und Würde zu bekleiden. «Es ist nicht
der Feldherr und Vorgesetzte des Massinissa, welcher die Insubordi-
nation desselben mit harter Strenge rügt und bestraft, sondern der
geheiligte Vertreter des göttlichen Willens, der in solcher Eigenschaft
in das Ehegemach der Neuvermählten tritt und den widerrechtlich
geschlossenen Bund löst.» Diese Auffassung scheint mir weder der
Sache noch der gewöhnlichen Symbolik zu entsprechen. Den Scipio
als Ausdruck des Götterwillens hinzustellen, war für die tragische
Wirkung ohne Belang. Für die Schuldigen repräsentiert er so wie
so das Schicksal, dessen Machtgebot jene sich nicht entziehen können.
Dann aber zweifle ich sehr, ob die erwähnte Beziehung durch die

---

[1] *Eum pallio crepidisque inambulare in gymnasio.* Liv. XXIX. 19.

[2] Nach Livius geht ja die ganze Unterhandlung zwischen Scipio und Massinissa
im Lager vor sich.

[3] Durchaus nicht *in abitu militare,* wie es bei Visconti heisst (Icon. greca
III. p. 417). Der Mangel einer Toga auf einem vollständig griechisch costümier-
ten Bild kann unmöglich als ein militärischer Charakterzug gefasst worden.

blosse Beigabe eines Opferdieners verständlich gewesen wäre, zumal
durch die des vorliegenden, der trotz der gelehrten Ausführung Jahns
gar nicht bestimmt (etwa durch Bekränzung) als solcher charakterisiert
ist, vielmehr, an sich betrachtet, durchaus nur als ein bei der Mahl-
zeit dienender Haussklave erscheint. Auch in Beziehung auf andere
Punkte hat man offenbar zu viel aus dem Bilde herauslesen wollen,
z. B. was die Raçenbezeichnung betrifft. Die Gesichtsfarbe des sog.
Massinissa ist nur wenig dunkler als die des Scipio, und die der
Sophoniba, die doch dem Römer gegenüber auch als Orientalin
charakterisiert sein sollte, gradezu weiss. Dagegen hätte ein Künstler,
welcher die ethnographischen Unterschiede der Hautfarbe angab, dem
übrigen Costüm und der ganzen Scenerie schwerlich diesen neutralen,
ideal griechischen Stempel aufgeprägt. Man könnte sogar bestreiten,
dass überhaupt ein historischer Gegenstand dargestellt sei. Die Kopf-
tücher wenigstens der zwei gepaarten Figuren sind nach ihrer Breite
und Unregelmässigkeit sehr zweifelhafte Königsbinden [1]. Aber wenn
auch manche Eigentümlichkeiten in Ausdruck und Geberde, namentlich die Handbewegung und die mutmassliche Stellung des sog.
Massinissa eher einen dramatischen Vorgang vermuten lassen, so
bietet doch gerade die gewöhnliche Erklärung noch zu viele Auf-
fälligkeiten dar, um sich mit ihr zu beruhigen.

Was ist nach alle dem das Resultat? -- Wir wollen die
Schwierigkeit der von Livius mehr oder weniger dementierten Kahl-
heit nicht als ein positives Hindernis der Scipiobedeutung unserer
Büsten betrachten, sondern zugeben, dass der Basaltkopf Rospigliosi,
weil zu Liternum gefunden, den Scipio darstellen kann, dass die
Inschrift der capitolinischen Büste, obgleich bis auf Visconti unbekannt, dennoch echt sein, dass Scipio wirklich das Merkmal einer
Stirnwunde getragen haben kann, dass endlich sowohl die Münze des
Blasio als das pompejanische Gemälde sein Bildnis zeigen können:
in der That eine stattliche Reihe von Empfehlungsgründen für ein
republikanisches Bildnis. Aber wohlverstanden, um etwas Anderes
als um Möglichkeiten handelt es sich nirgends. Und auf solche,
auch auf eine noch so grosse Anzahl, lässt sich nur wieder eine
Möglichkeit bauen. Man mag daher einstweilen an der Benennung
Scipio festhalten, nicht sowohl auf Grund der Beweisführung
Viscontis, als auf Grund dessen, was schon seine Vorgänger bewo-
gen hat, dieselbe zu adoptieren. Aber man wird sich gestehen

---

[1] Doch wohl beidemal weiss. Bei Helbig Wandgem. wird der Sophoniba
eine rosarote Binde gegeben.

müssen, dass es keine bewiesene Sache ist, und dass die Zukunft
ebensowohl eine neue Namengebung als eine Bestätigung der alten
bringen kann.

Titus Flamininus.
(Münztaf. I, 20.)

T. Quinctius Flamininus, geb. um 229 v. Chr. [1], starb wahrscheinlich in den 70er Jahren des 2. Jahrhunderts, also verhältnismässig jung. Er wurde schon 198 Consul, siegte 197 über Philipp V.
von Macedonien bei Kynoskephalae und liess 196 am Isthmos die
Freiheit der Griechen verkündigen. In dieses und die nächsten Jahre
fallen die Haupthuldigungen der letzteren [2]; daher auch aus diesem
Grunde etwaige Statuen ihn vorzugsweise jugendlich dargestellt haben
werden. Als Fundorte wären namentlich Städte wie Korinth und
Chalkis präjudiciert, jenes als Hauptort des damaligen Griechenlands,
dieses wegen der besonderen Verdienste, die sich Flamininus um
dasselbe erworben, Verdienste, die bis weit in die Kaiserzeit hinein
in getreuem Andenken blieben [3].

›Wie der Mann, den wir mit Philopoemen vergleichen, T. Quinctius Flamininus, gestaltet war, kann jeder, der will, an der ihm errichteten ehernen Bildsäule sehen, die in Rom neben dem grossen
Apollo aus Karthago, dem Cirkus gegenüber steht, und mit einer
griechischen Inschrift versehen ist.‹ Mit diesen nicht gerade für
die Nachwelt berechneten Worten beginnt Plutarch die Biographie
des Flamininus. Wir würden denn auch trotz diesem praktischen
Fingerzeig über die Gestalt des Betreffenden vollständig im Dunkeln
sein, käme uns nicht wieder eine Münze zu Hilfe, die man auf ihn
glaubt beziehen zu dürfen.

Im Cabinet des Médailles zu Paris befindet sich ein sonst nicht
mehr vorkommendes Goldstück vom Gewicht eines attischen Staters,
auf dem einerseits ein bärtiger Bildniskopf, andererseits eine stehende
Siegesgöttin mit Kranz und Palme und mit der lateinischen Beischrift

---

[1] Wenn er im J. 196 *trium ferme et triginta annorum* war. Liv. XXXIII. 33.
[2] Vgl. Appian. Maced. 7.
[3] Plut. Flam. Cap. 16.

T. QVINCTI geprägt ist (abg. Münzt. I. 20) [1]. Der Typus der Siegesgöttin, der ganz ähnlich auf den Goldmünzen Alexanders des Grossen und seiner Nachfolger vorkommt, wie auch die Prägeweise und das Gewicht weisen deutlich auf Macedonien als Prägstätte hin, und so ist es denn allerdings nahe gelegt, bei einem Bildnis, das nach allen Analogieen der gens Quinctia angehört, an den Besieger Philipps V. von Macedonien zu denken, der zugleich, wenigstens in den spätern Zeiten, das berühmteste Mitglied der Familie war. Indes kann die Münze nicht von einem der letzteren angehörigen Monetar herrühren, sondern sie ist als Ehrenbezeugung irgend einer griechischen Stadt zu erklären [2]. — Der Kopf hat einen von den Münzporträts der Republik verschiedenen Charakter; teils wegen seiner verhältnismässigen Grösse, indem er fast das ganze Feld ausfüllt, teils wegen seines vortrefflichen, den griechischen Königstypen verwandten Stils. Er hat freies, lockiges Haar, eine wohlproportionierte Schädelform mit eingezogener Nackenlinie, ein ungebrochenes Profil mit vortretendem Stirnknochen, eine gerade, ziemlich niedrige Nase, ein kleines Kinn mit mässigem Unterkinn und einen leichten Bart. Sein Alter ist etwas höher, als es dem jugendlichen kaum 30jährigen Sieger von Kynoskephalae zu entsprechen scheint.

Ein vermeintliches zweites Hilfsmittel, die Gemme des Fulvius Ursinus mit dem bartlosen Krauskopf und den beigeschriebenen Lettern *ΤΦΘ* (abg. Faber Imagines 126; Cades V. 143), war schon zu Viscontis Zeit so viel als aufgegeben. Ursinus hatte die Buchstaben gezwungener Weise als *ΤΙΤΟΣ ΦΛΑΜΙΝΙΝΟΣ ΘΕΟΣ* gedeutet, mit Bezug auf die von den Griechen decretierte Apotheose [3]. Vom Kopf der Goldmünze ist der der Gemme total verschieden, so dass nur entweder der eine oder der andere Flamininus sein könnte. Warum sollte man also das verhältnismässig wohl beglaubigte Bildnis der Münze gegen diese ziemlich willkürliche Hypothese preisgeben?

Fr. Lenormant hat ein kleines, etwa halblebensgrosses Köpfchen des Cabinet des Médailles in Paris (abgeb. Fig. 4) wegen seiner

---

[1] Bei Mionnet Suppl. III. p. 260; Cohen M. cons. XXXV. Quinctia 3. — Ein ähnliches Goldstück mit verschiedenem Revers, welches Fr. Lenormant auf Flamininus beziehen wollte (abg. Rev. numism. 1852. pl. VII. 2), wäre, die Richtigkeit der Beziehung vorausgesetzt, ikonographisch unbrauchbar, weil die Züge des Kopfes nicht mehr kenntlich sind.

[2] Vgl. Mommsen Gesch. d. röm. Münzw. p. 406. — Fr. Lenormant a. a. O. p. 206 hatte sie der lateinischen Aufschrift wegen als *moneta castrensis* der in Griechenland stationierten römischen Besatzungen gedeutet.

[3] Plut. s. oben s. O.

Aehnlichkeit mit der Münze und wegen seiner mutmasslich griechischen Herkunft als Flamininus publiciert [1]. Die Annahme griechischer Herkunft mag durch den Stil des Köpfchens und durch den Umstand, dass ein Teil der Marmorsachen des Cabinet des Médailles aus der Sammlung Nointel stammen, einigermassen gerechtfertigt sein. Die physiognomische Verwandtschaft mit dem Münztypus dagegen ist ein zweifelhaftes Kriterium. Es ist gerade so viel Aehnlichkeit vorhanden, dass man die Möglichkeit der Identität zugeben kann; aber auch so viel Verschiedenes (z. B. im Haar und im Untergesicht), dass man daraus den umgekehrten Schluss ziehen kann. Der kleine Massstab des Statuettenfragments scheint die Vermutung nicht zu empfehlen.

Eine andere Hypothese [2] wollte bekanntlich den sog. Germanicus des Kleomenes im Louvre (unten Fig. 33) hierherziehen, indem sie zugleich den rätselhaften Hermescharakter desselben dadurch zu erklären meinte. Allerdings weist die ganze Auffassung der Statue auf einen von Griechenland gefeierten Römer hin, und es ist ein ansprechender Gedanke, dass der philhellenische Feldherr, der den Griechen in der Rennbahn am Isthmos die Freiheit verkündigte, unter dem Bilde des die Rede wie die Kampfspiele schirmenden Gottes dargestellt sei. Aber die Künstlerinschrift und der Stil (der schon stark ausgeprägte Realismus der Formen) gehören einer späteren Zeit an. Manche wollen selbst das zu Grunde liegende Vorbild (den Hermes Ludovisi) [3] nicht über das letzte Jahrhundert der Republik (Schule des Pasiteles) zurückversetzen. Es müsste daher schon eine sehr entschiedene Aehnlichkeit zwischen dem Kopf der Statue und der Flamininusmünze vorhanden sein, um uns trotzdem der Hypothese geneigt zu machen. Da die beiden Typen einander im Gegenteil entschieden unähnlich sind, so fällt die ganze Combination in sich zusammen [4].

Fig. 4. Marmorköpfchen im Cab. d. Médailles zu Paris.

[1] Lenorm. Revue numism. 1852. pl. VII. 3, vgl. p. 200. Chabouillet Cat. gén. Nr. 3293.
[2] Thiersch Epochen 1825. p. 91. G.
[3] Abgeb. Müller-Wieseler Denkm. II. 318.
[4] Vgl. den dieser Statue gewidmeten Abschnitt weiter unten.

Cato Censorius.

M. Porcius Cato war geb. 234 v. Chr. und starb 149, in seinem
85. Lebensjahre. Consul wurde er 195, Censor 184. Anfangs hauptsächlich als Militär thätig, wie er denn schon als Jüngling den Leib
mit ehrenvollen Wunden bedeckt hatte [1], vom 43sten Jahre an als
Redner und Senator, war er in allen drei Eigenschaften gleich ausgezeichnet [2]. Strenge der Lebensweise, Einfachheit und Enthaltsamkeit, Verachtung alles Luxus haben seinen Namen schon im Altertum zum Sprichwort gemacht, obwohl diese Züge manchmal in Rohheit und Ungeschlachtheit bei ihm ausarteten. Er war auch physisch
eine kernhafte und tüchtige Natur, ebenso kräftig als gesund, von
trotziger Miene, mit gewaltiger Stimme begabt [3], und bewahrte diese
Natur bis in sein hohes Alter. In seinem achtzigsten Jahre erzeugte
er noch einen Sohn.

Wie wenig anmutend seine äussere Erscheinung war, deutet ein
bei Plutarch [4] erhaltenes Epigramm an, welches mit Bezug auf seine
roten Haare, allerdings in nicht sehr glimpflicher Weise (οὐκ εὐμενῶς),
sich folgendermassen ausdrückt:

Ihn mit den grünlichen Augen, den Alles zerbeissenden Rotkopf,
Weiset Proserpina selbst bei seinem Tode zurück.

Ein für Cato bezeichnendes Epitheton ist das horazische *intonsus* [5], womit offenbar nicht sowohl gesagt ist, dass er das Haupthaar
wachsen liess, als dass er den Bart in seiner natürlichen Länge trug,
und überhaupt aller weichlichen Körperpflege abhold war. Es stimmt
vollkommen, wenn der Verfechter altrömischer Zucht, der mit der
Verachtung des Luxus prunkende Sittenrichter, auch hierin gegen
die neu aufgekommene Civilisation protestierte.

Sein Bildnis in der Curie, das bei Leichenbegängnissen der
Familie aufgeführt wurde [6], scheint erst nach seinem Tode aufgestellt worden zu sein. Doch war ihm vom römischen Volk auch
schon bald nach seiner Censur eine Statue im Tempel der Salus er-

---

[1] Plut. Cat. maj. 1.
[2] Plin. H. N. VII. 100; vgl. Liv. XXXIX. 40.
[3] Plut. Cat. 1.
[4] Plut. a. a. O.
[5] Hor. Od. II. 15, 11.
[6] Val. Max. VIII. 15, 2. Aur. Vict. De vir. ill. 47.

richtet worden [1], obgleich er dergleichen Ehrenbezeugungen sonst
zu verspotten und zu bekämpfen pflegte. ›Er wolle lieber, dass
man frage, warum ihm noch keine, als warum ihm eine Bildsäule
errichtet worden sei› [2]. — Nach seinem Tode und in der Kaiserzeit
muss es viele Bildnisse von ihm gegeben haben. Als Repräsentant
des alten Römertums hatte er zu jeder Zeit Bewunderer und Verehrer. Ausserdem durfte in den Bibliotheken die Büste des Ge-
schichtschreibers der *Origines* und des kernhaften Redners, den die
Altertümler sogar über Cicero setzten [3], nicht fehlen.

Wie ganz unzureichend die psychologische Deutungsmethode für die Ikonographie, selbst wo ausser dem geistigen und
sittlichen Charakter einer Persönlichkeit noch einzelne Andeutungen
über ihr Äusseres gegeben sind, sieht man am besten in Fällen wie
der vorliegende. Wo könnte sie mit besserem Recht in Anwendung
kommen als bei einem so scharf ausgeprägten Charakter? Und doch
wie wenig lässt sich den Bildnissen gegenüber, die ihrer Deutung
harren, mit alle dem anfangen, was uns die Geschichte von ihm
überliefert hat? Oder sollen wir annehmen, dass sämtliche Catobild-
nisse zu Grunde gegangen, und dass es schon deshalb vergebliche
Mühe, sich nach solchen umzusehen? Ich glaube nicht, dass ein
Grund zu dieser Annahme vorhanden ist, es müsste denn eben der
Umstand sein, dass alle auf sie hinführenden Spuren so merkwürdig
verwischt sind.

So unfruchtbar nun das Unternehmen wäre, nach subjectivem
Gefühl die Köpfe auszuscheiden und aufzuzählen, die sich möglicherweise mit dem Charakterbild Cato's vereinigen liessen, so würde doch,
wenn man das Requisit des Bartes festhält und nur solche Denkmäler berücksichtigt, deren Stil und Darstellungsweise (Büstenform)
einigermassen auf Römer deutet, nicht gerade eine unübersehbare
Reihe herauskommen. Man darf auch mit Grund voraussetzen, dass
bei den späteren Bildnissen die Totenmaske einen massgebenden
Einfluss geübt, dass er also vorzugsweise als 85jähriger Greis dargestellt worden; denn jene bot den Künstlern ein bequemeres und
leichter zugängliches Vorbild als die im Tempel der Salus aufgestellte Statue. Aber um der Bezeichnung den Wert einer wissenschaftlichen Hypothese zu geben, müsste allerdings noch ein weiteres
Moment hinzutreten. Die betreffenden Köpfe müssten entweder unzweideutig das Gepräge einer bedeutenden Persönlichkeit haben, oder

[1] Plut. Cat. maj. 19.
[2] Plut. a. a. O.
[3] Spartian Hadr. 8.

sie müssten sich durch mehrfaches Vorkommen als Bildnisse eines
berühmten Mannes qualificieren. Also bärtige Römerköpfe greisenhaften oder wenigstens vorgerückteren Alters, von strengem, unculti-
viertem, aber nicht gerade mürrischem Aussehen, ihrer Arbeit nach
wo möglich aus vorhadrianischer Zeit, und ihrem Gegenstand nach
in mehr als einem Exemplar vorhanden, das etwa wären die Präten-
denten, die hier in Frage kommen könnten. Leider trifft die Unzu-
länglichkeit der physiognomischen Deutungsmethode mit ebenso grossen Schwierigkeiten der Stilbestimmung und mit einer auffallenden
Armut an Denkmälern der genannten Art zusammen, so dass die
Versuche in der angegebenen Richtung bis jetzt bloss negative Resultate zu Tage gefördert haben.

Ich wüsste in der That kein einziges Bildnis namhaft zu machen,
das all den erwähnten Postulaten entspräche. Die langbärtigen haben
gewöhnlich specifisch griechischen Charakter — und das wird man
bei Cato so wenig in seinem Aeusseren als in seiner Denkungsart
suchen —, die kurzbärtigen, sofern es sich bei ihnen noch um Cato
handeln kann, einen spätrömischen. Wo dies nicht der Fall, da
bietet fast ohne Ausnahme der Charakter zu Bedenken Anlass. Die
sog. Catobüste in der oberen Gallerie des capitolinischen Museums Nr. 18 [1] mit dem breiten Gesicht und dem etwas grämlichen
Ausdruck hat von catonischer Energie und von catonischem Mutter-
witz keine Spur; es scheint eine Arbeit des 2. Jahrh. n. Chr. zu sein.
Die im Pal. Corsini befindliche Replik ist modern. — Aber vom Barte
zu abstrahieren und Büsten wie den sog. Cicero oder Marius in
München Nr. 216 (abg. unten Fig. 8) oder den sog. Diocletian mit dem
sarkastischen Ausdruck im Kaiserzimmer des Capitols Nr. 80 [2], oder
falls die Scipioköpfe unrichtig gedeutet sind, diese auf die Candi-
datenliste zu setzen, scheint dem horazischen *intonsus* gegenüber
nicht zulässig. Ich begreife daher auch nicht, warum gleichwohl der
Gemmentypus eines bartlosen, abgemagerten Greises (Cades V.
Nr. 151—153) [3] seit Fulvius Ursinus fortwährend Cato genannt wird.

Ueber eine inschriftlich bezeichnete Catostatue der Villa Massimo
beim Lateran kann vielleicht noch im Nachtrag etwas mitgeteilt werden.

---

[1] Beschr. d. Stadt Rom III. 1. p. 164, abg. Bottari I. 80, wohl zu unterscheiden von dem sog. *Cato Uticensis* im Philosophenzimmer ebenda Nr. 52.
[2] Der noch einmal unter dem Namen *Trajanus senior* im Louvre vorkommt.
[3] Abgeb. Faber Imagg. 116; Bellori Imagg. 75; Mus. Flor. Gemmae I.
Taf. 42. 8. 9.

P. Terentius. (L. Accius.) [1]

(Münztaf. V, 114.)

Das Leben des Komödiendichters P. Terentius fällt in die erste
Hälfte des 2. Jahrh. v. Chr., in welcher er sowohl geboren wurde
als starb, ohne dass Geburts- und Todesjahr mit Sicherheit zu bestimmen wären. Er stammte aus Karthago und kam in früher Jugend
als Sklave nach Rom, wo er im Hause des Senators Terentius Lucu-
nus seine Erziehung und bald auch seine Freiheit erhalten haben
soll. Schon bevor er öffentlich als Dichter auftrat, erfreute er sich
der Gunst hochgestellter Männer, wie des Scipio Aemilianus und des
Laelius, und lebte in der feinsten aristokratischen Gesellschaft. Im
35. Lebensjahre begab er sich nach Griechenland und starb daselbst
in der Blüte seines Alters, wahrscheinlich in der arkadischen Stadt
Stymphalus (159 oder 155 v. Chr.). Nach der vita des Sueton war
er von schöner Körpergestalt, von mittlerer Statur, schwächlich und
von bräunlicher Farbe [2].

Ausser diesen Notizen lagen Visconti bloss noch das Miniatur-
bildnis des Dichters in einer vaticanischen Terenzhandschrift (Vati-
cana Nr. 3868) [3] und der Kopf einer Contorniatmünze im friedericia-
nischen Cabinet zu Gotha als Quellen vor.

Jene Handschrift zeigt auf dem ersten Blatte in einer medail-
lonartigen Einfassung, welche von zwei komischen Schauspielern gehalten wird, das bekleidete Brustbild des Terenz von vorn gesehen [4];
auf dem zweiten ebendasselbe ohne die Einfassung [5]. Ein junger
Mann mit schlichtem Haar, starkem Lippen- und ringsumsprossendem
Wangenbart, von rundlicher, auf dem zweiten Blatte von oblonger
Kopfform. Die Handschrift stammt zwar aus dem 9. Jahrhundert;
ihre Miniaturen gehen aber nach Erfindung und Costüm auf Darstellungen des classischen Altertums zurück. Das Bildnis könnte
daher mittelbar oder unmittelbar gar wohl den *Hebdomades* des
Varro entnommen sein. Leider ist dasselbe nach Visconti (der aller-

---

[1] Ueber letzteren s. den Nachtrag.

[2] *Ob ingenium et formam libertate donatus.* Suet. ed. Roth p. 291. — *Qui-
bus* (Scipioni etc.) *etiam corporis gratia conciliatus.* Ib. p. 292. *Fuisse dicitur
mediocri statura, gracili corpore, colore fusco.* Ib. p. 294.

[3] Vgl. Beschreibung d. St. Rom. II. 2. p. 346.

[4] Abgeb. bei F. Ursinus Imagg. p. 42; in der Ausgabe von Faber Nr. 140;
Bellori Imagines 65; Gronov. Thes. antiquit. graec. III, 7.

[5] Abg. d'Agincourt Denkm. d. Mal. Taf. 36, 1.

dings bloss von dem ersten Blatte zu sprechen scheint) vollständig
übermalt — erst bei der Uebermalung, meint er, sei der Bart aufgesetzt worden —, so dass es in ikonographischer Beziehung keine
Autorität mehr beanspruchen kann.

Die Contorniatmünze (abgeb. Münztaf. V. 114) [1], als Denkmal des 4. oder 5. Jahrhunderts n. Chr., ist natürlich ebenfalls kein
zuverlässiger Ausgangspunkt; doch konnte sie wenigstens nicht wie
das Gemälde verunstaltet werden. Terenz erscheint auf derselben
jugendlich, aber etwas fett, mit geradem Profil, das beim Ansatz der
Stirnhaare mit scharfem Winkel in die Scheitellinie übergeht; das
Kinn, wie es der Sitte seiner Zeit entsprach, bartlos; die Brust nackt,
die Schultern mit dem Pallium bekleidet. — Hauptsächlich auf sie
gestützt, sprach Visconti die Vermutung aus, es möchte in einer
Doppelherme des Vaticans, Galleria geografica (abgeb. Icon.
rom. X. 2 u. 4), ein plastisches Bildnis des römischen Komödiendichters erhalten sein. Es werde dies ebensowohl durch die Aehnlichkeit
der beiderseitigen Profile als durch die syrisch-phönizischen Gesichtszüge des Hermenkopfs nahe gelegt. Und nach dem letzteren pflegte
man dann auch den nur ganz im allgemeinen ähnlichen Kopf einer
Doppelherme zu Neapel [2] bisweilen Terentius zu nennen: beidemal
ein älteres Gesicht als für Terenz wahrscheinlich ist.

Diese höchst mangelhaft begründete Hypothese behielt eine gewisse Geltung, bis im Jahr 1826 bei den drei Madonnen vor Porta
S. Sebastiano zu Rom, in der Nähe welches Ortes die kleine Be-
sitzung des Terenz gelegen haben muss [3], eine Büste gefunden wurde,
welche durch eine an der Schulter angebrachte (freilich mehr tragische als komische) Maske als die eines dramatischen Dichters ge-
kennzeichnet war. Sie ist so zu sagen vollkommen erhalten und befindet sich jetzt im capitolinischen Museum, Philosophenzimmer
Nr. 76 (abgeb. Fig. 5) [4]. In dem Zusammentreffen der Maske
mit dem Fundort liegt ein so directer Hinweis auf Terenz, dass,
wenn sonst keine Hindernisse vorhanden sind, man kaum wird umhin
können, die Deutung zu acceptieren. Es fragt sich bloss noch, ob
die Notizen über sein Leben und das Bildnis des Contorniaten damit

[1] Bei Visconti Icon. rom. X. 3.

[2] Abgeb. Mus. borbon. VI. 43; Monum. ed Annal. dell' Inst. 1854. p. 48. —
Vgl. Gerhard Neap. ant. Bilder, Nr. 369, wo die irrige Vermutung ausgesprochen
wird, es handle sich um die bei Visconti Icon. rom. XIV. Nr. 3. 4 abgebildete
Doppelherme. Letztere stellt vielmehr die des sog. Seneca u. Posidonius in
Villa Albani Nr. 67 dar.

[3] *Reliquit filiam, quae post equiti Romano nupsit, item hortulos XX jugerum
via Appia ad Martis villam.* Suet. et Roth. p. 294.

[4] Vgl. Melchiorri in den Annal. des Inst. 1840. Tav. G.

stimmen. Die capitolinische Büste stellt einen nicht mehr jugendlichen, aber doch auch nicht einen alten Mann dar, kurzbärtig und mit
kurzgeschorenem Haar. Er hat eine niedrige, durchfurchte Stirn,
eine kräftige, etwas gebogene (vollkommen erhaltene) Nase und ein
hohes Kinn. Der Kopf ist nach links gewandt, ungebrochen auf
nackter Büste [1], die rechte Schulter gesenkt. Vergleicht man ihn

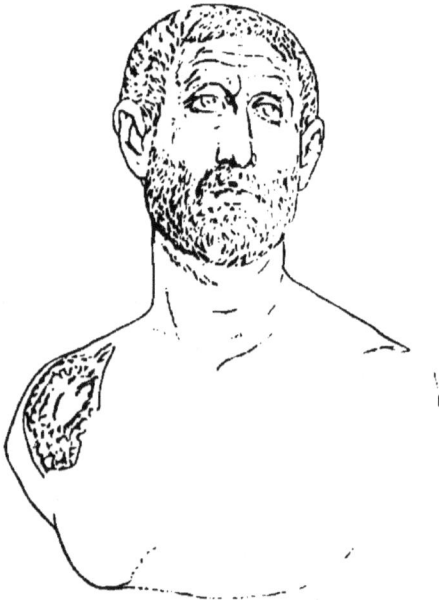

Fig. 5. Marmorbüste des sog. Terenz im capitolinischen Museum.

mit der Contorniatmünze, so erhält man allerdings nicht den Eindruck der Identität, indem der Bart, das kürzere Haar, der schlan-
kere Hals, um von den verschiedenen Verhältnissen der Gesichtsteile
zu schweigen, ihn wesentlich von jener unterscheiden. Indes bei
der bekannten Unzuverlässigkeit der Contorniaten würde man den
Fehler eher auf letzterer Seite suchen, müsste man sich nicht sagen,
dass die Bartlosigkeit eigentlich das Richtigere, d. h. das den sonstigen

---

[1] Welche nicht wie die des ebenda befindlichen Scipio massiv, sondern
hinten ausgehöhlt ist.

Ueberlieferungen nach eher Voranszusetzende sei. Dazu kommt bei
der Büste ein Formencharakter, der weder zu den Andeutungen
Suetons über die körperliche Anmut des Terenz, noch zu dessen notorisch afrikanischer Herkunft passt. E. Braun [1] sieht in dem Bildnis
»den Naturmenschen, welcher sich noch Nichts von den Sitten und
Manieren der vom Etiquettenzwang beherrschten Gesellschaftlichkeit
angeeignet hat«. Allein in dem Alter, in welchem die Büste dargestellt ist, — es ist das späteste, das überhaupt bei Terenz angenommen werden darf, — musste der Dichter, wenn es ihm je an feinen
Sitten gefehlt hätte, durch den vertrauten Umgang mit Scipio und
Laelius längst civilisiert worden sein. Ich kann daher auch die
psychologische Analyse des genannten Gelehrten, so geistreich sie
weiter durchgeführt ist, nicht für zutreffend erachten. — Fundort
und Maske sichern der Bezeichnung Terenz eine gewisse Wahrscheinlichkeit. Aber man kann sich nicht verhehlen, dass man nach Mauss-
gabe unserer Quellen ein weniger vorgerücktes Lebensalter, etwas
feinere Züge, und ein glatt rasiertes Gesicht erwartet hätte, und dass es
erwünscht wäre, für den Charakter der Maske als einer komischen bessere
Analogien zu haben als Melchiorri (a. a. O. p. 101) beigebracht hat.

Ueber die Zeit, in welcher die Büste gemacht ist, lässt sich
wohl nicht mit Bestimmtheit absprechen. E. Braun meinte, sie könne
gleichzeitig sein, also aus der ersten Hälfte des 2. Jahrhunderts
v. Chr. Es wäre dies eine Art Bestätigung der aufgestellten Deutung. Nach den in dem gleichen Grabmal gefundenen Inschriften
zum Andenken an einen M. Ulpius Carito, Freigelassenen des Trajan,
muss man jedoch eher an hadrianische Zeit denken, und dies um so
mehr, als auch die Angabe der Pupillen und die Behandlung der
Haare darauf deuten [2].

In Neapel giebt es ausser dem Kopf der obengenannten Doppelherme noch einen zweiten sog. Terentius aus Herculanenm, jetzt bei
den Römerbüsten aufgestellt [3], mit welchem eine Namensinschrift gefunden sein soll. Derselbe ist in der Person sowohl von den Köpfen
der vatican. und der Neapler Doppelherme als von der capitolinischen Büste durchaus verschieden: Ein ältlicher Mann, von unschönen, gemeinen Gesichtsformen, mit stark vortretender Unterlippe,

---

[1] Die Ruinen und Museen Roms p. 171.
[2] Das auf Terenz bezogene Bildnis eines roten Jaspis bei Cades V.
Nr. 217 mit der Umschrift THREPTION würde trotz dem schlicht ins Gesicht gekämmten Haar nicht übel mit der capitolinischen Büste stimmen. Indes
lässt sich durch die Inschrift, die offenbar der einzige Grund der Benennung
ist, die Beziehung auf ihn nicht rechtfertigen.
[3] Gerhard Nr. 417; Finati Descrizione del real. Mus. borb. 319. Nr. 484.

aber von mildem, gutmütigem Ausdruck. Der Dichter Terenz ist hier schon durch das angehende Greisenalter ausgeschlossen. Vielleicht der Vater oder der Bruder der zugleich und ebenfalls mit Inschrift gefundenen Terentia desselben Museums [1].

———

Der Praetor L. Cornelius.

Eine im 16. Jahrhundert zu Tivoli gefundene, jetzt in Holkham befindliche Marmorbüste (abgeb. Fig. 6.[2]) stellt laut der mitgefundenen bronzenen Inschrift [3] den Praetor L. Cornelius, Sohn des Cnejus dar. Derselbe hatte, wie es auf eben dieser Inschrift heisst, in Abwesenheit der Consuln den Senat versammelt und so den tiburtinischen Gesandten Gelegenheit verschafft sich gegen erhobene Anklagen oder Verläumdungen zu rechtfertigen. Der Dank von Seite der Tiburtiner wäre dann die Aufstellung jenes Bildnisses gewesen.

Fig. 6.   Marmorbüste in Holkham.

Nun sind von Corneliern, welche Lucius hiessen, und einen Cnejus zum Vater hatten, nur wenige nachzuweisen, wie L. Cornelius Lentulus Lupus, Consul im J. 156 v. Chr. [4] und L. Cornelius Scipio Hispallus, welcher im marsischen Kriege in Sklavenkleidern aus Aesernia floh (90 v. Chr.) [5]. Beider Geschichte ist uns so unbekannt, dass sich keinerlei Beziehungen zu Tibur aus ihr entnehmen lassen. Es wäre daher möglich, dass irgend ein anderer Cornelier, dessen Name uns zufällig nicht überliefert ist, in der Inschrift gemeint sei. Da jedoch auch epigraphische Gründe auf das Zeitalter des

[1] Gerh. Nr. 419; Finati Nr. 486.
[2] Nach Visconti Icon. rom. pl. IV. 6, der seinerseits wie auch Gronov die Abbildung von Faber Imagg. Nr. 48 entlehnte.
[3] Visconti a. a. O. p. 119; C. I. lat. I. p. 107 Nr. 201.
[4] Drumann Gesch. Roms II. p. 528. Nr. 13.
[5] Appian B. C. I. 41.

einen der beiden Genannten hinführen, so gewinnt dessen Anwartschaft doch einige Bedeutung. Mommsen hatte im Corpus inscriptionum die Inschrift in die Mitte des 7. Jahrhunderts d. St. gesetzt, trat aber nachträglich[1] der abweichenden Meinung Ritschls[2] bei, wonach sie ans Ende des 6. gehöre, also in der That in die Zeit des Consuls Lentulus Lupus (598 d. St. = 156 v. Chr.). Damit fällt die Hypothese Viscontis, welcher den Inhalt der Tafel, ohne gleichwohl an Scipio Hispallus zu denken, aus den Geschehnissen des marsischen Krieges (91—88 v. Chr.) zu erklären suchte, in welchem die Treue der Tiburtiner verdächtig geworden sei.

Uebrigens ist die Zusammengehörigkeit von Büste und Inschrift nichts weniger als ausgemacht. Sie beruht bloss darauf, dass beide nahe beieinander gefunden wurden, nämlich in einem Gemach des angeblichen alten Municipalpalastes von Tibur. Dort war der Kopf mit einem metallenen Haken in die Mauer eingelassen, und etwas zur Seite lag die Bronzetafel mit der Inschrift. Letztere kam dann in den Palast Barberini, während der Kopf auf eine moderne Büste von gefärbtem Stuck gesetzt und im Conservatorenpalast aufgestellt wurde, wo er sich im J. 1837 noch befand[3]. Wie und wann er nach Holkham kam, ist mir unbekannt[4]. Die Inschrift ist gegenwärtig verschollen. — Die Abbildung der Büste zeigt das Bildnis eines Mannes in mittleren Jahren, mit schlichtem noch vollem Haar, dessen Enden sich etwas krümmen, mit gebogener Nase, Doppelkinn und fettem Hals, von nüchternem gutmütigem Ausdruck.

Im Museum von Neapel wird eine farnesische Büste (abg. Mus. borb. XIV. Taf. 12. 1) als L. Cornelius Lentulus, d. h. doch wohl als Wiederholung des vorliegenden Bildnisses bezeichnet[5]. Gewiss mit Unrecht, schon weil sie gar keine Tendenz zur Fettigkeit zeigt. Aber die Sache ist auch aus äusseren Gründen unwahrscheinlich. Es handelt sich ja bei dem betreffenden Cornelier nicht um einen berühmten Mann, von dem man annehmen könnte, dass er auch sonst noch dargestellt worden. Wenn man durch die Evidenz gezwungen würde, das Vorhandensein von Wiederholungen anzuerkennen, so läge darin vielmehr ein Fingerzeig, dass nicht Lentulus, sondern eine bedeuten-

---

[1] S. Ephem. epigraph. I. p. 289.
[2] Ritschl im Rhein. Mus. N. F. IX. 1 ff.
[3] Beschr. d. St. Rom III. 1. p. 124.
[4] Vielleicht giebt das demnächst erscheinende Buch von Michaelis, Ancient marbles in Great Britain, Aufschluss darüber.
[5] Gerhard (Neap. ant. Bildw. zu Nr. 412) spricht irrtümlich von einem P. Cornelius Lentulus. — Was für einen angeblichen L. Corn. Lentulus (mit langen Haaren) er bei Nr. 348 meint, ist mir nicht klar.

dére Persönlichkeit dargestellt sei, mit andern Worten, dass in der
That die Inschrift von der Büste zu trennen sei.

Ein schöner Karneol mit angebl. Kopf des Consuls L. Cornelius Lentulus (bei Cades V. 150) hat mit der tiburtinischen Büste
nichts zu thun.

Cornelia, die Mutter der Gracchen,

Cornelia, die Tochter des älteren Scipio, hochsinnig und stolz
wie ihr Vater, vermählte sich uns Jahr 163 v. Chr. mit Ti. Sempro-
nius Gracchus und gebar ihm 12 Kinder, wovon ausser einer Tochter
bloss die beiden spätern Tribunen das Entwicklungsalter überlebten.
Früh verwitwet, widmete sie sich ganz der Erziehung dieser Söhne,
die sie mit ihrer eigenen Seelengrösse und Ruhmbegier zu erfüllen
strebte. Nach dem Untergang des Cajus (123) zog sie sich auf ein
Landgut bei Misenum zurück, wo sie für ihre Freunde und für Gelehrte ein offenes Haus hielt, das Andenken ihres Vaters und ihrer
Söhne mit fast schwärmerischer Pietät cultivierend.

Ohne sie leider dem Verzeichnis der ikonographisch bekannten Be-
rühmtheiten einverleiben zu können, führen wir sie hier an, weil man
noch Spuren von einem ihrer Bildnisse entdeckt zu haben glaubt.
Nach Plutarch [1] hatte das römische Volk ihr eine eherne Statue errichtet mit der Inschrift: Cornelia, die Mutter der Gracchen; wahrscheinlich die sitzende Figur mit riemenlosen Sandalen an den Füssen,
von der Plinius spricht [2], und die ursprünglich im Porticus des
Metellus, später in der von Augustus an dessen Stelle erbauten Halle
der Octavia aufgestellt war.

Im Jahr 1878 ist man an letzterer Stelle eine 80 Cent. hohe
oblonge Marmorbasis gefunden worden, mit der Inschrift:

CORNELIA. AFRICAN .F.
GRACCHORVM

deren Buchstabenformen auf augusteische Zeit deuten. Doch sind
von einer spätern Hand auf einer besondern Zeile über der Inschrift
noch die Worte eingehauen: OPVS TISICRATIS. Man hat diese

---

[1] Plut. C. Gracchus 4.

[2] Plin. XXXIV. 31: *Sedens huic posita soleisque sine ammento insignia in
Metelli publica porticu, quae statua nunc est in Octaciae operibus.*

Basis sofort auf die von Plutarch und Plinius erwähnte Statue bezogen, und ihre stark vom Feuer angefressene Oberfläche mit dem Brand des Porticus unter Titus im Jahre 80 n. Chr. in Verbindung gebracht[1]. Es wäre natürlich nicht die eigentliche Statuenplinthe, die ja weder von diesem Material noch von dieser Dicke gedacht werden kann, sondern eine vermutlich unter Augustus hinzugefügte Basis, etwa wie die moderne der capitolinischen Agrippina und wie man sie ähnlich bei den meisten Kunstwerken im Porticus der Octavia, dem schönsten Museum des damaligen Roms, voraussetzen darf.

Indes, trotz dem merkwürdigen Zusammentreffen des Fundorts mit dem Aufstellungsort der Statue ist die Sache nicht so ganz sicher. Das epigraphisch auffällige Fehlen des Wortes *mater* und den Zusatz *opus Tisicratis*, der nicht auf den Meister der Cornelia-statue gehen kann, mag man sich erklären wie man will[2]. Dagegen scheint mir in der das gewöhnliche Maass einer sitzenden Statue bei weitem überragenden Breite der Basis (1,2 Met.) eine erhebliche Schwierigkeit gegen obige Annahme zu liegen. Die Plinthenbreite der sitzenden sog. Agrippinen des Capitols und der Uffizien oder des sog. Menanders und des Posidipp im Vatican, schwanken zwischen 48 und 57 Cent., und hier, freilich bei der unteren Basis, welche etwas breiter sein durfte, haben wir mehr als das Doppelte, ohne dass Colossalität angedeutet oder wahrscheinlich wäre. Wenn der Inschriftblock notwendig als Statuenbasis gefasst werden muss, und zwar als Basis einer sitzenden Cornelia, so muss man eher glauben, dass die Figur quer auf die eine Schmalseite des Blockes gesetzt war, wie ja auch die Inschrift an einer solchen sich befindet. Ob dann der andere Teil ein künstlerisches Gegenstück trug, oder wie er sonst verwendet war, muss allerdings dahingestellt bleiben.

Von den uns erhaltenen sitzenden Statuen (im Museum von Neapel, im Capitol, in Villa Albani, zwei im Museo Torlonia, zwei in den Uffizien zu Florenz) kann keine auf die von Plinius beschriebene Cornelia bezogen werden; denn sie zeigen, abgesehen von der nicht stimmenden Fussbekleidung, entweder eine Haartracht der Kaiserzeit oder die junonische Stirnkrone. Bei zweien (Florenz, Mus. Torlonia) sind die Köpfe modern. Davon ist aber die eine (Mus. Torlonia) griechisch; die andere (Florenz) zeigt zwar nichts, was positiv gegen Cornelia spräche, denn die Füsse sind angesetzt, aber ihr Costüm ist ebenfalls griechisch und es ist kaum anzunehmen, dass ein Künstler des 2. Jahrh. v. Chr., der im Auftrag des

---

[1] Vgl. Lanciani im Bullet. d. Inst. 1878 p. 209 ff.
[2] Vgl. Lanciani a. a. O.

römischen Volkes ein öffentliches Standbild arbeitete, dazu einfach
ein griechisches Original copierte.

Ziemlich willkürlich, d. h. ohne Zweifel auch bloss der sitzenden
Stellung wegen, wird die sog. *liseuse* auf einem geschnittenen Stein
des Cabinets Orléans in Petersburg (abg. Descr. du cab. Orléans
II. p. 18, vgl. p. 41), eine weibliche Figur, welche sinnend in ein mit
der Linken gehaltenes Diptychon blickt, als Cornelia bezeichnet.

Ti. und C. Gracchus.

Tiberius und Cajus Gracchus waren die Söhne der Cornelia, der
Tochter des älteren Scipio. Tiberius († 133 v. Chr.) wurde kaum
30, der um 9 Jahre jüngere Cajus († 121) kaum 33 Jahre alt.

Ueber ihr Aeusseres sagt Plutarch[1]: «Was ihre Miene, ihren
Blick, ihre Bewegungen betrifft, so war Tiberius sanft und gesetzt,
Cajus hingegen rauh und heftig, so dass jener bei öffentlichen Reden
ruhig auf einer Stelle stehen blieb, dieser von allen Römern zuerst
auf der Bühne hin und her gieng, und während der Rede mit der
Toga gesticulirte, dem Kleon ähnlich, der unter den Volksrednern
zu Athen der erste gewesen sein soll, welcher den Mantel zurückzu-
werfen und an seine Schenkel zu schlagen pflegte.» Auch in Bezug
auf den Charakter war «der eine massvoll und sanft, der andere heftig
und jähzornig»[2]. Doch ist dies, genau genommen, nur in der gegensätz-
lichen Fassung richtig; denn bei dem zunehmenden Widerstand des
Senats hielt bekanntlich die Sanftmut und Besonnenheit des Tiberius
die Probe nicht aus. — Ueber ihre Gestalt erfahren wir nichts, man
müsste denn aus der angeblichen Hässlichkeit ihrer Schwester, welche
mit Scipio Aemilianus vermählt war[3], einen Rückschluss auf die Brüder
machen wollen. Auch ob sie einen Bart trugen, ist unsicher, da dies
zwar damals schon nicht mehr Sitte war, und ihr Schwager Scipio
sich täglich rasierte[4], bei jüngeren Männern aber häufig Ausnahmen
stattfanden.

Nach dem Tode der Gracchen zeigte das Volk deutlich, mit
welcher Liebe und Sehnsucht es an ihnen hieng. Es weihte ihnen

----

[1] Plut. Ti. Gracchus 2.
[2] Plut. a. a. O.
[3] Appian B. c. 1. 20.
[4] Plinius VII. 59.

Bildsäulen, welche öffentlich aufgestellt wurden, und erklärte die Orte,
wo sie ermordet worden waren, für heilig [1]. Und wenn auch die
sullanische Restauration und das monarchische Rom ihre Bestrebungen verurteilte, so gehörten sie doch zu den Männern, die sich für
immer einen Platz im Andenken ihrer Nation errungen hatten. Die
Ehren, welche Augustus u. A. den berühmten Männern zu Teil werden liessen [2], kamen ohne Zweifel auch ihnen zu gute. — Die Annahme, dass noch Bilder von ihnen vorhanden, ist daher nichts weniger
als unwahrscheinlich, obgleich ihr Andenken allerdings wohl mehr
durch ganze Statuen als durch Büsten gefeiert wurde. Leider fehlt
es auch hier an jeglichem Hilfsmittel, um sie herauszufinden. Denn
bloss der Jugend-
lichkeit und d. Cha-
rakters wegen die-
sen und jenen Kopf
so zu nennen, wäre
reine Willkür. Wohl
lässt sich der Kreis,
innerhalb dessen
ihre Bildnisse zu
suchen sind, noch
etwas genauer be-
grenzen. Man kann
sagen, dass es Köpfe
sein müssen, die je-
denfalls nicht nach
der Totenmaske ge-
macht sind. Man
kann ferner, wie wir
es schon bei Cato

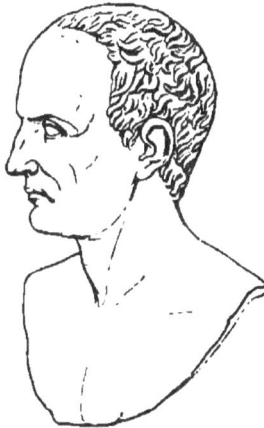
Fig. 7.   Marmorbüste in Neapel.

gethan, das Postu-
lat aufstellen, dass
sie sich als Bildnisse
berühmter Männer
zu erkennen geben
müssen; und hier
vielleicht noch das
weitere, dass es zwei
verwandtschaftliche
Gegenstücke sein
müssen. Aber wie
vage sind alle diese
Bestimmungen und
wie wenige der er-
haltenen Denkmä-
ler, wenn wir etwa
auch noch den Stil
in Anschlag brin-
gen, lassen sich mit

diesen Postulaten vereinigen. In der That sind denn auch kaum Versuche von Taufen in dieser Beziehung gemacht worden.

Es beruht auf einem rein subjectiven Eindruck, wenn ich bei
einem Neapler Marmorkopf, der sonst bald Sulla, bald Coelius
Caldus genannt wird (abg. Fig. 7) [3], vielmehr zuweilen an C. Gracchus
gedacht habe. Das vortreffliche und vollkommen erhaltene, allerdings
mit den Gracchen nicht gleichzeitige, aber doch wohl dem letzten

[1] Plut. C. Gracchus 18.
[2] Suet. Aug. 31.
[3] Mus. borbon. IV. 23. 1; Weisser Bilderatlas 36. 9. Vgl. Gerhard Neap.
ant. Bildw. Nr. 56; Burckhardt Cicerone 2. Aufl. p. 525. c.

Jahrhundert der Republik angehörige Bildnis stellt einen jungen
Mann dar von edler Schädelbildung und hoher bedeutender Stirn,
über welcher das kurz geschnittene Haar bereits etwas zurücktritt,
von strammen Formen und dem Ausdruck mühsam bezwungener
Leidenschaftlichkeit und entschlossener Thatkraft.

Bei einer nachträglichen Durchmusterung der glyptischen Denkmäler habe ich indes zu meiner Verwunderung bemerkt, dass einige
auf die Gracchen bezogenen Gemmenbildnisse beinahe als Bestätigung jenes Einfalls dienen könnten. Ein Karneol bei Cades V. 165
zeigt einen ähnlichen Kopf mit dünnem Stirnhaar, der durch die bei-
gesetzten Buchstaben T. GR. als der ältere Gracchus bezeichnet zu sein
scheint. Und wiederum ein ähnlicher mit nur etwas kahlerer Stirn
in Florenz Nr. 195 (Cades V. 194) [1] wurde von Gori nach einem Stein
aus dem Museum Andreini, welcher die Buchstaben C. GR. trägt,
C. Gracchus genannt [2].

Wie wenig freilich auf diese Deutungen zu geben ist, beweist
ein dritter Karneol (bei Cades V. 166) mit flaumbärtigem fast ide-
alem Kopf, der, obwohl vom vorigen ganz verschieden, ebenfalls und
noch deutlicher als der jüngere Gracchus (C. GRA.) bezeichnet ist.
Vielleicht sind alle drei gefälscht.

- - - - -

C. Marius.

Cajus Marius, ein Bauernsohn aus der Nähe von Arpinum,
geb. 155 v. Chr., erlangt trotz des Widerstandes der Nobilität das
Consulat 107, beendigt den jugurthinischen Krieg 106, besiegt die
Cimbern und Teutonen 102 und 101, wird zum sechstenmal Consul
100, zeigt sich aber als Staatsmann seiner Aufgabe nicht gewachsen.
Im J. 88 versucht er dem Sulla den Oberbefehl gegen Mithridates
zu entreissen. Sulla vertreibt und ächtet ihn. Aber nach Sullas

----

[1] Abg. Mus. Florent. Gemmae I. Taf. 42. 7.

[2] Jetzt heisst er, wahrscheinlich nach der Marcellusmünze (Münztaf. I. 16. 17),
deren Bildniskopf man der Umschrift wegen auf den Münzmeister bezog, Lentulus
Marcellinus.

Weggang führt ihn Cinna zurück 87. Nach kurzer Schreckensherr-
schaft stirbt er, zum 7tenmal Consul, in seinem 71sten Lebensjahr
(86). Er war mit Julia, der Vatersschwester Caesars vermählt und
verdankte dieser Heirat seinen Reichtum. Geniale, aber einseitige
militärische Begabung und ein verzehrender Ehrgeiz sind die beiden
Hauptfactoren seines Lebens.

Indem wir im Uebrigen seinen Charakter und die politische Rolle,
die er gespielt hat, als bekannt voraussetzen, führen wir hier bloss das
Wenige an, was über sein Aeusseres berichtet wird.

Zunächst lässt sich den alten Schriftstellern deutlich entnehmen,
dass die bäurische Herkunft, der Mangel an feinerer Bildung und die
ganze plebejische Natur, die den Marius kennzeichnete, in hohem
Grad auch in seiner Erscheinung zum Ausdruck kam. Rauh und wild
nennt ihn Vellejus [1], einen arpinatischen Bauer und einen aus dem
Manipel gezogenen Feldherrn Plinius [2], und selbst Cicero, der ihm
als Landsmann nicht ungünstig gestimmt ist, muss zugeben, dass er
ein *vir rusticanus* gewesen [3]. Alles das äusserte sich freilich mehr
in seinem Benehmen, als in plastisch darstellbaren Zügen, so dass
für sein Porträt wenig abfällt. Denn sein struppiges Aussehen zur
Zeit seiner Aechtung, wo er in schlechter Kleidung, mit langem Haar
und Bart einherging [4], kommt nur für eine kurze Periode seines Lebens
in Betracht. Ja wir lernen daraus, was sonst vielleicht zweifelhaft
bleiben müsste, dass er in gewöhnlichen Zeiten gleich den übrigen
vornehmen Römern sich den Bart rasierte oder doch kurz schnitt.
In solchen Aeusserlichkeiten scheint er sich durchaus den herrschenden Gebräuchen unbequem zu haben. Nahm er doch später keinen
Anstand, sich mit all dem Luxus zu umgeben, den ihm sein erhei-
ratetes Vermögen gestattete [5].

Damit ist freilich nicht gesagt, dass er je eine besondere Pflege
auf seinen Körper verwandt hätte. Er stellte sich ja von Anfang in
einen direkten Gegensatz zur Aristokratie, und suchte diesen Gegensatz auch in seiner Lebensweise zur Geltung zu bringen. Wenn er
mit etwas prunkte, so waren es die Narben, die er vorn an seinem
Körper trug [6]. Eigentümlich war ihm der Ausdruck einer gewissen
Wildheit, allerdings auch dieser wieder hauptsächlich im Auge concentriert, so dass er sich der plastischen Darstellung mehr oder

---

[1] *Hirtus atque horridus.* Vell. II. 11.
[2] *Ille arator Arpinas et manipularis imperator.* Plin. XXXIII. 150.
[3] *Rusticanus vir, sed plane vir.* Cic. Tusc. II. 22. 53.
[4] Plut. Mar. 41; Appian B. c. 1. 67.
[5] Plut. Mar. 34.
[6] Vgl. die charakteristische Rede bei Sallust Jug. 85 und Plut. Mar. 8.

weniger entzog, jener *imperatorius ardor oculorum*, von dem Cicero spricht [1], und der den gallischen Sklaven von Minturnae abgeschreckt haben soll, Hand an ihn zu legen [2]. Doch waren auch die übrigen Züge im Einklang damit. «Von dem Gesicht des Marius, sagt Plutarch, habe ich zu Ravenna in Gallien ein Marmorbild gesehen, welches ganz der ihm zugeschriebenen Bitterkeit und Härte entspricht» [3]. Und bei Anlass des oben erwähnten Mitleid erregenden Auftretens zur Zeit seiner Aechtung, fügt der gleiche Schriftsteller hinzu: «Dasselbe war mit der dem Marius eigenen Miene, worin das Furchtbare hervorstach, vermischt, und seine Traurigkeit verrieth nicht sowohl ein niedergeschlagenes als ein durch das Unglück verwildertes Gemüt [4].» In der höchsten Potenz und wahrhaft blutverheissend muss dieser finstere Ingrimm unmittelbar vor seinem Einzug in Rom (Ende 87) auf seinem Antlitz zu Tage getreten sein [5].

In den letzten Jahren seines Lebens war sein Körper schwer und unbehilflich geworden [6]; zugleich wurde er von Nervenleiden und Rheumatismen geplagt [7], was ihn doppelt verstimmte, weil es ihm die Berechtigung zu nehmen schien, sich um das Commando gegen Mithridates zu bewerben. Doch hinderte es ihn nicht, während seiner Aechtung die grössten Strapazen glücklich zu überdauern.

Obgleich es kaum zweifelhaft sein kann, dass einem Manne wie Marius, der Jahre hindurch so zu sagen der Abgott des römischen Volkes gewesen, in einer Zeit, wo man schon nicht mehr mit öffentlichen Denkmälern kargte, noch zu Lebzeiten Statuen errichtet worden, so haben wir doch keine Nachricht darüber. Es ist auch ohne Zweck, Vermutungen darüber anzustellen, in welcher Periode seines Lebens es am ehesten geschah, um danach das Alter, in welchem er dargestellt sein musste, annähernd zu bestimmen. Denn nach Sullas Rückkehr wurde mit allen auf Marius bezüglichen Denkmälern gründlich aufgeräumt, selbst seine Asche aus der Graburne geholt und in den Anio gestreut [8]. Nur das Familienbild im Haus der Witwe scheint der Zerstörung entgangen zu sein. Wenigstens benützte Caesar ein solches beim Leichenbegängnis der Julia im

---

[1] Cic. pro Balbo. 21.

[2] Plut. Mar. 39.

[3] Εἰκόνα πάνυ τῇ λεγομένῃ περὶ τὸ ἦθος στεργνότητι καὶ πικρίᾳ πρέπουσαν. Plut. Mar. 2.

[4] Plut. Mar. 41.

[5] S. Appian B. c. I. 70, Plut. Mar. 43.

[6] Plut. Mar. 37, Sulla 7.

[7] Mar. 33. 34.

[8] Val. Max. IX. 2. 1.

J. 70, als er das Andenken an den demokratischen Parteiführer beim
Volke auffrischen wollte[1]. Wenn es das des Atrinius war, so be-
ruhte es höchst wahrscheinlich auf einer Totenmaske. Marius war
ja eines natürlichen Todes gestorben. Auch lebten damals noch so
Viele, die ihn persönlich gekannt, dass nur ein getreues Bildnis vor-
geführt werden durfte. Der mit Caesars Auftreten verbundene Par-
teiumschwung wird dann wohl auch wieder zu Denkmälern des einst
vom Volke auf den Händen getragenen Cimbernsiegers Veranlassung
gegeben haben. Möglicher Weise nahm ihn auch Augustus unter
seine berühmten Männer auf. Aber besonderer Sympathie erfreute
er sich natürlich unter den Kaisern nicht mehr, so dass die Zahl
seiner Bildnisse immer eine mässige gewesen sein wird. Es ist vielleicht nicht ohne Grund, dass Plutarch sich für das Aussehen des
Marius auf eine Statue zu Ravenna beruft, als ob zu Rom keine von
ihm vorhanden gewesen wäre.

Für das einzige echte
Bildnis des Marius er-
klärte Visconti den
Kopf einer zu Palestrina
gefundenen Glaspaste
mit beigeschriebenem
Namen (C. MARIVS
VII COS.) im Besitz
des Prälaten Giuseppe
Casali (abg. Fig. 8)[2].
Derselbe zeigt eine

Fig. 8. Glaspaste Casali.

kleinliche Schädelbil-
dung, ein vortretendes
Untergesicht, kurzes,
aber volles, ein wenig
gelocktes Haar und
einen leichten Wangen-
bart, letzterer den übri-
gen Zügen nach mehr
ein Zeichen der Jugend
(wozu allerdings das
VII Cos. nicht passt)

als der Vernachlässigung. Die Büste ist mit einem faltenreichen
gefibelten Gewand bekleidet. — Ueber die Existenz und den jetzigen
Aufbewahrungsort der Paste ist mir nichts bekannt. Visconti hielt
sie für sicher antik, obwohl erst dem 2. oder 3. Jahrhundert der
Kaiserzeit angehörig. Wir wollen seiner Autorität in Beziehung auf
die Echtheit keinen Zweifel entgegensetzen. Doch gestehen wir, dass
wir die ikonographische Treue eines so späten unansehnlichen Bild-
werks nicht besonders hoch anschlagen können. Auch scheint uns
ein Vergleich mit dem historischen Charakterbild des Marius eher
zu einem anderen Resultat als zu der von Visconti behaupteten
Uebereinstimmung beider zu führen.

[1] Plut. Caes. 5.
[2] Visconti Icon. rom. pl. IV. 3.

Bei Cades (V. Nr. 171) findet sich ferner ein Gemmenbildnis mit der Aufschrift C. VII.: Ein Kahlkopf mit gebogener Nase und flammendem Auge, die Physiognomie soweit zutreffend, aber die Aufschrift schon ihrer Fassung nach modern. — Die blosse Siebenzahl (VII) bei einem hässlich karikierten Kahlkopf mit überhängenden Brauen und höckeriger Nase (Cades Nr. 169), oder der Buchstabe M. bei einem kurzgeschorenen alten Mann mit spöttischem Ausdruck und ebenfalls gebogener Nase (Cades Nr. 170) können schwerlich als genügende Beweise für die Mariusbedeutung angesehen werden. Jeder der Köpfe zeigt übrigens wieder ein verschiedenes Bildnis.

Seit dem Erscheinen der viscontischen Ikonographie ist nun noch ein weiteres Denkmal bekannt geworden, welches inschriftlich als Marius bezeichnet ist, ein Denkmal, das, wenn authentisch, die Bedeutung der Glaspaste (und der Gemmen) gänzlich in den Hintergrund drängen würde; nämlich eine Togastatue der Sammlung Campana, jetzt in der Ermitage zu Petersburg Cat. Nr. 194 (abg. D'Escamps Marbres ant. du Mus. Campana pl. 52) [1], auf deren Plinthe der Name: C. MARIUS C (onsul). Nach dem unbärtigen Kopf mit der kahlen Stirn und den scharfkantigen Formen hätten wir es mit dem greisen, schon halb gebrochenen Marius zu thun, nicht mit dem noch in urwüchsiger Kraft dastehenden Sieger von Aquae Sextiae; was übrigens zu dem oben Gesagten vollkommen stimmen würde. Indessen das ganze Gesicht, wie mir von competenter Seite mitgeteilt wurde [2], ist modern, und die Inschrift nicht nur ihrer Herkunft (Sammlung Campana), sondern auch ihrer Abfassung nach (C. für Cos.) im höchsten Grad verdächtig. Letztere passt schon gar nicht zum Scrinium, das der photographischen Abbildung nach mit der Plinthe aus einem und demselben Stück besteht; ein Verächter der Wissenschaft wie Marius wird nicht mit dem Symbol derselben, dem Scrinium, dargestellt worden sein. Da nun ausserdem das moderne Gesicht eine nicht zu verkennende Verwandtschaft mit einem anderen, früher Marius genannten Bildnis (s. unten Nr. 1) hat, so liegt höchst wahrscheinlich die Absicht vor, die gefälschte Namengebung durch diese Aehnlichkeit noch weiter zu beglaubigen.

Ganz willkürlich oder verkehrt ist im 16. Jahrhundert eine capitolinische Statue (jetzt im Salone Nr. 22) [3] als Marius bezeichnet und zeitweise ebenfalls mit Namensaufschrift auf der Plinthe versehen worden. Wiederum ein alter bartloser Römer mit niedriger,

---

[1] Und danach bei Duruy Hist. des Rom. III. p. 263.
[2] Von Herrn Staatsr. L. Stephani in Petersburg.
[3] Abgeb. Bottari III. 50; Righetti I. 22; Clarac. pl. 902 und 922. Vergl. Winckelmann W. VI. 1. p. 213.

schmaler und kahler Stirn, hoher, etwas gebogener Nase und gefurchten Wangen; das Haar in kleinen, gelockten Strängen herabhängend. Er ist mit jenem beide Arme verhüllenden Gewand bekleidet, das man bald als die ältere sinuslose Toga [1], bald als den sog. tuscischen Umwurf [2] zu betrachten pflegt. Links zu seinen Füssen ein Scrinium. — Schon Faber [3] hat die Bezeichnung mit Recht verworfen, obgleich er die Statue dann ohne zureichenden Grund (des Gewandes und des Scriniums wegen) für die eines Rechtsgelehrten erklärt. Auch ist das Gemmenbildnis aus der Sammlung des Ursinus, welches er an ihrer Stelle für Marius ausgiebt (abgeb. Imagg. ill. Nr. 88) um kein Haar besser beglaubigt. Man könnte es eher auf L. Antonius (s. d.) beziehen.

Nach der capitolinischen Statue sind dann auch noch andere, z. B. eine der ähnlich bekleideten in der Dresdener Antikensammlung (abgeb. Augusteum Taf. 117) [4], Marius genannt worden. — Warum aber eine aus verschiedenartigen Stücken zusammengesetzte Statue zu Oxford (abgeb. Marm. Oxon. Nr. 23) [5] so heisst, ist mir unbekannt.

Da es nun mit der Autorität dieser Denkmäler so schlecht bestellt ist, so bleibt zur Bestimmung etwaiger Mariusbildnisse nur das subjective Kriterium der Physiognomik übrig. Wir gestehen demselben, wo es für sich allein in Anwendung kommt, keine wissenschaftliche Bedeutung zu, und bei der Zweifelhaftigkeit, dass überhaupt noch Mariusbüsten existieren, ist doppelte Vorsicht nötig. Indes erlauben wir uns ein paar früher in Geltung stehende, jetzt wieder fallengelassene Bezeichnungen, weil stilistisch und gegenständlich empfohlen, als nicht ganz willkürliche Hypothesen anzuführen, obgleich, da sie sich gegenseitig ausschliessen, im besten Fall bloss eine von ihnen das Richtige treffen kann.

1. Am allgemeinsten haftete früher der Name an einem Bildnis, von dem sich je ein Exemplar in München, in Florenz und, wenn ich Hübner recht verstehe [6], ein geringes in der Sammlung Des-

---

[1] Becker Gallus III. p. 113.
[2] Weiss Kostümkunde I. p. 960.
[3] Imagg. illustr. p. 55, zu welcher Zeit (1606) die Statue also bereits im Capitol gewesen sein muss, nicht wie Clarac sagt (Mus. d. sculpt. V. p. 183) erst seit 1640.
[4] Becker Gallus III. p. 113.
[5] Clarac pl. 900 E. 2304 B.
[6] Hübner Die ant. Bilder in Madrid p. 306. Nr. 791: »Bildniskopf eines Römers, Wiederholung der sog. Mariusbildnisse.«

puig auf Majorka befindet. Das Münchener in der Glyptothek
Nr. 216 (abgeb. Fig. 9) auf nicht zugehöriger, wahrscheinlich moderner Togabüste mit Faltenband [1], das Florentiner in den Uffizien
Nr. 270 [2], beide überlebensgross und von vortrefflicher Erhaltung.
Sie stellen einen mageren, finster blickenden alten Römer dar, von
markigen Zügen, in ungemein lebensvoller Auffassung. Die Brauen
hängen förmlich über die tiefen, hohlen Augen herüber, der Mund
ist geöffnet und bildet wegen der tiefen Aushöhlung eine starke
Schattenlinie. Die Stirn ist breit und durchfurcht; das dünne Haar
tritt in zwei spitzen Winkeln über ihr zurück. Alter, republikanischer Typus und persönlicher Aus-
druck (namentlich der *ardor oculorum*)
treffen für Marius zu, und die Berühmtheit ist durch das mehrfache Vorkommen, vielleicht auch durch identische Gemmen-
bilder [3] garan-
tiert. Es wäre
seiner Gemütstim-
mung nach der
proscribierte oder
der rachedürstend
aus Afrika zurück-
kehrende Feldherr,

am ehesten der
Consul des Jah-
res 87.

Ein nicht iden-
tischer, aber in
jeder Beziehung
verwandter Kopf,
mit glatt rasiertem
Schädel, befindet
sich in der Samm-
lung Torlonia zu
Rom Nr. 122.

2. Fast diesel-
ben Gründe, nur
dass statt der wil-
den Leidenschaft-
lichkeit mehr das
Bäurische, Plebei-
sche oder das

Fig. 9. Marmorbüste der Glyptothek Nr. 216.

[1] Ohne Zweifel die von Amaduzzi in den Monum. Matth. II. p. 21 und
von Labus im Museo di Mantova III. p. 95. erwähnte barberinische Büste (ganz
unkenntlich und mit verkehrten Seiten abgeb. bei Gronov Thes. ant. graec. III. oo.

[2] Bei Dütschke Bildw. in Oberit. III. übergangen, aus welchem Grunde, ist
mir nicht deutlich. Wenn D. die Büste für modern hält, so wäre es wenigstens
der Mühe wert gewesen, dies anzugeben und zu motivieren. Denn allerdings
gestehe ich einen leisen Zweifel an der Echtheit nicht ganz überwinden zu können.
Die Art, wie die Stirnmuskeln über der Nase in eine Masse kleiner Hügel geteilt
sind, die tiefen Thränendrüsen, der fast nur gravierte Hahnentritt an den Augen,
die unlebendige Behandlung der Haare an den Schläfen, endlich die vollkommene Erhaltung erwecken zusammen unwillkürlich den Gedanken, es möchte
eher eine Nachbildung aus dem 16., als eine aus dem 2. oder 3. Jahrhundert vorliegen.

[3] z. B. Nr. 288 in den Uffizien zu Florenz. Auch der Karneol bei Cades
V. 168 möchte darnach genannt sein.

Rauhe, Urwüchsige des Mariuscharakters zur Geltung käme, dürften bei einem zweiten Bildnis in Anschlag gebracht werden, welches man im modernen Rom zum Vorbild nahm, als man die Hermen der berühmten Männer auf dem Monte Pincio setzte.

Das vorzüglichste Exemplar ist ein wohlerhaltener Kopf des Museo Chiaramonti Nr. 512 (abgeb. Fig. 10) [1]. Ein bartloser Alter mit niedrigem über den Ohren stark ausladendem Schädel und abfallender Stirn, der Scheitel nur von spärlichen Büscheln bedeckt, während hinten und an den Seiten das Haar noch dicht. Die Brauen zusammengezogen und in der Mitte merkwürdig überhängend. Die

Fig. 10. Marmorkopf des Mus. Chiaramonti Nr. 512.   Fig. 11. Marmorkopf des Mus. Chiaramonti Nr. 510 A.

Oberlippe hoch, der Mund breit, mit vortretender und herabhängender Unterlippe, das Kinn dagegen klein, wenigstens niedrig. Der Ausdruck, wenn auch nicht wie die Formen gemein, doch durchaus mehr der eines kräftigen Willens als einer hohen Intelligenz. Das Alter etwa das eines Siebzigers. Der Kopf war wahrscheinlich bestimmt auf eine Gewandstatue gesetzt zu werden, da nicht die ganze Büste, sondern bloss der Teil, der auch beim Umwurf des Gewandes nackt zu bleiben pflegt, hinzugearbeitet ist. — Schon die vortreffliche realistische Arbeit und die ungemeine Lebendigkeit des Ausdrucks lassen darauf schliessen, dass wir es mit keinem gewöhnlichen Privatbildnis zu thun haben. Ausserdem scheinen Wiederholungen des Bildnisses vorhanden zu sein.

---

[1] Nibby Mus. Chiaram. III. 25.

Eine unzweifelhafte Replik, aber leider keine sicher antike, ist der sog. Cato major im Wallraf-Museum zu Köln (Cat. v. Düntzer Nr. 24), vollkommen erhalten ausser der Nasenspitze und aus Einem Stück mit der schönen, griechisch angeordneten Gewandbüste. Wenn modern, so ist es eine äusserst geschickte Copie.

Umgekehrt ist ein rondaninischer Kopf, jetzt ebenfalls im Museo Chiaramonti Nr. 510A (abgeb. Fig. 11) [1] und ganz in der Nähe des andern aufgestellt, zwar sicherlich echt, zeigt aber bei unverkennbarer Aehnlichkeit eine solche Altersdifferenz, dass man über die Identität der Person im Zweifel bleibt. Er hat denselben Charakter der Haare, dieselben buschigen und zerrissenen Brauen, die hohe Ober-, die hängende Unterlippe, denselben Contour von Kinn und Wangen. Indes ist er um ein Merkliches jünger, die Stirn ist noch mit vollem Haar bedeckt, die Nase etwas dicker, der Schädel über den Ohren weniger ausladend, die Verhältnisse sind schlanker. Nichtsdestoweniger macht er den Eindruck einer sehr nahen Familienverwandtschaft, und könnte am Ende doch wohl dieselbe Person wie Nr. 512 in jüngerem Alter vorstellen.

Bei Nibby, Museo Chiaramonti, und so auch im Catalog des Vaticans wird er von dem älteren unterschieden und als L. Munatius Plancus gegeben, auf Grund einer jetzt verschollenen Bronzemünze (abgeb. Visconti Icon. rom. Taf. VI. 8), die einen allerdings ähnlichen Kopf (ähnlicher übrigens noch mit Fig. 10) mit der Umschrift PLANCVS COS. zeigt, aber ohne Zweifel eine moderne Fälschung ist [2]. An und für sich steht dieser Benennung kein positives Hinderniss entgegen, da Munatius Plancus wohl siebzig Jahre alt geworden sein kann. So lange wir indes ausschliesslich auf den physiognomischen Eindruck angewiesen sind, ist es keine Frage, dass der vorliegende Typus viel eher auf den rauhen Emporkömmling Marius, als auf den wetterwendischen Parteigänger und Höfling Munatius deutet.

3. Bloss in Einem Exemplar vorhanden, aber, wie man bestimmt behaupten darf, das Bildnis einer aussergewöhnlichen Persönlichkeit, ist wiederum ein Kopf der Glyptothek in München Nr. 172 (abgeb. Fig. 12), aus Pal. Barberini, auf moderner, vom Paludamentum bedeckter Panzerbüste; unbärtig, mit vollem, in durcheinander geworfene Büschel gegliederten Haupthaar, von etwas barbarischem Gesichtstypus und wildem, erregtem Ausdruck, Alles in realistischer, doch nicht kleinlicher Weise behandelt. Wenn er, wie Brunn meint, sicher den Stil des letzten Jahrh. der Republik zeigt, so ist für

---

[1] Nibby Mus. Chiar. III. 20.
[2] Vgl. Cohen M. cons. p. 222. Anm. 2.

Marius (diesmal als Cimbernbesieger) allerdings einige Wahrscheinlichkeit vorhanden. Doch könnte der Ursprung des Kopfes auch
noch um ein Jahr-
hundert früher
fallen.

Keine beson-
dere Congeniali-
tät mit Marius,
er müsste denn
von seiner edel-
sten Seite aufge-
fasst sein, kön-
nen wir in einer
auf ihn bezoge-
nen farnesischen
Büste zu Nea-
pel [1] erkennen:
Ein nach r. auf-
wärts gerichteter
Kopf auf moder-

ner Toga-Büste
mit Faltenband;
des leicht geöff-
neten Mundes und
der lebhaften Be-
wegung wegen
vielleicht als Red-
ner zu fassen.
Wie es scheint,
eine nur um We-
niges magerere
Wiederholung
des sog. Phocion
im Büstenzimmer
des Vaticans
Nr. 358 (schlecht
abgeb. bei Vis-
conti Pio Clem.

Fig. 12. Marmorbüste der Glyptothek Nr. 172.

VII. Taf. 22), der dort auch als Redner bezeichnet wird, (nach
Visconti Crassus oder Antonius oder Asinius Pollio).

Coelius Caldus.
(Münztaf. I. 21. 22.)

Auf einer Anzahl Silbermünzen [2] (abg. Münztafel I. Nr. 21, 22) [3],
geschlagen kurz vor dem Jahre 54 v. Chr. von C. Coelius Caldus,
dem späteren Quästor Ciceros in Cilicien [4], begegnet uns das Porträt
seines Grossvaters C. Coelius Caldus, Consuls im Jahre 94, der sich
durch das Gesetz über Einführung geheimer Abstimmung im Per-
duellionsprozess einen Namen gemacht hatte. Sonst wissen wir von
der Geschichte des Mannes wenig, obgleich er offenbar, wie die

[1] Gerhard Nr. 314; Cat. von Finati Nr. 405. — Ob identisch mit der schon
bei Faber Imagg. p. 55 erwähnten Marmorbüste des Cardinals Farnese?
[2] Die Goldmünze bei Visconti Icon. Taf. IV. 4 ist falsch.
[3] Cohen M. cons. XIII. Coelia 4 — 10.
[4] Cic. ad Fam. II. 19. Vgl. Borghesi Decad. VI. 9. 10.

Münzen beweisen, der Stolz der Familie war. Als *homo novus* hatte
er vielfache Anfeindungen von Seiten der Nobilität erfahren, und
hielt sich daher im Bürgerkrieg zwischen Sulla und Marius zu letzterem. Nach Sullas Rückkehr fiel er entweder im Kampfe oder als
Opfer der Proscriptionen[1]. Sein Bildnis auf den Münzen hat
starke, nicht gerade anmutige Züge, durchfurchte Stirn und Wangen,
gelichtetes Stirnhaar, eine kräftige, gebogene und etwas vorspringende
Nase. — Der verhältnismässig noch jugendliche Kopf auf dem Nott'
schen Karneol bei Cades V. Nr. 175 hat damit nichts zu thun.

Wenn sich keine Büsten mehr von Coelius Caldus nachweisen
lassen, so scheint der Hauptgrund in der verhältnismässigen Unbe-
rühmtheit des Mannes zu liegen, dann vielleicht gar nie ein
öffentliches Denkmal gesetzt worden ist. Denn die Münztypen wären
diesmal hinreichend zahlreich und bestimmt.

Man findet allerdings in den Museen etwa einmal einen Kopf
so benannt, doch immer mit nebenher laufenden andern Namen;
woraus schon deutlich die Unsicherheit der Bezeichnung hervorgeht.
Der schon bei den Gracchen erwähnte Kopf in Neapel (abgeb.
Fig. 7), der abwechselnd die Namen Coelius oder Sulla führt, ist
viel jugendlicher als der Münztypus des Coelius und zeichnet sich
im Gegensatz zu ihm durch die stramme Elasticität der Gesichts-
muskeln aus. Auch ist seine Stirn mehr zurückgewölbt, die Kopfform weniger hoch, der Mund kleiner. — Ein anderer Kopf, der früher
Coelius Caldus genannt wurde, und den man jetzt nicht viel glück-
licher Lepidus (s. d.) getauft hat, ist von Bronze und befindet sich
im Cabinet des Médailles zu Paris (Chabouillet Cat. gén. Nr. 312).
Da der alte Name unseres Wissens gänzlich aufgegeben ist, so wollen
wir uns nicht die Mühe geben, ihn zu bekämpfen. Um mit Recht
auf Coelius Caldus bezogen zu werden, müsste ein Bildnis die Züge
des Münztypus stark und unzweideutig ausgeprägt zeigen.

L. Cornelius Sulla.
(Taf. V, Münztaf. I, 23 — 25.)

Im Jahre 138 geboren, aus altem Adelsgeschlechte, begann Sulla
seine militärische Laufbahn als 31jähriger junger Mann im Krieg
gegen Jugurtha (107 v. Chr.). Erst im Jahre 93 bekleidete er die

[1] Vgl. Drumann Gesch. Roms II. p. 409 f.

Prätur und 88, schon fast fünfzigjährig, das Consulat. Es folgte dann 87 bis 84 der Krieg gegen Mithridates, 83 seine Rückkehr und die Besiegung der Marianer, 82 seine Dictatur. Nachdem er zwei Jahre als unumschränkter Herr von Rom gewaltet hatte, zog er sich auf sein Landgut nach Cumae zurück, um bald darauf, gepeinigt von der Phthiriasis, die er sich durch Ausschweifungen zugezogen, im 60sten Lebensjahre zu sterben (79). — Sulla war eine geniale Natur und dabei von staunenswerter Energie; aber herzlos und von sittlicher Frivolität, wie nicht so bald ein Römer von seiner Machtstellung es gewesen. In Bezug auf Geistesbildung und Feinheit des Lebensgenusses das gerade Gegenteil von Marius, steht er ihm als Charakter ungefähr gleich. Beiden fehlt der Adel der Seele, die Menschlichkeit. Man kann sie als Feldherrn bewundern, man kann den Sulla als Staatsmann den Grösten beizählen; aber er ist kein Caesar oder Alexander, höchstens ein Napoleon I.

Ueber seine äussere Erscheinung [1] finden wir in der Biographie des Sulla bei Plutarch Cap. 2 die spärliche Notiz: »Die Gestalt seines Körpers kann man leicht aus seinen Bildsäulen erkennen, die Augen ausgenommen. Diese waren von ungewöhnlichem Blau und hatten einen durchdringenden, erbarmungslosen Blick, den seine Gesichtsfarbe noch schreckhafter machte. Denn er war überall mit roten Finnen ausgefahren, zwischen denen ein weisser Schorf gleichsam eingestreut war; weshalb ein athenisches Lästermaul den Spottvers auf ihn machte:

> Einer mehlbestreuten Maulbeer ähnelt Sullas Angesicht.«

Ausser diesen Geschwüren vermochte nur der Zorn seine blasse Farbe zu röten (Senec. ep. 11). — Allein dies bezieht sich offenbar auf die Zeit, wo er bereits durch das Laster entstellt war. Die Natur hatte ihm eine anmutige Gestalt verliehen. Plutarch selber spricht unmittelbar nachher von den Reizen seiner Jugend, welche ihm zusammen mit seinem gefälligen Umgang die Gegenliebe der Buhlerin Nikopolis gewannen, so dass er von ihr zum Erben eingesetzt wurde. Und als im Bundesgenossenkrieg bei Gelegenheit eines Wunderzeichens die Wahrsager den Ausspruch thaten, dass ein tapfrer Mann von schöner, ausgezeichneter Gestalt die Herschaft bekommen und die Stadt von den gegenwärtigen Unruhen befreien werde, nahm Sulla keinen Anstand den Spruch auf sich selbst zu beziehen. Denn das goldgelbe Haar gebe seiner Gestalt einen eigenen Vorzug [2]. Er war von Jugend auf ein Freund von Scherz und Lachen und dabei so weichmütig, dass er leicht in Thränen

---

[1] Vgl. Drumann G. R. II. p. 438 f.
[2] Plut. Sulla 6: Τῆς μὲν γὰρ ὄψεως ἴδιον εἶναι τὸ περὶ τὴν κόμην χρυσωπόν·

ausbrach [1]. Mit den Jahren verhärtete sich indes sein Gemüt [2]. Auch war
er von jeher bei Staatsgeschäften ein anderer gewesen als bei Tische:
dort trat sein Ernst, hier seine Ausgelassenheit zu Tage [3]. Was der
dominierende Ausdruck seines Gesichtes war, bleibt danach zweifelhaft.

Im Hinblick auf diese wenigen und mässig verbürgten Notizen,
von denen die einzige speciellere, wie es Plutarch selbst andeutet,
im Grunde bloss bei gemalten Darstellungen brauchbar ist, müsste
man von vornherein darauf verzichten, Bildnisse des Sulla nachweisen
zu wollen, wenn uns nicht die Numismatik noch einen weitern Stütz-
punkt lieferte.

Unter den auf ihn bezüglichen Münzen giebt es nämlich einen
von seinem Enkel Q. Pompejus Rufus im Jahre 59 v. Chr. geschlagenen Denar (abgeb. Münztaf. I. 23—25) [4], welcher auf der einen
Seite den Kopf des Pompejus Rufus, des väterlichen Grossvaters des
Münzmeisters, auf der anderen den des Sulla zeigt; letztern mit der
Beischrift: SULLA COS., weil die beiden Grossväter im Jahre 88 Collegen im Consulat gewesen waren. Es ist ein hoher, oben abgeplat-
teter Kopf, dem Alter nach etwa einem Fünfziger angehörend, mager,
bartlos, mit mässig kurzem, ziemlich schlichtem Haupthaar. Ober-
und Unterstirn durch eine Einsenkung getrennt; die Nase hoch und
leicht gebogen; die Wangen schlaff und durchfurcht, wie auch der Hals;
Stirn und Nase zusammen einen kleinen Winkel bildend, mit Einschnitt an der Nasenwurzel. — Er ist dem auf der Revers geprägten
Kopf des Pompejus Rufus auffallend ähnlich, und insofern wenig geeignet zum Ausgangspunkt für Porträtbestimmungen gemacht zu
werden. Indes ist anzunehmen, dass 20 Jahre nach Sullas Tode sein
Bildnis noch nicht ganz vergessen sein konnte, und dass der Münzmeister sich eher Willkürlichkeiten bei dem unberühmten Pompejus,
als bei dem einstigen Dictator erlaubt haben wird [5].

Dass einem Manne wie Sulla schon zu seinen Lebzeiten Bildsäulen errichtet wurden, ist nach dem Stand der damaligen Cultur
nicht zu verwundern, und er selbst scheint die Ehre ambitioniert zu
haben. Wenigstens geschah es wohl hauptsächlich auf seine Veranlassung, dass Bocchus, König von Mauretanien, eine Statuengruppe

----

[1] Plut. Cap. 30.
[2] Plut. ibid.
[3] Plut. a. a. O. 2.
[4] Cohen M. cons. XV. Cornelia 19.
[5] Der angebliche Denar der gens Cornelia, welcher die Begegnung zwischen
Sulla und Mithridates darstellen soll (abg. Visc. Icon. IV. 9), ist eine Samniter
Münze ohne Aufschrift. Vgl. Bompois Types monétaires de la guerre sociale
p. 106.

aufs Capitol weihte, welche die Uebergabe des Jugurtha an Sulla
darstellte, zum grossen Aerger des Marius [1]. Bekanntlich findet sich
derselbe Gegenstand auf einer von Faustus Sulla, dem Sohn des
Dictators, c. 64 v. Chr. geschlagenen Münze (Coh. XV. 24): Bocchus,
auf ein Knie herabgelassen, überreicht dem auf einer Estrade sitzenden Sulla den Oelzweig; ihm gegenüber Jugurtha, ebenfalls kniecnd,
mit auf den Rücken gebundenen Händen. Ein unmittelbares künstlerisches Abbild der capitolinischen Marmorgruppe wird man in dieser
fast schülerhaft ins Rund componierten Münzdarstellung nicht erkennen wollen; wohl aber könnte sie dem Siegelring entnommen sein,
den sich Sulla zum Andenken an dieses Ereignis hatte machen lassen [2].
— Ebenfalls noch in seine Lebzeiten fällt die Errichtung der vergoldeten Reiterstatue vor der Rednerbühne mit der Aufschrift: *Cornelius Sulla, der glückliche Feldherr* [3], eine Ehre, die seit langen
Jahren keinem Römer mehr zu Teil geworden war [4]. Der Münzmeister A. Manlius wählte sie als Reversbild einer Goldmünze, welche
er zw. 82 und 79 v. Chr. prägte [5], wonach Sulla in Tunica und kurzem Mantel mit erhobener Rechten (ähnlich wie M. Nonius Balbus
nur auf ruhig stehendem Pferd) dargestellt war. — Auf dem Marsfeld
stand Sullas Grabdenkmal, wozu er selber die Inschrift hinterlassen hatte [6].

Einige seiner Bildsäulen wurden nach der pharsalischen Schlacht
zusammen mit denen des Pompejus umgestürzt, aber durch Caesar
wieder aufgerichtet [7]. Von da an war kein Anlass mehr, gegen sein
Andenken zu wüten. Caracalla, der in ihm eine Art Vorbild ver-
ehrte, erneuerte es sogar wieder durch Aufstellung von Bildsäulen
oder Gemälden [8].

Nach dem Gesagten ist es sehr wohl möglich, ja sogar wahrscheinlich, dass noch monumentale Bildnisse des Sulla vorhanden
sind. Ein authentisches aufzufinden, ist bis jetzt nicht gelungen;

---

[1] Plut. Sulla 6: Ἀνέθηκεν εἰκόνας ἐν Καπιτωλίῳ τροπαιοφόρους καὶ παρ' αὐ-
τοῖς χρυσοῦν Ἰουγούρθαν ὑφ' ἑαυτοῦ Σύλλᾳ παραδιδόμενον. Vgl. Mar. 32.

[2] Val. Max. VIII. 14. 4. Plut. Sulla 3. — Vgl. auch das auf denselben Gegenstand bezogene Relief bei Barbault Mon. anc. pl. II, und den danach geschnittenen Pariser Karneol (Cados V. 174).

[3] App. B. c. I. 97.

[4] Vellejus II. 61. Cic. Phil IX. 6. 13. Beide vergessen die vergoldete
Reiterstatue des Acilius Glabrio 181 v. Chr. (Liv. XL. 34).

[5] Abg. Cohen M. C. XXVI. Manlia 4; vgl. Mommsen Gesch. d. röm. Münzw.
Nr. 224. d.

[6] Plut. Sulla 38.

[7] Suet. Caes. 75. Dio 43. 49.

[8] Herodian 4. Cap. 8.

Visconti hat nicht einmal Vermutungen gewagt. Aber Visconti nennt überhaupt im Durchschnitt nur (seiner Meinung nach) sichere Bildnisse oder keine. Wenn es sich um diese Alternative handelt, so müssen wir bekennen, noch an demselben Punkte zu stehen, wie der römische Ikonograph. Sind aber Vermutungen erlaubt, und der eben betonte historische Sachverhalt scheint ihnen eine gewisse Berechtigung zu gewähren, so möchte doch vielleicht dieses oder jenes unter den erhaltenen Denkmälern eine Besprechung an diesem Orte verdienen.

Um zunächst die bisherigen Bezeichnungen einer kurzen Kritik zu unterwerfen, so ist der herculanische Bronzekopf in Neapel (abgeb. Bronzi d'Erc. I. 41 u. 42), der nicht sowohl nach den Münzen als nach einem mir unbekannten barberinischen Kopf [1] Sulla genannt worden war, zusammen mit diesem bereits von Visconti gestrichen worden [2]. Ich habe ihn übrigens bei den grossen Bronzen vergebens gesucht. An seiner Stelle werden jetzt im Neapler Museum ohne Grund zwei andere Bronzeköpfe auf Sulla bezogen, nämlich der früher sog. Lepidus aus Pompeji (Bronzi I. 43 u. 44) mit dem eigentümlich geformten hässlichen Mund, dessen hohe Unterlippe fast ohne Einkehlung ins Kinn übergeht, und ein Kopf mit glattgeschorenem Schädel aus Herculaneum im Waffensaal, den man vielmehr Scipio nennen würde, wenn er sich mit dem im Nebensaal aufgestellten und diesen Namen führenden Prachtkopf (abgeb. oben Taf. III) vereinigen liesse. — Auch bei der herculanischen Togastatue von Marmor ebenda (abg. Clarac pl. 908) [3] liegt absolut nichts vor, was den Namen des aufgesetzten Kopfes rechtfertigen könnte.

Erfreulicher wäre es, wenn der ausgezeichneten und vortrefflich erhaltenen Marmorbüste dieses Museums, die man bald auf Coelius Caldus, bald auf Sulla deutet (abg. Fig. 7), der letztere Name vindiciert werden dürfte. Sie wäre ein adäquates Bild für den geistvollen, vor keiner Schwierigkeit zurückschenenden jugendlichen Diplomaten, der den Jugurtha in seiner Höhle aufsuchte. Indes die wohlproportionierte Kopfform und die glatte hohe Stirn mit dem zurücktretenden Haar sind der Bezeichnung nicht günstig. Und wenn wir noch Bildnisse von Sulla haben, so werden sie eher den Besieger des Mithridates als den jungen numidischen Offizier darstellen. Wir haben daher bei jener Büste vielmehr an C. Gracchus gedacht.

Ein interessanter ältlicher Charakterkopf des Braccio nuovo im

---

[1] Tetius Acd. Barb. p. 199.
[2] Ic. rom. p. 114 Anm. 2.
[3] Gerhard Neap. ant. Bildw. Nr. 336.

Vatican Nr.'60, aus Pal. Ruspoli[1], wurde früher Sulla genannt, weil
man in der Warze an seinem Mund eine Andeutung der mit Finnen
überdeckten Haut zu ersehen glaubte. Dass dergleichen Taufen nur
dazu dienen, die Ikonographie in Misscredit zu bringen, ist klar.
Jedoch hatte man sich wenigstens darin nicht versehen, dass man
das Bildnis eines berühmten und, wie man aus seiner Miene schliessen muss, eines geistreichen Mannes herausgriff. Seine Berühmtheit
geht daraus hervor, dass noch zwei weitere Exemplare davon vorkommen: Eines im Museo Torlonia Nr. 412 (früher in Villa
Albani Nr. 609), und ein anderes auf einer Togastatue in Lands-
downe House (abgeb. Clarac. pl. 394)[2]. Ob das durchrunzelte
Gesicht und der sarkastisch düftelnde Ausdruck dem grossartigen
Wesen Sullas, der zahnlose Mund und das vorstehende Kinn dem
Münztypus entsprechen, sind freilich andere und ohne Zweifel zu
verneinende Fragen.

Von einer Büste im Museum zu Mantua Nr. 190 (sehr schlecht
abgeb. bei Labus. III. 15. 2)[3] lässt sich ebenfalls sagen, dass sie
physiognomisch bedeutend genug wäre, um Sulla darzustellen. Aber
sie hat eine kahle Stirn und eine niedrige, mehr lange Kopfform.
Die Münze zeigt das gerade Gegenteil.

Gar nicht in Betracht kommt die sitzende Statuette in der Inschrifthalle der Uffizien zu Florenz Nr. 289[4], welche bei Gori
Taf. 82 und bei Clarac pl. 904 als Sulla abgebildet ist; denn sie
hat wenigstens in ihrem gegenwärtigen Zustand einen modernen Kopf.

Im Louvre gilt für Sulla die Togastatue eines älteren Mannes
aus der Sammlung Campana (abg. d'Escamps Marbres ant. du Mus.
Camp. 53), ein etwa dem sog. älteren Drusus im Lateran (Nr. 209)
verwandtes Bildnis. Die Möglichkeit, dass er richtig benannt, ist
vielleicht nicht abzustreiten; doch lässt der Münztypus ein schmaleres
Gesicht erwarten. — Das ebenda befindliche, vortreffliche Bronzebüstchen aus dem Cabinet Pourtalès dagegen (De Longpérier Not. d.
bronzes ant. Nr. 638), von dem der sog. Augustus im Wiener
Antikencabinet (2ter Schrank Nr. 522) wahrscheinlich eine Replik,
weicht in Proportionen und Profil zu sehr ab, als dass man auch
nur zweifelhaft sein könnte.

Eine Marmorbüste in Holkham Hall (abgeb. Fig. 13) mit
dem Sullanamen auf der modernen Basis, von ähnlich entschlosse-
nem Charakter wie die jugendliche Neapler Büste (Fig. 7), würde

[1] Beschr. Roms II. 2. p. 91. Nr. 74. Abguss in Villa Medici Nr. 46.
[2] Mich. Arch. Ztg. 1874, p. 36, Nr. 21.
[3] Gypsabguss u. A. im Gewerbe-Museum zu Wien.
[4] Dütschke Ant. Bildw. in Oberitalien III. Nr. 344.

insofern die Benennung besser verdienen, als sie einen etwas reiferen
Mann darstellt, allerdings auch nur einen Vierziger. Derselbe hat
noch mehr als jene den Ausdruck kecker Genialität und eines gewissen aristokratischen Uebermuts, wie er den Gegner des Marius
kennzeichnete. Was aber gegen Sulla spricht, ist das kurze Kraushaar, das weder mit dem goldfarbigen des Plutarch noch mit dem

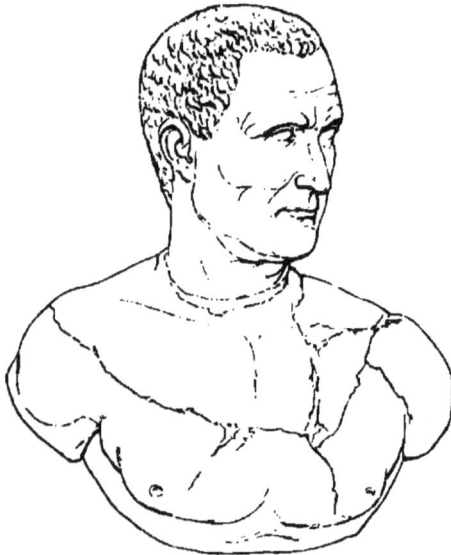

Fig. 13. Marmorbüste des sog. Sulla in Holkham.

schlichten der Denare stimmen will. Der münzprägende Enkel hätte
sich doch wohl dieses Merkmals noch erinnert, selbst wenn die Statuen seines Grossvaters damals noch nicht wieder aufgerichtet waren.
Uebrigens würde man auch die (hinten ausladende) Kopfform und
die schmalen Lippen kaum auf der Münze erkennen [1]. Dagegen sehr
nahe verwandt mit der Holkhamer Büste der sog. Postumus Albinus
auf einem Karneol bei Cades V. 148.

Nicht bekannt sind mir die angeblichen Sullaköpfe in Petersburg

---

[1] Der vornehme und geistreiche Ausdruck von Fig. 13 ist auf der Zeichnung nicht ganz gelungen. Die Nasenflügel sitzen etwas zu hoch, die Mundlinie sollte in der Mitte etwas mehr abwärts gewölbt, die Lippen etwas schmaler

und in Stockholm. Der aus der Sammlung Campana stammende in Petersburg (Cat. Nr. 201), der »neben dem Florentiner (!) das einzige erhaltene Marmorbildnis des Sulla« sein soll, wird, wenn auch antik, in Bezug auf ikonographische Beglaubigung in dieselbe Reihe zu stellen sein, wie der Florentiner [1]. Der in S t o c k h o l m scheint nicht einmal den Stempel der Echtheit zu haben [2].

Diesen mehr oder weniger negativen Bestimmungen gegenüber erlauben wir uns noch auf folgende zwei Bildnisse als auf mögliche Sulladarstellungen hinzuweisen, obgleich wir nur dem ersteren derselben eine grössere Wahrscheinlichkeit zuschreiben.

Einmal auf den sonst nicht mehr vorkommenden, wahrscheinlich zu einer Statue gehörigen Kopf des M u s e o C h i a r a m o n t i Nr. 424 B (abgeb. Taf. V) [3], der wegen angeblicher Aehnlichkeit mit der Münze von Magnesia immer noch als Cicero bezeichnet wird, was doch jetzt entschieden genug als falsch erwiesen sein sollte. Mit der Sullamünze hat er die hohe Kopfform, die flache nach vorn abfallende Schädellinie, das volle, schlichte, in Büschel geteilte und ziemlich weit in den Nacken hinabgehende Haar, den Charakter des Profils, die zweigeteilte Stirn, das Alter (55 bis 60 Jahre) und die Magerkeit gemein. Einen kleinen Unterschied bildet nur die Art, wie hier die Stirn durch die Haare begrenzt ist (mehr in zerstreuten Büscheln als in einer bestimmten Linie), und die um ein Weniges grössere Ausladung des Hinterkopfs. Dass es sich um einen bedeutenden, geistvollen Mann handle, hat man von jeher gefühlt; sonst wäre man schon gar nicht auf Cicero verfallen. Denn die angebliche Aehnlichkeit mit der Münze von Magnesia diente mehr nachträglich zur Beschönigung, als dass sie der Grund für die Benennung war. Nun sind freilich Cicero und Sulla sehr verschiedene Charaktere; und Physiognomiker, welche bisher alle Züge und Eigenschaften Ciceros in diesem Kopf erkannten (wie seiner Zeit E. Braun), dürften, wenn sich die Deutung als verfehlt erweist, consequenter Weise nicht gerade auf Sulla überspringen. Unbefangene Beurteiler werden aber gleichwohl zugeben, dass die sehr ins Auge fallende Uebereinstim-

sein. Der ganze Kopf hat zu viel Aehnlichkeit mit Fig. 7, wo sicher eine andere Person dargestellt ist.

[1] Was mir durch schriftliche Mitteilung Stephani's bestätigt wird.

[2] S. Wieseler Philol. 1868. p. 208.

[3] Die einzige bisherige Abbildung im Museo Chiaramonti II. 25 zeigt ihn mit einem Bruststück versehen und auch sonst fast unkenntlich. Erwähnt ist er in der Beschr. d. St. Rom II. 2. p. 72. Nr. 523; bei Burckhardt Cicerone p. 524 c; besprochen von E. Braun Ruinen und Museen Roms p. 272.

mung mit der Münze, zusammen mit der Bedeutsamkeit des Bildnisses und mit seinem Stil, ein günstiges Vorurteil für Sulla erwecken müssen, und dass, wenn einige Seiten seines Charakters in dem vorliegenden Kopfe weniger zum Ausdruck kommen, was ja vielleicht im Leben auch der Fall war, doch wenigstens nichts darin liegt, was der Beziehung auf ihn positive Schwierigkeiten bereitete. — Ein ähnlicher aber nicht identischer Kopf von Basalt in Kingston Hall (Michaelis Arch. Ztg. 1874. p. 34) [1] wird fälschlich Augustus genannt [2].

Sodann verweisen wir auf ein mehrfach vorkommendes bis jetzt wenig beachtetes Bildnis, von dem ein Exemplar ganz nahe beim vorigen unter Nr. 508 im Museo Chiaramonti aufgestellt ist (s. unten bei Pompejus Magnus und die Abbildung auf Taf. VIII), im Catalog als Redner bezeichnet. Vom Standpunkt der Münzen dürfte kein anderes mit so gutem Recht auf Sulla bezogen werden wie dieses; denn der Grad der Uebereinstimmung ist noch grösser als selbst beim vorigen. Und hier erkennen wir auch die Bedeutung des Mannes nicht bloss aus der Physiognomie, sondern gleichsam handgreiflich aus der Zahl der Exemplare. Indes neben der Aehnlichkeit des Profils mit den Sullamünzen, besteht in der Vorderansicht eine eben so starke mit dem Pompejus Spada; und wenn man bei dieser Alternative den Entscheid der grösseren Congenialität des Charakters anheimstellt, so muss man sich eher für den Pompejus Spada erklären. Die an Sulla bekannte Empfänglichkeit für Scherz und ausgelassene Tafelfreuden, oder dann wieder seine kalte, erbarmungslose Grausamkeit scheint mit dem tiefernsten, trüben Ausdruck unseres Kopfes im Widerspruch zu sein. Wären nicht Andeutungen vorhanden, dass in Sulla sehr widersprechende Eigenschaften, u. A. auch eine grosse natürliche Weichmütigkeit (Plut. Sulla Cap. 30), sich zusammen fanden, und wäre die Physiognomik überhaupt nicht ein so trügerisches Gebiet, so müsste man davon abstehen, den vorliegenden Typus mit ihm in Verbindung zu bringen. So aber wird man den angegebenen auf Sulla deutenden Momenten immerhin Beachtung schenken müssen.

Die zwei Gemmenköpfe bei Cades V. 172 und 173 haben kein ersichtliches Anrecht auf ihre Benennung, zumal nicht der zweite aus der Sammlung Pourtalès mit dem runden Kopf und dem zugespitzten Profil.

---

[1] Abgeb. Specim. of anc. sculpt. II. 46.

[2] Ganz ungerechtfertigt ist es, einen Marmorkopf beim Kunsthändler Milani in Rom als (antike) Wiederholung zu betrachten. Derselbe zeigt nicht nur sehr erhebliche Abweichungen (in Augen, Mund, Haaren, Contour des Nackens), sondern ist auch aller Wahrscheinlichkeit nach modern.

Q. Pompejus Rufus. Antius Restio.

Q. Pompejus Rufus.

(Münztaf. I. 26. 27.)

Q. Pompejus Rufus, Parteigenosse Sullas und College desselben im Consulat (88 v. Chr.), wurde bald nach dessen Weggang durch die Intriguen des Pompejus Strabo ermordet[1]. Sein Sohn, der eine Tochter Sullas geheiratet hatte, war schon vor ihm in den Parteikämpfen des Jahres 88 gefallen. Der aus dieser Ehe entsprossene gleichnamige Enkel des Pompejus Rufus[2], der zugleich Enkel des Sulla war, liess als Münzmeister im J. 59 die Bildnisse seiner beiden Grossväter prägen (das des Pompejus abg. Münztaf. I. 26. 27)[3]. Dieselben sind wie die des Brutus und des Ahala (Münztaf. I. 8. 9 — 13) durch keine specifischen Charakterzüge von einander unterschieden. Marmorköpfe, die ihnen gleichen, wird man daher eher auf den berühmteren Sulla beziehen. Bei Pompejus liegt nicht einmal die Wahrscheinlichkeit vor, dass noch Büsten oder Statuen von ihm vorhanden sind.

Antius Restio.

(Münztaf. II. 28. 29.)

Ein besonders energischer Kopf ist uns auf einem Denar der gens Antia erhalten, nämlich das Bildnis des C. Antius Restio, eines sonst unbekannten Volkstribuns, von dem wir bloss wissen, dass er ums Jahr 74 v. Chr. ein Luxusgesetz erlassen hatte, welches nie gehalten wurde und bald in Vergessenheit geriet. Das Bildnis wurde von seinem gleichnamigen Sohn, Münzmeister ums J. 48, geprägt (abgeb. Münztaf. II. 28. 29)[4]: Ein alter unbärtiger Kopf mit grossem Gesicht, niedriger, zurückweichender und ziemlich kahler Stirn, emporgezogenen buschigen Brauen, meist hoher gerader Nase, und senkrecht sich fortsetzendem Untergesicht. Da er, wenn auch nach ver-

---

[1] S. Drumann G. Roms IV. p. 311. 6.
[2] Drumann a. a. O. Nr. 9.
[3] Cohen M. cons. XV. Cornelia 19.
[4] Cohen M. cons. III. Antia 2.

schiedenen Stempeln, nur auf einer einzigen Münze mit dem Revers
des *Hercules victor* vorkommt, so würde er sammt der Wiederholung
auf einer Marlborough Gemme (Choix d. p. ant. du cab. Marlb.
II. pl. 8) [1] in jedem Fall eine ziemlich unzuverlässige ikonographische
Grundlage bieten. Indes gehört die Persönlichkeit auch wieder zu
denen, die wir von vornherein als verschollen voraussetzen dürfen.
Wäre dies nicht, so könnte etwa der prächtige Kahlkopf des Museo
Torlonia Nr. 122 für sie in Frage kommen.

Arrius Secundus.
(Münztaf. II. 30. 31.)

Auf Denaren des Münzmeisters M. Arrius Secundus (abgeb.
Münztaf. II. 30. 31) [2], wahrscheinlich aus dem Jahre 43 v. Chr. [3]
findet sich ein Bildnis, das jetzt ziemlich allgemein auf dessen Vater
Q. Arrius bezogen wird, der als Praetor im Kriege gegen Spartacus
den Gallier Crixus besiegte (72). Es ist ein jugendlicher, flaumbär-
tiger Kopf, von quadrater, etwas nach vorn abschüssiger Schädelbildung, mit schlichtem Haar und regelmässigem Profil. Havercamp
wollte in dem Dargestellten den Augustus, Visconti [4] des Bartes halber
einen ältern Vorfahren des Münzmeisters erkennen. Und es ist richtig,
dass seit dem 2. Jahrhundert v. Chr. das Tragen eines Bartes nur
in Ausnahmsfällen (Cato major) oder als Zeichen der Trauer (Pompejus Magnus, S. Pompejus, M. Brutus, M. Antonius) vorkommt. Aber
ein so leichter Wangenbart ist nicht das Charakteristicum der *statuae
antiquorum* (s. oben p. 1), sondern deutet wohl bloss die Jugend an [5].
    Eine dem Alter nach entsprechende Büste im Museum zu Neapel
(Mus. borb. IV. 23. 3) [6] von einnehmenden Gesichtszügen, mit vollem,
schlichtem Haar und einem das Gesicht frei lassenden Flaumbart,
wird mit Unrecht auf ihn bezogen. Die Proportionen stehen in
directem Gegensatz zur Münze, welche ja das einzige Kriterium ist.

---

[1] Vgl. Brunn Gesch. d. gr. Kstlr. II. p. 582.
[2] Cohen M. cons. VII. Arria 2. 3.
[3] S. Mommsen Gesch. d. r. Münzw. p. 741.
[4] Visconti Icon. rom. p. 52.
[5] Vgl. den idealisierten Caesarkopf auf der Goldmünze des Agrippa (Münztaf. III 68).
[6] Gerh. Neap. ant. Bildw. Nr. 61.

Numonius Vaala.
(Münztaf. II. 32—33.)

Vollständig unbekannt ist uns der Römer, dessen Bildnis auf
zwei Münzen des C. Numonius Vaala, wahrscheinlich eines Collegen
des Arrius Secundus im Münzmeisteramte, dargestellt ist (abgeb.
Münztaf. II. 32. 33) [1]. — Es handelt sich natürlich auch hier um den
Ruhm der Familie. Der Revers (ein Soldat, welcher eine von zwei
andern Soldaten verteidigte Verschanzung angreift) zeigt, dass sich
der betreffende Numonier durch irgend eine Waffenthat muss hervorgethan haben. Für das Wann und Wo fehlt jede Andeutung. Doch
kann sie nicht ganz geringfügig gewesen sein, da Trajan die Münze
restituierte [2]. Das Bildnis an sich ist nicht ohne individuellen Charakter: ein feines Profil mit gebogener, abwärts gerichteter Nase, die
Stirne leicht durchfurcht, das Haar über den Schläfen zurücktretend,
Wangen, Kinn und Lippen von einem kaum sichtbaren, kurz geschnittenen Barte bedeckt.

Livinejus Regulus.
(Münztaf. II. 34—35.)

Auf 5 verschiedenen Denaren, von denen einer auch in Gold,
kommt das Bildnis eines Praetors Livinejus Regulus vor, geprägt von
seinem Sohn oder Enkel L. Livinejus Regulus im J. 43 v. Chr.,
zweimal mit der Umschrift REGVLVS PR. (abg. Münztafel II. 34. 35) [3].
Es stellt einen Mann dar, dessen Gesicht, abgesehen von den Stirnfalten, noch stramme Formen zeigt, ein edles Profil mit gebogener,
nur fast zu kräftiger Nase, ohne Einschnitt an der Wurzel, mit fettem
Kinn und flacher Scheitellinie.

---

[1] Cohen XXX. Numonia 2 und XLV. 21. Vgl. Mommsen Gesch. d. r. M.
p. 741. — Dass weder der Legat des Quinctilius Varus (Vellej. II. 119) noch
der Freund des Horaz (Hor. Epist. I. 15) gemeint sein kann, braucht nach der
Datierung der Münze nicht gesagt zu werden, auch wenn letztere um einige
Jahre anders anzusetzen wäre (nach Cavedoni 49 auf 48 v. Chr.).

[2] S. Cohen XLV. 8.

[3] Faber Imagg. 38; Gronov. Thes. ant. graec. III. Tf. f. und ff.; Cohen M.
cons. XXIV. Livin. 1—5.

Warum nicht M. Atilius Regulus gemeint sein kann, wie früher allgemein und noch von Visconti [1] angenommen wurde, ist bereits oben auseinandergesetzt (p. 27 Ann. 2). — Büsten des Livinejus sind keine nachzuweisen.

—

Hortensius.
(Tafel VI.)

Q. Hortensius Hortalus ist geb. 114, gest. 50 v. Chr., wurde also 64 Jahre alt. Er war von plebeischer, aber vornehmer Familie und durchlief alle Aemter bis zum Consulat, welches er im 45. Lebensjahr bekleidete. Zugleich hatte er sich von früh an der Beredsamkeit gewidmet, und zwar dem prunkenden *genus Asianum*, in welchem, wie in der Redekunst überhaupt, er als der erste galt, bis ihm Cicero die Palme entriss; der Zauber seines Vortrags soll geradezu hinreissend gewesen sein. Doch diente seine Kunst ausschliesslich den Interessen der Optimaten. Als Mensch war er jenem verfeinerten Lebensgenuss ergeben, den seine vornehmen Zeit- und Standesgenossen, darunter L. Lucullus, bis zum höchsten Raffinement ausbildeten.

Wir kennen sein Bildnis aus einer kleinen mit seinem Namen versehenen Herme oder Büste der Villa Albani Nr. 953 (abgeb. Taf. VI.) [2], dem Gegenstück des ebenda befindlichen Isokrates, welche beide, unbekannt welches Fundorts, durch den Cardinal Alex. Albani erworben wurden. Die Büste ist bedeutend unter Lebensgrösse. Nase, Lippen und Kinn sind ergänzt; der Kopf aufgesetzt, aber wie es scheint zugehörig, trotz den übermässig breiten Verhältnissen von Brust und Schultern, welche letztere hermenartig gestaltet, aber wie an den Büsten unterhöhlt sind. Sie stellt den Redner in mittlerem Lebensalter dar. Schädelbau und Haarwuchs haben etwas Claudisches; der Schädel ist über den Ohren ein wenig ausgeladen, die Stirn hoch und frei, die Nase mit ihr in derselben Flucht, der Blick fest und durchdringend (die Pupillen angegeben), die Wangen etwas mager. Charakteristisch die vorgewölbten Muskeln der Unterstirn, die in der

—

[1] Visc. Icon. rom. p. 45 ff.
[2] Bei Visc. Icon. rom. XI. 1. 2; auch bei Kornis Hellen. Bibliotb. V; Gypsabgüsse in Berlin Nr. 1193 A und Dresden Nr. 204. Vgl. E. Braun Mus. p. 702.

Mitte eine breite zur Nasenwurzel herabführende Furche bilden.
Obgleich die Arbeit mittelmässig, erhält man doch den Eindruck
eines bedeutenden Mannes, wenn auch vielleicht nicht gerade den,
welchen der historische Charakter des Hortensius voraussetzen lässt.
Die Aufschrift QUINTUS HORTENSIUS steht auf dem unteren Teil
des viereckigen Bruststücks, ohne dass ein besonderer Rand für sie
ausgespart wäre, was indes zu keinen Zweifeln Anlass geben kann.
Die Epigraphiker (Mommsen) halten sie für echt.

Die angebliche Hortensiusstatue im Museo Torlonia Nr. 115
hat einen modernen, ciceroartigen Kopf. Der Grund ihrer Benennung
ist offenbar nur die rednerische, an den Neapler Aeschines erinnernde
Haltung (die linke Hand auf den Rücken gelegt). — Und wohl eben
dieses Umstandes wegen wurde früher eine Gewandstatue im Museo
civico zu Verona[1] so genannt. Aehnlichkeit mit der albanischen
Herme hat keine von beiden.

Eher könnte der Kopf auf einem Sardonyx bei Cades V. Nr.
206 mit der Beischrift Q. HOR. als dieselbe Person gefasst werden;
doch würde es ohne die Beischrift schwerlich geschehen. Es fragt
sich, ob die Buchstaben nicht modern, und ob der Gemmenschneider
nicht vielmehr den Horaz damit bezeichnen wollte.

L. Licinius Lucullus.

L. Licinius Lucullus war etwas älter als Pompejus, also vor dem
Jahre 106 v. Chr. geboren, und starb kurz vor 56, so dass seine
wahrscheinliche Lebensdauer einige Jahre über 50 betrug. Schon
im marsischen Kriege (90) thätig, diente er als Legat, namentlich als
Flottenführer, unter Sulla im ersten mithridatischen Krieg, wurde 77
Praetor und 74 Consul mit M. Aurelius Cotta. Als solcher mit dem
neu ausbrechenden pontischen Kriege betraut, entsetzte er Kyzikos,
vernichtete die feindliche Flotte, schlug den Mithridates bei Kabira
(72) und den Tigranes von Armenien bei Tigranocerta (69). Allein
die Soldaten, durch Sendlinge des Pompejus aufgehetzt, verweigerten

[1] Wieseler. Gött. Nachr. 1874. p. 598; Dütschke Ant. Bildw. in Oberit. IV. Nr. 610.

weiteres Vorrücken, und Lucullus musste unthätig zusehen, wie sich
Mithridates wieder in den Besitz seines Landes setzte. Angefeindet
von den Rittern, deren Wuchergelüsten er entgegengetreten, musste
er den Oberbefehl zuerst an Glabrio und bald darauf an Pompejus
abtreten (66), der nun den Ruhm der Beendigung des Krieges erntete.
Nachdem er drei Jahre vor den Thoren Roms auf seinen Triumph
gewartet, und endlich das Ziel seines Ehrgeizes erreicht hatte, zog
er sich auf seine Landhäuser zurück, um über den Genüssen der
Tafel und der Kunst die erlittenen Kränkungen zu vergessen.

Lucullus war von Person gross und schön [1], als Mensch recht-
schaffen und wohlwollend, edler gesinnt als die meisten seiner hervorragenden Zeitgenossen, obwohl in seinen späteren Jahren von fast
schwächlicher Genusssucht; als Feldherr streng und unfreundlich,
weshalb er sich niemals der Gunst seiner Soldaten erfreute [2].

Plutarch [3] erwähnt einer marmornen Bildsäule des Lucullus auf
dem Marktplatz von Chaeronea, welche die Bewohner dieser Stadt
aus Dank für seine gefällige Fürsprache in einem Prozesse ihm errichtet hatten. Noch weit triftigere Gründe zu solcher Dankbarkeit
hatten die kleinasiatischen Städte. Da jedoch Lucullus den Schau-
platz seiner Thaten einem feindselig gesinnten Nachfolger überlassen
musste, so bleibt es fraglich, ob Vieles zur Ausführung kam. Immerhin ist anzunehmen, dass ein Mann, der eine so glänzende Feldherrn-
laufbahn hinter sich hatte, und der seinen ehrgeizigen Wünschen durch
Reichtum und durch persönlichen Verkehr mit den Künstlern Nachdruck
geben konnte, verschiedentlich durch bildliche Darstellungen geehrt wurde.

Obgleich es nun keinem Licinier beliebt hat, den Kopf des
pontischen Feldherrn auf die Münzen zu setzen, weshalb sein Name
weder in den Ikonographien noch in den Museen figuriert, so glaubt
man doch neuerdings seinem Bildnis auf die Spur gekommen zu sein.
E. Schultze hat vor einigen Jahren eine Büste der ehmaligen Sammlung Campana, jetzt in der Ermitage zu Petersburg Nr. 77 (abg.
Fig. 14) [4], mit unläugbarem Geschick, wenn auch mit zweifelhaftem
Erfolg, als ein solches zu erweisen gesucht [5].

---

[1] Plut. Luc. 33.
[2] Ueber sein Leben und seinen Charakter vgl. Drumann G. R. IV. p. 120. 5.
Mommsen R. G. III. 6te Auflage p. 67 und 157.
[3] Plut. Cim. 2.
[4] Nach der photographischen Aufnahme bei d'Escamps Marb. ant. d. Mus.
Campana pl. 56. Eine andere Aufnahme liegt der lithographischen Abbildung
der Arch. Ztg. 1878 Taf. 3 zu Grunde.
[5] Vgl. Arch. Ztg. a. a. O. p. 9. ff.

Die Büste ist als Ganzes wohl erhalten, indem das Bruststück
antik und nie vom Kopf getrennt war; der letztere dagegen hat in
seinen Extremitäten erheblich gelitten: Ohren, Nase, Kinn, sowie ein
Teil der Augenknochen und des Mundes sind restauriert. Sie stellt
einen ältern bartlosen Römer dar, mit schlichtem, nach vorn ge-
kämmtem, über der Stirn sehr dünnem Haar. Als charakteristische
Merkmale können die tiefen Furchen zu beiden Seiten der Nasen-

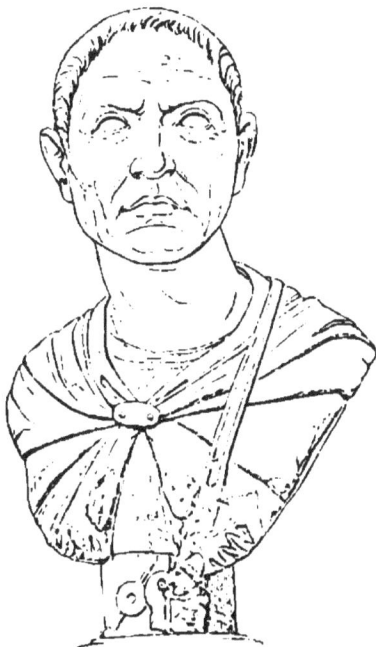

Fig. 14 Marmorbüste der Ermitage in Petersburg.

wurzel, die hagern knochigen Wangen und die eckige Unterkehlung
des Mundes angesehen werden. Der Kopf ist etwas nach links gewandt, und sitzt auf einem verhältnismässig schmalen Bruststück
ohne Ansätze der Arme. Die Kleidung besteht aus einer nur vorn
am Hals sichtbaren Tunica und einem sonst nicht vorkommenden
einfachen Obergewand, welches über der Mitte der Brust durch einen
ovalen Lederstreifen mit zwei Knöpfen zusammengehalten wird. Endlich läuft von der linken Achsel abwärts in fast senkrechter Richtung

ein Riemen, den man für ein Wehrgehenk nimmt, obgleich dieses
gewöhnlich auf der rechten Schulter und quer über die Brust getragen wurde. Unterhalb des Bruststückes — und darauf nun stützt
sich hauptsächlich die Deutung — befindet sich, an der Stelle des
Täfelchens, wo sonst bisweilen eine Inschrift angebracht ist, ein
kleines (antikes und zugehöriges) Relief, welches in symbolischer
Weise den Charakter des Dargestellten zu bezeichnen scheint [1]. Die
grössere linke Seite dieses Reliefs zeigt einen runden Schild und eine
Lanze, nebst dem Vorderteil eines Schiffes; der durch eine senkrechte Linie davon abgetrennte rechte Teil einen maskenartigen
Kopf mit spitz zulaufendem Hut (Schiffermütze?) auf einer nicht
genauer zu bestimmenden Unterlage. — Dass durch das Wehrgehenk, wenn wir es anders mit einem solchen zu thun haben, ein
Feldherr, durch Schild, Lanze und Schiffsschnabel ein Sieger zu
Land und zur See bezeichnet werde, ist wahrscheinlich genug. Es
ist durchaus die von Statuen und von den römischen Silbermünzen
her bekannte Symbolik. Weniger klar ist die Bedeutung des rumpf-
losen Kopfes. Ihn für eine Maske zu nehmen, wie Stephani wollte,
scheint trotz den leblosen Zügen nicht zulässig, da der Mund völlig
geschlossen. Und was sollte die Maske an einer Feldherrnbüste?
Viel näher liegt es, mit d'Escamps an Castor, den Gott der günstigen Seefahrt, zu denken. Es hätte dies einerseits an dem *pileus*arti-
gen Hut und andrerseits an der Beziehung zur *prora* eine vortreffliche Stütze. Indes fehlt das übliche Symbol der Dioskuren, der
Stern, und um den unteren Teil des Hutes läuft eine zickzackartige
Verzierung, welche auch d'Escamps ohne Bedenken für eine Zackenkrone nahm. Eine solche in Verbindung mit dem Pileus lässt sich
aber bei den Dioskuren nicht nachweisen [2]. Schultze erklärt daher
diese Annahme für entschieden falsch; der Kopf sei vielmehr die ab-
gekürzte Darstellung eines überwundenen Königs. Wir wollen die
Möglichkeit, dass er das Richtige getroffen, nicht bestreiten, möchten
aber der Deutung auf Castor einstweilen doch noch einen Platz
neben der seinigen wahren. Denn eigentlich zwingend sind die Ein-
würfe Schultze's doch keineswegs, und am Ende hat er ja auch für
seine Ansicht keine genauen Analogien beigebracht. Uebrigens ist

---

[1] Ein ähnliches Relief, eine schreitende Löwin (?) darstellend, soll sich auf
dem Fuss einer männlichen Büste im Park von Glinike bei Potsdam befinden.
S. Arch. Ztg. a. a. O. p. 11. Ausserdem vergleicht Schultze mit Recht die um
einen Büstenfuss gewundene Schlange am Grabmal der Aterier im Lateran (Bennd.
und Schöne Nr. 343. Annal. d. Inst. 1849. p. 407; abg. Mon. V. 7.) und die Maske
an der Schulter des sog. Terenz im Capitol (oben p. 68 Fig. 5).

[2] S. Stephani Nimbus und Strahlenkranz 120. 124.

es mit der Zackenkrone eine ziemlich problematische Sache. Auch
auf der photographischen Abbildung bei d'Escamps kann man sie
kaum als solche erkennen. Wenn es aber eine blosse Verzierung ist,
so macht es für die Bestimmung des Bildnisses keinen so wesentlichen Unterschied mehr, ob wir die eine oder die andere Erklärung
adoptieren; denn dann handelt es sich einfach um die Symbolisierung
eines überwundenen Feindes, gleichviel ob es ein König oder ein
Seeräuber war.

Indem wir daher die Entscheidung zwischen den beiden Ansichten auf sich beruhen lassen, fragt es sich, inwiefern die specielle
Beziehung der Büste auf Lucullus gerechtfertigt sei. Schultze's Beweisführung ist folgende:

An der knappen schmucklosen Form der Büste, dem flachen
Relief der Haare und des Gewandes erkenne man den frührömischen,
wahrscheinlich republikanischen Stil. Unter den republikanischen
Feldherren sei aber Lucullus einer der wenigen, die sich auch durch
den Seekrieg ausgezeichnet, und unter diesen wenigen einer der
hervorragendsten. Pompejus Magnus und Agrippa können nicht in
Frage kommen, weil sie uns durch andere Denkmäler bekannt sind
und Sextus Pompejus nicht, weil er schon 40jährig gestorben, während es sich bei der Büste um einen ca. 60jährigen Mann handle.
Letztere sei, wie man aus ihrer realistischen Treue und ihrem Maass-
stab (genau Lebensgrösse) schliessen dürfe, nach einer Wachsmaske
gebildet, zeige also den Dargestellten am Ende seines Lebens, und
gerade jenes Alter ungefähr habe Lucullus erreicht. Das eigentümliche Gewand ferner sei, wie aus den Franzen und seinem ganzen
Charakter hervorgehe, nichts Anderes als die römische *lacerna* und
diese wieder identisch mit der προσωπιὴ λγιατρίς, welche Lucullus in
der Schlacht bei Tigranocerta getragen [1]. Der auf dem Fels (?)
ruhende Kopf sei eine charakteristische Bezeichnung für den mit
der asiatischen Tiara geschmückten Beherrscher des armenischen
Gebirgslandes. Endlich sei die Büste in Tusculum gefunden, wo
Lucullus eine berühmte Villa besass, die er mit Vorliebe zum Aufent-
haltsorte wählte, und wo er auch begraben wurde [2].

Manche dieser Argumente klingen sehr plausibel; doch sind auch
einige Punkte berührt, die leicht das Gegenteil von dem beweisen
könnten, was sie sollen. Nach den oben genannten beiden Abbildungen, von denen die Lithographie noch besser sein soll (?) als die
Photographie, hätte ich das Alter des Dargestellten auf circa 60 Jahre

----

[1] Plut. Luc. 28.
[2] Plut. Luc. 43.

angesetzt. Sicher ist es ein Mann, der den Sechzigen näher als den
Fünfzigen steht. Das wird durch die vorspringenden Backenknochen,
die durchfurchte Stirn und das dünne Haar hinlänglich angedeutet.
Mag nun die Büste auch wirklich nach einer Totenmaske gebildet
sein, also die äusserste Lebensgrenze des Mannes bezeichnen, so
übersteigt ihr Alter doch das mutmassliche Alter des Lucullus. Freilich kennen wir das letztere nicht genau; wir wissen nur, dass er
etwas älter war als Pompejus [1] und dass dieser Unterschied ungefähr
gerade das betrug, was er über 50 wurde. Indes scheint doch so
viel klar, dass in dem Alter der Büste kein Empfehlungsgrund für die
Beziehung auf Lucullus liegt.

Auch in Bezug auf den doppelten Charakter eines Heer- und
Flottenführers dürfte Lucullus nicht der einzige sein, der in Betracht
gezogen werden kann. Man denke an Männer wie Servilius Isauricus
(der hochbetagt starb), oder Metellus Creticus (dessen Alter unbekannt), obgleich zugegeben werden muss, dass von bedeutenden Seehelden die Auswahl allerdings nicht gross. — Aber vielleicht wird
durch den Schiffsschnabel auf dem Relief einfach das Local eines
überseeischen Kriegsschauplatzes angedeutet, so dass gar keine eigentlichen Seesiege vorzuliegen brauchen, sondern nur Thaten eines Feldherrn, der in Spanien, Afrika oder im Osten Krieg führte. Wie
manche Möglichkeit würde sich dann für die Benennung unserer
Büste eröffnen!

Sehr fraglich ist die Gleichheit des Gewandes mit der ἐφεστρίς
des Lucullus. Hätte der Künstler wirklich auf jenen historischen
Moment anspielen wollen, so hätte er nicht bloss die Ephestris und
zwar mit deutlicher Angabe der charakteristischen Franzen dargestellt,
sondern er hätte auch den silbernen Schuppenpanzer, den Lucullus
darunter trug [2], hervorblicken lassen, ähnlich wie es bei den Kaiser-
büsten der Fall, die mit dem befranzten Paludamentum bekleidet
sind. Es ist auch höchst unwahrscheinlich, dass man das Wehrgehenk über einem Regenmantel, was doch die Ephestris sein soll, getragen hätte.

Auf den angeblichen Fundort der Büste kann ich deswegen nur
wenig Gewicht legen, weil die Denkmäler der Campana'schen Sammlung
gar zu häufig grade von demjenigen Ort herstammen, der für die
Bedeutung des Dargestellten massgebend ist. Man nannte die Büste
allerdings zu Campana's Zeit S. Pompejus, und als solcher ist sie

---

[1] Plut. Luc. 36. Pomp. 31.

[2] Θώρακα μὲν ἔχων σιδηροῦν φολιδωτὸν ἀπόστιλβοντα, προσωπίδα δὲ ἰφεστρίδα
etc. Plut. Luc. 28.

bei d'Escamps publiciert. Aber auch bei diesem konnte Tusculum
für ein gutes Praejudiz gelten, weil die Statue des sogenannten Sextus
Pompejus im Louvre dort gefunden war.

Durch die Erörterungen Schultze's wird also kaum etwas erbracht,
was die Deutung auf Lucullus über den Charakter einer Hypothese
erhöbe, und was nicht fast ebensogut zu einer Anzahl andrer Feld-
herrnnamen stimmte. Wohl aber könnte man die von Plutarch [1]
gerühmte körperliche Schönheit und noch mehr den allbekannten
Hang des Lucullus zum Wohlleben und zur Schwelgerei in den lageren,
nichts weniger als auf Genusssucht deutenden Gesichtszügen unserer
Büste vermissen. So wenig Beweiskraft wir im Allgemeinen den
Rückschlüssen vom Charakter auf die Physiognomie zugestehen, hier
scheinen sie ein gewisses Recht zu haben, weil ihnen ebenfalls nichts
Positives entgegengestellt wird.

Ein dem Petersburger ähnlicher Kopf auf modernem Hermenstück befindet sich in der Galleria geografica des Vaticans (abg.
Pistolesi VI. 102. 1.); er ist aber etwas älter und stellt nicht die
gleiche Person dar.

Dem Alter und der Schönheit nach würde dem Lucullus (aber
nicht der Petersburger Büste) eine Feldherrnbüste des Lateranous.
Museums entsprechen (Benndorf und Schöne Die ant. Bildw. des
lat. Mus. Nr. 180), die dort für ein sicher republikanisches Bildnis
erklärt wird. Ein ca. fünfzigjähriger Mann von edlen Gesichtsformen,
mehr dem Ursus Servianus (unten Fig. 42) als den Scipioköpfen
ähnlich, mit dünnem Haar und kahler Stirn, einen Schwertriemen über
der nackten Brust und ein Gewandstück mit Fibula auf der linken
Schulter. Er kommt noch einmal in einer Replik des Museo Torlonia Nr. 418 A [2] vor, was für die Berühmtheit des Mannes spricht;
auch hier auf nackter Büste, aber ohne Schwertgurt, von ausgezeichnet sorgfältiger Arbeit; mit scharfen Augenrändern und überhöhlten
Lidern; die Stirn durchfurcht, an den von Adern durchzogenen
Schläfen der Halmeutritt. Dass ein Republikaner dargestellt sei, ist
möglich, obgleich man es aus dem Stil allein nicht sicher entnehmen
kann. Das Mantelmotiv kommt ähnlich schon beim Pompejus Spada
vor, häufiger jedoch und mit genauerer Analogie an Kaiserbildnissen
des 1. und 2. Jahrhunderts (z. B. bei Trajan). Und wenn die late-
ranensische Büste, wie Benndorf vermutet, identisch mit der früher
im Vatican befindlichen von Porto Trajano (Beschr. der St. Rom II.

---

[1] Plut. Luc. 33.
[2] Gypsabgüsse in Rom.

2. p, 112 Nr. 804), so würde doch auch der Fundort eher auf einen Feldherrn der Kaiserzeit deuten.

Beachtung endlich verdient ein Bildnis auf einem **Karneol** bei **Cades** V. 178 mit dem Buchstaben L zu beiden Seiten des Kopfes, darunter ein Delphin mit einem Oelzweig im Maul, eine angebliche Anspielung auf den Seesieg des Lucullus über die pontische Flotte bei Lemnos (73 v. Chr.). Die Buchstaben sehen allerdings wieder sehr verdächtig aus, und ohne sie verliert die symbolische Beigabe den grösten Teil ihrer Beweiskraft. Indes im Bildnis selber läge kein Hindernis, es auf Lucullus zu beziehen, ausser dass es weder mit der Petersburger noch mit der laterauensischen Büste stimmt.

Pompejus.

Cn. Pompejus Magnus, Sohn des wegen seiner Grausamkeit und Habsucht verhassten Pompejus Strabo, wurde im Jahre 106 v. Chr. geboren, also in demselben Jahre wie Cicero. Im Bürgerkrieg zwischen Marius und Sulla war er einer der ersten, der sich an letzteren anschloss, wofür er, kaum 23 jährig, als Imperator begrüsst und mit der Bekämpfung der Marianer in Sicilien und Afrika beauftragt wurde. Nach Sulla's Tode der angesehenste unter den Aristokraten, wusste er dieses Ansehen durch die glückliche Beendigung des sertorianischen (72) und des Sklavenkriegs (71) noch zu steigern, worauf er zur Demokratie übertrat, um mit Hilfe derselben den Oberbefehl gegen die Piraten (67) und den noch mehr verheissenden gegen Mithridates (66) zu erlangen. Siegreich und begierig nach der Alleinherrschaft kehrte er im Jahre 61 aus Asien zurück. Aber da er sich nicht zu einem Staatsstreich entschliessen konnte, so verfehlte er sein Ziel. Er schloss daher das Triumvirat mit Caesar und Crassus (60). Als auch dieses wegen der glänzenden Kriegsthaten Caesars nicht den gewünschten Erfolg hatte, näherte er sich wieder der Nobilität, in Folge dessen im Jahre 49 der Bürgerkrieg zwischen ihm und Caesar ausbrach. Schon im folgenden Jahre war derselbe der Hauptsache nach entschieden. Pompejus wurde bei Pharsalus geschlagen (48) und auf der Flucht in Aegypten ermordet, als er eben sein 58stes Lebensjahr vollendet hatte.

Ein Charakter wie der des Pompejus kann nicht mit zwei Worten geschildert werden, weshalb wir auf die Geschichtschreiber verweisen. Das Urteil der neueren ist bekanntlich sehr strenge ausgefallen [1], und man wird ihnen zugeben müssen, dass Pompejus trotz der bedeutenden Rolle, die er in der Geschichte spielt, eine kleinliche, eitle und bei aller Sittenreinheit eine des wahren Adels ermangelnde Natur war. Seine Motive waren selbstsüchtig und wurden auf krummen Wegen verfolgt. Dabei fehlte ihm die Gewandtheit des Staatsmannes, so dass, wo er dennoch zum Ziele kam, dies häufig mehr Glück als Verdienst war.

---

[1] Vgl. Drumann Gesch. Roms IV. p. 542 ff.; Mommsen R. G. 6. Auflage III. p. 10.

Was uns von seinem Aeussern berichtet wird, ist bei der Bestimmung etwaiger ikonographischer Denkmäler nicht ganz ohne
Wert, obgleich wir nur aus secundären Quellen schöpfen können.
Am ausführlichsten ist Plutarch, bei dem es am Anfang der Biographie des Pompejus (Cap. 2) heisst: ‹Schon in den Jugendjahren
war ihm seine Gesichtsbildung nicht wenig behilflich, die Menge für
sich zu gewinnen, indem sie, noch ehe er den Mund aufthat, ansprach.
Die einnehmende Miene, die er hatte, war mit einer leutseligen Würde
verbunden und gleich in der Blüte seiner Jugend schimmerte das
Ehrwürdige und Königliche seines Wesens hervor. Das leicht empor-
strebende Haar und die Weichheit der Bewegungen seiner Augen [1]
gaben ihm eine gewisse Aehnlichkeit mit den Bildnissen des Königs
Alexander, von der freilich mehr gesprochen wurde, als dass sie
wirklich vorhanden war.› — Aehnlich lauten schon ein paar Stellen
bei Vellejus, Seneca und Plinius. Die Schönheit des Pompejus war
nach Vellejus [2] ‹nicht diejenige, wodurch sich die Jugend empfiehlt,
sondern sie war mit Würde und Charakter verbunden, wie sie seiner
politischen Stellung und seinem Ruhme entsprach, und blieb ihm
bis zu seinem Ende.› — Doch hatte sein Auftreten etwas Schüch-
ternes. Er errötete leicht, sobald er in grösserer Gesellschaft zu
sprechen begann [3]. — Plinius hebt namentlich seine edle und bedeutende
Stirn, und den ehrlichen und ehrwürdigen Ausdruck seines Gesichts hervor und bemerkt, das zurückgekämmte oder zurückfallende Stirnhaar
habe seinen Bildnissen eine eigentümliche Anmut verliehen [4]. Lucan
und Silius Italicus nennen sein Stirnhaar sogar struppig oder empor-
gesträubt [5].

Eine zweite und ergiebigere Quelle sind die Münzen, welche

---

[1] Ἦν δὲ τις καὶ ἀναστολὴ τῆς κόμης ἀτρέμα καὶ τῶν περὶ τὰ ὄμματα ῥυθμῶν
ὑγρότης.

[2] Vellej. II, 29.

[3] Senec. ep. 11, 3: *Nihil erat mollius ore Pompei; nunquam non coram
pluribus erubuit.*

[4] Plin. XXXVII. 14: *Erat et imago Cn. Pompei e margaritis, illa relicino
honore grata, illius probi oris venerandique per cunctas gentis.* — Vgl. VII. 53:
*Magno Pompejo Vibius quidam e plebe et Publicius etiam servitute liberatus indiscreta
prope specie fuere similes, illud os probum reddentes ipsumque honorem exinine frontis.*

[5] Luc. Phars. VIII., 679:
                              Illa cerenda
Regibus hirta coma et generosa fronte decora
Caesaries compressa manu est.
Sil. It. XIII. 861:
Ille hirta cui subrigitur coma fronte decorum
Et gratum terris Magnus caput.
Lucan bemerkt auch gelegentlich, dass sein Haar grau war. Phars. VIII. 57.

seine Söhne und später das von ihm wiederhergestellte Pompejopolis in Cilicien prägen liessen. Denn gleichzeitige Münzbildnisse giebt es allerdings von Pompejus noch nicht.

Die auf Befehl seiner Söhne geschlagenen Denare zerfallen nach Zeit und Ort in zwei Gruppen. Die einen sind circa 46 v. Chr. von Cnejus Pompejus in Spanien geprägt, nur etwa zwei Jahre nach dem Tode des Vaters, und tragen zum Teil den Namen des Proquaestors M. Minatius Sabinus (Münztaf. II. 36). Auf ihrem Revers entweder Hispania, den Sohn des Pompejus aufnehmend, oder die Personificationen spanischer Provinzen, ihn als Sieger begrüssend oder die Pietas [1]. — Die andern fallen in die Zeit des dritten Bürgerkriegs, als Sextus an der Spitze einer Flotte Italien bedrohte und sind nach den Erfolgen der Jahre 38 bis 36 *(imperator iterum)* in Sicilien geprägt. So die mit Dreizack und Delphin neben und unter dem Kopf des Pompejus, wodurch er als Neptun bezeichnet wird (abg. Münztaf. II. 37 bis 41) [2] und die mit *lituus* und *praefericulum*, den Abzeichen des Augurs (Münztaf. II. 42. 43) [3]. Auf dem Revers der ersteren ist eine segelnde Galeere, auf dem der letzteren Pompejus als Neptun zwischen den catanischen Brüdern und die Beischrift: PRAEF. CLAS. ET ORAE MARIT. EX S. C. Denn damals hauptsächlich fieng Sextus an, sich als Sohn des Neptun zu geberden und in meergrünem Gewande seinem göttlichen Vater Opfer zu bringen [4]. Derselben Zeit wird auch die Goldmünze des Sextus *(imperator iterum)* angehören, auf deren Revers die Köpfe des Vaters und des älteren Bruders einander gegenüber gestellt sind und dabei wiederum die gleiche Aufschrift. (Münztaf. II. 47. 48) [5]. Wogegen die Bronzemünze, mit dem Kopf des Pompejus als Janus (Münztaf. II. 44) [6], wo Sextus noch einfach Imperator heisst, zeitlich der ersten Gruppe zufällt.

Unter der Regierung des Marc Aurel wurden dann von Pompejopolis in Cilicien, dem alten Soli, zum Andenken an den zweiten Stadtgründer noch einmal Bronzemünzen mit dem Bildnis des Pompejus geprägt (Münzt. II. 45 u. 46). Sie stammen aus dem Jahre 229 der neugegründeten Stadt (163 nach Christus).

Bei den pompejopolitanischen Münzen ist natürlich von vornherein

---

[1] S. Visc. Icon. rom. V. Nr. 7. 9. 10. 13; Cohen M. cons. XXVIII. Minatia 1—4 und XXXIII. Pompeja 3. 4; vgl. Méd. imp. 2 éd. p. 3. Nr. 5 — 15.
[2] Visconti Nr. 11; Cohen XXIX. Nasidia 1. 2.
[3] Visconti Nr. 6; Cohen XXIII. Pompeja 8. 9.
[4] Dio 48, 43. Appian II. c. V. 100.
[5] Visconti Nr. 8. 12; Cohen XXXIV. Pompeja 10.
[6] Visconti Nr. 4; Cohen LXIII. Pompeja 8.

nur an den grossen Pompejus zu denken. Dass es sich aber auch
auf den übrigen, abgesehen von der Goldmünze des Sextus, wirklich um den Kopf des Vaters und nicht etwa um den des jüngeren
Sohnes handle, geht zur Genüge aus dem vorgerückten Alter des
Dargestellten — Sextus starb schon 40jährig —, und aus der un-
verkennbaren Aehnlichkeit mit dem Typus der Münzen von Pompejopolis hervor. Für den Januskopf, der durch Bartlosigkeit [1] und
individuellen Charakter sich deutlich als Porträt zu erkennen giebt,
entscheidet dieselbe typische Verwandtschaft.

Während nun a priori die ältesten, der Lebenszeit des Dargestellten am nächsten liegenden Münzen in Beziehung auf Porträtähnlichkeit das meiste Zutrauen verdienten, stellt sich hier die Sache,
wenigstens für die unter seinen Söhnen geschlagenen, umgekehrt.
Die des zweiten Bürgerkriegs sind, wie fast alle spanischen Münzen,
von schlechtem Gepräge, daher auch ihre Bildnisse ohne Zuverlässigkeit. Die des dritten, die in Sicilien geprägt sind, stehen durchaus
auf der Höhe der damaligen Kunst, und wir werden sie um so mehr
auch in ikonographischer Beziehung den andern vorziehen müssen,
als man in Italien und Sicilien ja ohne Zweifel ein treueres Bild des
einst so hochgefeierten Triumvirn bewahrt hatte, als in dem fernen
Spanien, wo er persönlich nur vom sertorianischen Kriege her bekannt war.

Pompejus erscheint auf diesen sicilischen Münzen als ältlicher,
wenn nicht als alter Mann, also jedenfalls in seinen letzten Lebens-
jahren. In Beziehung auf die einzelnen Formen kann man ihnen so
viel mit Sicherheit entnehmen, dass er keine gebogene und keine
spitze Nase hatte; der untere Teil derselben ist häufig sogar klobig,
der obere fast eingedrückt. Die Stirn horizontal durchfurcht, oben
gewöhnlich zurückweichend, beim Augenknochen vorgewölbt, an den
Schläfen der Hahnentritt; die Wangen etwas schlaff, mit einer senkrechten Furche, welche unten in die Trennungslinie des Doppelkinns
übergeht; das Kinn selbst nicht vorstehend, in schräger kurzer Linie
zum Hals abfallend. Das volle, mässig lange Haar in Büschel,
manchmal in Stufen geteilt, über der Stirn etwas empor oder auch
nach der Seite gesträubt. Die Kopfform rund, eher niedrig als hoch,
die Scheitellinie zuweilen nach hinten abgeflacht. Der Hals dick. —
Mit diesem Bildnis stimmen übrigens im Ganzen auch die spanischen
Münzen und der Januskopf überein; Stirn-, Nasen- und Kinnbildung

---

[1] Die Abbildung bei Cohen zeigt beide Köpfe bärtig. Indes in der 2ten
Ausg. der Méd. imp. p. 4. Nr. 16 sieht man kaum mehr, ob Bärte gemeint sind
oder nicht.

kehren bei letzterem genau so wieder. Der pompejopolitanische Typus
zeigt die gleiche Person jugendlich idealisiert.

Die zu Lebzeiten des Pompejus ihm errichteten Bildsäulen
wurden bekanntlich nach der Schlacht bei Pharsalus von den
Caesarianern umgestürzt, von Caesar selber aber zum Teil wieder
aufgestellt [1], z. B. die vor der alten Rednerbühne [2], die dann
bei ihrer Wiederaufstellung nach der julischen hinübersetzt wurde [3];
wie wir aus Vellejus (II. 61) sehen, eine Reiterstatue, weshalb sie
denn auch immer mit der des Sulla zusammengenannt wird.

Die in Asien aufgestellten, wie die zu Mitylene, die ihm wahrscheinlich im Jahre 62 errichtet worden war [4], mögen zwar der Zerstörung des Jahres 48 entgangen sein, doch scheint die Gunst, die
Pompejus im Orient genossen hatte, in der Kaiserzeit bald in Vergessenheit geraten zu sein.   Höchstens Städte wie Pompejopolis
suchten sein Andenken auch später noch zu bewahren.

Eine besondere Berühmtheit erlangte diejenige Statue, welche
ihm die Römer in der bei seinem Theater gelegenen Curie errichtet hatten, zum Dank für die Verschönerung der Stadt durch eben
diesen Bau [5]. Nachdem Caesar zu ihren Füssen ermordet worden
war, wies ihr Augustus einen neuen Platz an, indem er sie der *regia*
des Theaters gegenüber, auf einem nach allen vier Seiten geöffneten
sog. Janusbogen aufstellte [6]. Unter *regia* kann wohl nur die Mittel-
thür der Theaterscene verstanden sein, die sich wahrscheinlich auch
nach hinten gegen die dort angebauten Portiken zu öffnete. Und
hier musste dann der Janus errichtet sein, vielleicht an der Stelle,
die auf dem betreffenden Fragment des capitolinischen Stadtplanes [7]
durch zwei von einander abgekehrte Bogen bezeichnet ist [8]. — Das
Theater selbst blieb bis ins 5. Jahrhundert im Gebrauch, litt aber

[1] Suet. Caes. 75. Plut. Caes. 57.

[2] Dio XXXXII. 18.

[3] Dio XXXXIII. 49.

[4] Vgl. die wieder aufgefundene Inschrift bei Keil Philologus Suppl. II. 1863.
Conze Reise auf Lesbos, p. 13.

[5] Plut. Brut. 14.

[6] Suet. Aug. 31: *Pompeji quoque statuam contra theatri ejus regiam marmoreo
jano superposuit, translatam e curia in qua Caesar fuerat occisus.* Die Lesart
supposuit statt *superposuit* scheint keine Verteidiger mehr zu haben, obgleich
sie in sachlicher Beziehung durchaus keine Schwierigkeiten böte.

[7] S. Reber Ruinen Roms p. 229.

[8] Visconti, der nur an die Zuschauerseite jener Thüre dachte, wo sich allerdings kein Platz für einen marmornen Janusbogen mit einem colossalen Standbild finden liess, verwarf diese Deutung und wollte unter *regia*, indem er es
mit Forcellini u. A. als Uebersetzung des griechischen *Basilica* fasste, die an das

mehrmals durch Feuersbrünste; und da Theaterbrände im Altertum
besonders die Scenengebäude heimzusuchen pflegten, so mochte auch
die in der Nähe aufgestellte Pompejusstatue nicht immer ohne Scha-
den davon kommen. Einen Scenenbrand des Pompejustheaters unter
Carinus erwähnt ausdrücklich Vopiscus [1].

Eine angebliche Pompejusstatue im Zeuxippus zu Constantinopel beschreibt Christodor vs. 398—406. Sie hatte den Fuss auf
Waffen gesetzt. Wenn aber dies, wie wahrscheinlich, das einzige
Kriterium, auf das Christodor ihre Bezeichnung baute, so konnte
ebenso gut jeder andere Feldherr gemeint sein [2].

Erhaltene Bildnisse.

Für das beste und sicherste Bildnis des Pompejus gilt seit langer Zeit die Colossalstatue im Palazzo Spada zu Rom (abg. Fig. 15;
der Kopf Taf. VII) [3], gefunden in den fünfziger Jahren des 16. Jahrhunderts unter Julius III. auf dem Marsfeld zu Rom, in einem Hause
der Via de' Leutari bei S. Lorenzo in Damaso [4].

Die etwas über 3 Meter hohe Statue von parischem Marmor
stellt einen Mann dar in heroischer Nacktheit, einen Feldherrnmantel
über die linke Schulter und den vorgestreckten linken Unterarm geworfen, und ein Wehrgehenk um die Brust; auf der Fibula des

---

Theater angebauten Portiken mit der Curie verstehen. S. Iconogr. rom. p. 158
Anm. 3. Allein es wird nirgends von einer Basilica, sondern nur von einer
porticus Pompeja gesprochen. Vgl. Urlichs Beschr. der Stadt Rom III. 3. p. 51 ff.

   [1] Script. hist. Aug. Carin. 19.

   [2] Siehe K. Lange im rhein. Mus. 1880 p. 126.

   [3] Frühere Abbildungen bei Maffei Racrolta di stat. 1704 Tf. 125; Guattani
Mon. ant. 1805. tav 36; Clar. pl. 911; Weisser Bilderatl. I. Tf. 36. Nr. 27 u. 28;
der blosse Kopf bei Visc. Icon. rom. Tf. V. 1. 2. Vgl. Winckelm. W. VI. 1.
p. 209 und 2 p. 284 u. 288. E. Braun Museen Roms p. 771.

   [4] Wir lassen hier wegen der Wichtigkeit der Fundnotiz den ausführlichen
Bericht des Augenzeugen Flaminio Vacca (in s. Memorie Nr. 57), wie er auch
bei Zoëga Miscellanea I. p. 77 abgedruckt ist, folgen:

   *Mi ricordo che nella via, dove abitano li Leutari, presso il palazzo della
Cancelleria, nel tempo di papa Giulio III, fu trovato sotto una cantina una statua di Pompeo di palmi 15 alta, di marmo. Avendo sopra il collo un muro
divisorio di due case, il padrone di una fu inibito dall' altro, tenendo ciascuno di
loro essere padroni di detta statua: allegando uno, pervenirsi a lui, mentre ne posse-
deva la maggior parte; e l'altro diceva convenirsi a lui, per aver nel suo la testa,
come più nobile parte, dalla quale si cava il nome della statua. Finalmente dopo
litigato un pezzo, renutosi alla sentenza, l'ignorante giudice sentenziò, che se gli
tagliasse il capo, e ciascuno avesse la sua parte. Povero Pompeo! Non bastò*

Fig. 15. Statue des Pompejus (?) im Pal. Spada zu Rom.

8

Mantels eine Medusa. Er schreitet mit dem rechten Bein vor, wie der Apoll von Belvedere, nur etwas weniger bewegt. Der rechte Arm ist seitwärts ausgestreckt, mit abwärts gerichteter Handfläche (Geberde des Redners); doch ist derselbe restauriert und hat ursprünglich wohl die Lanze gehalten, was der schreitenden Bewegung des Körpers und der statuarischen Tradition des Altertums [1] besser entspricht. Die vom Ellenbogen an vorgestreckte Linke trägt eine Kugel, auf der einst eine kleine Siegesgöttin stand [2]. Rechts als Stütze ein Palmbaum. — Neu sind ausser dem rechten Arm [3] mit der (zu kurz gebildeten) Hand, bloss die Finger der Linken und vielleicht die Zehen des linken Fusses mit einem Teil der Plinthe. Dagegen war die Statue in mehrere Stücke zerbrochen (Kopf, linker Arm, Gewandzipfel, rechtes Bein mit Tronk, und Füsse), welche aber, wenn man dem Bildhauer Vacca glauben darf, schon im Altertum wieder zusammengefügt worden waren, da wenigstens Kopf und Rumpf nach seinem Bericht bei der Auffindung ein Ganzes bildeten. Der Bruch der Finger an der linken Hand, welche enge an die Kugel angeschlossen und eigentlich dem Zerbrechen nicht exponiert sind, rührt wohl von einem ehemaligen Herabfallen des Armes her, bei welcher Gelegenheit die vier Finger wahrscheinlich verloren giengen, so dass sie später durch neue ersetzt werden mussten. Denn der linke Unterarm mit dem darüberliegenden Gewand und mit der nie davon getrennten Hand und Kugel ist sicher alt und von Anfang an zur Statue gehörig; Marmor und Arbeit lassen darüber keinen Zweifel. — Der Kopf ist, abgesehen davon, dass er aufgesetzt ist, vortrefflich erhalten, selbst die (unmerklich gebogene) Nase ohne irgend eine Verletzung. Er zeigt einen ältern Mann zwischen 50 und 60 Jahren. Das Haar noch voll, etwas gelockt, über der Stirn nach rechts gestrichen. Charakteristisch zwei starke von der Nasenwurzel aufwärts steigende Falten, welche die vorgewölbte Unterstirn teilen, um oben an zwei

---

che gliela tagliasse Tolemeo: anche di marmo, e dopo tante centinaja d'anni corsea il suo mal destino! Pervenuto al orecchio de Card. Capodiferro sentenza si sciocca, subito fece soprasedere; e andato da papa Giulio, narrandogli il successo, restò il papa stupefatto, ed ordinò immediate, che si carasse con diligenza per sè, e mandò a padroni di essa, se ben me ne ricordo, cinque cento scudi, per dividersi tra di loro: e cavata detta statua ne fece un presente al medesimo Card. Capodiferro. Certa fu sentenza di papa: ne ci volera altro che un Capodiferro: ed al presente sta nella sala del suo palazzo a ponte Sisto.

[1] Plin. H. N. XXXIV, 18.

[2] So erklärt sich am einfachsten die viereckige Höhlung auf ihrem Zenith.

[3] Nach Visconti p. 155 könnte man meinen, bloss die Hand (mano), was unrichtig.

fast ebenso starke Horizontalfalten zu stossen. Die Wangen bereits
etwas eingefallen, wie auch um die Augen das Knochengefüge schon
stark hervortritt. In den letzteren sind die Pupillen angegeben. Der
Ausdruck, ohne in hervorragender Weise geistvoll zu sein, ist der
einer bedeutenden, aber ihrer Bedeutung sich bewussten, wenn man das
Körpermotiv mitwirken lässt, einer grossartigen, ehrfurchtgebietenden
Persönlichkeit.

Es fragt sich nun, ist es wirklich Pompejus, wie man seit Auffindung der Statue ziemlich allgemein annimmt, und wenn ja, ist es
die Bildsäule, zu deren Füssen Caesar ermordet wurde? — Die erste
Idee zu der Bezeichnung wurde ohne Zweifel durch den Fundort
an die Hand gegeben, die Bestätigung aber glaubte man in den Münzen
zu finden.

Wenn der Fundort, wie gewöhnlich behauptet wird, mit dem
Aufstellungsort der historisch berühmten Pompejusstatue zusammen-
fiele, so müsste man allerdings schon deswegen geneigt sein, Pompejus in ihr zu erkennen. Allein dieses Zusammenfallen ist keineswegs erwiesen. Es beruht mehr nur auf der ungenauen Notiz des
Anastasius [1], welcher die Basilica von San Lorenzo ›ad theatrum
Pompeji‹ setzt, während in Wirklichkeit eine ziemliche Entfernung
zwischen ihnen besteht; denn die Via de' Leutari, wo die Statue
gefunden wurde, läuft von S. Lorenzo in Damaso nach der Piazza
del Pasquino zu. Der mutmassliche Aufstellungsort der Pompejusstatue seit Augustus war aber hinter der Scene des Pompejustheaters,
also etwa hinter dem Chor von S. Andrea della Valle, was eine Entfernung von mindestens 300 Meter ausmacht. Bei der unendlichen
Masse von Statuen, welche das Theater schmückten und von welchen, nach der Grösse des Bauwerks und gelegentlichen Funden
zu schliessen, viele colossal waren, könnte nur ein einigermassen ge-
naues Zusammenfallen von Aufstellungs- und Fundort etwas beweisen. Es ist daher besser, den letzteren zunächst ganz aus dem
Spiel zu lassen und die Berechtigung des Pompejusnamens bloss an
den Münzen und an dem, was wir sonst von seiner Gestalt wissen,
abzumessen.

Die meisten Ikonographen ausser Fea behaupten, die Aehnlichkeit mit den Münzen sei so in die Augen springend, dass
man die Statue mit voller Ueberzeugung für Pompejus erklären
könne. Ich weiss nicht, ob jeder Unbefangene zu dieser Ueberzeugung gelangt. Zutreffend im Allgemeinen sind die nicht sehr hohe
rundliche Kopfform, die vorgewölbte Unterstirn, die Verhältnisse der

---

[1] Vitae Rom. Pontiff. Nr. 39. Sect. 54.

Gesichtsteile, der Ansatz zum Doppelkinn, während die specielle Bildung von Stirn, Nase und Kinn bereits differiert. Der Charakter der Haare hat mit dem der schöneren Münztypen grosse Aehnlichkeit; doch fehlt jene auf allen Münzen stärker oder schwächer angedeutete Eigentümlichkeit ihres Wuchses über der Stirn, die ohne Zweifel auch in der ἀναστολή des Plutarch gemeint ist, und die der Vergleichung des Pompejus mit Alexander dem Grossen eine gewisse äussere Grundlage gab. Und dieser Umstand fällt um so mehr ins Gewicht, als die sonstige Uebereinstimmung eben nur eine relative, durchaus nicht packende und nicht auf besonders charakteristische Züge begründete ist. Vom blossen Gesichtspunkt der Münzen aus könnten noch manche unbekannte Büsten mit eben demselben Recht auf Pompejus bezogen werden; ja es möchten sich leicht solche finden, welche dem Bilde derselben noch mehr entsprächen, wie z. B. der fälschlich sog. Trajan im Museo archeologico zu Venedig Nr. 293, der in einer Büste des Museo Torlonia Nr. 413 noch einmal vorkommt (s. unten p. 126).

Mit dem Kriterium der Münzen ist man freilich im vorliegenden Fall noch nicht am Ende. Auch aus dem Motiv der Statue, aus ihrer ganzen Auffassung und den symbolischen Zuthaten lässt sich Einiges für die Deutung entnehmen. Allein bevor wir untersuchen, was und wieviel, muss die Frage erörtert werden, ob der aufgesetzte Kopf denn auch wirklich zur Statue gehöre.

Bei der meines Wissens nie angefochtenen Gleichheit des Marmors und bei der zackigen Linie des Bruchs, sollte man meinen, es sei schwer an der Zugehörigkeit zu zweifeln. Es sind dies zwei Beweisgründe, von denen namentlich der zweite fast zwingende Kraft hat. Aber man weiss, wie leicht man sich über den Marmor täuschen kann, zumal bei einer Statue, die so ungünstig aufgestellt ist. Und wenn, wie es hier der Fall, die Fugen der aufeinandergesetzten Flächen mit Gyps verstrichen sind, so kann oft nur die Wegnahme desselben oder die Abnahme des Kopfes völlige Gewissheit verschaffen, ob es sich um einen Bruch oder um eine Restauration handelt. Eine solche Untersuchung ist nie gemacht worden, und es ist in der That Grund zu glauben, dass der Augenschein täuscht.

Es ist das Verdienst Fea's, zuerst auf die Schwierigkeiten aufmerksam gemacht zu haben, welche der herkömmlichen Ansicht von der Spadastatue als eines ursprünglichen und einheitlichen Kunstwerks entgegenstehen [1]. Ob er es aus wissenschaftlicher Ueberzeugung gethan hat oder in der patriotischen Absicht, die dadurch in ihrem

[1] Fea Osservazioni intorno alla celebre statua detta di Pompeo. Roma 1812.

Ansehen geschädigte Statue vor dem Wegschleppen nach Paris zu
bewahren, gilt hier gleich; es kommt auf die Stärke seiner Gründe an,
und diese verdienen unter allen Umständen Beachtung.

Fea macht gegen die Zugehörigkeit des Kopfes geltend, derselbe
sei im Verhältnis zum Körper zu gross, er stelle einen älteren Mann
dar, als der Körper voraussetzen lasse, und auf den Schultern (am
Wehrgehenk und über der Fibula) seien deutliche Reste einer herab-
hängenden Schleife erhalten, welche nur von einem bediademten oder
bekränzten Kopfe herrühren könnten. Andere behaupten ausserdem,
die Oberfläche des Kopfes sei glätter als die durch Oxydierung an-
gegriffene des Rumpfes[1]. — Die beiden ersten Ausstellungen, obwohl auf
richtiger Beobachtung beruhend, könnten zur Not durch den Porträtcharakter der Statue, die angebliche Verschiedenheit der Oxydierung
durch die Zufälligkeiten des Terrains, in welchem sie begraben lag,
erklärt werden. Doch möchte ich auf den letzteren Punkt überhaupt
nicht viel Gewicht legen. Gegen die Zugehörigkeit des Kopfes liesse
sich nur dann etwas daraus entnehmen, wenn derselbe erst in neuerer
Zeit aufgesetzt worden wäre. Aber er soll ja das ganze Mittelalter
hindurch an der gleichen Stelle wie der Rumpf gelegen haben, musste
also auch die gleichen Einwirkungen des Terrains erfahren wie dieser.
Viel wichtiger sind die Schleifenreste auf den Schultern, von denen
weder das thatsächliche Vorhandensein noch der specifische Charakter
geläugnet werden kann. Sie anders zu erklären, als durch einen
ursprünglich verschiedenen, mit Binde oder Kranz geschmückten
Kopf, scheint unmöglich. Und zwar muss wohl der ganze Kopf geändert, kann nicht etwa bloss der Kranz weggemeisselt worden sein.
Denn davon zeigt sich an den Haaren keine Spur, und ein Restaurator, der dies that, hätte jedenfalls auch die Schleifenreste auf
den Schultern vertilgt, obgleich es so wie so auffallend, dass dies
nicht geschehen ist. — Ich halte aber die Ersetzung des ursprünglichen Kopfes durch einen andern auch aus dem Grunde für wahrscheinlich, weil der jetzige Kopf so viel als unverletzt ist, während
der Rumpf mehrfach gebrochen. Hätte jener das Schicksal der Statue,
welche offenbar einmal umgestürzt wurde, mit durchgemacht, so
müsste er sehr glücklich gefallen sein, wenn bei der Trennung vom
Rumpfe nicht noch andere Beschädigungen stattgefunden hätten.

Dagegen kann dieser Sturz nicht wohl das Ereignis gewesen
sein, in Folge dessen die Statue liegen blieb und unter die Erde
kam. Denn Kopf und Rumpf waren ja bei der Auffindung mit einander verbunden, und der Kopf, wie gesagt, fast ohne alle Verletzung.

[1] E. Braun Mus. Roms p. 772.

Die Statue muss, so wie sie im Altertum restauriert worden war,
durch absichtliche Vergrabung an jene Stelle gekommen sein; und
den modernen Arm mag man sich erklären wie man will. Denn bei
der Annahme, dass Vacca's Bericht, das Zusammenhaften von Kopf
und Rumpf betreffend, ungenau sei, und dass also doch ein Act der
Zerstörung die Statue am Ort ihrer Auffindung hingestreckt habe,
wird man bloss vor das andere Rätsel gestellt, wie die Statue in
so viele Stücke gehen konnte, ohne dass der Kopf Verletzungen davon trug.

Die weitere Frage, ob bei der vorausgesetzten antiken Restauration die Persönlichkeit die gleiche geblieben
und bloss vielleicht ein unbekränzter Kopf an die Stelle des bekränzten getreten sei, oder ob sie bei dieser Gelegenheit auch ihre
Bedeutung geändert habe, dürfte kaum mehr zu entscheiden sein.
Wenn die Lemniskenreste auf den Schultern von einer Stirnbinde
herrühren, so ist natürlich das letztere der Fall; denn dann ist
aus einem griechischen Fürsten ein römischer Feldherr geworden.
Wenn sie aber, wie es wahrscheinlicher ist, einem Kranze angehören,
dann wüsste ich nicht, was für Momente noch weiter für das Eine
oder für das Andere in Betracht kämen. Höchstens könnte man, da
Caesar auf den Münzen den Lorbeerkranz ohne Schleife trägt, die
Behauptung aufstellen, der Schleifenkranz sei eine Praerogative der
Kaiser gewesen, und von einem solchen stamme also der Torso her,
während der jetzige Kopf offenbar keinen Kaiser darstelle. Allein
der Schluss kann auch ganz falsch sein; denn was lässt sich Sicheres
aus dem Einen Beispiel Caesars entnehmen?

Da also über diesen Punkt nicht ins Reine zu kommen ist, so
können auch bloss eventuelle Folgerungen aus dem gegenwärtigen Verhältnis von Kopf und Statue gezogen werden.

Ist die Person eine andere geworden, so muss es bei dem bleiben, was oben bei Vergleichung mit den Münzen gesagt wurde, d. h.
die Wahrscheinlichkeit für Pompejus ist auf ein Minimum reduciert.
Es liegt dann viel näher an einen vergötterten Imperator zu denken,
dessen Statue nach seinem Tode umgestürzt und später mit einem
neuen, vielleicht zufällig passenden Kopf versehen wurde, doch nicht
wieder mit dem eines Imperators; denn der Bartlosigkeit nach müsste
es sich um einen der frühern handeln, und diese sind uns alle bekannt [1].

Unter der Voraussetzung dagegen, dass bei der Erneuerung des
Kopfes der Charakter der Person unangetastet blieb, kann mit Sicherheit angenommen werden, dass nur ein grosser Feldherr aus dem

---

[1] Von Domitian, wie Fea wollte, kann keine Rede sein.

letzten Jahrhundert der Republik oder aus dem ersten der Kaiserzeit dargestellt sei. Die mehr als gewöhnliche Bedeutung des Mannes geht aus der Colossalität und aus der heroischen Auffassung, der Feldherrncharakter aus den symbolischen Beigaben (Wehrgehenk und Kugel, resp. Siegesgöttin) unzweifelhaft hervor[1]. Was die Zeitbestimmung, die Beschränkung auf die beiden genannten Jahrhunderte betrifft, so ist sie teils auf den vortrefflichen Stil des Rumpfes, teils auf die Haarbehandlung und Bartlosigkeit des Kopfes basiert. Man könnte allerdings die Angabe der Pupillen als ein Merkmal späterer, nachhadrianischer Zeit betrachten wollen[2]. Allein damit würde doch nur für die Zeit der vorauszusetzlichen Restauration etwas bewiesen; wie wenn man etwa gewisse Scipio-, Caesar- oder Neroköpfe, welche die Pupillen zeigen, für nachhadrianisch erklärt. Für das Original kann in der That nur das letzte Jahrhundert der Republik oder das erste der Kaiserzeit in Betracht kommen.

Leider wissen wir nicht genau, wie es mit den heroischen Darstellungen in der Kaiserzeit gehalten wurde, ob sie ein ausschliessliches Vorrecht der Imperatoren und ihrer nächsten Angehörigen oder eine auch den höheren Staatsbeamten erreichbare Auszeichnung waren. Sichere Statuen der letzteren Art oder darauf deutende Angaben der Schriftsteller lassen sich keine nachweisen, wie denn auch in unserem Denkmälervorrath, ich glaube nicht ohne einen gewissen historischen Instinct, die bezüglichen Darstellungen immer auf Kaiser oder kaiserliche Prinzen bezogen werden. Die Spadastatue zeigt nun aber weder julisch-claudischen, noch flavischen Charakter, und da wir sie aus den oben angegebenen Gründen nicht wohl ins zweite Jahrhundert, wenigstens nicht über Trajan herabsetzen können, so bleibt schliesslich doch für die republikanische Zeit die meiste Wahrscheinlichkeit[3]. Allerdings sind auch hier der Möglichkeiten noch viele. Aber hält man daran fest, dass es nur ein Feldherr ersten Ranges sein kann, so wird ihre Zahl doch bedeutend reducirt. Ein Verächter der griechischen Cultur wie Marius wird nicht vorzugs-

---

[1] In Betreff der Kugel ist das von Visconti p. 154, Anm. 1. Bemerkte gewiss richtig. Die Spuren einer ehemals darauf stehenden Figur sind zu deutlich, als dass man ein Symbol der Herrschaft über den Erdkreis, wie es später vielfach auf den Kaisermünzen vorkommt, darunter verstehen dürfte. Bei Statuen ist die Kugel sonst meistens modern; alt vielleicht bei dem jugendlichen M. Aurel in Castle Howard (abg. Clarac Mus. d. sculpt. pl. 952, 2445 B).

[2] Obgleich es vollkommen sichere Beispiele aus früherer Zeit giebt. Wir erinnern nur an die Augustusstatue von Prima porta im Braccio nuovo.

[3] Wann die ersten *statuae Achilleae* bei den Römern gesetzt wurden, wird uns nicht gesagt. Plinius (34. 18) spricht darüber in seiner gewöhnlichen ungenauen Weise, welche zu allerlei Missverständnissen Anlass giebt. Doch

weise in griechischem Costüm, resp. in heroischer Nacktheit, dargestellt worden sein. Viel eher mochte es bei Sulla geschehen, der denn auch entschieden eine gewisse Anwartschaft hat: aber sie ist deswegen sehr' gering, weil sein Bildnis auf den Münzen dagegen spricht. Für den jüngern Pompejus ist der Kopf der Statue zu alt, davon abgesehen, dass ein zu Rom gefundenes Standbild nicht gerade auf den Feind der Triumvirn und den Aushungerer Italiens deutet. Es blieben also noch Lucullus oder einer der Metellor übrig; denn schon für Crassus erscheint eine so anspruchsvolle Heroisierung ziemlich unwahrscheinlich. Aber specielle Gründe, um einen von diesen dem Pompejus Magnus, dem glänzendsten Feldherrn neben Caesar, vorzuziehen, giebt es keine; man müsste denn die mangelhafte Aehnlichkeit mit den Münzen, die aber doch immer noch weniger problematisch ist als bei Sulla, und das nicht ganz stimmende Stirnhaar dazu rechnen. — Dagegen ist jetzt noch einmal daran zu erinnern, dass die Statue in der Nähe des einstigen Aufstellungsortes einer Pompejusstatue gefunden wurde. Wir haben oben, weil das Zusammentreffen kein vollständiges, nur die ungenügende Beweiskraft dieses Umstandes hervorgehoben. Nachdem wir aber sehen, dass unter der angegebenen Voraussetzung noch ein paar weitere Momente der Beziehung auf Pompejus günstig sind (die Bedeutsamkeit der Person, die heroische Auffassung, die Unmöglichkeit eine bessere Deutung zu finden), müssen wir anerkennen, dass auch der Fundort nicht ganz irrelevant ist, sondern das Seinige zur Beglaubigung beitragen kann.

Das Ergebnis wäre also folgendes: Die Statue des Palastes Spada hat einen aufgesetzten Kopf, und wir sind nicht mehr im Stande zu entscheiden, ob er die ursprünglich gemeinte Person darstellt oder nicht. Gehört er einer andern Person an, so müssen wir darauf verzichten, die Statue zu benennen, weil unser einziges Hilfsmittel, die Münzvergleichung, kein Resultat liefert. Ist aber die Person dargestellt, die von Anfang an gemeint war, dann ist auch die traditionelle Namengebung etwas mehr als eine willkürliche Conjectur; es ist dann eine zwar nicht erwiesene, aber durch manche

---

kann es nur auf die Römer bezogen werden, wenn er sagt: *Togatae effigies antiquitus ita dicabantur; placuere et nudae tenentes hastam ab ephebarum e gymnasiis exemplaribus, quas Achilleas vocant.* Obgleich er dann fortfährt: *Graeca res nihil velare, at contra Romana ac militaris thoracas addere.* — Zum Beweis, dass zur Zeit des Pompejus nackte Statuen nichts Unerhörtes mehr waren, führt Visconti den *nudus filius Verris* auf einem Triumphbogen in Syrakus an (Cic. Verr. II. Cap. 63) und speciell für Pompejus die Münze des Sextus (Visc. Icon. pl. V. Nr. 6), auf deren Revers sein Vater als Neptun (unbärtig) dargestellt ist. Der sog. Germanicus dagegen kann nichts beweisen, da seine Zeitbestimmung selber ein Problem ist (s. unten).

Wahrscheinlichkeitsgründe gestützte Annahme, die, soweit sie auf dem Fundort beruht, aufs Innigste verflochten ist mit der andern, wonach es die Statue, zu deren Füssen Caesar ermordet wurde. Ueber die Standbilder des Pompejustheaters sind aber so viele Schicksale hinweggegangen, dass es verlorene Mühe ist, die heute an einem von ihnen sichtbaren Beschädigungen und Ausbesserungen, so weit es nicht aus Stilgründen geschehen kann, zeitlich bestimmen zu wollen.

————

Beweise für die mehr als gewöhnliche Bedeutung der in der Spadastatue dargestellten Persönlichkeit sind im Verlauf der eben geführten Untersuchung verschiedene erbracht worden. Sie sind jedoch dem Motiv entnommen und gelten dem Bildnis nur für den Fall, dass der Kopf zugehörig. Ein Beweis, der unter allen Umständen gelten würde, käme hinzu, wenn sich das gleiche Bildnis noch anderswo nachweisen liesse.

Die Herausgeber Winckelmanns[1] sprechen von einer schönen überlebensgrossen aus Rom stammenden Statue des Pompejus in der Villa Castellazzo bei Mailand, welche ebenfalls heroisch aufgefasst, nur an der linken Seite mit einem Gewande drapiert sei. Es ist der einzige Ort, wo ich die Statue erwähnt finde, und noch dazu wird mit keinem Worte angedeutet, worauf ihre Benennung basiert sei. Sollte es etwa der Pompejus sein, der zusammen mit andern Statuen im Anfang des 17. Jahrhunderts zu Rom im Monastero de' frati della Scala gefunden wurde und welchen man dem Grossherzog von Toscana zum Ankauf empfahl?[2] Wenn der Mailänder damit identisch, so darf man wohl eine gewisse Aehnlichkeit mit der Spadastatue voraussetzen. Denn dann erhielt er seinen Namen schon in Rom, wo man ihn mit jener vergleichen konnte. Aber allerdings genügte den Altertumskennern damals wie noch jetzt zuweilen bei ihren Taufen ein sehr glimpfliches Mass von Aehnlichkeit.

Eine unläugbare Formenverwandtschaft dagegen mit dem Kopf der Spadastatue zeigt eine Marmorbüste im Hauptsaal der Villa Ludovisi Nr. 46 (Schreiber Die ant. Bildw. der V. Lud. Nr. 109), dort ganz grundlos Augustus genannt. Die Augen sind hoch aufgeschlagen, mit schmalen Lidern und leichtem Hahnentritt, der Augen-

————

[1] W. W. VI. 2, p. 287, Anm. 1035.

[2] Vgl. Dütschke (Ant. Bildw. in Oberitalien III. Einleitung p. XIX), der einen noch vorhandenen Brief des Cardinals del Monte vom Jahre 1619 mittheilt, worin die Statue folgendermassen beschrieben wird: *Un Colosso figura di Pompeio Magno cavata dal naturale di marmo di palma 18, ci manca il braccio destro et una piccola parte delle gambe; i piedi vi sono intieri.*

knochen fast rechtwinklig gegen die Schläfe abfallend; die Brauen, wenn auch eckiger als bei der Spadastatue, doch im Ganzen von demselben Zuge, der Charakter und die Anlage der Haare, zumal an Schläfen und Stirn, nahezu identisch. Als leichte Unterschiede können bezeichnet werden, dass die Stirnfalten über der Nasenwurzel zwei von einander abgekehrte Curven bilden, und dass die Einkehlung des Kinns etwas tiefer sitzt. Der Ausdruck des Gesichts ist allerdings ein verschiedener, aber hauptsächlich nur wegen der hässlich ergänzten Nase. Sonst ist der Kopf wohl erhalten, aus Einem Stück mit dem Hals. Die Haare von einem graubraunen Tarter bedeckt, der von ehemaliger Bemalung herrührt. Vielleicht ein Bildnis des Pompejus Spada in jüngerem Alter [1].

Sehr ähnlich sind ferner der mit dem sog. Seneca vereinigte sog. Posidonius in der Doppelherme der Villa Albani Nr. 67 (abg. Visc. Icon. rom. Tf. XIV. 3. 4) [2], und ein wahrscheinlich damit identischer Kopf im Gartenhaus von Blundell Hall, wenn ich nicht irre, der schon von Visconti auf Pompejus bezogene Kopf aus Villa Borioni (Michaelis Arch. Ztg. 1874, p. 28, Nr. 177). Doch unterscheiden sie sich vom Kopf der Spadastatue durch eine en face weniger volle, zugespitztere Form des Untergesichts, so dass man über die Gleichheit der Person unschlüssig bleibt. Für den Fall, dass wirklich Gleichheit bestünde, läge darin ein Moment, das der Pompejusbedeutung des Kopfes der Spadastatue und seiner Zusammengehörigkeit mit dem Rumpfe nicht gerade günstig wäre. Denn warum sollte man den Pompejus mit dem sog. Seneca, resp. einem alexandrinischen Dichter, in einer Doppelherme zusammengestellt haben, und wie käme es, dass der mit diesem Dichter vereinigte Kopf anderwärts als heroisierter Feldherr figurierte? Indes wie gesagt, die Aehnlichkeit lässt die Identität nur möglich, nicht notwendig erscheinen.

Ungefähr den gleichen Grad von Verwandtschaft zeigt ein Typus, auf den wir schon bei Anlass des Sulla (oben p. 94) hingewiesen haben, dessen Einreihung aber doch wohl eher hier am Platze ist. Ich habe davon folgende Exemplare getroffen: [3]

---

[1] Schreiber a. a. O. meint, es könnte der bei S. Ignazio gefundene vermeintliche Cicero sein, welchen die Jesuiten dem Cardinal Ludovisi zum Geschenke machten. Indes scheint der Name Cicero nie an dem Kopfe gehaftet zu haben, weshalb Dütschke die Fundnotiz wohl richtiger auf den Florentiner Cicero (Uffiz. n. 302, Dütschke Ant. Bildw. in OberIt. III. 293) bezieht, welcher aus ludovisischem Besitz an den Grossherzog Ferdinand II. übergieng.

[2] Vgl. den Text p. 414, wo als Aufstellungsort fälschlich der Vatican angegeben.

[3] Welches darunter das in der Gall. Giustiniani II. 9. als Galba abgebildete ist, weiss ich nicht.

1. Das bekannteste befindet sich im Museo Chiaramonti Nr. 508 (abg. Taf. VIII)[1], wegen des leicht geöffneten Mundes als Redner bezeichnet. Nase, Lippen, Kinn und Augenknochen leider ergänzt, indes, wie aus den übrigen Repliken hervorgeht, ziemlich richtig.

2. Ein Kopf obenda Nr. 431, jetzt ohne Unterkehlung des Mundes; aber das Kinn ist beschädigt, und wenn man annehmen darf, dass der hervorstehende Teil desselben abgeschlagen, so hindert nichts mehr, den Kopf für identisch mit dem vorigen zu nehmen.

3. Ein Kopf in der Loggia scoperta des Vaticans Nr. 448, jetzt auf eine Kaiserbüste mit Paludamentum gesetzt. Vollkommen erhalten, aber verwittert. Die Echtheit kann ich nicht verbürgen.

4. Ein Kopf in der Galleria geografica Nr. 1100, durch die Restauration der Nase und des Kinns etwas entstellt, sonst übereinstimmend.

5. Kopf des sog. Nerva in Villa Ludovisi, Hauptsaal Nr. 35[2]. Nase, Kinn, Augenknochen, Büste neu.

6. Kopf einer Togastatue in Villa Borghese (Salone Nr. 12), fälschlich Seneca genannt. Er ist aufgesetzt und gehört offenbar nicht zur Statue, unterscheidet sich übrigens von den andern dadurch, dass sein Blick leicht abwärts statt aufwärts gerichtet ist.

7. Kopf in den Uffizien zu Florenz, auf dem ersten Podest der Aufgangstreppe (Dütschke Uffizien Nr. 15). Nase, Kinn mit Teil der linken Wange neu, Halsknorpel alt.

8. Kopf im Porticus des Casa Alessandri zu Verona (in der Nähe des Doms) auf moderner Gewandbüste, bis in die Einzelheiten mit den vaticanischen Exemplaren übereinstimmend.

9. Ob auch der früher Pompejus genannte Kopf in der königl. Samml. zu Madrid (Hübner, Nr. 219) hierhergehört, lässt sich aus der Beschreibung nicht entnehmen: «Unzweifelhaft das Bildnis einer bedeutenden Persönlichkeit der republikanischen oder spätestens augusteischen Zeit.»

Obgleich Nase und Kinn fast überall ergänzt sind, und das einzige intacte Exemplar (Loggia scoperta) vielleicht modern, geben doch schon die einzelnen Köpfe ein ziemlich sicheres, und giebt die Vergleichung derselben, man kann sagen, ein vollkommenes Bild von dem ihnen zu Grunde liegenden Typus. Wiederum ist es ein älterer

---

[1] Vgl. Mon. Matth. II. Tf. 8. 2; Guattani Mon. ant. 1788, maggio Tf. 3; Cavaceppi Raccolta II. 44.

[2] Schreiber Die ant. Bildw. d. V. Ludovisi No. 98.

Mann von 50 bis 60 Jahren, im Haarwuchs und im Charakter der
Formen entschieden an den Pompejus Spada erinnernd, aber durch
eine höhere und schmalere Kopfform, sowie durch eingesunkenere
Augen von ihm unterschieden. Blick und Kopf sind meist etwas aufwärts gerichtet und der Kopf unmerklich nach rechts geneigt, was
ihm zusammen mit der Bildung der Augen einen fast schmerzlichen
Ausdruck giebt. Das Kinn ist scharf überkehlt, vorn am Hals tritt
der Knorpel hervor.

Da fast ebensoviel gegen als für die Identität mit Pompejus
spricht, so überlassen wir es dem Beschauer, zu welchen der beiden
Ansichten er sich bekennen will. Wer die Identität verwirft, wird
sich vielleicht der Münzen wegen für Sulla erklären. Im Typus selbst
und in seinen einzelnen Exemplaren liegt keine Andeutung, dass es
ein Feldherr sei.

Hier mag nun auch die sog. Pompejusbüste in den Uffizien zu
Florenz Nr. 37 (abgeb. Fig. 16) [1] angereiht werden, wiewohl ich
nicht weiss, ob sie ihre Benennung einer vermeintlichen Aehnlichkeit
mit der Spadastatue verdankt. Sie stellt einen Mann dar von wenig
über 30 Jahren, also noch jugendlicher als der ludovisische Kopf,
von ansprechenden, milden Zügen, über welche eine leise Schwermut
gehaucht ist. Die Kopfform ist rund, namentlich der Hinterkopf in
schöner Curve über den Nacken vortretend. Die Haare, ohne grade
gelockt zu sein, über der Stirn etwas durcheinander geworfen und
mit einzelnen Spitzen in die Stirn fallend, im Nacken wie beim Pompejus Spada lockig auslaufend. Vor den Ohren geht ein nach vorn
gekrümmter Haarbüschel herab. Unter- und Oberstirn sind durch
Horizontalfalten von einander getrennt. Die Brauen hoch, aber nicht
weit gewölbt, der Mund leicht geöffnet, der Hals schlank. Dütschke
fasst ihn sehr mit Unrecht als eine Wiederholung des eben besprochenen chiaramontischen Typus Nr. 508. Es ist nicht einmal
eine Darstellung der gleichen Person; nur der Ausdruck, namentlich
die Bildung der Augen, ist verwandt. Auch dem Pompejus Spada
gegenüber kann kaum an Identität gedacht werden, so sehr man
den Altersunterschied in Rechnung bringen mag. Die Stirn- und
Schädelform, der Zug der Brauen, die gänzlich fehlende Andeutung
jener scharfen Verticalfurchen über der Nasenwurzel scheinen es nicht
zu gestatten. Höchstens besteht eine gewisse stilistische, und, wenn
man so sagen will, costümliche Aehnlichkeit, die sich einerseits durch
die Gleichheit des Marmors und der Formbehandlung, andrerseits
durch den etwa auf augusteische Zeit weisenden Schnitt des Haares

[1] Dütschke Die ant. Bildw. in Oberit. III. No. 61.

kund giebt. Durch diesen Mangel an Congruenz mit der Spadastatue
ist indes die Benennung der Florentiner Büste noch nicht verurteilt.
Der äussere Contour des Kopfes stimmt entschieden besser mit den
Münzen als bei irgend einem der vorhergenannten, und Gleiches kann
von den Gesichtsformen wenigstens mit Bezug auf die schöneren Typen
(Münztaf. II. 37. 38) gesagt werden. Der edle, einnehmende Ausdruck
(die ὑγρότης der Augen) und der Wurf der Stirnhaare entsprechen
ganz der Schilderung der Schriftsteller, und an dem verhältnismässig jugendlichen Alter brauchte man sich nicht zu stossen,
da der Besieger des Sertorius und der Seeräuber früh genug zu
Ehren kam.

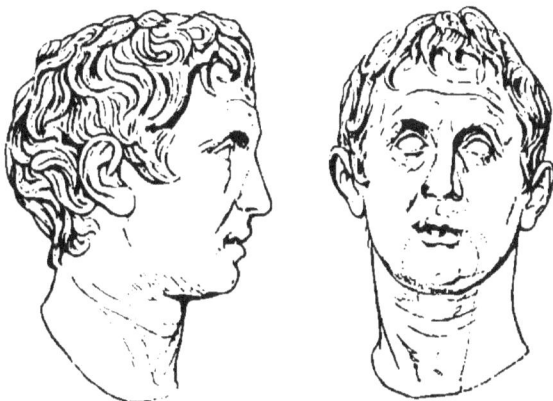

Fig. 16. Marmorbüste des Pompejus (?) in Florenz.

Ich glaube daher der Beziehung dieses Kopfes auf Pompejus
einen ähnlichen Grad von Wahrscheinlichkeit wie der Statue zuschreiben zu dürfen.

Bei den sonst auf Grund der letzteren benannten Bildnissen
handelt es sich meist nur um sehr entfernte Aehnlichkeiten, aus denen
schon deswegen keinerlei Consequenzen gezogen werden dürfen, weil
die betreffenden Köpfe fast durchweg mit den Münzen im Widerspruch stehen.

So der chiaramontische Kopf Nr. 555, der bei Nibby Mus.
Chiar. III. 22 als Nerva abgebildet ist, im Catalog aber trotz dem
fast krausen Haar und den magern Formen beharrlich mit Pompejus
in Verbindung gebracht wird.

Oder ein zweites auf Pompejus bezogenes Bildnis des Museo
Spada (Büste Nr. 46), das sich durch höhere Proportionen und
einen düstern, an Agrippa erinnernden Blick unterscheidet.

Keine Verwandtschaft mehr mit der Spadastatue oder mit den
im Anschluss daran genannten Köpfen, dafür aber eine sehr in die
Augen fallende Uebereinstimmung mit dem Durchschnittstypus der
Pompejusmünzen bis auf die eingebogene Nase und die Erhöhung
der Stirnhaare tritt uns bei den zwei bereits oben (p. 116) erwähnten, in
der Person ohne Zweifel identischen Büsten entgegen, von denen die
eine im Museo archeologico zu Venedig Nr. 293 (abg. Zanetti I. 17)
fälschlicher Weise den Namen des Trajan, die andere im Museo
Torlonia zu Rom Nr. 413 jetzt wirklich den des Pompejus trägt.
Es ist ein breites volles Gesicht mit Doppelkinn, von unschönen,
fast gemeinen Formen, wie ja auch die Münztypen ihrer Mehrzahl
nach sie zeigen, und nicht etwa dafür durch bedeutende Züge belebt.
Die grösste Breite liegt in der Augenaxe, die Augen selbst sind klein,
mit Fältchen an den Schläfen, das Alter das eines Vierzigers oder
Fünfzigers. — Sollte uns wirklich hier ein Ersatz für das zu schwach
beglaubigte Bildnis des Pal. Spada geboten sein? Denn so viel ist
klar, dass nicht beide zugleich den Pompejus darstellen können. Es
wäre aber ein Tausch, den wir ungern machten, und einer, bei dem
Pompejus nichts gewänne. Wir würden fast lieber ganz auf sein Bildnis verzichten, als es in einer so hausbackenen Physiognomie wieder
zu finden. Indes mit der blossen Aehnlichkeit ist ja vorderhand noch
nichts bewiesen. An beiden Köpfen sind die hervorragenden Teile
des Profils ergänzt, die Stirnhaare des torlonischen Kopfes in einer
Weise, welche fast an absichtliche Nachahmung der Münztypen glauben lässt. Wer weiss, ob bei einer unbefangenen, sorgfältigen Restauration dieselbe Aehnlichkeit mit den Münzen herauskäme? Und wenn
es der Fall, könnte nicht doch die Aehnlichkeit zufällig sein, und
um so weniger für Pompejus entscheidend, als vielleicht auch der
Durchschnittstypus der Münzen kein getreues Bildnis von ihm giebt.
Zur wirklichen Begründung bedarf es also noch einer neuen und
genauen Untersuchung. Einstweilen scheinen Stil und persönlicher
Charakter gleich sehr dagegen zu sprechen.

Weder durch die Spadastatue endlich noch durch die Münzen
lassen sich mehr die Benennungen zweier pompejanischer Büsten in
Neapel und einer dritten im capitolinischen Museum begründen.

Die eine Neapler (abgeb. Fig. 17) [1], von vortrefflicher Arbeit und bis auf die (etwas verstossene) Nasenspitze ganz erhalten, wurde 1868 gefunden, dem Anschein nach allerdings kein gewöhnliches Provincialporträt. De Petra [2] erklärt sie für Pompejus hauptsächlich auf Grund der litterarischen Ueberlieferungen über dessen Gestalt. Er meint zwar, dass der Pompejus Spada sowohl als die Münzen ebenfalls im Ein-klang damit stün-den. Aber darin hat er offenbar Un-recht. Schon die eckig an der Nasen-wurzel ansetzenden Brauen lehren, dass es sich keineswegs um eine bloss ju-gendlichere Auffas-sung des Pompejus Spada, sondern um eine verschiedene Person handelt. Und was die zufäl-ligen Aehnlichkei-ten mit den Münzen betrifft (das in der Mitte der Stirn etwas vollere Haar, die herabgezogene Scheide der Nasen-löcher, das Doppel-

kinn), so werden sie durch die da-neben bestehenden Abweichungen (die nach vorn abschüs-sige Scheitellinie des Kopfes, die leichte Krümmung des Nasenrückens) vollkommen para-lisiert. Der angeb-lichen Ueberein-stimmung aber mit den Notizen des Plutarch und Pli-nius wird man für sich allein wenig Wert beimessen können [3].

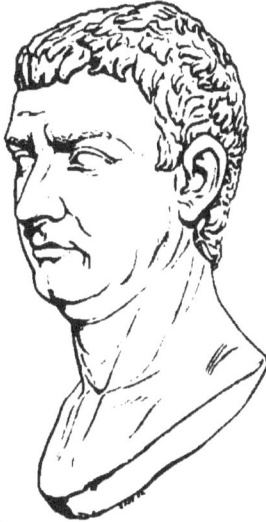

Fig. 17. Marmorkopf von Pompeji zu Neapel.

Nach der bei den Ikonographen herrschenden Un-sitte, eine Conjec-tur auf die andere zu bauen, hat man sich nun aber in Neapel nicht mit dem einen Pompejus begnügt; sondern als einige Jahre darauf bei denselben Ausgrabungen ein verwandter Kopf aus Licht kam — er ist jetzt gleich dem vorigen im Corridor der Meisterwerke aufgestellt —, auch diesem den Namen beigelegt. Dass die beiden Köpfe eine gewisse Aehnlichkeit mit einander haben, ist zuzugeben, obwohl

---

[1] Giornale degli scavi di Pomp. nuova ser. I. Taf. V. 2.

[2] Giornale a. a. O. p. 133 ff.

[3] Die Büste wurde zusammen mit einem angeblichen M. Brutus auf dem dritten (?) Stockwerk eines pompejanischen Hauses (d. h. 4 bis 5 Meter über dem Erdboden), ohne Pilasteruntersatz oder Basis gefunden. De Petra benützt dies zu einer weiteren Stütze für seine Deutung, indem er die Vermutung auf-

das längere Haar des einen (Fig. 17) und das ganz kurz ge-
schnittene des andern (später gefundenen) zur Behutsamkeit mahnt.
Aber wenn sie die gleiche Person darstellen, so ist es nur ein neuer
Beweis von der Unrichtigkeit ihrer Bezeichnung; denn selbst die

Fig. 18.   Marmorbüste im capitolin. Museum.

Neapler Gelehrten werden nicht mehr behaupten, dass dieser 2te
Kopf sich noch mit den Pompejusmünzen vereinigen lasse [1].

stellt, der Besitzer habe die seit Augustus verpönten Denkmäler unter das Dach
verwiesen, um sie vor den Spionen zu retten. Allein seine Vermutung setzt
doch eigentlich die Richtigkeit der Deutung mehr voraus, als dass sie sie begründet.

[1] Wohl aber scheint er identisch zu sein mit dem Gemmenbildnis bei
Cades V. Nr. 138 (als incerto bezeichnet).

Worauf die Namengebung der capitolinischen Büste, Philosophenzimmer Nr. 51 (abg. Fig. 18)[1] beruht, ist mir dunkel. Ihr Profil zeigt eine gebogene Nase, eine hohe Oberlippe, eine nach vorn abfallende Scheitellinie bei wenig ausladendem Hinterkopf. Auch auf der trüglichen Basis der Physiognomik möchte nicht leicht eine Begründung möglich sein. Eher könnte man sich einen gewaltthätigen Statthalter wie Verres, oder einen stolzen und heftigen Optimaten wie C. oder M. Marcellus darunter vorstellen, als den niemals seiner Würde etwas vergebenden Pompejus.

An die capitolinische Büste erinnert auch der sog. Pompejus in Dresden (abg. August. Taf. 220. 2), sowie der Porphyrkopf im Niobidensaal der Uffizien zu Florenz Nr. 261 (Dütschke 270), welcher aber ohne Zweifel modern. — Der in der Inschrifthalle ebenda eingemauerte Marmorkopf dagegen (Dütschke Nr. 400) mit seiner zurückliegenden, durch eine Querfalte von der Nase getrennten Stirn und dem leidenschaftlichen Ausdruck, zeigt keine wesentlichen Anklänge an eines der bisher genannten Bildnisse.

Ausserdem mögen noch erwähnt werden, um ihre Bezeichnung als unrichtig zurückzuweisen:

Eine Campana'sche Büste in Petersburg Nr. 209 (phot. abg. bei d'Escamps Mus. Camp. 55), mit Feldherrnmantel über der linken Schulter, einen etwa 70jährigen Mann mit kahler Stirn darstellend.

Eine Büste in Wilton House Nr. 29, mit kurzgeschnittenem Haar und Bart. Wenn echt, wahrscheinlich ein Römer des 3. Jahrh.

Eine kleine Herme in Blundell Hall Nr. 151 (Michaelis Arch. Ztg. 1874. p. 28), an der die Maske modern.

Der aus der Villa Hadrians stammende Kopf in Knowle (Mich. a. a. O. p. 35) ist mir unbekannt.

———

Gemmen. — Unter den Abdrücken bei Cades (V. 182 ff.) sind nur zwei, welche den Münztypen entsprechen, diese aber auch so, dass sie als unmittelbare Nachahmungen derselben betrachtet werden müssen; der grössere mit dem Delphin (Nr. 191) etwa nach dem

---

[1] Früher in der äussern Gallerie (Beschr. d. St. II. III. 1. p. 164. Nr. 15). Bei Bottari nicht abgeb., weil sie erst nach seiner Zeit ins Museum gekommen. Eine ganz ungenügende Abbildung bei Righetti Campid. II. 263. 3. Auch die unsrige giebt den Ausdruck des Originals nicht genau wieder, aber mehr durch Schuld der photographischen Vorlage, welche nicht besser zu haben war, als des Zeichners. Immerhin sollte der Kopf etwas strammer (ohne die Neigung nach rechts) auf dem Rumpfe sitzen, und die Nase um ein Weniges höher sein.

Denar des Nasidius (Münztaf. II. 41), der kleinere mit *lituus* und *praefericulum* entweder nach dem mit denselben Attributen bezeichneten der gens Pompeja (Münztaf. II. 43) oder nach dem Revers der Goldmünze des S. Pompejus (Münztaf. II. 47. 48). Ob wir es sicher mit Werken des Altertums zu thun haben, darüber muss ich die Entscheidung den Gemmenkennern überlassen. [1] Im Durchschnitt pflegten die antiken Steinschneider selbständiger und nicht unmittelbar nach den Münzen zu arbeiten. Aber auch als moderne Werke können sie wegen der Bestimmtheit, mit der sie den Pompejustypus wiedergeben, dazu dienen, die Unrichtigkeit der übrigen Benennungen darzulegen. Bei den zwei kurzbärtigen Köpfen mit der *prora* (Cades V. 187. 188) erkennt man noch wenigstens den Grund der Benennung. Die des bartlosen mit Stern und Heroldstab (Cades 185) beruht auf irgend einem willkürlichen Einfall.

Zu diesen falsch benannten gehört ferner der Berliner Jaspis mit den Buchstaben P P (Tölken Verz. p. 322. Nr. 102) [1], welche nur sehr gezwungen als *Pompejus pater* gedeutet werden können und als *pater patriae* bei Pompejus nicht passen. Von charakteristischen Merkmalen hat der Kopf höchstens das aufgesträubte Stirnhaar. — Auch die Steine des Antikencabinets in Wien (Nr. 752) und der Uffizien in Florenz (Nr. 196) scheinen mit Unrecht auf Pompejus Magnus bezogen zu werden.

— — —

Im Hinblick auf die Zweifelhaftigkeit oder Nichtigkeit aller traditionellen Pompejusbestimmungen, mehr noch aber von dem Wunsche geleitet, die Aufmerksamkeit einem Bildnis zuzuwenden, das bis jetzt unter keinem speciellen Namen unterzubringen ist, erlaube ich mir zum Schluss mit allem Vorbehalt noch folgende Möglichkeit anzudeuten.

Eine der vortrefflichsten und interessantesten Römerbüsten, ihrem Stil nach sehr wahrscheinlich aus der Zeit des Uebergangs von der Republik zur Monarchie, ist die des Museo Chiaramonti Nr. 561 (abg. Taf. IX) [2], mit ungebrochener nackter Brust, aus Pal. Altieri. Sie stellt einen Mann dar auf der Höhe des Lebens, von behäbiger Formenfülle, dem gleichwohl der Charakter der Strenge nicht fehlt. Er hat einen im Verhältnis zum Gesicht kleinen und niedrigen

[1] Möglicherweise der schon bei Faber Illustr. Imagg. 114 abgebildete, obgleich hier die Buchstaben fehlen, und ein leichter Wangenbart angegeben ist.
[2] Bisher meines Wissens bloss von Guattani Mon. ant. 1785. Febr. Taf. 3 publiciert. Vgl. Beschr. d. St. Rom II. 2. p. 72. Nr. 559; Burckhardt Cicerone p. 524. c. Ein Steinhäuser'scher Gypsabguss in Strassburg.

Schädel, ein gerades Profil mit nur etwas zurückgehender Stirn, tiefliegende, von fetten Muskeln bedeckte Augen, eine stumpfe dicke
Nase (deren Spitze ergänzt), eine fast senkrecht abfallende Unterlippe.
Das Haar ist schlicht und geht über der Stirn leicht auseinander,
Hals und Nacken sind von ungewöhnlicher Stärke. — Der Kopf wurde
von Guattani auf Domitius Ahenobarbus, den Vater Nero's [1], von
Andern auf den Vater des Trajan gedeutet; Beides schon deswegen
ohne alle Gewähr, weil keine oder nur ganz ungenügende Hilfsmittel
für eine solche Bestimmung vorhanden sind. Dem Durchschnittstypus der Pompejusmünzen entspricht er allerdings auch nicht. Allein
es ist mit dem Durchschnitt eine fatale Sache. Vielleicht thäte man
besser, die Vergleichung nicht auf den Durchschnitt zwischen den
guten und schlechten Münzen, sondern auf jene allein zu basieren.
Legt man aber einen Münztypus zu Grunde wie den des Turiner
Denars mit dem Dreizack (Münztafel II. 37), welcher offenbar zu
den schönsten und besten gehört, so zeigt sich — in Profil und Proportionen — ein Grad der Aehnlichkeit mit dem chiaramontischen
Kopf, der wohl eine Beziehung des letzteren auf Pompejus rechtfertigen könnte. Wir sind zwar der Ansicht, dass auf eine Münze sich
nichts Sicheres bauen lässt; wir geben auch zu, dass bei aller Aehnlichkeit noch deutliche Unterschiede vorhanden sind, namentlich im
Charakter der Augen und in der Scheitel- und Nackenlinie, und dass
von einer ἀναστολή τῆς κόμης eben so wenig die Rede ist wie beim
Pompejus Spada. Indes könnte das geteilte Stirnhaar doch eher an
Alexander erinnern als das jener Statue, und kann der specielle Ausdruck der Ehrlichkeit und des Verehrungswürdigen (os probum et
venerandum) eher in diesem Gesicht als in jenem gefunden werden.

---

[1] Wenn anders nicht der Domitius der Münzen (s. unten), also der Urgrossvater Nero's gemeint war, was ich nicht nachsehen kann.

Cicero.

(Taf. X – XII. Musterf. II. 49. 50.)

M. Tullius Cicero, geb. zu Arpinum 106 v. Chr., galt schon in
seinem 27. Jahre (Verteidigung des Roscius von Ameria) für den
ersten Redner seiner Zeit. Obgleich ein *homo novus*, erlangt er im
J. 63 v. Chr., dem 43. seines Lebens, unterstützt durch die politischen Verhältnisse, das Consulat. Während desselben vereitelt er
die Verschwörung des Catilina. Indes nehmen seine Feinde und
Neider von ebendaher den Anlass ihn zu stürzen. Er wird im Jahre
58 durch ein Gesetz des Clodius verbannt. Nach seiner Rückkehr
(57) findet er den Senat durch das Triumvirat gelähmt. Er kann
sich ebensowenig entschliessen von der politischen Laufbahn abzu-
treten, als offen für seine Gesinnung einzustehen. Beim Ausbruch
des Bürgerkriegs zwischen Pompejus und Caesar (49) stellt er sich
nach langem Schwanken auf Seite des ersteren, macht aber nach der
Schlacht bei Pharsalus (48), an der er persönlich nicht Teil genommen, seinen Frieden mit Caesar, und beschäftigt sich eine Zeit lang
mit litterarischen Studien. Das Jahr 44 (Ermordung Caesars) ruft
ihn noch einmal auf die Schaubühne des öffentlichen Lebens. An-
gestachelt von Ehrgeiz und von leidenschaftlichem Hass gegen Antonius stellt er sich an die Spitze des Senats und sucht eine Verbindung des jungen Octavian mit der Optimatenpartei zu Stande zu
bringen. Aber die Gründung des 2. Triumvirats macht seinen
Hoffnungen und Bestrebungen ein Ende. Von Octavian preisgegeben
und flüchtig, wird er auf seinem Landgut bei Formiae, nicht ganz
vierundsechzigjährig, getötet (43 v. Chr.).

Cicero's Charakter wird bekanntlich verschieden beurteilt, wie
immer, wo neben grossen Vorzügen grosse Schwächen. Das vernich-
tende Urteil, welches die neuere Geschichtschreibung über seine
politische Laufbahn gefällt hat, wird bei billiger Rücksichtnahme
auf die Schwierigkeit der Zeiten etwas modificiert, aber der Hauptsache nach schwerlich wieder umgestossen werden; denn es beruht
auf ebenso erschöpfender Kritik der Quellen als allgemein geltenden
sittlichen Anschauungen. Cicero fehlt die Charaktergrösse, die unsere Teilnahme an seinem Geschick zu einem tragischen Mitgefühl
erheben könnte. Indes war es ungerecht, dieses den Menschen und

Staatsmann treffende Verdict auch auf seine geistige und litterarische Bedeutung auszudehnen. Ein Mann, auf dessen Schultern sich die Cultur des Humanismus aufgebaut hat, kann unmöglich von Hause aus ganz unbedeutend gewesen sein. Man braucht nicht zu der überschwänglichen Bewunderung früherer Jahrhunderte zurückzukehren; aber man wird anerkennen müssen, dass Cicero bei all seinen Schwächen eine reich begabte Natur, ein Meister der Redekunst und ein weit über das Niveau des Gewöhnlichen hinausragender Schriftsteller war. Ein Reflex seiner geistigen Regsamkeit, seines oratorischen Talents, seines zugleich schlagfertigen und anmutigen Witzes, muss doch wohl auch sein Antlitz belebt haben.

Die spärlichen Notizen über seine äussere Gestalt, wie sie schon Middleton und Drumann [1] zusammengestellt haben, sind folgende: Cicero war in seiner Jugend schlank und mager und hatte einen langen dünnen Hals, so dass man ihn für schwindsüchtig hielt [2]. Dies änderte sich, als er ins Mannesalter eintrat [3], wie er selber mit Bezug auf seine Reise nach Griechenland (a. 79) bemerkt: *Lateribus vires et corpori mediocris habitus* (die richtige Fülle) *accesserat* [4]. Sein Gesicht war geistreich und leicht erregbar; sein Hang zu Scherz und Spott äusserte sich durch eine stets heitere lächelnde Miene [5], obgleich die Sorgen und die Enttäuschungen seines späteren Lebens gewiss auch seinem Gesicht ein ernsteres Gepräge gaben. — Abgesehen von zeitweiligen Magenbeschwerden erfreute er sich einer guten Gesundheit. Wenigstens wusste er sich durch Diät und regelmässige Lebensweise nicht nur frei von Krankheiten, sondern auch bei hinlänglichen Kräften für seine Kämpfe und Arbeiten zu erhalten [6]. Seine Mässigkeit verbürgt uns zugleich, was in der damaligen Zeit nicht so ganz selbstverständlich, dass wir keine Schlemmerphysiognomie bei ihm voraussetzen dürfen. Er hatte vielmehr bis in sein Alter ein schönes und würdiges Aussehen [7]. Was Dio (46. 18) den Calenus gegen Cicero sagen lässt, den salbenduftenden gekräuselten Graukopf, der die Toga bis auf die Knöchel fallen lasse, um seine Krampfadern zu verdecken [8], ist wie die ganze Rede teils apokryph, teils stark

[1] Middleton Life of Cic. III p. 294 f. Drumann G. R. VI. p. 411 ff.
[2] Cic. Brut. 91; Plut. Cic. 3.
[3] Plut. Cic. 4.
[4] Cic. Brut. n. a. O.
[5] *Τὸ δὲ πρόσωπον αὐτοῦ μειδίαμα καὶ γαλήνην κατεῖχε.* Plut. im Vgl. des Cic. mit Demosthenes.
[6] Plut. Cic. 8.
[7] *Facies decora ad senectutem.* As. Pollio bei Senec. suas. VII.
[8] Vgl. Quinct. XI. 3. 143.

übertrieben und verzerrt. Und in dasselbe Capitel gehört der Mythus
von der Kichererbse *(cicer)* auf seiner Wange, welche ihm den Beinamen verschafft haben soll. Es genügt darauf zu verweisen, dass
schon Cicero's Grossvater diesen Namen führte.

Von einst vorhandenen Bildnissen kennen wir aus Cicero's
eigener Erwähnung die vergoldete Erzstatue, welche ihm Capua nach
der capitolinischen Verschwörung setzte [1]. Von stadtrömischen haben
wir keine Kunde. Eher mochte ihm in den Provinzen, etwa von dem
dankbaren Sicilien oder von dem für Beredsamkeit schwärmenden
Griechenland, eine derartige Ehre zu Teil werden. Nach seiner Aus-
sage verbot er während seiner Verwaltung von Cilicien (51), dass
ihm Statuen gesetzt wurden [2]; doch klingt es sehr ruhmrednerisch,
wenn er schreibt: *Statuas, fana, ιιθριππα prohibeo.* Nach seinem
Tode stellte man sein Bildnis jedenfalls häufig in den Bibliotheken
auf. Eine Büste des Cicero mit der des Vergil zusammen stand im
Lararium des Alexander Severus [3].

— — — — —

Gegenwärtig ist uns keines andern Republikaners Bildnis so sicher
bekannt wie das des Cicero, obgleich, oder grade weil es (neben denen
des Hortensius und des Scipio) das einzige ist, bei dem wir nicht auf
die Münzen angewiesen sind. — Zwar wurde früher und wird zum
Teil noch jetzt eine mehrfach vorkommende [4] Münze von Magnesia am Sipylos (abgeb. Münztaf. II. 49), welche einen Kopf mit
der Namensbeischrift M. Tullius Cicero zeigt, auf den Redner bezogen.
Aber sie ist im besten Fall nur ein Nebenkriterium, höchst wahrscheinlich ein falsches; wenigstens haften bedeutende Zweifel an ihr.
Schon Paciaudi und Eckhel hatten die Münze angefochten. Doch
wurden ihre Skrupeln zunächst wieder beseitigt durch die bekannte
weitläufige Verteidigungsschrift von Sanclemente: *De nummo Ciceronis
a Magnetibus Lydiae signato,* Roma 1805, mit beigegebener vergrösserter
Abbildung. Auch Visconti [5], Birch [6] und Ch. Lenormant schlossen
sich ihm an, indem sie die Münzprägung der Magneten durch die
Wohlthaten erklärten, welche ihnen von der Familie des Cicero zu
Teil geworden waren. Sein Bruder Quintus war drei Jahre lang

---

[1] Cic. in Pis. Cap. 11.
[2] Ad. Attic. V. 21. 5.
[3] Hist. Aug. Al. Sev. 31.
[4] Z. B. im Cab. des Médailles zu Paris (bis), im brit. Museum, in Neapel,
in Ravenna. Schon zu Welcker's Zeit kannte man 7 Exemplare.
[5] Icon. rom. p. 345, Taf. XII. 4.
[6] Numism. chronicle 1839, II. p. 107.

(61—58 v. Chr.) und sein Sohn Marcus ums Jahr 24 v. Chr. Statthalter von Asien gewesen. Allein diese angeblichen Wohlthaten des
Quintus und des jüngern Marcus können unmöglich als ein genügen-
der Grund dafür angesehen werden, dass das Bildnis des Redners,
gegen den die Stadt Magnesia durchaus keine Verpflichtungen hatte,
auf die Münzen gesetzt wurde. Niemals hat sich der Dank der Pro-
vinzialen auf eine solche Weise kund gethan. Der Kopf des Redners
Cicero hätte nur einen Sinn auf Münzen, die sein Bruder oder sein
Sohn selber geprägt. Die competentesten Numismatiker verwerfen
daher jetzt die sanclementische Deutung und beziehen wenigstens die
Legende entschieden auf den Sohn [1]. Dann aber wird wohl auch
das Bildnis nachfolgen müssen. Denn den Augustus, wie Borghesi
meinte, stellt es so wenig wie die Köpfe der unten zu nennenden
Proconsularmünzen dar. Es zeigt den Typus eines ca. 50jährigen
Mannes von runder Schädelform, mit mässig langem, noch vollem
Haar, gerader, etwas abwärts gerichteter Nase, grossem Mund und
magerem Hals, ohne Doppelkinn.

Indes selbst wenn Cicero gemeint wäre, so könnte der Münztypus als ikonographische Quelle kaum in Betracht kommen gegenüber den zwei mit einander übereinstimmenden Marmorbüsten
in Madrid und London, welche noch die deutlichen und unverfälsch-
ten Namensaufschriften tragen. Er könnte höchstens die Bildnisähnlichkeit derselben bestätigen, niemals aber im Gegensatz zu ihnen
eine massgebende Autorität beanspruchen. Nun ist in der That
ein Zwiespalt zwischen Münztypus und Büsten vorhanden. Die
Büsten zeigen andere Proportionen (eine höhere Stirn, ein kürzeres
Untergesicht), auch dünneres, über der Stirn gelichtetes Haar,
schlaffere Wangen und ein Doppelkinn. Wir müssen uns entscheiden,
welchem Kriterium wir folgen wollen. Das Resultat kann nicht zweifelhaft sein.

Die Büste in der königlichen Sammlung zu Madrid (abg. Taf. X.)[2]
ist ein in allen wesentlichen Teilen wohlerhaltener Kopf auf einst
zwar abgetrenntem aber sicher zugehörigem Bruststück. Nur die
Nase an der Spitze etwas verstossen und die rechte Schulter neu.
Sie trägt auf dem Täfelchen unter der Brust die unzweifelhaft alte
Inschrift: M. CICERO. AN. LXIIII (d. h. M. Cicero, welcher 64 Jahre

---

[1] Vgl. Borghesi Oeuvres complètes I. p. 171; Waddington Rev. numism.
1867. p. 116 mit Abb. pl. IV. 5.
[2] S. Hübner Die ant. Bildw. v. Madrid Nr. 191, wo sie auch als Titelkupfer
zum ersten Mal publiciert ist.

gelebt hat, nicht: M. Cicero im 64. Lebensjahr), welche nach dem
Charakter der Schriftformen nicht später als augusteische Zeit gesetzt
werden kann. Nachdem die Büste, deren Herkunft unbekannt, man
weiss nicht wie lange unbeachtet an einem dunkeln und niedrigen
Orte in der Gallerie gestanden, entdeckte zuerst Zobel die Inschrift,
und machte darauf Hübner die Welt damit bekannt[1]. Der Kopf,
obgleich im Ganzen eher breit, hat eine hohe, durchfurchte Stirn,
oben noch mit Haaren bedeckt, während der Scheitel bereits kahl
ist; tiefliegende Augen unter flachen fast horizontal laufenden, nur
bei der Nasenwurzel etwas herabgezogenen Brauen, eine im Ganzen
gerade, aus der senkrechten Linie des Profils leicht vortretende Nase,
von deren Wurzel zwei divergierende Falten ausgehen. Der Mund
ist geöffnet, die Oberlippe spitz vortretend mit scharfkantigem
Kanal in der Mitte; die Wangen schlaff, das Kinn leicht gespalten.
Das Gesicht von feinem, geistreichem Ausdruck; um den Mund spielt
Ironie und Spott. Stil und Arbeit bestätigen die durch die Buchstabenformen postulierte Zeitbestimmung. Die Behandlung ist zwar
etwas derb, aber dabei empfunden und individuell, so dass die Büste,
wenn auch nicht unmittelbar nach dem Leben (das scheint die Inschrift zu verbieten), doch nach einem gleichzeitigen Original gemacht
sein muss.

Das andere inschriftlich bezeugte Bildnis stammt aus Villa Mattei
und befindet sich jetzt in Apsley House, dem Palast des Herzogs
von Wellington in London (abgeb. Visconti Icon. rom. Taf. XII. 1—3)[2].
Die kurze Inschrift: CICERO auf dem Täfelchen unter der Brust ist
echt aber spät, nach Marini aus dem 3. Jahrhundert. ‹Die Arbeit
nicht sehr sorgfältig, das krause Haar sehr wenig ausgeführt, Augäpfel und Brauen nicht angegeben. Sehr lebendig die Falten von
der Nase abwärts am Mund entlang und die am Halse. Auch das
ziemlich tief liegende, nicht sehr grosse Auge wirkt lebhaft.› (Michaelis.)
Dass die Person mit der der Madrider Büste identisch, ist auch ohne
Inschrift erkennbar. Es scheinen sogar Repliken des gleichen Originals vorzuliegen, indem nicht nur die Falten des Gesichts und die Anlage der Haare genau dieselben, sondern auch die Grösse des nackten
Bruststücks mit dem Täfelchen und der Grad der Wendung des Kopfes
nach links. Doch ist die matteische Büste lange nicht so gut erhalten. Nase, Lippen, Kinn sind restauriert (nach Visconti gut), die

[1] Vorläufig im Bullet. d. Inst. 1861 p. 150, später in seinem Catalog.
[2] Vgl. Faber Illustr. imagg. Nr. 146; Sandrart IV. pl. 10. 6; Bellori Vet.
illustr. imagg. Taf. 77; Mon. Matth. II. 10 u. 11. Abguss in Dresden (Hettner
Mus. d. Gypsabg. p. 90. Nr. 180).

Wangen und Anderes geflickt, das Ganze überarbeitet. Griechischer Marmor.

Einen dritten Kopf in Woburn Abbey Nr. 183 kann ich nur vermutungsweise als Wiederholung bezeichnen. In jedem Fall ist er dem Madrider, vom Profil gesehen, ausserordentlich ähnlich.

Diese zwei, resp. drei Büsten sind die einzigen absolut sichern Bildnisse Cicero's. Als Nachbildungen anderer Originale dürfen ihnen jedoch mit grosser Wahrscheinlichkeit noch folgende an die Seite gestellt werden: Ein chiaramontischer Kopf, von dem eine Replik in Turin, und ein Florentiner, von dem Repliken in Mantua und in Wien, endlich vielleicht eine Büste des Capitols. [1]. Der Kopf des Museo Chiaramonti Nr. 698 (abg. Taf. XI.) wurde in Roma vecchia gefunden. Die Hälfte der Nase, die Ohren und das (nackte) Bruststück sind neu. Er ist etwas fetter als die vorigen (doch nicht auch älter, wie der Catalog sagt), und hat einen mehr sinnenden, grübelnden Ausdruck. Ferner fehlen die von der Nasenwurzel aufwärts gehenden Falten, die Stirn ist nur von zwei statt von drei oder vier Horizontalfurchen durchschnitten; die Haare sind etwas länger und schlichter, der Mund nicht zugespitzt. Ganz übereinstimmend dagegen sind die Kopfform, die hohe Stirn, der gerade Zug der Brauen, die tiefliegenden Augen. Auch der allgemeine Eindruck ist der Identificierung günstig. Der kurze Hals beruht vielleicht auf falscher Restauration. — — Die Replik im Museo d'antichità von Turin (Dütschke A. B. in Oberit. IV. Nr. 163) hat einen etwas freundlicheren Ausdruck. Ergänzt sind ungefähr dieselben Teile. An den Augen sind die Pupillen angegeben.

Auf ein anderes Original geht die Büste der Inschrifthalle in den Uffizien zu Florenz Nr. 302 (abgeb. Fig. 19) [2]. Der Kopf vollkommen erhalten, auf moderner Togabüste von farbigem Marmor. Er hat spärliches gelocktes Haar, das etwas von hinten nach vorn gestrichen ist, durchfurchte Stirn- und Augenmuskeln (Halmentritt), die Stirnfalten seltsamer Weise nicht horizontal laufend, sondern wie nach der rechten Seite herabgezogen. Der Mund geöffnet, der Hals fett, der Kopf nach links gewandt. Der physiognomische Charakter und die Linie des Profils sind dieselben wie beim chiaramontischen.

---

[1] Eine mir unbekannte Büste in Lowther Castle (Arch. Ztg. 1874 p. 43) ist nach Michaelis «einigermaassen im Charakter des Madrider Cicero, aber edler.» An Identität wird also nicht gedacht.

[2] Dütschke a. a. O. III. Nr. 293; Abguss in Bonn Nr. 515.

Vom Madrider weicht er hauptsächlich nur durch etwas grössere
Fülle und durch die regelmässigere Bildung des Mundes ab.

Eine Replik davon befindet sich in Mantua Nr. 184 (abgeb.
Labus Mus. di Mantua I. 31) [1], dort Maecenas genannt. Der Kopf
ist aus Einem Stück mit dem Hals und nach links gewandt. Nase,
Unterlippe, Büste neu, Oberlippe und Ohren verstümmelt; der Marmor geglättet. Dass es sich um eine unmittelbare Replik handelt,
sieht man sogleich an den schrägen Stirnfalten. Zweifel an der
Echtheit, wie sie mir selbst zuerst aufgestiegen, sind wohl unbegründet.

Ebenfalls ein Cicerobildnis nach diesem Original, nur mit mehr
quadrater Gesichtsform und vorstehenderem Kinn, ist der sog. Ves-

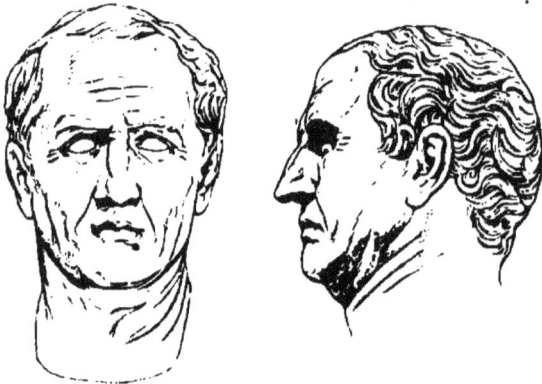

Fig. 19. Cicerokopf in den Uffizien zu Florenz.

pasian im untern Belvedere zu Wien Nr. 161 (phot. abg. bei v. Sacken
Die ant. Sculpturen in Wien Taf. 25. 1); abgesehen vom Kinn, wenn
ich nicht irre, ganz erhalten, mit eingegrabenen Pupillen, auf Panzerbüste mit Paludamentum. Aber hier möchte ich die Echtheit allerdings nicht mehr garantieren [2].

Endlich scheint mit diesen beiden Typen (Mus. Chiaramonti und
Florenz) in der Person identisch eine Büste des capitolinischen

[1] Dütschke Ant. Bildw. in Oberitalien IV. Nr. 839.
[2] Die angebliche Replik in Villa Ludovisi, von welcher Dütschke spricht
(Ant. Bildw. in Oberit. III. zu Nr. 293), ist wohl der von Schreiber unter Nr.
109 verzeichnete Kopf, über den wir bei Anlass des Pompejus Spada gehandelt
haben (S. oben p. 122).

Museums, Philosophenzimmer Nr. 75 (abg. Taf. XII) [1]. Der Kopf
mit dem Hals fast unversehrt, die Togabüste neu oder doch nicht
zugehörig. Der Kopf ist wie der Madrider etwas nach links gewandt,
wodurch auf dieser Seite am Hals ganz ähnliche Falten entstehen.
Auch in Bezug auf das Alter, den Charakter der Haare, die schlaffe
Bildung der Wangen, die Gestalt des Kinns, die Querfältchen über
der Nasenwurzel u. A. stimmt er überein. Dagegen sind die Proportionen im Ganzen etwas höher, die Schädelbildung wie auch die
Profillinie gerundeter, die Brauen stärker zusammengezogen und die
Verticalfalten, welche dadurch entstehen, nach oben nicht sowohl
divergierend als convergierend. Verschieden ist namentlich der Mund
gebildet, dessen Unterlippe weder zurücktritt noch scharf unterkehlt
ist. Das ganze Untergesicht und der Hals sind von etwas grösserer
Fülle. Der Ausdruck endlich nicht sowohl geistreich als selbstbe-
wusst, ja fast herrisch, aber doch mit einem Zug von Wohlwollen
gemischt; «ein ansehnlicher grosser Beamter», wie Burckhardt
die Büste zutreffend bezeichnet [2]. Die Summe all dieser kleinen Unterschiede scheint es sehr zweifelhaft zu machen, dass die gleiche
Person wie in der Madrider gemeint sei; weshalb denn auch Visconti
zuerst auf Maecenas und dann auf Asinius Pollio geraten [3] und
E. Braun sich der letzteren Meinung angeschlossen hat [4]. — Und
während wir sonst geneigt wären, den chiaramontischen und den
Florentiner Kopf ebenfalls für Cicero zu nehmen, wirft die Zweifelhaftigkeit der capitolinischen Büste auch auf sie einen Schatten, da
sie im Grunde eher mit der capitolinischen als mit der Madrider
identisch sind.

Gleichwohl, wenn es sich darum handelt zu bestimmen, was denn
nun das Wahrscheinlichste in dieser Sache sei, so möchte die unverkennbare Aehnlichkeit der genannten zwei Typen (Mus. Chiaramonti
und Florenz) mit dem Madrider den Ausschlag geben; und weit entfernt, in ihrer Verwandtschaft mit der capitolinischen ein Hindernis
für ihre Cicerobedeutung zu erkennen, wird man im Gegenteil eben
dieser Verwandtschaft wegen auch die capitolinische noch in den
Kreis der wahrscheinlichen Cicerobilder ziehen müssen. Die kleinen
Abweichungen sind dann teils durch die verschiedenen Stimmungen

---

[1] Bei Mottari I. 82; Visconti Icon. rom. XII. 7. 8. (ohne die Gewandbüste);
Righetti Campid. I. 197; Duruy Hist. des Rom. II. p. 775, wo sie fälschlich als
die des Cab. d. Méd. zu Paris (Chabouillet Nr. 3294) bezeichnet wird. Vgl.
E. Braun Mus. p. 171.
[2] Burckhardt Cicerone p. 524. h.
[3] Icon. rom. p. 396 f.
[4] Ruin. und Mus. Roms p. 171.

des reizbaren und von wechselnden Eindrücken beherrschten Mannes, teils durch die Verschiedenheit der Künstler zu erklären [1].

Mehr als zweifelhaft, d. h. sicher nicht mehr Cicero, ist ein in München und Florenz vorkommendes und zuweilen auf ihn bezogenes vortreffliches Bildnis «voll Geist und Ausdruck» [2], das wir bei Anlass des Marius erwähnt haben (p. 82 Fig. 9). Wäre es, wie noch Welcker annahm, Cicero, so hätte dessen Gesicht seinen wahren Charakter gründlich Lügen gestraft. Es hiesse die Physiognomik ad absurdum führen, wenn man in diesem energischen Kopf den Urheber der kläglichen Briefe vom Jahre 58 oder 49 erkennen wollte. Aber der Entscheid ist nicht der Physiognomik anheimgestellt. Der Mangel an Uebereinstimmung mit den sichern Ciceroköpfen ist ein hinreichender Grund die Benennung zu cassieren.

Auch der überlebensgrosse Kopf in der Sala a croce greca des Vaticans Nr. 572, der bei Tivoli zu Tage kam, obgleich dem Charakter nach näher mit Cicero verwandt als der vorige, ist in der Person bestimmt von ihm zu unterscheiden.

Die meisten der übrigen sog. Ciceroköpfe fallen schon deswegen ausser Frage, weil sie gar nicht nach den allein massgebenden Denkmälern, sondern entweder nach der Magnesiamünze oder nach zufällig vorkommenden Warzen, welche man bei Cicero seines Namens wegen voraussetzte (s. oben), bestimmt sind. Bei Togastatuen genügte manchmal schon die vorgestreckte Rechte (Geberde des Redners), um sie Cicero zu taufen. Indes ist der genaue Grund der Benennung nicht mehr immer nachzuweisen. Oft wirkte Mehreres zusammen, oder der Name gieng von einem falsch bezeichneten Bildnis auf das andere über, einfach weil eine entfernte Aehnlichkeit zwischen ihnen bestand.

1. Nach der Magnesiamünze wurde von Nibby ein vortrefflicher Kopf des Museo Chiaramonti Nr. 424. B. (abgeb. Taf. V), den wir bei Sulla besprochen haben, Cicero genannt. Es war in jeder Beziehung eine verfehlte Deutung, da weder das Kriterium zulässig, noch die behauptete Aehnlichkeit vorhanden war.

Bevor man wusste, wen die Corbuloköpfe darstellten, scheinen namentlich auch diese auf Grund der Münze mit Cicero in Verbindung gebracht worden zu sein. Wenigstens kann ich mir nicht

---

[1] Welche von den zwei römischen Büsten (die chiaramontische oder die capitolinische) Waddington in der Arch. Ztg. 1868 p. 58 mit der Madrider und Londoner zu den sicheren Cicerobildnissen rechnet, weiss ich nicht.
[2] Welcker Kunstmuseum zu Nr. 201.

anders erklären, warum eine ganze Anzahl derselben oder ihnen ähnliche noch immer seinen Namen tragen, z. B. die Köpfe in Florenz (Dütschke Uffizien Nr. 543), in München (Glypt. Nr. 177), im Cabinet des Médailles (Chabouillet Nr. 3294), um von den modernen in der Bibliothek zu Parma und in Wilton House (Basalt) zu schweigen.

2. Das Mal der Kichererbse sodann, resp. das Vorkommen einer Warze (gewöhnlich an der linken Wange), hat Veranlassung gegeben, u. A. folgende Denkmäler auf Cicero zu beziehen:

Einen Kopf bei den Römerbüsten in Neapel (abgeb. Mus. borb. XV. 3. 1.) [1], auf ungebrochener nackter Büste, von hoher Kopfform, ohne die mindeste Aehnlichkeit mit dem Madrider. Charakteristisch die hohe Oberlippe und die Halsfalten am Knorpel.

Eine kleine *imago clypeata*, früher in der Sammlung Borgia zu Velletri (in Originalgrösse abgeb. bei Visconti Icon. rom. pl. XII. 5 u. 6), mit rund vorspringendem Kopf, dem Caesar Casali ähnlich. Wo sich der Marmor gegenwärtig befindet, ist mir unbekannt. Im Museum von Neapel habe ich ihn nicht gesehen.

Einen Campana'schen Kopf in der Ermitage zu Petersburg, Cat. Nr. 256.

Einen Cicero mit der Warze am Backen führt Kreyssler unter den 1729 in den Uffizien befindlichen Büsten auf [2]. Da der obengenannte corbuloartige Kopf (Dütschke Nr. 543) meines Wissens die Warze nicht hat, so kann nur der über dem ersten Podest der Haupttreppe (Dütschke Nr. 21) gemeint sein.

Bei der sog. Cicerostatue im Conservatorenpalast zu Rom (abgeb. Clarac. 907. 2306. A), mit aufgesetztem bärtigem Kopf, ist die Warze erst durch den Restaurator hinzugefügt worden [3].

3. Wahrscheinlich ihrer rednerischen Haltung verdanken den Ciceronamen:

Eine Togastatue im Museum zu Neapel, unterlebensgross, mit modernem Kopf [4].

Eine im Hof des Dogenpalastes zu Venedig (abg. Clarac. pl. 903) [5] mit ebenfalls modernem Kopf.

Eine in Oxford (abg. Marm. Oxon. Taf. 21. Nr. 24) mit krausem Haar und kahler Stirn.

---

[1] Duruy Hist. d. Rom. III. p. 465. Wahrscheinlich = Gerhard Neap. ant. Bildw. Nr. 385; Finati Nr. 454, obgleich der hier angegebene Fundort (Herculaneum) mit dem des jetzigen Catalogs (Pompeji) nicht stimmt.

[2] S. Dütschke Ant. Bildw. in Oberit. III. Einleitg. p. XX.

[3] Winckelm. W. IV. 1. p. 214; Beschr. d. St. Rom III. 1. p. 124.

[4] Gerh. Nr. 357; Finati Nr. 428.

[5] Vgl. Valentinelli Marmi scolp. 303.

4. Eine zweite angebliche Cicerostatue in Neapel wird deswegen so genannt, weil sie im Fortunatempel zu Pompeji gefunden wurde [1], der nach Inschrift von einem M. Tullius M. F. erbaut war. Auch mochte man überhaupt nicht abgeneigt sein, unter den Resten Pompeji's, wo Cicero bekanntlich ein Landhaus hatte [2], ein Bildnis des Redners zu suchen [3].

Ferner glaubte man aus dem Fundort auf Cicero schliessen zu dürfen bei einer 1820 in Tusculum ausgegrabenen Statue, deren Kopf im Classical Journal Bd. 23. 1821 abgebildet ist [4]. Dieselbe hat aber nichts mit Cicero zu thun. Schon das ziemlich kurze und krause Haar deutet auf ein anderes Bildnis.

Eine alte, früher in Arpino aufgestellte Büste gieng nach Welcker (Kunstmuseum zu Nr. 201) im Revolutionskrieg zu Grunde.

5. Ungewiss warum Cicero und jedenfalls unrichtig benannt ein guter Kopf in der Engelsburg zu Rom (unten an der äussern Treppe), auf Togabüste mit querlaufendem Faltenband, leider durch die Zuaven schmählich verstümmelt.

Ferner zwei Büsten in Blundell Hall, die eine aus Rom (Michaelis Arch. Ztg. 1874. p. 27. Nr. 88) [5], von höchst lebendigem Ausdruck. Die andere aus Neapel (Mich. Nr. 100) [6], den sog. Scipioköpfen ähnlich.

Eine angebliche Cicerobüste in Castle Howard ist mir bloss aus Waagen bekannt (Kunstw. und Kstlr. in Engl. II. p. 424).

Eine vielleicht moderne in Stockholm Nr. 205 (Wieseler Philologus 1868 p. 232).

Geschnittene Steine, die mit dem Namen des Cicero beschrieben sind, hätten eigentlich bei den Quellen aufgeführt werden müssen. Indes kenne ich aus Abdrücken bloss solche, deren Auf-

[1] Vgl. Fiorelli Pompej. antiqu. historia II. p. 95 ff.

[2] Cicero Epist. ad div. VII. 1.

[3] Sie scheint von einer dritten unterschieden werden zu müssen, welche 1816 vor den Mauern Pompeji's gefunden wurde (abgeb. Clarac 909, 2297 H; vgl. Gerhard Nr. 377, Finati Nr. 446), wenn nicht etwa diese Fundnotiz unrichtig und doch die obige Statue gemeint ist. Ich kenne, abgesehen von der unterlebensgrossen, nur Eine sog. Cicerostatue im Längscorridor zu Neapel, mit kahler Stirn und spitzer gebogener Nase, etwa dem unten erwähnten Gemmentypus mit der Umschrift M. T. C. (Cades V. 196) entsprechend.

[4] Vgl. Keball On the monum. of Cic. a. a. O. p. 265 ff.

[5] Abg. Engrav. and Etch. etc. 50. 1.

[6] Engrav. 57. 2.

schriften zweifelhafter Bedeutung, deren Bildnisse also nicht durch sie allein festzustellen sind.

So die zwei bei Cades, Classe V. Nr. 196 (Karneol) und Nr. 197 (Sardonyx) mit den Buchstaben M. T. C. *(M. Tullius Cicero?)*, die auf ersterem vielleicht nicht einmal antik. Mit den sichern Ciceroköpfen hat Nr. 197 wenig, und Nr. 196 gar keine Aehnlichkeit und kaum viel mehr mit dem Typus der Magnesiamünze. Von jenen unterscheidet sie das oberhalb stark zurückweichende Profil und der (wenigstens bei Nr. 196) nach oben ausladende Hinterkopf; von dieser ausserdem die Kahlheit der Stirn. Mit dem grössern (Nr. 196) ist offenbar der sog. Lentulus Marcellinus ebenda Nr. 195 identisch. Alle drei haben ein Gewandstück um den Hals.

Weit eher dürfte dem Typus nach der angebliche Claudius Marcellus mit der Umschrift M. C. MAR. bei Cades V. Nr. 144[1], und der danach benannte, in den Proportionen etwas höhere Kopf des roten Jaspis Nr. 145 auf Cicero (Madrider Büste) bezogen werden. Doch ist es nicht zulässig, die Buchstaben demgemäss zu erklären *(M. Cicero Marci filius?)*; auch fehlt den Köpfen die charakteristische Glatze.

Von Hübner wird im Madrider Catalog p. 117 mit Hinweisung auf andere ähnliche ein die Aufschrift Cicero tragender Stein des Ritters Azára hervorgehoben (abgeb. in dessen Uebersetzung von Middleton Leben Cicero's). Wo die andern sich befinden, ist mir unbekannt.

Ohne Beischrift, aber eine sichere Darstellung Cicero's, ist der Kopf eines roten Jaspis in Berlin (Tölken Verzeichn. V. 2. 111; abg. Münztaf. II. Nr. 50), mit dem ein Sardonyx ‹von drei Lagen und höchster Schönheit› ebenda (Tölken Nr. 110) übereinstimmen soll, wahrscheinlich der auf die capitolinische Büste oder ihr Urbild zurückgehende bei Cades V. Nr 204, mit kahler durchfurchter Stirn, Hahnentritt, gebogener Nase und Doppelkinn[2].

Auch die zwei Karneole, welche bei Cades (V. 308 und 309) als Repliken des sog. Maecenas von Dioskurides aufgeführt werden, sind vielmehr Darstellungen Cicero's (Florentiner Büste); schwerlich aber der Amethyst des Dioskurides selber (Nr. 307).

Für den Cameo des Prinzen Chigi, nach Fea das schönste und ähnlichste Gemmenbildnis des Cicero, muss ich in Ermanglung eines Abdrucks auf Winckelmann[3] und Visconti[4] verweisen.

[1] Vgl. die Copie von A. Pichler (Cades IX. 58).
[2] Moderno Gemmennachbildungen der capitolinischen Büste bei Cades IX. Nr. 207 (G. Pichler), Nr. 265 (Marchant), Nr. 628 (Cerbara).
[3] Winck. W. VI. 2. p. 292.
[4] Visconti Opere var. II. p. 292.

Der Onyx aus der Sammlung der Königin Christine (abg. Bellori Imagg. 78) ist offenbar der Magnesiamünze nachbenannt.

Ein schöner Niccolo im Museum zu Neapel Nr. 52 scheint nach dem gleichen Vorbild gemacht wie die pompejanische Togastatue im Längscorridor daselbst (oben p. 142 Anm. 3).

Dagegen könnte der schwarze Agat bei Leon. Agostini (Gemmae et sculpt. ant. I. 27) trotz der völlig kahlen Stirn und der äusserst kräftigen Habichtsnase doch wohl Cicero darstellen.

Unsicher die Deutung des Berliner Sarders mit Kopf in Vorderansicht (Tölken Nr. 113), oder des ähnlichen aber nicht identischen der Sammlung Blacas im brit. Museum (Cades V. Nr. 203) [1].

Die sog. Cicoroköpfe, von denen Cades ausserdem Abdrücke giebt (Nr. 198—205), können wir übergehen. Jeder einzelne zeigt wieder einen andern Typus. Die Benennung von Nr. 205 (Karneol) möchte auf die Corbuloköpfe zurückzuführen sein. Wie Nr. 199 - 202 zu ihrem Namen gekommen sind, ist mir dunkel.

---

[1] Vgl. die Nachbildung von G. Pichler bei Cades IX. Nr. 263, welche für das schönste Werk dieses Künstlers angesehen wird.

Julius Caesar.

(Tafel XIII—XVIII, Münstaf. III. 53—71.)

Der Altersverhältnisse wegen erinnern wir an folgende Momente
von Caesars Leben:

Geboren im Jahre 100 v. Chr., geht er 68 als Quästor nach Spanien, wird 65 curulischer Aedil (glänzende Spiele), 62 Prätor, darauf
Verwalter des jenseitigen Spaniens. Im Jahre 60 gründet er das
Triumvirat mit Pompejus und Crassus und wird Consul für 59 (41 Jahre
alt), für die folgenden zehn Jahre Statthalter von Gallien. Im Jahre 49
Ausbruch des Bürgerkriegs, Besitznahme Italiens, Feldzug gegen die
Legaten des Pompejus in Spanien; nach seiner Rückkehr Dictator I.
48 Ueberfahrt nach Illyrien, Sieg bei Pharsalus, Dictator II, Ankunft
in Aegypten. 47 alexandrinischer Krieg und Besiegung des Pharnaces
in Kleinasien. 46 Feldzug nach Africa, worauf vierfacher Triumph. 45 gegen die Pompejaner in Spanien, Schlacht bei Munda, Rückkehr nach
Rom, Dictator auf Lebenszeit. 44 Ermordung (in seinem 56. Lebensjahre).

Im Altertum müssen Caesar in der kurzen Zeit seiner Allmacht
unglaublich viele Ehrenstatuen errichtet worden sein. Man gieng
ja soweit, dass man beschloss, in allen Städten und zu Rom in jedem
Tempel seine Bildsäule aufzustellen [1], was allerdings wegen seines
bald dazwischen tretenden Todes so nicht ausgeführt wurde. Da der
Charakter und der Aufstellungsort dieser Statuen bei der Bestimmung
der noch erhaltenen Bildnisse möglicherweise von Bedeutung ist, obgleich von uns keine dergleichen Beziehungen nachgewiesen werden
konnten, so lassen wir diejenigen, welche speciell namhaft gemacht
sind, hier folgen.

Nach seiner Rückkehr aus Africa (im Jahre 46) wurde ihm mit
andern Ehrenbezeugungen eine Erzstatue auf dem Capitol decretiert, mit einer Weltkugel unter den Füssen [2] und mit der Inschrift:
Dem Halbgott. Die Inschrift liess er selbst hernach tilgen [3].

---

[1] Dio XXXXIV. 4; Appian. B. civ. II. 106.

[2] Dio XXXXIII. 14: Ἐπὶ εἰκόνα αὐτὸν τῆς οἰκουμένης χαλκοῦν ἐπιβιβασθῆναι.
Ob die Weltkugel die Basis der Statue bildete, oder ob er nur mit einem Fuss auf
die Weltkugel trat, etwa wie Augustus auf dem Relief von San Vitale zu Ravenna,
geht aus der Stelle nicht hervor. Wir nehmen das Letztere an.

[3] Dio XXXXIII. 21.

Im folgenden Jahre, während seiner Abwesenheit in Spanien, wurden hinzugefügt:

Eine Statue von Elfenbein, welche bei den circensischen Spielen mit den Bildern der Götter auf einem Prachtwagen aufgeführt werden sollte [1].

Eine andere Statue im Tempel des Quirinus mit der Aufschrift: Dem unüberwindlichen Gotte [2].

Eine dritte (wenn sie nicht identisch mit der im Jahre vorher decretierten) wieder auf dem Capitol unter den Königen, wo auch die des ältern Brutus stand [3].

Bald kamen noch viele andere hinzu, darunter zwei auf der Rednerbühne mit Kränzen von Eichenlaub und von Gras (corona cirica et obsidionalis), wovon ihn jene als Retter seiner Mitbürger, diese als Retter der Stadt bezeichnen sollte [4]. Eine davon war diejenige, um welche die Volkstribunen das Diadem legten, um ihn gehässig zu machen [5]. — Kurz nach Caesars Tod scheint noch eine dritte durch Marcus Antonius dort aufgestellt worden zu sein, mit der Aufschrift: Parenti optime merito, welche Cicero's grossen Aerger erregte [6].

Ferner aus der Zeit seiner Dictatur eine Panzerstatue (statua loricata) auf dem von ihm gegründeten Forum [7], wahrscheinlich ein Reiterstandbild und identisch mit dem equus Caesaris von vergoldetem Erze vor dem Tempel der Venus genetrix. Statius [8] behauptet, das Pferd habe ursprünglich zu einem Bild Alexanders gehört; allein nach Sueton [9] und Plinius [10] war es vielmehr eine Darstellung des durch abnorme Hufbildung ausgezeichneten Lieblingspferdes des Dictators.

Im Tempel der Venus selbst errichtete ihm Augustus eine Bronzestatue mit einem Stern über dem Haupte, als Zeichen seiner Versetzung unter die Götter [1].

[1] Dio XXXXIII. 45.
[2] Dio a. a. O.
[3] Dio a. a. O. Dies ist die statua inter reges des Sueton (Caes. Cap. 76), während mit den ebenda erwähnten simulacra juxta deos wahrscheinlich auf die zwei andern angespielt wird.
[4] Dio XXXXIV. 4.
[5] Dio XXXXIV. 9.
[6] Cic. ad Fam. XII. 3.
[7] Plin. XXXIV. 18.
[8] Stat. Silv. I. 85.
[9] Suet. Caes. 61.
[10] Plin. VIII. 155.

In dem Tempel, welcher dem Caesar gemeinschaftlich mit der Clementia schon zu seinen Lebzeiten decretiert worden war [2], standen Beider Statuen sich die Hände reichend [3], Caesar als *Jupiter Julius* ohne Zweifel heroisiert.

Dass auch in der ihm speciell geweihten Capelle auf dem Forum, welche Octavian an der Stelle errichten liess, wo sein Leichnam verbrannt worden war [4], eine Statue, und zwar wiederum in heroischer Auffassung aufgestellt war, versteht sich von selbst.

Beim Ausbau des Pantheon stellte Agrippa die Bildsäule Caesars im inneren Kuppelraum, die eigene und die des Augustus in der Vorhalle auf [5].

Auf der Tiberinsel stand eine Bildsäule des C. Caesar (es ist doch Julius Caesar gemeint?), welche sich beim Auftreten Vespasians ohne ein Erdbeben von Westen nach Osten soll gewendet haben [6].

Auf der Insel Chios wurde eine Inschrift gefunden vom Jahre 47 v. Chr., welche eine Bildsäule des Caesar den Göttern weiht [7].

Unter den Tempeln, welche Caesar in den Provinzen erbaut wurden, werden die von Ephesus und Nikaea hervorgehoben (unter Augustus) [8].

Eine Capelle mit Asylrecht zu Ehren Caesars hatte Kleopatra in Alexandrien erbaut [9].

Eine Caesarstatue mit Aegis und Blitz im Zeuxippos zu Constantinopel erwähnt Christodor [10]; den Attributen nach wieder ein *Jupiter Julius.*

Die hauptsächlichsten Notizen über Caesars äussere Erscheinung sind alle in seiner Biographie bei Sueton [11] zusammen-

---

[2] Dio XXXXV. 7.   J. Friedländer in der Arch. Ztg. 1867 p. 111 spricht ausserdem von einer Marmorstatue Caesars mit einem goldenen Stern auf dem Capitol. Sollte es eine Verwechselung mit der obigen sein?

[3] Dio XXXXIV. 6.

[4] Appian. B. c. II, 106.

[5] Dio XXXXVII. 18; LI. 22.

[6] Dio LIII. 27.

[7] Plut. Otho Cap. 4.

[8] Vgl. H. K. E. Köhler Gesch. d. Ehre der Bilds. bei d. Griechen (in d. Ges. Schr. VI. p. 312).

[9] Dio LI. 20.

[10] Dio LI. 15.

[11] Ecphr. v. 92—96.

[12] Suet. Caes. c. 45.

gefasst, wo freilich kein Unterschied zwischen früheren und späteren
Perioden seines Lebens gemacht wird.

‹Er soll, heisst es daselbst, von hoher Gestalt gewesen sein, eine
blasse Gesichtsfarbe, rundliche Glieder, einen eher grossen Mund
(ore pleniore) und schwarze lebhafte Augen gehabt, auch sich einer
guten Gesundheit erfreut haben, ausser dass er in den letzten Jahren
bisweilen von plötzlichen Ohnmachten oder von schreckhaften Träu-
men heimgesucht war. Zweimal befiel ihn sogar mitten in Staatsgeschäften die fallende Sucht. In Beziehung auf die Pflege des Körpers war er sehr eigen, so dass er sich nicht nur häufig die Haare
schneiden und den Bart scheeren, sondern, wie ihm Einige vorwarfen,
sogar die Haare ausraufen liess. Besonders verdriesslich war ihm
seine Glatze, da er wusste, dass seine Feinde sie zum Zielpunkte ihrer
Witze machten. Daher pflegte er die Haare, als sie sich zu lichten
anfiengen, vom Scheitel nach vorn zu kämmen, und nahm unter allen
ihm vom Senat oder Volk zuerkannten Ehrenbezeugungen keine lieber
entgegen, als das Vorrecht, beständig einen Lorbeerkranz zu tragen,
wovon er denn auch reichlichen Gebrauch machte. Ebenso soll er
sich gerne durch die Kleidung bemerkbar gemacht haben. Er trug
eine Tunica mit breitem Purpurstreifen und langen befranzten Aer-
meln, und zwar nie anders als gegürtet, und noch dazu ziemlich
schlaff. Darauf soll der Ausspruch des Sulla beruhen, der die Optimaten öfters warnte, sie sollten sich vor diesem lässig gegürteten
Knaben in Acht nehmen›.

Dass Caesar von schöner und würdevoller Gestalt war, wird allgemein berichtet [1]. Ebenso, dass er mehr als gewöhnliche Sorgfalt
auf sein Aeusseres verwandte und es namentlich liebte, mit gesuchter
Nachlässigkeit aufzutreten, wie er denn, wenigstens früher, entschieden
für einen Stutzer galt [2]. Auch die mit den Jahren sich einstellende
Glatze, die ihm so viel Missvergnügen bereitete, und die er teils
durch nach vorn Streichen der Haare, teils durch den Lorbeerkranz
zu verdecken suchte, kann nicht angezweifelt werden. Sie wird sowohl durch den soldatischen Spottvers bei Sueton [3], als durch das
Zeugnis des Dio Cassius bestätigt [4]. Insofern ist also die suetonische
Schilderung als vollkommen zutreffend anzusehen.

Nicht ganz so einfach ist über den Ausdruck ore pleniore hinweg-

---

[1] Cic. Brut. 75: Forma magnifica et generosa. Vell. II. 41: Forma omnium
civium excellentissimus. Alexander und Caesar heissen: Εὐφυεῖς ἄμφω καὶ καλοί.
Appian B. c. II. 151.

[2] Dio XXXXIII. 43; Plut. Caes. 4.

[3] Suet. Caes. 51: Moechum calvom adducimus.

[4] Dio a. a. O.

zukommen, teils weil derselbe an und für sich eine doppelte Erklärung zulässt, je nachdem man das os auf das ganze Gesicht oder bloss auf den Mund bezieht, teils weil er je nach der Deutung in einem gewissen Widerspruch zu anderen Ueberlieferungen zu stehen scheint. Plutarch sagt nämlich ohne irgend welche Einschränkung, Caesar sei von magerer Constitution gewesen [1]. Volle Gesichtsformen bei magerem Körper sind nun zwar denkbar, aber immerhin auffallend. Man hätte erwartet, dass die Schriftsteller, die von dem einen reden, auch das andere hervorheben würden. Aus diesem Grunde hat Drumann wohl mit Recht diejenige Erklärung vorgezogen, welche os speciell auf den Mund bezieht [2]. Nur ist noch nicht gesagt, dass es sich um volle Lippen handelt; es ist vielleicht eher ein grosser Mund gemeint. Os als Gesicht zu fassen und den Widerspruch bloss durch eine Verschiedenheit der Zeiten zu erklären, so dass die grössere Fülle mehr seiner Jugend, die Magerkeit seinem späteren Alter zukäme, scheint nicht zulässig. Wenigstens liegt in den betreffenden Schriftstellen hievon keine Andeutung.

Alles Schwanken muss aber wohl aufhören, sobald man neben den litterarischen Quellen auch noch die Münzen consultiert (Münztaf. III. Nr. 53—71) [3]. Durch die Bildnisse Caesars auf den Münzen wird auch die bescheidenste Fülle der Gesichtsformen in Abrede gestellt. Dieselben zeigen so sehr das Gegenteil, dass nur entweder eine vollständige Desavouierung der suetonischen Stelle oder die angegebene Deutung übrig bleibt. In Beziehung auf die Alternative, ob volle Lippen oder grosser Mund, scheinen sie für Letzteres den Ausschlag zu geben.

Die Münzen stammen allerdings, soweit sie überhaupt gleichzeitig sind, aus Caesars letzter Lebenszeit. Denn erst im Jahr 44 [4], also nur zwei Monate vor seiner Ermordung, wurde ihm mit anderen übertriebenen Ehrenbezeugungen das Recht übertragen, sein Bild auf die Münzen zu setzen [5], was vorher nie einem Lebenden gestattet

---

[1] Τὴν ἕξιν ἰσχνός. Plut. Caes. 17.

[2] «Nur eine zu starke Fülle der Lippen störte das Ebenmass». Drum. Gesch. Roms III. p, 736.

[3] Ausser Cohen Méd. cons., wo die Caesarmünzen zerstreut bei den einzelnen Familien abgebildet sind, vgl. jetzt namentlich die übersichtliche Zusammenstellung in der zweiten Ausgabe von seinen Méd. impér. I. p. 7 ff.

[4] Nicht schon 45, wie Eckhel wegen der Menge der betreffenden Münzen wollte. Vgl. v. Sallet Die Münzen Caesars mit s. Bildnis, in d. Ztschr. f. Numism. IV. p. 127.

[5] Dio XXXXIV. 4.

worden war. Indes thut dies ihrer Autorität als ikonographischer Quelle keinen Eintrag, und zudem ist anzunehmen, dass auch die monumentalen Bildnisse Caesars ihrer Mehrzahl nach aus dieser Zeit stammen oder auf Originale dieser Zeit zurückgehen. Was aber den ikonographischen Wert der Münzen, wie freilich fast aller damaligen Münztypen, in fatalster Weise mindert, ist der bedenkliche Mangel an gegenseitiger Uebereinstimmung. Auch unter denjenigen, die erwiesenermassen noch zu Caesars Lebzeiten geschlagen wurden, also unter den Denaren des Jahres 44 mit den Namen der Münzmeister Flaminius Chilo (Münztaf. III Nr. 53—56), M. Mettius (Nr. 57), Aemilius Buca (Nr. 58. 59) und Cossutius Maridianus (Nr. 61), hat jeder Typus, ja man kann sagen, jeder erneuerte Stempel eines und desselben Typus, seinen besonderen Charakter, der in Einzelheiten oft bedeutende Abweichungen zeigt; und es gelingt nur mit Mühe und natürlich auch nur mit relativem Erfolg alle zu einem Gesammtbild zu vereinigen.

Noch grössere Unterschiede zeigen die nach Caesars Tod geprägten Münzen, die denn auch in Beziehung auf Porträtähnlichkeit offenbar viel weniger zuverlässig sind. Einige sind geradezu roh, wie die Gold- und Silbermünzen mit den Köpfen des Antonius (Münztaf. III. Nr. 63) oder des Octavian auf dem Revers [1]. Andere zeigen ihn jugendlich apotheosiert, selbst mit sprossendem Bart, wie die Goldmünze des Agrippa aus dem Jahre 38 (Münztaf. Nr. 68) [2] und die noch späteren des Sanquinius (unter Augustus) [3]. Zu den besten nachcaesarischen Münzen gehören die Denare des Moneturs Voconius Vitulus (c. 38 bis 36 v. Chr.), namentlich die ohne Beischrift (Münztaf. Nr. 67) [4], und dann diejenigen gallischen Kupfermünzen, die ihn in flachem Relief mit vollem Kranze und mit den charakteristischen Falten im Gesicht und am Halse zeigen (Münztaf. Nr. 69) [5].

Wenn wir aus den Varietäten der schönsten gleichzeitigen Münzen, zu denen vor allen die des Flaminius und in zweiter Linie die des Aemilius Buca gehören, unter Berücksichtigung der ebenfalls noch guten späteren, uns gleichsam das Prototyp zu abstrahieren suchen, so möchte dasselbe am ehesten folgende Merkmale an sich tragen: Bei sehr variirender Schädelform ein oberwärts ausladender Hinterkopf, dessen Contour eine im Nacken eingezogene Curve beschreibt. Schlichtes, mässig langes Haar, mit einem Lorbeerkranz

[1] Cob. Méd. cons. Ill. Antonia 2. 3; XX. Julia 21.
[2] Vgl. v. Sallet, a. a. O. p. 140.
[3] Cohen pl. XXXVI. Sanquinia 1. 2.
[4] Cohen pl. XLII. Voconia 1.
[5] Sallet, a. a. O. p, 143.

geschmückt, der, hinten ohne Schleife, über der Stirn möglicher Weise eine Glatze verdeckt [1]. Ein nicht ganz senkrechtes, leicht zugespitztes Profil, die Stirn zweiteilig und über der Nasenwurzel etwas vorspringend. Der Nasenrücken gerade oder doch nur unmerklich gebogen, bisweilen mit der Spitze etwas abwärts gerichtet, das Kinn niedrig und durch eine tiefe Einkehlung von der Unterlippe getrennt. Besonders charakteristisch die mageren, fleischlosen Wangen und im Einklang damit der schmächtige Hals, unter dessen schlaffer Haut der Knorpel hervortritt. — Auf den beiden Restitutionsmünzen des Trajan (Münztaf. III. Nr. 70 u. 71) [2] ist der Typus wesentlich nach der Kopfform des letzteren modificiert und mit etwas grösserer Fülle ausgestattet.

Nur eine secundäre Autorität können den Münzen gegenüber die geschnittenen Steine in Anspruch nehmen. Zwar giebt es Gemmenbildnisse, die durch das *sidus Julium* oder durch den Kometen [3] und dann immer auch durch den *lituus*, als Abzeichen des Oberpontificats, ziemlich sicher als Caesar bezeichnet sind. Allein da man keines derselben als gleichzeitig wird setzen dürfen, und da wir nicht wissen, an welche Vorbilder sich die Gemmenschneider gehalten, so haben wir eigentlich keine andere Garantie für die Aehnlichkeit ihrer Typen als ihre Uebereinstimmung mit den Münzen. Die durch keine Attribute sicher gestellten Köpfe müssen selbst erst nach den Münzen bestimmt werden.

Von Gemmenbildnissen, die durch Stern, *lituus* und Lorbeerkranz als Caesar bezeichnet sind, mögen genannt werden:

Ein Karneolintaglio in Florenz [4], mit dem Stern vorn. Caesar in mittlerem Alter mit vollem Haar, das in ziemlich langen Strähnen gegen das Gesicht gekämmt ist; die Proportionen des Kopfes hoch, das Profil gerade, dem Typus der Münzen wenig entsprechend. Der Charakter des Kranzes, der vorn in Aehrenbüschel endigt, sehr zweifelhaft.

Ein blauer Jaspis ebenda [5], mit dem Stern hinten. Der Kopf älter und magerer, von niedrigen Proportionen, mit entblösster Schulter und Brust.

---

[1] Welche aber als solche nirgends positiv angedeutet ist, so wenig als bei Caligula.

[2] Cohen Méd. cons. XLV. Julia 1. 2. Méd. imp. 2. éd. p. 18. n. 54. 55.

[3] *Hac de causa simulacra ejus in vertice additur stella.* Suet. Caes. 88.

[4] Abgeb. Gori Mus. Florent. Gemmae I. 7; David Musée de Flor., pierres ant. I Tf. II. 1.

[5] Abgeb. Gori I. 8; David Tf. II. 2.

Ein Stosch'scher Karneol in Berlin (Tölken Verz. V. 2. 105), so ziemlich den Caesarmünzen des Flaminius entsprechend, mit rundgewölbtem Kopf und langem, magerem Hals.

Zwei andere Karneole des Berliner Museums mit denselben Attributen (Tölken a. a. O. Nr. 106 u. 107) stimmen weniger überein. Nr. 107 hat eine leicht gebogene Nase, das Nackenhaar nach vorn gekämmt.

Sehr abweichend der magere, etwas zurückgeworfene Kopf derselben Sammlung (Tölken Nr. 104), der bloss noch durch den *lituus* und Lorbeerkranz bezeichnet ist.

Ein Stein der Sammlung Marlborough[1].

Karneol der Sammlung Blacas im brit. Museum (Cades V. 248), mit gefibeltem Feldherrnmantel auf der nackten Brust, trotz der gebogenen Nase mit den Münzen zur Not vereinbar.

Derselbe Typus mit verschiedenen Abweichungen, und dann nicht mehr den Münzen entsprechend, kommt noch vier Mal bei Cades vor, zunächst auf einem Chalcedon (Nr. 249) und einem Karneol (Nr. 250) unbekannten Besitzes, mit sehr gebogener Nase und durchfurchter Stirn. Auf der Gewandfibula von Nr. 250 die Buchstaben S. P. Q. R.

Sodann mit der Aegis um die Brust auf einem grossen Karneol wieder in der Sammlung Blacas (Cades Nr. 251)[2]; hier zwar ohne Stirnfurchen, aber unterwärts mit desto schlafferer Haut. Stirn und Nase einen Winkel bildend und die Lippen aufgeworfen. — Der ähnliche noch grössere Karneol in Florenz (Cad. Nr. 247) scheint eine verschlechterte Copie davon zu sein. Der Ausdruck hat beinahe etwas Stupides.

Besonders berühmt ist der schöne Blacas'sche Hyacinth mit dem Caesarkopf en face und der Beischrift ΔΙΟΣΚΟΡΙΛΟΣ (Cades Nr. 245)[3]. Von sehr hohem Relief, vertieften Augen (in denen die Pupillen angegeben), gerunzelter Unterstirn, durchfurchten Wangen, zweigeteiltem Kinn und magerem Hals, den flaminischen Münzen, soweit eine Vergleichung möglich ist, nicht unähnlich, aber jedenfalls mit niedrigerem Schädel. Nach der Form seiner Inschrift wäre der Stein modern[4]. Manche halten bloss die Inschrift für modern.

Der ebenfalls en face dargestellte Kopf bei Cades Nr. 246 hat ausser dem Lorbeerkranz bloss noch den *lituus* mit einem darauf-

---

[1] Abgeb. Choix de pierres ant. du cab. Marlb. I. 3.
[2] Abg. Lenormant Trés. de num. Icon. rom. pl. II. 11.
[3] Abg. Lenormant a. a. O. pl. II. 10, aber missraten.
[4] S. Brunn Gesch. d. gr. Kstlr. II. p. 497.

sitzenden Vogel (Adler?). Er ist dem vorigen sehr unähnlich und
hat wenig caesarischen Charakter: Eine kurze Stirn und eine stark
gebogene Nase, entfernt mit einem auf Caesar bezogenen Pariser Kopf
(unter Nr. 32) verwandt.

Der Karneol mit jugendlichem Kopf und der Beischrift *Julius
Caesar* im Neapler Museum Nr. 276 ist wohl modern[1].

Was endlich den grossen Prachtcameo im Cabinet des Médailles *(Camée de la Sainte Chapelle)*[2] betrifft, auf den wir bei den
julischen Kaisern einlässlicher zurückkommen werden, so halten wir
die Deutung der oberen verschleierten Figur auf Caesar für unrichtig. Jedenfalls darf sie unter keinen Umständen zum Ausgangspunkt
für ikonographische Bestimmungen genommen werden, da man es
im besten Fall ja doch nur mit einem idealisierten, also auf Bildnisähnlichkeit nicht Anspruch machenden Caesar zu thun hätte.

Und ganz dasselbe gilt auf einem andern Denkmälergebiet für
das Relief von Ravenna (abg. Conze Die Familie des Augustus.
1867). J. Friedländer, der die mittlere Figur des angeblich über
der Stirn befindlichen Sternes wegen als Caesar fasst, giebt selber
zu, dass sie dem Typus der Münzen nicht entspreche[3]. Auch hierüber bei den Juliern ein Mehreres.

Indem wir also den Gemmen wegen ihres zeitlich unbestimmten
und zum Teil schon an und für sich zweifelhaften Charakters keine
quellenhafte Bedeutung und nur insofern ikonischen Wert beimessen,
als sie etwa einen späteren Büstentypus repräsentieren, verbleiben als
einzig massgebende Momente bei der Bestimmung der statuarischen
Caesarbildnisse die Aehnlichkeit mit den Münzen, die durch Plutarch
überlieferte und durch jene bestätigte Magerkeit seiner Person, die
ebenfalls sicher überlieferte Kahlheit der Stirn, und sein Bestreben,
diese Kahlheit zu verdecken, sei's durch die Anordnung der Haare,
sei's durch den Lorbeerkranz; daneben, wenn man will, der Charakter
männlicher Schönheit, und jedenfalls die Altersgrenze von 56 Jahren.
Beinahe könnte man auch eine Altersgrenze nach rückwärts fest-
setzen, indem es nicht wahrscheinlich, dass schon vor dem Triumvirat, also vor seinem vierzigsten Jahr, mehr als etwa ein gelegent-
liches Bildnis von ihm gemacht worden. Die grosse Masse stammt
jedenfalls erst aus den Jahren seiner Dictatur, d. h. aus seinem 52.
bis 56. Lebensjahr. Allein es leidet keinen Zweifel, dass er nach

---

[1] Ein Bleimédaillon mit Caesarkopf und Beischrift wurde vorgezeigt
von Dressel in Rom. Bullet. d. Inst. 1878 p. 36.

[2] Abgeb. Müller-Wieseler Denkm. LXIX. 378.

[3] Arch. Ztg. 1867. p. 110.

seinem Tode, zumal von seiner Consecration an (Ende 43), vielfach, wenn nicht vorzugsweise, auch in idealisierten Statuen dargestellt wurde; und was diesen noch für ein Grad von Bildnisähnlichkeit eigen war, können wir nur aus der Analogie der Kaiserbilder oder dann durch Zirkelschlüsse aus den etwa noch erhaltenen Denkmälern entnehmen.

In Folge des letzteren Umstandes wird es nun erst noch fraglich, ob wir den eben aufgestellten Massstab, so allgemein und schwankend er ist, auch überall anwenden dürfen. Dem vergötterten Caesar wurde gewiss keine kahle Stirn gegeben, und ebenso wenig die Falten eines 56jährigen Alters. Nur die Schädelform und das Profil mussten auf alle Fälle ihre charakteristische Gestalt behalten. Aber kennen wir dieselbe genau? Ist es die der schönsten flaminischen Münzen oder ist es ein Gemisch aus sämmtlichen Typen zusammen oder herrschte aus irgend welchen Ursachen auch bei den Monumentalbildnissen dieselbe schwankende und zerfahrene Darstellungsweise wie bei den Münzen?

Diesen a priori gar nicht zu beantwortenden Fragen gegenüber ist es kein Wunder, wenn es mit unserer Kenntnis der Caesarbildnisse so schlecht bestellt ist. Den ungenügenden Hilfsmitteln entsprechen die Resultate der Forschung. Caesarköpfe zu bestimmen, ist in der That eine Sisyphusarbeit. Ohne Mühe können 30 bis 40 Köpfe aufgezählt werden, bei denen die Möglichkeit einer solchen Bedeutung vorliegt, und bei vielen ist sie, an und für sich betrachtet, sogar sehr glaubhaft. Aber kaum je 2 oder 3 derselben geben sich deutlich als Darstellungen der gleichen Person. Es gilt zwischen ihnen zu wählen, abzuwägen; bei dem einen spricht mehr dies, bei dem andern jenes für Caesar. Schliesslich muss man sich bekennen, dass, abgesehen von einigen wenigen, die eine grössere Wahrscheinlichkeit für sich haben, alle übrigen nur mehr oder weniger begründete Vermutungen sind.

Um der Untersuchung einen möglichst objectiven Boden zu geben, schicken wir eine nach Museen geordnete Uebersicht derjenigen Büsten und Statuen voraus, welche unserer Meinung nach dabei in Betracht kommen können.

Erhaltene Bildnisse.

Nr. 1. Farnesischer Colossalkopf in Neapel (abg. Tafel XIII.)[1] Die Nasenspitze, ein Theil der Ohrmuscheln und der Haare am Hinterkopf, sowie das nackte Bruststück sind neu, die Brauen an der Nasenwurzel geflickt[2]. Eine bedeutende Physiognomie von mildem aber gebietendem Ernst, dem Alter nach höchstens ein Fünfziger; weder runzelig noch mager, obwohl die Wangen bereits etwas eingefallen. Das Haar über der Stirn ziemlich dünn, doch nicht so, dass man dieselbe kahl nennen könnte. Charakteristisch zwei von der Nasenwurzel aufwärts gehende und zwei quer darüber hinlaufende Falten; die Brauen eckig ansetzend und ziemlich buschig, die Nase unmerklich gebogen, der Mund breit, ohne Schwellung der Lippen. Das Gesicht geglättet, die Haare matt.

Nr. 2. Panzerstatue in der Halle des Conservatorenpalastes zu Rom (abg. S. 169; der Kopf Taf. XIV.)[3], Gegenstück eines fälschlich sog. Augustus, und wie dieser früher im Besitz des Bischofs Rufini von Melfi. Als Fundort wird das Forum Caesaris angegeben Arme und Unterbeine sind neu, der Kopf dagegen, obgleich gebrochen, zur Statue gehörig; nur die Nasenspitze ergänzt und einige Flicken an der Stirn und der rechten Wange. Die Proportionen des Kopfes, der Charakter des noch vollen, an den Seiten nach vorn gestrichenen Haares, endlich die Formen und der Ausdruck des Gesichts stimmen ganz mit dem Neapler überein. In Bezug auf Kunstwert ist die Statue weder vorzüglicher als dieser (Visconti Pio Clem. VI. p. 179), noch »wahrhaft geringc (Burckhardt Cicerone II. p. 518), sondern ein Durchschnittswerk der ersten Kaiserzeit, die Augen ohne Angabe der Pupillen. Der Panzer ist mit Greifen und Arabesken verziert, und

---

[1] Bei Visconti Icon. rom. pl. 17. 1 u. 2; Mus. Borb. XIII. 13. 2; Clarac pl. 1054. 322⁸. Vgl. Gerhard Nr. 162; Finati p. 231. Nr. 192.

[2] Dass der Kopf früher auf einer Gewandbüste sass, ist wenig wahrscheinlich. Indes weiss ich nicht, welches dann der von Aldrovandi (bei Fea Miscell. I. p. 211) erwähnte zu Spoglia Christo gefundeno und einst ebenfalls im Palast Farnese aufgestellte Colossalkopf „con tutto il petto vestito" sein soll.

[3] Vgl. Winckelm. W. VI. 2. p. 279. Frühere Abbildungen bei de Cavaleriis Stat. ant. Tf. 72; Perrier Icones Tf. IX.; Maffei Statue Nr. 15; Barbault Rec. de Mon. anc. pl. 76; Montagnani Mus. Capit. II. 122; Clarac pl. 912 B. 2318 A; Righetti Campid. I. 151; Duruy Hist. d. Rom. Titelblatt zum 3. Band; der Kopf bei Visconti Ic. rom. pl. 17. 3. Gypsabguss der ganzen Statue in der Ec. des beaux arts zu Paris.

mit einer Schärpe gegürtet, wohl das früheste Beispiel dieses Schema's. Ueber den Rücken fällt ein auf der rechten Schulter geheftetes bis auf die Füsse reichendes Paludamentum [1].

Nr. 3. Die Büste ebenda, im Corridor über der Treppe, mit dem zugespitzten Mund und der abwärts gerichteten Nase, ist vielleicht modern.

Nr. 4. Panzerbüste im capitolin. Museum, Kaiserzimmer Nr. 1 (abg. Bottari II. 1) [2], der Kopf von Marmor, die Büste von buntfarbigem Alabaster. Ein bejahrter, wie es scheint, mindestens 60jähriger Römer mit zugespitztem Profil und hohem Untergesicht; auch die Kopfform eher hoch, ohne Ausladung nach hinten. Mitten über der Nasenwurzel ist eine Verticalfurche, je zwei andere laufen von den Wangen unter das Kinn. Das Haar noch voll, aber über den Schläfen in zwei Winkeln zurücktretend.

Nr. 5. Im Büstenzimmer des Vaticans Nr. 282 (abg. S. 176) [3] von ähnlich hohen Proportionen wie der vorige, aber von edlerer Bildung. Eine schmale, zurückweichende und in der gleichen Flucht mit der Nase liegende Stirn, mit zwei scharfen, von der Nasenwurzel gradaufsteigenden Furchen; das Stirnhaar dünn, Wangen und Hals mager mit hervortretendem Kinnbacken und Halsknorpel. Von dem Neapler Kopf abweichend durch den schmaleren und höheren Schädel, sowie durch das vorgerücktere Alter, und man kann fragen, ob er für Caesar nicht zu alt. Das Brustsstück ist mit einem befranzten Paludamentum bekleidet.

Nr. 6. Kopf im Museo Chiaramonti Nr. 107, mit den Münzen der *gens Flaminia* übereinstimmend und in seiner Bedeutung wohl nicht anzuzweifeln. Dem Alter nach zwischen 50 und 60. Nase und Hals neu.

Nr. 7. Kopf ebenda Nr. 527, mit dem vorigen verwandt, doch schwerlich identisch. Er hat ein zugespitzteres Profil und namentlich kein so markiertes Kinn. Am Hals tritt der Knorpel vor. Die Erhaltung mässig.

Nr. 8. Schöner verschleierter Kopf ebenda Nr. 135, angeblich

---

[1] Wahrscheinlich wegen der Aehnlichkeit mit dieser Statue ist ein Panzertorso in Neapel (Gerhard Nr. 163; abg. Clarac pl. 916) von Albaccini ebenfalls zu einem Caesar ergänzt worden, und zwar durch Aufsetzen eines Kopfes nach dem Vorbild von Nr. 1. Der Panzer ist in der Anlage ganz derselbe, die Stellung dagegen entspricht vielmehr dem mit Nr. 2 ins Capitol gekommenen Augustus.

[2] Righetti I. 32. Vgl. Beschr. d. St. Rom III. 1. p. 198. Ein Gypsabguss in Dresden.

[3] Pio Clem. VI. 38.

Caesar als Pontifex Maximus darstellend. Er ist aber mindestens 70jährig, so dass in Wahrheit nicht an Caesar zu denken ist [1].

Nr. 9. Kopf ebenda im Braccio nuovo Nr. 4, dem des Büstenzimmers ähnlich, aber durch etwas breitere Verhältnisse von ihm abweichend; übrigens der Restaurationen wegen in seiner jetzigen Gestalt nicht zuverlässig.

Nr. 10. Kopf in der Vorhalle der Villa Borghese, auf einer Console über dem Kaisertorso Nr. 26, mit fleischlosen Wangen und dünnem, kurzem Haar, den unverschleierten chiaramontischen Köpfen am nächsten stehend, mit Anklängen an den folgenden.

Nr. 11. Bronzekopf in Villa Ludovisi, Hauptsaal Nr. 27 (abg. S. 177) [2], auf moderner Panzerbüste von *rosso antico*. Ein sehr interessantes Bildnis; aber für Caesar wohl zu alt. Man glaubt einen 65—70jährigen Mann vor sich zu haben. Auch ist er knochiger und fleischloser als die meisten sonstigen Köpfe; an den Schläfen und unter den Wangenbeinen sind förmliche Vertiefungen. Das Haar ist kurz geschnitten und etwas kraus, über den Schläfen in je einem spitzen Winkel zurückweichend. Die Nase etwas, abwärts gerichtet, mit einer leisen Erhöhung in der Mitte; die Einkehlung über dem Kinn auf beiden Seiten bis über den Mund hinausgezogen und durch die von den Nasenflügeln herablaufende Hautfalte plötzlich abgeschnitten. Von ernstem, fast verdriesslichem Ausdruck. Ficoroni [3] erklärte ihn für modern, und es wäre wohl der Mühe wert, dass die Sache noch genauer untersucht würde.

Nr. 12. Büste im Museo Torlonia Nr. 416, mit zurückweichendem Untergesicht. Wohl richtig benannt, aber verschmiert [4].

Nr. 13. Ein schöner Kopf im Eintrittsaal des Pal. Doria zu Rom erinnert nur entfernt an die Münztypen.

Nr. 14. u. 15. Ein Kopf im Museo Spada mit kahlem Scheitel, und eine unterlebensgrosse Büste der Gallerie Corsini, die wohl beide für Caesar gelten, scheinen modern zu sein.

Nr. 16. u. 17. Von zwei Statuen der Sammlung Mattei, einer nackten und einer in pontificalem Gewande (abg. Clarac pl. 910) [5],

---

[1] Eine wahrscheinliche Replik davon befindet sich im Altertumsmuseum von Turin, wo aber der ganze Schleier und die Nase hässlich ergänzt sind

[2] Schreiber Die ant. Bildw. d. V. Ludovisi Nr. 91, wo er fälschlich mit dem bei Faber Illustr. imagg. 49 abgebildeten Basaltkopf des Scipio identificiert wird. S. oben p. 37. Anm. 3.

[3] Osserv. sopra l'antich. di Roma etc. R. 1790, p. 50.

[4] Die Panzerstatue ebenda Nr. 116 hat einen modernen Kopf.

[5] Die letztere auch bei Weisser Bilderatlas Taf. 39. 9 und Duruy Hist. des Rom. III. p. 228.

ist mir nur die nackte bekannt. Sie steht im Hof des Palastes und
hat einen allerdings wohl auf Caesar zu deutenden, aber wahrscheinlich nicht zugehörigen Kopf.

Nr. 18. Marmorbüste im Pal. Casali zu Rom[1], gute antike
Wiederholung des ludovisischen Bronzekopfs (Nr. 11). Von warmem
braungelben Ton, der aber künstlich hervorgebracht zu sein scheint,
um die Restaurationen zu verdecken. Das Büstenstück (Paludamentum) ist jedenfalls neu; ausserdem wahrscheinlich die Nase. Die
Arbeit, so viel man sehen kann, vortrefflich.

Nr. 19. Bronzebüste in den Uffizien zu Florenz Nr. 41 (Dütschke
Uffiz. Nr. 62 a), ebenfalls eine Wiederholung des ludovisischen Typus,
auf moderner Marmorbüste, wenn anders nicht, was mir trotz der
gegenteiligen Ansicht Dütschke's sehr wahrscheinlich scheint, der
ganze Kopf modern. Er ist weniger vorgebeugt als der ludovisische
und macht einen etwas weniger greisenhaften Eindruck.

Nr. 20. Marmorkopf ebenda Nr. 43 (Dütschke Nr. 63), Greis
mit Glatze und kleinen homerartigen Augen, ohne Ausladung des
Hinterkopfs. Von Burckhardt[2] noch zu den besseren Caesarköpfen
gerechnet, auch von Wieseler[3] hinsichtlich der Arbeit hervorgehoben.
Aber Alter und Münztypen stimmen nicht zu seiner Bezeichnung.

Nr. 21. Büste ebenda in der Inschrifthalle, über dem sog.
Hippokrates Nr. 305, sehr ähnlich dem Kopf des britischen Museums
(Nr. 43), aber für eine genaue Untersuchung zu hoch aufgestellt.

Nr. 22. Kopf im Camposanto zu Pisa (abg. S. 172)[4], übereinstimmend mit dem Basaltkopf von St. Cloud (Nr. 36), aber ohne
Büste. Wahrscheinlich derselbe, von dem ein Gypsabguss im Museum
von St. Germain; wenigstens soll das Original des letzteren sich in
Italien befinden. Die Nase und ein paar kleinere Stücke ergänzt,
doch konnte sich der Restaurator höchstens in der Nase irren. Ein
magerer Römer mit ziemlich schmaler, ungleich gebildeter Stirn, wie
überhaupt die Gesichtshälften etwas ungleich. Geschlossener Mund
mit schmaler Oberlippe, ohne markierte Winkel. Zwei nicht sehr scharfe
Horizontalfalten in der Stirn, die Haare ungelichtet über der Stirn
nach links gebogen.

Nr. 23. Köpfchen im Altertumsmuseum zu Parma, etwa ein
Drittel lebensgross. Nasenspitze und Bruststück neu, das Kinn geflickt. In der Kopfform der Berliner Marmorbüste (Nr. 55), im Profil
dem Kopf der Berliner Togastatue (Nr. 57) ähnlich. Auf der Stirn

---

[1] Vgl. O. Müller Handb. p. 734. 1; Archaeol. Ztg. 1864 Anz. p. 156.
[2] Cicerone II. p. 519 b.
[3] Gött. Nachr. 1874 p. 563.
[4] Dütschke Ant. Bildw. in Oberit. I. Nr. 78; Lasinio Racc. tav. CXIX. 131.

zwei scharfe Horizontal-, zwei Vertical- und zwei schräge Falten.
Die Wangen eingefallen, der Hals mager, der Ausdruck streng.

Nr. 24. Unterlebensgrosser Kopf im Museum von Mantua
Nr. 23 (Dütschke Bildw. in Oberit. IV. Nr. 693), vom Typus des vorigen; in der Wand eingemauert.

Nr. 25. Aehnlicher Kopf ebenda Nr. 211 (Dütschke a. a. O.
p. 355) [1], modern.

Nr. 26. Panzerbüste im Dogenpalast zu Venedig (Valentinelli Marmi scolp. Nr. 30), ein Kahlkopf, der zwar ohne Zweifel
als Bildnis Caesars gemeint ist, aber eine Arbeit des 16. Jahrhunderts.

Nr. 27. Kopf im Schloss zu Catajo, vom Charakter der Berliner Marmorbüste (Nr. 56), nur der Hinterkopf mehr nach oben
ausladend. Modern.

Nr. 28. Kopf auf Panzerbüste im Altertums-Museum zu Turin
(Dütschke Bildw. in Oberit. IV. Nr. 134), von eckigen mageren Formen,
in den Proportionen dem Neapler Kopf (Nr. 1) ähnlich, im Mund
und Kinn der Berliner Marmorbüste (Nr. 56).

Nr. 29. Togastatue mit lorbeerbekränztem Kopf aus Sammlung
Campana im Louvre (der Kopf abg. S. 167, die ganze Statue bei
d'Escamps Marb. ant. d. mus. Campana pl. 57 [2]). Der Kopf ist
unterhalb des Halses aufgesetzt, scheint aber zugehörig. Dagegen
ist der Lorbeerkranz in sehr verdächtiger Weise ergänzt. Sicher
alt sind nur hinten die Spuren eines ehemaligen Kopfschmucks, der
aber ebenso gut eine schmale Binde als ein Kranz gewesen sein kann.
Die seitwärts aufgelegten Blätter sind alle neu, und der über der
Stirn vortretende Teil sammt einem Stück der letzteren angesetzt.
Man könnte versucht sein, diese vordere Spitze des Kranzes für
antik zu halten; denn in der Farbe des Marmors unterscheidet sie
sich von den aufgelegten Blättern und scheint mit der des Kopfes
zu stimmen. Es bleibt aber unerklärt, warum an den Seiten gar
keine antike Spuren des Kranzes zurückgeblieben sind, während doch
das Haar bis unmittelbar zu den ergänzten Blättern unbeschädigt
ist. Am Gesicht sind die Nase und die Spitze des Kinns neu. Auch
die Toga ist sehr zusammengesetzt und überarbeitet; ganze Partieen
wie das Bruststück mit der darauf ruhenden rechten Hand scheinen
modern. Fast möchte man glauben, dass die Statue aus Rücksicht
auf diese Restaurationen in ein so schlechtes Licht (mit dem Fenster
im Rücken) gestellt sei. — Davon abgesehen entspricht der Kopf

[1] Abgeb. Lahus Mus. di Mant. III. 33, 2.
[2] Und danach bei Duruy Hist. des Rom. III. p. 403. nebst Profilansicht p. 375.

unverkennbar dem allgemeinen Eindruck der Münzen. Die Stirn ist
durch einen Einschnitt von der Nase getrennt, und ihre unteren
Muskeln bilden in der Mitte zwei gegeneinandergestellte convexe
Falten, Gesicht und Hals ziemlich mager, Runzeln an den äusseren
Augenwinkeln und auf den Wangen. Die Haare, ein wenig gelockt,
doch platt anliegend, gehen vor den Ohren in einem Büschel herab.
Die Arbeit mittelmässig.

Nr. 30. Nackte heroische Statue ebenda, Descr. Nr. 465 (abg.
Clarac pl. 310) [1], aus der Sammlung Borghese. Ueberlebensgross,
mit Schwert in der Rechten, das Paludamentum auf der linken
Schulter und dem vorgebogenen linken Arme ruhend [2]. Der (aufgesetzte) Kopf ist dem Neapler ähnlich, nur mit zugespitzterem Profil;
übrigens sehr geflickt: Die ganze Maske angesetzt, die Nase neu.
Dagegen der Tronk mit darübergehängtem Panzerhemd zugehörig
und nie gebrochen, ebenso der linke die Schwertscheide haltende
Arm; der rechte angesetzt, doch vielleicht alt.

Nr. 31. Colossalbüste ebenda (bei der Togastatue), von ült-
lichen, ziemlich hässlichen Formen, mit schlaffer Wangen- und Kinn-
haut, ähnlich dem in Woburn Abbey (Nr. 47). Die Nase aus Gyps
ergänzt, möglicher Weise der ganze Kopf modern.

Nr. 32. Schöner Kopf mit Haarreif in den Magazinen des
Louvre [3] mit zurückliegender Stirn, leicht gebogener Nase und hohem
Untergesicht, nach dem Sturz Napoleons III. im Palais des Elisées
vorgefunden (Ravaisson) [4].

Nr. 33. Angeblicher Caesarkopf mit verhülltem Hinterhaupt
ebenda (abg. Clarac pl. 1087) [5]. Die Nase abgeschlagen. Die Beziehung auf Caesar nicht unmöglich.

Nr. 34. Bronzekopf im Cabinet des Médailles auf dem
hintersten Kasten rechts (Chabouillet Nr. 3119), ganz willkürlich als
M. Brutus bezeichnet, vielmehr Wiederholung des Caesarkopfs von
St. Cloud (Nr. 36), aber etwas aufwärts gerichtet, zum Einsetzen

---

[1] Auch Bouillon II; Weisser Bilderatlas Taf. 39. 7; Abgüsse des Kopfes
im Louvre.

[2] Motiv des ebenda befindlichen sog. Pupien (Clarac pl. 331), wo nur die
Rechte etwas mehr erhoben.

[3] In Lichtdruck publiciert von Ravaisson in den Classiques de l'art (Face und
Profil).

[4] Eine moderne Gemmennachbildung von der Hand Cerbara's bei Cades
IX. Nr. 629.

[5] Und danach bei Duruy Hist. d. Rom. III. p. 19.

auf eine Statue bestimmt. Material und Arbeit des Kopfes machen das Altertum verdächtig. Da er indes nicht unmittelbar nach dem von St. Cloud (Nr. 36) gearbeitet, resp. abgegossen zu sein scheint, so begreift man nicht, wie er in neuerer Zeit entstanden sein kann. Ob am Ende nach dem Pisaner Kopf (Nr. 22) gefertigt? In diesem Fall wäre der Abguss in der Ecole des beaux arts, den wir auf die Bronze des Cab. des Médailles beziehen, identisch mit dem mutmasslichen Abguss des Pisaner Kopfs im Museum von St. Germain.

Nr. 35. Bronzestatuette der Sammlung Luzarches in Paris(?) (abg. Gaz. des beaux arts 1866 Bd. 21 p. 528)[1], fast nackt, nur leicht mit einem Mantel drapiert, der auf der linken Schulter haftet und auf dieser Seite über den Oberarm bis zu den Füssen fällt, während ein Zipfel von hinten über den seitwärts ausgestreckten rechten Arm geschlagen ist. Der Kopf ist etwas nach rechts geneigt, aber nach links gewendet, und trägt einen Lorbeerkranz. Er hat in der That caesarischen Charakter, eine hohe Stirn, kurzes dünnes Haar, die Nasenspitze abwärts gehend; am meisten erinnert er an den Kopf der capitolinischen Statue (Nr. 2). Die Rechte hält in schräger Richtung einen Rundstab (Scepter?), während die Linke halb vorgestreckt ist. Ob er gerade im Act der *allocutio* dargestellt ist[2], scheint zweifelhaft. Sowohl die Nacktheit als der Rundstab sprechen dagegen. Ueber Herkunft und Restauration wird in der Gazette des beaux arts a. a. O. nichts gesagt. Die starke Bewegung und der nachschleppende Mantel machen allerlei Bedenken rege.

Nr. 36. Basaltkopf, ehemals in der Bibliothek von St. Cloud (abgeb. als auf eine Panzerbüste gesetzt bei Visconti Iconogr. rom. pl. XVIII. 1 und 2)[3], seit dem Brande des Schlosses im Jahr 1870 verschollen. Die Abbildung zeigt ein den gleichzeitigen Münztypen Caesars im Charakter sehr nahe kommendes Bildnis, von mageren, scharfkantigen Formen, mit noch vollem Haar, ziemlich breiter Stirn, gerader, spitzer Nase, niedrigem, tief überkehltem Kinn und schlankem Hals, offenbar eine Wiederholung der Köpfe von Pisa (Nr. 22) und im Cabinet des Médailles (Nr. 34)[4].

[1] Die Zeichnung ist dem Werk von Ph. Burty Chefs d'oeuvres des arts industriels entnommen.
[2] «César haranguant les troupes».
[3] Und danach bei Müller Denkm. I. Nr. 347, wo er irrtümlich als der Neapler (Nr. 1) bezeichnet wird; und Clarac. Mus. d. sc. pl. 1064. 3229.
[4] Wegen der localen Nähe könnte man vermuten, dass der Gypsabguss im Musée von St. Germain (s. bei Nr. 22) eher diesem Kopf als dem Pisaner ent-

Nr. 37. Bronzeköpfchen im Musée von St. Germain-en-Laye, gefunden zu Bavay (Dép. du Nord), c. 9. Cent. hoch. Mager, mit dünnem Haar, abgestumpfter (wahrscheinlich verletzter) Nase, kleinem Mund, von weichen Formen. Im Ganzen mit den schöneren Münzen stimmend, aber kaum mit dem Kopf von St. Cloud.

Nr. 38. Kleiner bekränzter Marmorkopf im Palais des beaux arts zu Lyon, mit kahler Stirn und auffallend zur Nasenwurzel herabgezogenen Brauen; die Augäpfel gross und nach unten stark hervorgedrückt, die Nase verstümmelt, die Mundwinkel etwas aufwärts gezogen. Das Kinn klein, aber vortretend wie auch der Halsknorpel.

Nr. 39. Kleiner Panzertorso von Bronze in Besançon, angeblich aus Rom [1]. Der Kopf von der Grösse eines Apfels ist bekränzt, sonst, wie es scheint, kahl. Der Typus allerdings der des Caesar, mit ziemlich zugespitztem Profil; Arme und Beine fehlen.

Nr. 40. Marmorköpfchen im Musée Calvet zu Avignon Nr. 272, etwa dem Neapler Kopf entsprechend.

Nr. 41. Büste in der königlichen Sammlung zu Madrid (Hübner Nr. 192) [2], mit fast kahlem Kopf und hohlen Wangen. Von später Arbeit.

Nr. 42. Büste ebenda (Hübner Nr. 231) von zweifelhafter Echtheit. Fast kahlköpfig, mit grünlichem Ausdruck.

Nr. 43. Kopf im britischen Museum, Rom Gall. Nr. 2 (abg. Taf. XV.) [3]. Geglättet, sonst vollkommen erhalten, zum Aufsetzen auf eine Gewandstatue gemacht. Die Stirn ist hoch und zurückliegend wie beim Kopf des vaticanischen Büstenzimmers (Nr. 5), auch an sich schmal wie dort, aber über den Ohren rundet sich der Schädel wieder heraus. Die Augen mit angegebenen Pupillen sind tief beschattet, unter schön gezogenen, flachgewölbten Brauen. Das Untergesicht eher klein und spitz, die Wangenknochen und die Sehnen des Halses hervortretend. Der Kopf überhaupt mager, und an der

nommen sei. Damit stimmt aber weder die schon erwähnte Ueberlieferung, dass das Original des Gypsabgusses sich in Italien befinde, noch auch die genaue Vergleichung mit der Visconti'schen Abbildung, während umgekehrt die kleinen Abweichungen des Gypsabgusses alle auch am Pisaner Kopf vorkommen. Am Abguss ist die Stirn weniger steil und breit als bei Visconti, und das Stirnhaar etwas weiter herabgehend, an den Schläfen nicht so zurücktretend und hinten weniger vorgekämmt; die Brauenlinie an den Schläfen mehr abwärts gezogen, die Mundwinkel nicht so aufwärts gerichtet; der Schädel gewölbter, die Einziehung des Profils an der Nasenwurzel mehr auf einen Punkt concentriert, die Einkehlung unter dem Mund spitzer, der Kinnbacken etwas runder.

[1] Abgüsse bei Herrn Röhrich, Bronzehändler in Rom.

[2] Wonach eine Abbildung bei Azára Vida de Ciceron 3. Taf. 3.

[3] Anc. Marbl. XI. pl. 22; Gypsabgüsse in Berlin und Paris.

äussersten Grenze des bei Caesar gestatteten Alters. Visconti scheint ihn nicht gekannt zu haben; er wurde erst nach dem Erscheinen der röm. Ikonographie für das Museum angekauft (1818).

Nr. 44. Büste in Wilton House[1] (abgeb. Kennedy Descr. of Wilton House Nr. 20), aus der Sammlung Valetta zu Neapel. Der Abbildung nach wieder mit dem Kopf des vaticanischen Büstenzimmers verwandt, mit etwas vollerem Haar und kleinerem Mund. Das Bruststück jedenfalls modern.

Nr. 45. Angebliche Caesarbüste in Blundell Hall (Michaelis Arch. Ztg. 1874 p. 27 Nr. 101)[2], eher dem Augustus ähnlich, nur mit hohleren Augen und magerer.

Nr. 46. Porphyrbüste ebenda (Michaelis Nr. 144)[3], gleich der vorigen falsch benannt und noch dazu von verdächtigem Altertum. Sie hat eine niedrige, oben abgeflachte Kopfform und einen kahlen Scheitel, aber keine Aehnlichkeit mit dem Caesartypus.

Nr. 47. Eine Büste in Woburn Abbey Nr. 89, der Pariser Colossalbüste (Nr. 31) ähnlich, möchte zwar als Caesar gemeint sein, ist aber modern.

Nr. 48. Ebenso die kleine Marmorplatte mit dem angeblichen Bildnis Caesars im Fitz William Museum zu Cambridge[4].

Nr. 49. 50. Unbekannt sind mir die angebl. Caesarköpfe zu Edinburg (Michaelis a. a. O. p. 18. 8) und zu Knowle (Michaelis p. 35. 7), letzterer aus der Villa Hadrians.

Nr. 51. Kleines Bronzebüstchen mit Lorbeerkranz im Antiquarium zu München (Führer von 1876 p. 48. Nr. 359), als Bildnis eines römischen Kaisers aus der julischen Dynastie bezeichnet. Doch könnte kein eigentlicher Kaiser, sondern höchstens Caesar gemeint sein. Er hat kurzes dünnes Haar, das unter dem Kranz an der Stirn nicht mehr hervorkommt, und einen flachen Schädel.

Nr. 52. Kopf im Wallraf-Museum zu Köln Nr. 21, nach hinten ausladend, mit noch vollem Haar, durchfurchter Stirn, kleinen klugen Augen und ungemein spitzem Kinn und Untergesicht. Wangen und Hals mager, letzterer sich nach unten verjüngend. Es ist eine Replik der Berliner Marmorbüste (Nr. 55), und so auffallend mit ihr über-

---

[1] Ob noch daselbst, weiss ich nicht. Ich finde sie weder bei Michaelis (Arch. Ztg. 1874. p. 62 ff) noch in meinen Notizen erwähnt.

[2] Ganz ungenügend abgeb. Engravings etc. in the coll. of H. Blundell Taf. 57. 3.

[3] Abg. Engrav. Taf. 149. 2.

[4] Hübner in der Arch. Ztg. 1866 Anz. p. 301; Heydemann 3. Halle'sches Winckelmannsprogr. 1879. p. 6 Anm. 2.

einstimmend, dass man sich eines Zweifels an ihrer Echtheit nicht
erwehren kann [1].

Nr. 53. Auch ein Marmorkopf in der Antikensammlung zu
Dresden (Cat. Nr. 146) scheint eine moderne Copie der Berliner
Marmorbüste zu sein.

Nr. 54. Der Bronzekopf ebenda Nr. 118 (abg. Becker Augusteum
Taf. 120. 1) zeigt den Typus des Caesar Casali (Nr. 18), nur mit
völlig kahlem Schädel und zugleich etwas jünger. Schwerlich antik.

Nr. 55. Marmorbüste im Berliner Museum Nr. 380 (abgeb.
Taf. XVI.), mit flachem und ungemein langem Schädel, steiler, oben
vorgewölbter, eher breiter als hoher Stirn, obwohl die Kopfform als
solche nicht breit ist. Die (antike) Nase spitz und unmerklich gebogen, mit niedrigen aber etwas geblähten Nasenflügeln. Die Mundlinie
geschwungen mit aufwärts gerichteten Winkeln, die Oberlippe spitz
vortretend, der Hals dünn und schlank mit Angabe der Knorpelrun-
dung, aber die Haut nicht schlaff. Der Kopf ist von später und
schon etwas manierierter Arbeit. Die Gewandbüste wohl neu.

Nr. 56. Togastatue ebenda Nr. 295, mit aufgesetztem wohlerhal-
tenem aber nicht zugehörigem Kopf, letzterer aus der Sammlung Polignac [2] (abg. Taf. XVII. und S. 175) [3], 1824 bei Colonna in der Nähe von
Rom gefunden. Der Kopf nimmt in den Proportionen eine Art Mittel-
stellung zwischen dem vorigen und dem Basaltkopf (Nr. 57) ein, doch
so, dass er der Marmorbüste bedeutend näher steht, und jedenfalls
nur mit dieser in der Person identisch sein kann. Er hat, namentlich von vorn gesehen, eine unverkennbare Aehnlichkeit mit derselben, eine gradansteigende Stirn, einen tief unterkehlten Mund,
ein markiertes Kinn und eckig vorstehende Kinnbacken. Auch
haben beide noch volles, ähnlich angelegtes Haar. Dagegen ist die
Kopfform, wenn auch wie dort quadratisch, doch mehr hoch als lang,
die Profillinie des Nackens nur unmerklich einwärts gezogen. Ein
edler Geist und eine milde Gesinnung, verbunden mit mächtiger
Willenskraft, sprechen aus den tiefernsten Zügen.

Nr. 57. Büste von Diorit oder grünem Basalt ebenda Nr. 291
(abg. Taf. XVIII.) [4]. Von sehr eigentümlichen Proportionen, hoch
und schmal, aber im Profil gleichsam eine schräge Axe bildend, in-

---

[1] Ganz ohne Grund wird die Büste eines Kahlkopfs in Herrenhausen bei
Hannover, welche zudem modern ist, Caesar genannt.
[2] Wahrscheinlich der von Winckelmann (W. VI. 1. p. 200) erwähnte.
[3] Gypsabguss z. B. in Bonn Kekulé Kunstmus. Nr. 517.
[4] Auch als Titelblatt bei Rüstow Heerwesen und Kriegführung Caesars;
in der deutschen Uebersetzung von Galitzin Kriegsgeschichte des Altertums
Bd. V, hier mit Lorbeerkranz; bei Falke Hellas und Rom p. 200.

dem der Hinterkopf nach oben ausladet, und die Scheitellinie nach
vorn abfällt. Das Haar dünn und ohne Relief, fast nur eingeritzt.
Die Stirn in scharfem Winkel sich davon absetzend, unten vorgewölbt.
Der Nasenrücken lang, ziemlich genau den mittleren Drittteil des Gesichts einnehmend, an der Nasenwurzel etwas eingezogen, so dass
eine leichte Krümmung entsteht, an der Spitze unmerklich gespalten.
Der Mund eher breit, mit schmalen Lippen, an den Winkeln leicht
aufwärts gezogen. Wangen und Kinn von äusserst knochigem Charakter, der Hals lang und mager. Als Porträt wohl der bedeutendste
Kopf der Berliner Sammlung; von dämonischer, in sich gesammelter
Energie, und dabei eben so scharfen als klaren Geistes. Lieblings-
büste Friedrichs des Grossen, der sie aus der Pariser Sammlung
eines Herrn Julienne (zugleich mit dem Basaltkopf des Augustus
Nr. 293) gekauft hatte.

Nr. 58. Büste in der Ermitage zu Petersburg (Cat. von
Guédéonow Nr. 25), von magerem Typus, nach Mitteilung Stephani's
sehr geflickt, aber dem Neapler (Nr. 1) ähnlich.

Nr. 59. Büste ebenda Nr. 210, aus der Sammlung Campana.

Nr. 60. Angebliche Statue des J. Caesar in Besitz des Herrn
A. de Montferrand in Petersburg (Arch. Ztg. 1852. Anz. p. 187).

Beurteilung der Bildnisse.

Indem wir nun versuchen, auf Grund der oben verzeichneten Quellen
dieses Material zu sichten, wird es gut sein und die Vergleichung
vereinfachen, wenn wir vorerst diejenigen Bildnisse mit einander grup-
pieren, welche offenbar nur Wiederholungen eines und desselben
Originales sind. Vielleicht werden dadurch zugleich schon die hauptsächlichsten der zu besprechenden Typen als solche bezeichnet, da
das Vorkommen in mehreren Exemplaren immer ein günstiges Prä-
judiz für die Wichtigkeit der Person ist.

So zeigt die Panzerstatue des Conservatorenpalasts (Nr. 2)
ohne Frage dasselbe Bildnis wie der Colossalkopf in Neapel (Nr. 1).

Die Bronzebüsten in Villa Ludovisi (Nr. 11) und in Florenz
(Nr. 19) geben sich sofort als Wiederholungen des Marmorkopfs im
Pal. Casali (Nr. 18) zu erkennen.

Der Marmorkopf in Pisa (Nr. 22) und der bronzene im Cab.
des Médailles zu Paris (Nr. 34) als Wiederholungen des Basalt-
kopfes von St. Cloud (Nr. 36).

Der wahrscheinlich moderne Kopf in Köln (Nr. 52) und vielleicht auch der sicher moderne in Dresden (Nr. 53) als solche der Berliner Marmorbüste (Nr. 56).

Vermutungsweise stehen in einem ähnlichen Abhängigkeitsverhältnis zu einander der Kopf des brit. Museums (Nr. 43) zu einem in der Inschrifthalle zu Florenz (Nr. 21); und wiederum das Köpfchen von Parma (Nr. 23) zum Kopf der Berliner Togastatue (Nr. 56) und dem unterlebensgrossen von Mantua (Nr. 24); weniger ausgesprochener Fälle zu geschweigen.

Dies festgestellt, handelt es sich um die doppelte Frage, welche Denkmäler denn überhaupt als Caesarbilder anzusehen seien, und welche als die besten und ähnlichsten. Die erstere Frage kann für einige wenige mit ziemlicher Sicherheit beantwortet werden. Die Entscheidung über die letztere bleibt wegen der ungenügenden Quellen und wegen der Schwankungen in den Münztypen Sache der Wahrscheinlichkeit. Ein bestimmtes Endurteil wird namentlich deswegen erschwert, weil die verschiedenen Empfehlungsgründe nie alle bei einer und derselben Büste oder Statue zusammentreffen. Grade da, wo man die grösste Aehnlichkeit mit den Münzen wahrzunehmen glaubt, spricht im Durchschnitt sonst nichts mehr für Caesar, während anderswo bei zweifelhafterer Aehnlichkeit noch dies oder jenes zu Gunsten der Caesarbedeutung angeführt werden kann.

Ich kenne nur eine Darstellung, wo bei unleugbarer Aehnlichkeit noch ein äusserer Empfehlungsgrund hinzukommt, nämlich die Togastatue des Louvre mit dem Lorbeerkranz (Nr. 29, abgeb. Fig. 20). Leider konnte ich nicht umhin, Zweifel an der Ursprünglichkeit des Kranzes auszusprechen, und da ich diese Zweifel einstweilen für sehr begründet halte, so muss ich annehmen, dass die Statue absichtlich zu einem Caesar zurecht gemacht worden sei. Es schliesst dies natürlich nicht aus, dass ein echter Caesar zu Grunde liegen kann. Nur wäre es gewagt, die Statue zum Ausgangspunkt und zur Grundlage weiterer Bestimmungen zu machen, zumal da man ihr keine besondere Grossartigkeit des persönlichen Eindrucks zusprechen kann.

Beginnen wir statt dessen mit demjenigen ikonographischen Denkmal, welches Visconti für das am meisten authentische Bildnis Caesars erklärt hat [1], und welches man auf seine Autorität hin auch gegenwärtig noch gleichsam als Prototyp zu betrachten pflegt, mit dem Colossalkopf im Museum zu Neapel (abg. Taf. XIII). Auch hier ist es ja in erster Linie ein äusserer, d. h. ein nicht physiognomischer Grund, der ins Feld geführt wird; denn die Aehnlichkeit mit den

---

[1] Visc. Pio Clem. VI. p. 178.

Münzen und die Uebereinstimmung mit dem, was die Schriftsteller berichten, ist sehr zweifelhafter Natur. Als caesarisch kann man die
allgemeinen Verhältnisse des Kopfes und das nach vorn gestrichene,
über der Stirn etwas dünne Haar betrachten, aber es fehlt die charakteristische Magerkeit der Wangen und des Halses; die Höhe der
Nasenlippe und des Kinns steht mit den bessern Münzen im Widerspruch. Man kann nur sagen, dass die Münztypen, so wenig sie den
Eindruck der gleichen Person machen, doch nicht gerade ein abso-
lutes Hindernis hierfür abgeben, indem ja in der That der äussere
Contour, vom Profil gesehen, eine gewisse Uebereinstimmung mit
ihnen zeigt. Was für Caesar ins Gewicht fällt, und was vor Allem

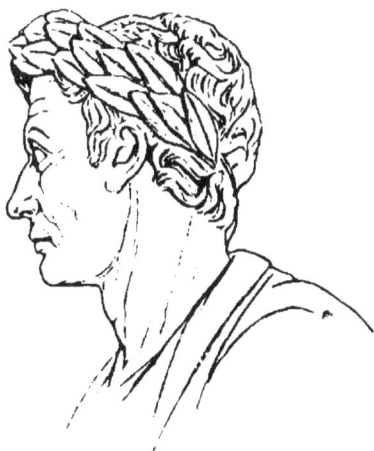

Fig. 20. Kopf einer Togastatue des Caesar (?) im Louvre.

von Visconti als Beweismittel geltend gemacht wurde, ist nicht diese
ungefähre Uebereinstimmung, die so schwach ist, dass sie fast eher
das Gegenteil beweisen könnte, sondern die damit verbundene ungewöhnliche Colossalität.
  Eigentliche Colossalbildnisse, meinte Visconti[1], kämen nur
bei vergötterten Imperatoren oder bei Mitgliedern ihrer Familie vor.
Da wir aber die Porträts der Kaiser, zumal die des 1. Jahrhunderts,
wohin die Neapler Büste gehört, mit ziemlicher Sicherheit kennen,
und keiner von ihnen in dem Kopf dargestellt ist, so dürfe man, so-

---

[1] Visc. Pio Clem. a. a. O.

bald es nur die Münzen erlauben, den in unsrer Bildnisreihe allein
noch nicht vertretenen Caesar in jener Büste erkennen. — Es fragt
sich jedoch, ob diese Argumentation in sachlicher Beziehung ganz
richtig ist. Die Zahl solcher Colossalköpfe ist bekanntlich überhaupt
eine beschränkte, und es könnte Zufall sein, dass unter den erhaltenen nicht auch Republikaner oder hervorragende Beamte der Kaiserzeit sich befinden. Wenigstens scheint in dieser Beziehung nicht
immer ein feststehendes Princip befolgt worden zu sein. In minder
colossalem Massstab sind auch Scipio oder wer es sein mag (Wallraf-
Museum in Köln Nr. 9), Pompejus (Pal. Spada) und ein den Namen
des Agrippa führender Römer im Capitol (unten Fig. 40) dargestellt
worden. Und Beispiele ziemlich ebenbürtiger Colossalität liegen jedenfalls in dem seit Visconti's Zeit in den Louvre gekommenen sog.
Maecenas (Fig. 37) und in dem ebenfalls Maecenas genannten Kopf
des Conservatorenpalastes (Fig. 36) vor. Die beiden an Grösse Alles
übertreffenden Köpfe im Hof des letztgenannten Palastes [1] wollen wir
aus dem Spiel lassen, da sie, obgleich nicht identificierbar, am Ende
doch Kaiser darstellen. Dass aber in einzelnen Fällen wirklich
Colossalbildnisse von hohen Beamten vorkamen, beweist das Beispiel des Plautianus, des Präfecten der Leibwache unter Septimius
Severus, dessen Statuen nach Dio's ausdrücklichem Zeugnis zahlreicher
und grösser als die der Kaiser waren, und nicht etwa bloss in den
Provinzen, sondern auch in Rom [2]. Was hindert uns, bei Sejan und
Tigellinus Aehnliches vorauszusetzen? Die Schlussfolgerung Visconti's
beruht also auf Prämissen, die nur im Allgemeinen richtig sind. Es
giebt Ausnahmen von der Regel, und zu diesen Ausnahmen könnte
auch der Neapler Kopf gehören.

Indes, wenn die Visconti'schen Gründe auch nicht diejenige Beweiskraft haben, die ihnen der Autor vindiciert, ein gewisses Vorurteil zu Gunsten Caesars bleibt doch bestehen; und dieses wird
durch folgende Momente noch wesentlich verstärkt.

Wir besitzen eine augenscheinliche Darstellung der gleichen
Person in der Panzerstatue des Conservatorenpalastes auf dem
Capitol (Nr. 2. Abg. Fig. 21 u. Tafel XIV); auch diese überlebens-
gross, in einem nur den Imperatoren oder Feldherrn zukommen-
den Costüm. So viel ich sehe, wurde sie unabhängig vom Neapler
Kopf, bevor derselbe überhaupt bekannt war, als Caesar bezeichnet,

---

[1] Abg. Montagnani Mus. Capit. II. 128, 129.

[2] Dio LXXVII. 14 u. 16. Die eventuelle Beschränkung colossaler Beamten-
bildnisse auf die Provinzen (Visc. Pio Clem. VI, p. 179 Anm. 1) ist also nicht
begründet.

Fig. 81. Statue des Caesar im Conservatorenpalast zu Rom.

zunächst vielleicht ihres angeblichen Fundorts (*Forum Caesaris*) wegen, dessen Authenticität wir allerdings nicht mehr prüfen können. Wenn aber beide Bildnisse, getrennt von einander, jedes aus besondern Gründen, auf Caesar bezogen wurde, so ist die Wahrscheinlichkeit eines Irrtums schon bedeutend geringer. Dazu kommt jetzt Alles, was bei dem einen für Caesar spricht, auch dem andern zu gut. Die Colossalität des Kopfes, der Fundort, das Costüm und der weit überlebensgrosse Massstab der Statue, das bei beiden sehr deutlich nach vorn gestrichene Haar, endlich die Möglichkeit, sie mit den Münzen zu vereinigen, bilden zusammen eine schon nicht verächtliche Grundlage für die in Frage stehende Namengebung. Wünschenswert wäre es nur, einen Erklärungsgrund zu finden, warum denn das Mass der Uebereinstimmung mit den Münzen ein so beschränktes, und warum uns statt der überlieferten Magerkeit eine fast noch jugendliche Formenfülle entgegentritt. Für Letzteres hat Visconti ohne Zweifel die richtige Lösung wenigstens mit Bezug auf die capitolinische Statue angedeutet, indem er sie als idealisiert bezeichnet. Beim Neapler Kopf tritt ein solches Streben nach Idealisierung im Einzelnen weniger hervor. Die Augen z. B. und ihre nächste Umgebung sind ziemlich individuell gebildet. Dennoch ist auch hier wohl die Annahme gestattet, der Künstler habe durch Unterdrückung der gar zu sehr an die Sterblichkeit erinnernden Magerkeit und durch Zurückversetzung in ein etwas blühenderes Alter seinen Gegenstand dem Wesen der Götter näher zu rücken gesucht, ein Verfahren, das wir ja bei den Augustusbildnissen so häufig angewendet finden. Diese Annahme wird für uns zur Gewissheit, wenn wir statt der gleichzeitigen, für Caesars wirkliches Aussehen allerdings viel zuverlässigeren Münzen, die idealisierten Typen betrachten, welche Trajan zur Erneuerung seines Andenkens prägen liess (Münztaf. III. Nr. 70 u. 71)[1]. Hier in der That finden wir ganz die runden, vollen Formen, welche an den genannten Köpfen Austoss erregen, hier auch wie dort das leicht gelockte, nach vorn gestrichene Haar, und die kleine Nackenwelle desselben, die es unter der Ausladung des Hinterkopfs bildet. Die etwas gedrückteren Verhältnisse sind nur eine Freiheit der Münzmeister, welche dadurch das Bildnis dem des regierenden Fürsten annähern wollten.

Als Entstehungszeit der beiden Denkmäler kann mit ziemlicher Wahrscheinlichkeit das erste Jahrhundert n. Chr. genannt werden. Vielleicht nicht gerade der Anfang desselben, da die, wie es scheint,

---

[1] Visconti scheint sie nicht beachtet zu haben; wenigstens spricht er weder von ihnen, noch hat er sie in der Ikonographie abbilden lassen.

antike Glättung des Neapler Kopfs und das Panzermotiv der capitolinischen Statue eher der flavischen Periode angehören; aber doch
schwerlich erst der Anfang des zweiten. Die Restitutionsmünzen des
Trajan setzen den Typus als vorhanden voraus; und das Fehlen der
Pupillen kann diese Zeitbestimmung nur unterstützen.

In dieselbe Kategorie idealisierter Caesarbildnisse, und so weit
ich mit meinen Hilfsmitteln urteilen kann, auch wohl unter die Darstellungen des gleichen Typus, gehört der Kopf der nackten heroischen
Statue des Louvre (Nr. 30). Seine Verwandtschaft mit dem Neapler
Kopf, die ja auch durch die Bouillon'sche Abbildung bestätigt wird,
glaube ich verbürgen zu können. Nur in der zurückliegenden Stirn
scheint er von andern Typen influenziert zu sein.

Vermutungsweise führe ich auch das Köpfchen von Avignon
(Nr. 40) und die eine Petersburger Büste (Nr. 58) als hieher gehörig auf.

Nach Analogie der Kaiserbildnisse und nach dem ganzen Charakter
der römischen Porträtbildnerei lässt sich nun aber erwarten, dass
die Gesichtszüge Caesars von einzelnen Künstlern auch mit realistischer Treue dargestellt wurden, wobei er dann in einem etwas verschiedenen Alter, entweder in dem jüngern des Consuls oder Proconsuls,
oder in dem vorgerückteren des Dictators, d. h. entweder in den vierziger oder in den fünfziger Jahren aufgefasst zu sein.

Ein Bildnis aus den letzten Jahren seines Lebens besitzen wir
ohne Zweifel noch in dem wohlerhaltenen Kopf des britischen
Museums (Nr. 43, abg. Taf. XV.) mit der hochgewölbten Stirn und
der sanftgebogenen, abwärts gerichteten Nase. Dass es die gleiche
Person, wie der Neapler, lässt sich trotz dem mächtigen Schädelbau
nicht verkennen. Er ist nur älter, magerer, das Gesicht unterwärts
zugespitzter; aber ebendeshalb mit der Ueberlieferung und durch
die niedrigeren Verhältnisse von Lippen und Kinn vielleicht auch
mit den gleichzeitigen Münztypen besser im Einklang. Es ist ein
schöner, wirklich caesarisch anmutender Kopf, in dessen Gesicht ebenso
grosse Schärfe des Geistes als Milde der Gesinnung ausgeprägt ist;
unter den Köpfen, die sich durch Aehnlichkeit mit den Münzen empfehlen, derjenige, dessen Caesarbedeutung am meisten gleichsam
durch die Physiognomie selber bestätigt wird. Und was das etwas
hohe Alter betrifft, so kann es bei einem Manne, der die anstrengende
geistige Thätigkeit und die Aufregungen von Caesars letzten Lebens-
jahren, sowie das Genussleben von Alexandria hinter sich hatte, kein
Wunder nehmen, wenn er im 56. Lebensjahre den Eindruck eines
Sechzigers machte.

Weniger deutlich tritt die Identität der Person zu Tage bei dem
von Visconti in zweiter Linie für Caesar erklärten Basaltkopf von
St. Cloud (Nr. 36), dem wir jetzt ein marmornes Bildnis in Pisa
(Nr. 22) und ein allerdings etwas verdächtiges von Bronze im Cabinet des Médailles (Nr. 34) als Wiederholungen an die Seite
stellen können. Da der Kopf von St. Cloud für uns bloss noch im
Stich bei Visconti existiert, und die Bronze im Cabinet des Médailles
möglicher Weise modern, so legen wir am besten den Marmorkopf
von Pisa zu Grunde, von welchem Fig. 22 eine im Ganzen wohl-
gelungene Abbildung giebt. Nur in der Profilansicht sollten die
Proportionen des Untergesichts (vom Mund abwärts) etwas kürzer
und die Nasenlinie um ein Minimum steiler sein.

Auf den ersten Anblick ist der Typus von den bisher für Caesar

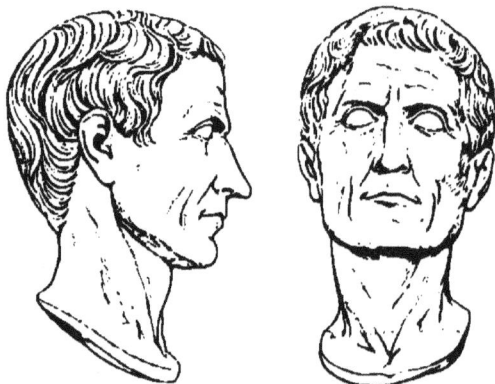

Fig. 22. Marmorkopf des Caesar (?) im Camposanto zu Pisa.

erkannten Köpfen ziemlich verschieden. Er steht mit seinen eckigen
Formen und seiner schmalen Stirn sogar in einem gewissen Gegensatz zu dem des brit. Museums. Gleichwohl lässt sich auch hier
Manches zu Gunsten der aufgestellten Benennung anführen: Dass er
bei allerdings strengerer Auffassung doch etwas Congeniales hat, dass
die Abweichungen zum Teil durch eine grössere Uebereinstimmung
mit den Münzen wieder aufgewogen werden und dass es eine Reihe
von mutmasslichen Darstellungen derselben Person giebt, wo die
specifisch caesarischen Züge in ähnlichen Variationen zu Tage treten.
Wenn wir den Typus in seiner Einheit fassen, mit andern Worten,
wenn wir das schrägere Profil des Pisaner Kopfes nach dem geraden

des Kopfes von St. Cloud modificieren, so gewinnen wir ein Bild, das demjenigen der schönsten flaminischen Münzen genau entspricht. Dieselben regelmässigen Verhältnisse mit nur etwas ausladendem Hinterkopf, dieselbe Schärfe des Winkels, wo Stirn- und Scheitellinie zusammentreffen, dieselbe Zweiteilung der unten vorquellenden Stirn, dieselbe Schlankheit des Halses, derselbe Charakter der Magerkeit und des vorgerückten Mannesalters. Und wie trefflich stimmt dazu die in der Bildung des Mundes sich offenbarende Energie. Man könnte mit vollem Vertrauen die Visconti'sche Bezeichnung adoptieren, wenn nur eines nicht wäre, das noch ungelichtet die Stirn bedeckende Haar. Allerdings zeigen auch die oben genannten Köpfe nicht von fern eine entstellende Glatze. Aber discret ist eine solche bei dem des brit. Museums doch angedeutet, und selbst die idealisierenden Bildnisse zu Neapel und im Capitol sind weit entfernt ein volles Stirnhaar zu zeigen. Auf den Münzen aber ist der vordere Teil des Schädels durch den Kranz verdeckt, und wir wissen ja, dass Caesar sich ebendeshalb des Kranzes bediente, um die Kahlheit zu verbergen. Es ist dies eine so bestimmt und so allgemein überlieferte Thatsache, dass es höchst auffällig wäre, wenn die Künstler sie ignoriert hätten, es müsste denn ein bestimmter Erklärungsgrund dafür vorliegen. Ob ein solcher vielleicht in dem Verhältnis der Servilität gegeben ist, in welchem die Römer und folglich auch die römischen Künstler zum Dictator standen? Die Soldaten, kann man denken, mochten sich nach alter Sitte beim Triumph ihre Spottverse erlauben; das war nun einmal nicht zu hindern. Der mit dem Bildnis Caesars beauftragte Künstler dagegen, der die Schwäche des Machthabers kannte, musste gewärtig sein, Unwillen und Ungnade statt Dank und Belohnung zu ernten, wenn er sich nicht zu der kleinen, stillschweigend geforderten und unter diesen Umständen auch sehr verzeihlichen Schmeichelei verstand. Wohl möglich also, dass Caesar zu seinen Lebzeiten, zumal in etwas jüngerem Alter, wo die Glatze noch nicht auffallend war, auch ohne eigentliche Idealisierung mit dem vollen Haar dargestellt wurde, und dass dieser Typus nach seinem Tode auch in Büsten vervielfältigt ward.

Eine gewisse Bestätigung dafür, dass in dem Kopf von Pisa und seinen Repliken Caesar dargestellt sei, möchte ferner in dem Umstand liegen, dass unter den übrigen Bildnissen, welche unabhängig davon auf Caesar bezogen werden, eine nicht geringe Anzahl solcher sich befindet, die, wenn auch nach andern Vorbildern gemacht, doch mit jenem in der Person identisch zu sein scheinen. Was Alles im Einzelnen mitgewirkt hat, ihnen ihre Namen zu verleihen, ist oft schwer zu entscheiden; in letzter Instanz ist es der halb auf Instinct beruhende, halb durch Beobachtung gewonnene Glaube, dass sie der monumentale Ausdruck der Münzbildnisse seien. Diese an den Pisaner Typus sich anschliessenden Köpfe haben im Gegensatz zu den meisten andern der oben aufgezählten ein verhältnismässig jugendlicheres Alter, eine mehr länglichte, abgeplattete Kopfform und meist auch eine gradaufsteigende Stirn mit einander gemein.

Ein derartiger Kopf ist zunächst der chiaramontische (Nr. 6), wo Stirn und Nase wie beim Pisaner noch eine etwas schräg laufende Linie bilden, wie er überhaupt dem Typus des letzteren ausserordentlich nahe kommt. Stirnhaar und Alter, auch die Bildung des Mundes sind vollkommen analog, die Scheitellinie etwas flacher und mehr nach vorn gesenkt, das Kinn weniger vorstehend, der Ausdruck milder. Aber Alles in so geringer Nüancierung, dass an der Gleichheit der Person kaum gezweifelt werden kann. — Aehnliche Köpfe sind, wenn ich nicht irre, die in Villa Borghese (Nr. 10), im Museo Torlonia (Nr. 12) und in Turin (Nr. 28).

Etwas entwickelter treten uns die Längsproportionen bei dem unterlebensgrossen Köpfchen von Parma (Nr. 23) entgegen, mit dem vielleicht eines in Mantua (Nr. 24) identisch. Sie haben eine gradaufsteigende Stirn, welche winklig in die Scheitellinie übergeht, und dabei die gleiche Ausladung des Hinterkopfs. Im Ausdruck von dem vorigen verschieden (strenger), kann das Köpfchen von Parma nichtsdestoweniger als eine ins Herbe übersetzte Auffassung des chiaramontischen Kopfes angesehen werden.

Am längsten und daher auch am schmalsten erscheint die Kopfform bei der Berliner Marmorbüste (Nr. 56, abg. Taf. XVI), so lang, dass sie wirklich in bedenklichem Conflikt sowohl mit den Münzen als mit einigen der besser empfohlenen Büsten steht. Man würde z. B. die von ihr dargestellte Person, an und für sich betrachtet, nie für identisch mit dem Caesar des brit. Museums nehmen. Anders freilich ist das Verhältnis zu der vorliegenden Gruppe. Mit dem Kopf von Pisa und seinen Wiederholungen ist sie schon durch den eckigen Charakter der Formen verwandt. Und denkt man sich ihre jetzt fast senkrechte Stirn ein wenig zurückweichend, wodurch zugleich die lange flache Scheitellinie verkürzt würde, so kommt man zu einem Bilde, das den genannten Köpfen frappant ähnlich ist. Ich mache nur auf die Anlage der Haare, auf die Wangenfalten und die Bildung des Halses aufmerksam. Man wird ohne Bedenken behaupten dürfen, dass, wenn der Kopf von Pisa Caesar darstellt, auch die Berliner Marmorbüste richtig benannt sei.

Ebendasselbe gilt natürlich für den Kölner (Nr. 52) und den Dresdner Kopf (Nr. 53), die wir als moderne Wiederholungen des

Berliner ansehen. — Auch der moderne Kopf in Catajo (Nr. 27),
und die Büste im Conservatorenpalast (Nr. 3) scheinen auf diesen Typus zurückzugehen.

Endlich ist es diejenige Basis, die einzige neben dem Köpfchen
von Parma, auf welcher die Benennung der Berliner Togastatue
(Nr. 57; der Kopf abg. Fig. 23 und Taf. XVII.) aufrecht erhalten
werden kann, indem trotz den verschiedenen, hier wieder höheren
Proportionen, Profil sowohl als Vorderansicht unverkennbar an jene
zwei Bildnisse erinnern: im Profil die steile zweigeteilte Stirn, der
tief unterkehlte Mund, das markierte Kinn; in der Vorderansicht die
ganze Quadratur der Kopfform, das Haar, die eckigen Kinnbacken mit
den hohlen Wangen.

Die übrigen Bildnisse, die wir aufgezählt haben, bilden unter
sich keine geschlossene Gruppe mehr. Sie zeigen zwar der Mehrzahl
nach ein höheres Alter als die bisheri-
gen, und schliessen sich insofern dem
Kopf des brit. Muse-ums an. Aber eine
Gemeinsamkeit des Typus ist weder in
ihrem Verhältnis zu letzterem, noch in
ihren gegenseitigen Beziehungen nachzuweisen, da Ver-wandtes und Ab-
weichendes sich fort-während bei ihnen
kreuzt.

Wir nennen zuerst den Kopf des vat.

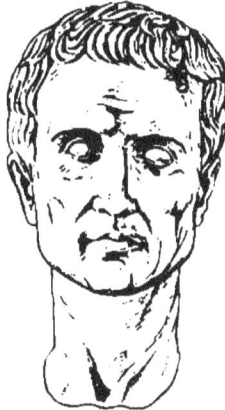

Fig. 23. Kopf der Caesar(?)statue in Berlin.

Büstenzimmers (Nr. 5. Fig. 24), einen
milden Greisentypus mit interessanten
Zügen, von sehr dubioser Verwandtschaft mit den Mün-zen, aber teils an
den Londoner, teils an den Neapler Kopf
erinnernd, nur ins Hohe und Schmale
gezogen, und selbst mit jenem verglichen,
noch um einige Jahre älter. Wer das
Letztere noch mit einem Caesarbildnis
vereinigen kann, mag an seiner Benennung festhalten. Wir können nicht umhin, ihn
mindestens für zweifelhaft zu erklären. — Sicher auszuschliessen
sind die Greisenköpfe in Florenz (Nr. 20) und im Capitol (Nr. 4),
wo kein caesarischer Charakter mehr über das Nichtstimmen des
Alters hinwegzusehen erlaubt.

Ein ausserordentlich bedeutendes Bildnis, von knochiger Magerkeit, ist repraesentiert in der Marmorbüste des Palazzo Casali (Nr. 18) und ihren bronzenen (ob antiken?) Wiederholungen in Florenz (Nr. 19) und in Villa Ludovisi (Nr. 11.

Fig. 25) [1]. Auch dieses älter als der Kopf des britischen Museums, und von höheren Proportionen des Untergesichts, während die Stirn etwas niedriger und schmaler. Dazu kommt ein anderer (eckiger) Ansatz der Brauen, eine stärkere Betonung der von den Nasenflügeln ausgehenden Wangenfalte, und statt jenes Zuges von Freundlichkeit

Fig. 24. Caesarkopf (?) im Büstenzimmer des Vaticans.

und Milde, den man in Caesars Antlitz so gerne voraussetzt und eigentlich voraussetzen muss [2], ein an Unmut und Grämlichkeit streifender

---

[1] Ein viertes Exemplar ist vielleicht der *clypeus* des sog. Cicero bei Visconti Icon. rom. Taf. XII, 5. 6. (oben p. 141). Der Dresdener Bronzekopf dagegen (Nr. 54) mit dem völlig kahlen Schädel wird, obgleich in den Formen übereinstimmend, in der Person unterschieden werden müssen.

[2] Plut. Caes. 4.

Ernst. Wenn nach alle dem zumal in der Profilansicht noch ein gewisses Mass von Aehnlichkeit übrig bleibt, so ist es grade gross genug, um der herkömmlichen Benennung den Charakter der Willkür zu nehmen, aber nicht hinreichend, wie ich glaube, um dieselbe wahrscheinlich zu machen.

Die hässliche Colossalbüste im Louvre (Nr. 31) und die damit nahe verwandte in Woburn Abbey (Nr. 47) sehen aus, als ob sie im vorigen Jahrhundert nach einem derartigen missverstandenen Caesarbildnis, etwa auch nach dem Blacas'schen Karneol (Cades V. 251. oben p. 152), gemacht worden wären.

Eine ganz singuläre Stellung nimmt der berühmte Basaltkopf ein (Nr. 57. Taf. XVIII.), der im Berliner Museum neben der bereits besprochenen Marmorbüste steht. Beide zugleich als Caesar zu bezeichnen, erscheint fast lächerlich. Denn sie sehen eher wie zwei entgegengesetzte Pole menschlicher Schädelbildungen aus. Bei dem einen dominiert ebenso sehr die Höhenaxe vom Kinn zum Scheitel, wie bei dem andern die Tendenz nach der Länge. Die gleiche Bezeichnung beider hat nur einen Sinn unter der stillschweigenden Voraussetzung, dass einstweilen beide zweifelhaft, und dass, sobald bei dem einen der Titel sich als richtig erweist, der andere ihm abzuge-

Fig. 25. Bronzekopf in Villa Ludovisi.

ben hat. Setzen wir also den immerhin möglichen Fall, dass die Marmorbüste nicht Caesar darstelle, was lässt sich zu Gunsten der Caesarbedeutung des Basaltkopfs sagen? Zunächst hat er eine äussere Empfehlung für sich in seiner traditionellen Zusammengehörigkeit mit einem Augustuskopf: bei einem Bildnis, dessen Züge sich auch nur ungefähr mit den Mün-

zen Caesars vereinigen liessen, ein nicht zu verachtendes Argument. Er sowohl wie der Augustus sind von dem gleichen ungewöhnlichen Material, von der gleichen Grösse und, soweit sich ihre Geschichte verfolgen lässt — sie geht allerdings nicht über den Ankauf aus dem Cabinet Julienne zurück —, waren beide immer beisammen. Einzig die Arbeit und Auffassung ist beim Augustuskopf merklich geringer. Nun lässt sich, zumal von älteren Männern, worauf die Büste weist, ausser Caesar nicht leicht Jemand denken, der mit Augustus konnte zusammengestellt werden. Die hervorragenden Mitglieder seines Hauses sind sonst alle bedeutend jünger. Agrippa kann nicht in Betracht kommen, da sein Bildnis festgestellt ist. Maecenas ist zwar

möglich, aber schon deswegen unwahrscheinlich, weil er mit Augustus
ungefähr coëtan, während die beiden Büsten im Alter sehr differieren.
Von den anderen Freunden aber hat keiner jemals auch nur entfernt
eine Stellung eingenommen, die zu einer so praetentiösen bildlichen
Vereinigung Anlass geben konnte. Dazu kommt, dass der Kopf ohne
alle Frage den Eindruck einer ganz ungewöhnlichen Persönlichkeit
macht, und zwar ebensowohl nach Seite der Intelligenz als des
Willens, dass also, physiognomisch betrachtet, wirklich ein Mann von
umfassender und intensiver Geisteskraft dargestellt sein muss. Auch
der mit Freundlichkeit gepaarte Ernst des Ausdrucks, das zwischen
fünfzig und sechzig Jahren schwankende Alter, die Magerkeit, der
grosse Mund, ja selbst das dünne Haar, obwohl es gleichmässig über
den ganzen Schädel verbreitet ist, scheinen die hergebrachte Bezeichnung des Kopfes zu rechtfertigen.

Dem steht nun aber die absolute Unmöglichkeit entgegen, ihn
mit einem der relativ sicheren Bildnisse oder mit den Münztypen zu
vereinigen. Identisch könnte er nur etwa sein, obwohl auch zu dieser
Annahme ein gehöriges Mass von Abstraction gehört, mit dem in der
vaticanischen Büste dargestellten Greisenkopf (Fig. 24), dessen eigentümlich langer Nasenrücken, dessen Mundform und Stirnfalten hier
bei etwas weniger vorgerücktem Alter wiederkehren. Aber nach dem
oben über die Zweifelhaftigkeit desselben Gesagten könnte dies eben
so gut gegen die Caesarbedeutung des Basaltkopfs sprechen. Andere
auch nur verwandte Köpfe wüsste ich keine zu nennen und vollends
keine verwandten Münzen. Wenn Caesar wirklich diese eigenartige
Schädelform hatte, diese hohe Nase, diese ihr entsprechenden Proportionen des Gesichts, so müsste sich doch notwendig wenigstens
ein Anklang daran auf den gleichzeitigen Münzen finden. Statt
dessen zeigen dieselben eher das Gegenteil, eine durchaus normale
Kopfform und regelmässige, fast niedrige Proportionen des Gesichts;
und selbst auf den späteren unzuverlässigeren Münzen, wo die Proportionen manchmal sich ändern, begegnet uns nie eine Schädelform wie
die des in Frage stehenden Kopfs. Uebrigens hat der Künstler, der
dieses vortreffliche Bildnis verfertigte, gewiss nur nach einem guten
Vorbilde oder nach dem Leben gearbeitet. Entweder muss man die
Münztypen für willkürliche Erfindungen der Stempelschneider erklären, oder der Berliner Kopf stellt eine andere Person als Caesar dar.

Was den Umstand betrifft, dass er uns als Pendant eines Augustuskopfs überliefert ist, so wird demselben dadurch ein grosser
Teil seiner Bedeutung genommen, dass die Arbeit des letzteren zu
mehr oder weniger begründeten Zweifeln an dessen Echtheit Anlass
giebt. Die offenbar einer genialeren Hand entsprungene Caesarbüste

wagen wir gegenüber der Autorität ihres noch immer unangetasteten
Rufes nicht auf gleiche Linie zu stellen. Doch liegt es in der Natur
der Sache, dass von jener ein Schatten des Verdachtes auch auf sie
zurückfällt, und man muss sogar zugeben, dass die Unversehrtheit
des Kunstwerks und die Eigentümlichkeit der Büstenform den einmal vorhandenen Verdacht noch unterstützen.

Die ausserdem auf Caesar bezogenen Marmorköpfe sind weder
ihrem Typus noch ihrer Arbeit und Erhaltung nach mehr von grosser
Bedeutung. Hervorzuheben wäre vielleicht noch der in den Magazinen des Louvre befindliche mit dem Haarreif (Nr. 32), der indes mit keinem der besprochenen näher verwandt und überhaupt
ein zweifelhafter Caesar zu sein scheint. Und dann der vortreffliche
Pontifexkopf des Museo Chiaramonti (Nr. 8), der zwar seinen
Formen nach gewissermassen einen gealterten Caesar darstellen
könnte, aber als mindestens siebzigjähriger Greis hier ausser Betracht
fällt. Ob der etwas jünger aufgefasste verschleierte Kopf in den
Magazinen des Louvre (Nr. 33) auf ihn bezogen werden darf,
müssen wir dahingestellt sein lassen.

Endlich giebt es noch eine Anzahl kleinerer Denkmäler von
Bronze, die nicht ganz ohne Grund, auch abgesehen von dem hier
verschiedentlich vorkommenden Lorbeerkranz, als Darstellungen
Caesars gefasst werden. So die kleine Halbfigur in Besançon
(Nr. 39), die noch kleinere ganze Figur in der Sammlung Luzarches (Nr. 35), und je ein Köpfchen im Antiquarium zu München
(Nr. 51) und im Museum von Saint-Germain (Nr. 37), ausser
dem letzteren alle bekränzt. Die beiden Statuetten stehen den beglaubigten Caesartypen ziemlich nahe — die der Sammlung Luzarches
scheint gradezu influenziert von der auch im Motiv verwandten heroischen Pariser Statue (Nr. 30) —, während die Köpfchen von München
und Saint-Germain höchstens auf gewisse Münzen zu basieren wären.
Man wird indes gut thun, zwei- und dreimal die Technik zu untersuchen, bevor man diese kleinen Denkmäler für echt nimmt. Grade
das, was bei ihnen zuerst für Caesar spricht, der Lorbeerkranz und
sein Zusammentreffen mit einer kahlen Stirn (Br. von Besançon),
muss hier, weil es bei unverdächtigen Marmorwerken sonst nicht
nachzuweisen [1], auffällig erscheinen. Das meines Erachtens allein in
Beziehung auf Echtheit gesicherte Köpfchen von Saint-Germain hat
den Lorbeerkranz nicht.

Von Gemmenköpfen, die ohne das Attribut des Sterns (s. oben

---

[1] Das einzige Beispiel wäre das Köpfchen von Lyon (Nr. 38).

p. 151) ihrer blossen Bildnisähnlichkeit halber auf Caesar zu beziehen
sind, nennen wir nachträglich noch einen Intaglio in Wien (Nr. 804),
mit Lorbeerkranz, und einen als Medaillon gefassten Cameo ebenda,
am Rande des grossen Adlers (Nr. 25).

Zum Schluss noch ein Wort über eine Statue, die wir im obigen
Verzeichnis nicht aufgeführt, weil wir an besonderer Stelle auf sie
zurückkommen werden. — Die französischen Archaeologen (Fel.
Ravaisson) glauben neuerdings auch dem sog. Germanicus von
Kleomenes im Louvre (s. unten Fig. 33 und Taf. XXI.) den Caesar-
namen vindicieren zu dürfen, und man muss ihnen zugeben, dass die
schönen flaminischen Münztypen der Deutung ausserordentlich günstig
sind. Es wäre die jugendlichste aller Caesardarstellungen, ein Bild
des kräftigsten Mannesalters, ohne Runzeln und ohne die leiseste
Andeutung von Kahlheit. Nun kann aber diese Jugendlichkeit hier
nicht wohl auf Rechnung einer vom Künstler angestrebten Idcali-
sierung gesetzt werden, indem, abgesehen vom Motiv (Hermes logios),
keine Spuren einer solchen vorhanden sind. Und ebenso misslich ist
es anzunehmen, es sei ein Bildnis aus Caesars früherer Lebenszeit,
weil die Darstellung unter dem Bilde eines Gottes die Periode seines
Glanzes und seiner Machtstellung voraussetzt. Die Darstellungsweise
hat überhaupt einen so speciell griechischen Charakter, dass sie wohl
nur von Griechenland ausgegangen sein kann. Was sollten aber die
Griechen für einen Grund gehabt haben, Caesar als Hermes logios
darzustellen? Caesar war ja ohne Frage auch als Redner ausgezeichnet, aber er war es nicht in erster Linie. Vor dem Redner kam
das Parteihaupt, der Staatsmann, der Feldherr. Und jedenfalls war
er kein Redekünstler, wie die Griechen sie bewunderten und ehrten,
und wie ihn das Motiv der Statue, die Geberde ruhiger philosophi-
scher Demonstration, anzudeuten scheint. Diese Incompatibilität des
Motivs mit der Person Caesars, und dann wieder die Unmöglichkeit,
ein anderes Bildnis des Dictators ausser dem der flaminischen Münzen
damit zu identificieren, sprechen gleichermassen gegen die von Ravaisson aufgestellte Deutung. So erwünscht es wäre, in einer der
schönsten und jedenfalls in der besterhaltenen römischen Porträtstatue
das Bild des grössten römischen Feldherrn und Staatsmanns zu besitzen,
so ist es eben doch wahrscheinlich, dass nicht er, sondern ein specieller Griechenfreund gemeint ist.

Um das Resultat dieser vergleichenden Untersuchung noch einmal zusammenzufassen, so ist es kurz folgendes:

Mit streng mathematischer Sicherheit lässt sich in Stein oder Erz keine antike Caesardarstellung mehr nachweisen. Doch giebt es eine Anzahl, deren Beziehung auf ihn für so wohlbegründet angesehen werden kann, wie die Beziehung irgend einer anderen Büste auf einen römischen Republikaner, Cicero und Hortensius ausgenommen. So die beiden idealisierten Bildnisse in Neapel (Büste) und im Capitol (Statue), beglaubigt durch ihre Colossalität und durch die Aehnlichkeit mit den von Trajan restituierten Münzen, Bildnisse, denen sich, nochmalige Vergleichung des Originals vorbehalten, die heroische Statue des Louvre anschliesst. Und ferner gehört dazu der mehr realistische, physiognomisch besonders ansprechende Kopf des britischen Museums, der nach einem Porträt aus den letzten Zeiten seines Lebens gemacht ist.

Durch Aehnlichkeit mit den gleichzeitigen Münzen und durch Magerkeit der Complexion bei allerdings vollem Haar empfehlen sich als Caesar, sind aber schwer mit den vorigen zu identificieren: Der Marmorkopf von Pisa mit seinen basaltenen (St. Cloud) und bronzenen (Cab. d. Méd.) Wiederholungen, sowie ein paar geringere im M. Chiaramonti, in V. Borghese, in Parma und Mantua, endlich die Marmorbüste und der Kopf der Togastatue in Berlin. Gegen diese muss die Pariser Statue mit dem Lorbeerkranz, die vielleicht unter allen den Münzen am ähnlichsten ist, insofern zurückstehen, als sie durch die Hände mehr oder weniger trügerischer Restauratoren gegangen und daher in ihrer jetzigen Gestalt nicht zuverlässig ist.

Wir halten die Kluft, die zwischen den zuerst genannten Bildnissen und der Gruppe des Pisaner Typus besteht, obgleich wir sie nicht auf eine bestimmte Ursache zurückzuführen vermögen, für keine absolute, und sind daher geneigt, alle diese Denkmäler für Bildnisse Caesars zu nehmen. Wer strengere Forderungen in Beziehung auf Congruenz aufstellt, der wird nicht bloss diesen oder jenen Kopf, sondern die ganze Pisaner Gruppe streichen müssen; denn unter sich scheinen die darin aufgezählten Bildnisse, selbst die Berliner Togastatue nicht ausgeschlossen, in der Person ziemlich solidarisch zu sein.

Jedenfalls Zweifeln unterworfen ist der Marmorkopf mit dem Haarreif in den Magazinen des Louvre und der Greis im vaticanischen Büstenzimmer, sowie die Statuetten in Besançon und in der Sammlung Luzarches. Alle übrigen sog. Caesarköpfe, soweit sie etwas zu bedeuten haben, darunter der Typus Casali (mit seinen bronzenen Wiederholungen in V. Ludovisi und in Florenz), und die Basaltbüste in Berlin, sind unserer Meinung nach falsch benannt.

Atius Balbus.

(Münztaf. III. 72.)

M. Atius Balbus, aus alter Familie, hatte Julia, die Schwester
Caesars geheiratet, und wurde durch seine Tochter, welche den
C. Octavius heiratete, Grossvater des Augustus. Sonst wissen wir
bloss von ihm, dass er zur Praetorwürde gelangte und als einer der
Zwanzigmänner bei der julischen Ackerverteilung des Jahres 79 fun-
gierte [1].
   Sein Bildnis ist auf einer Bronzemünze erhalten (Münztaf. III.
Nr. 72) [2], welche dem Revers nach auf der Insel Sardinien geschlagen
ist, wahrscheinlich, weil Balbus hier Praetor gewesen ist und weil sich
die Einwohner durch die Ehre, die sie dadurch dem Grossvater er-
zeigten, die Gunst des Enkels zu erwerben hofften. Es ist dem
Stande der sardinischen Kunst gemäss von barbarischem Gepräge:
Ein bartloser Kopf, der sich von dem Heros Sardus auf der andern
Seite fast nur durch den Mangel des Federschmucks unterscheidet.

Cn. Lentulus Marcellinus.

Cn. Lentulus Marcellinus, ein thätiges Mitglied der Optimatenpartei zur Zeit des ersten Triumvirats. Er beteiligte sich bei der
Anklage gegen P. Clodius wegen dessen Vergehen am Feste der
Bona Dea, leitete als Praetor (59 v. Chr.) den Prozess des C. Antonius, des Collegen Cicero's im Consulat, und begab sich dann für
zwei Jahre als Statthalter nach Syrien. Im Jahre 56 wurde er Consul,
als welcher er, obwohl vergebens, die soeben durch die Triumvirn
gefassten Beschlüsse von Luca zu hintertreiben suchte [3].

---

[1] Suet. Augustus 4.
[2] Vgl. Cohen Méd. cons. XLVIII. Atia.
[3] Vgl. Drumann Gesch. Roms II. p. 405. Nr. 31. — Als Münzmeister ist
er zu unterscheiden von seinem Vater und von seinem Sohne, welche beide
Publius hiessen. Von allen dreien sind Münzen vorhanden: Von P. Corn. Lentulus Marcellinus, dem Sohn des M. Cl. Marcellus, der bei Aquae Sextiae focht, die

Dieser Lentulus Marcellinus soll in einem aus Cyrene stammenden Kopf des brit. Museums[1] dargestellt sein. Man fand nämlich im Tempel des Apollo zu Cyrene zugleich mit jenem Kopf einen viereckigen Untersatz und eine Basis mit Inschrift, wonach das Volk von Cyrene seinem Schutzherrn und Retter, dem Propraetor Cn. Lentulus Marcellinus eine Statue geweiht[2]. Die drei Stücke waren angeblich so beschaffen, dass ihre Zusammengehörigkeit deutlich zu Tage trat, indem der Kopf in eine Höhlung des Untersatzes und dieser in ein viereckiges Loch auf der Basis passte. Aber unglücklicher Weise blieb der Untersatz, das Verbindungsglied zwischen Kopf und Inschrift, in Cyrene zurück.

Wenn nun schon der ganze Aufbau des Denkmals etwas Befremdendes hat[3], so ist es um so fataler, dass keine weitere Untersuchung über die ursprüngliche Zusammengehörigkeit der drei Stücke mehr möglich ist. Es ist auch nicht recht erklärlich, was der Propraetor von Syrien für enge Beziehungen zu Cyrene gehabt haben sollte. Wir kennen bloss einen Lentulus Marcellinus, der im Jahre 75 als erster Quaestor nach Cyrene gieng (Sall. Hist. II. 39 ed. Dietsch); aber er heisst nicht Cnejus, sondern Publius, und ist wahrscheinlich der ältere Bruder des Propraetors[4]. Und vollends kann man sich der Zweifel nicht erwehren, sobald man den Charakter des Bildnisses selbst etwas genauer ins Auge fasst. Es ist ein Kopf ohne Büste mit langem vorgestrecktem Hals und hinten flach abgeschnittenem Schädel, die Nasenspitze verstümmelt, sonst wohl erhalten. Er hat krauses, etwas conventionell gebildetes Haar, von einer Kopfbinde

---

Münze bei Cohen XIV. Cornelia 6 (Mommsen G. d. röm. Münzw. p. 577. Nr. 204). Avers: Herculeskopf. Revers: Roma von einem Genius gekrönt. — Von Cn. Lent. Marcellinus, dem Sohn des vorigen, dem Consul des Jahres 56, die Münze bei Cohen XIV Corn. 10 (Mommsen Nr. 242). Av. Kopf des Genius populi Romani. Rev. Erdkreis mit Scepter und Steuerruder; wahrscheinlich im Jahre 74 geprägt. — Von P. Lent. Marcellinus, dem Enkel des ersten, Quaestor 48, ist vermutlich die Münze mit dem Marcelluskopf geschlagen, bei Cohen XII. Claudia 4 (Mommsen Nr. 303).

[1] Guide to the Graeco-Rom. Sculpt. Nr. 1, photogr. abg. Smith & Porcher Hist. of disc. in Cyr. pl. 65.

[2] Sm. u. P. p. 109, Nr. 1:

Γ]ναῖον Κορνήλιον Λέντολον
Ποπλίω υἱὸν Μαρκελλῖνον, προς-
ϳευτὰν ἀντιςτράταγον, τὸν
πάτρωνα καὶ σωτῆρα, Κυρηναῖοι.

[3] Im Guide des brit. Museums wird die Vermutung geäussert, dass der Kopf vielleicht ursprünglich zu einer Statue gehört habe, dass diese aber durch ein Erdbeben zerstört und der Kopf dann in dieser plumpen Weise aufgestellt worden sei.

[4] Vgl. Mommsen G. d. r. Münzwesens p. 577. Anm. 341.

umwunden, die wie bei den Diadochen in einer mit der Haargrenze
parallelen Linie nach dem Nacken läuft. Das Gesicht breit, mit vorgewölbter Unterstirn, von griechisch-alexandrinischem Typus. — Es
mag nun sein, dass die römischen Porträts in Asien und Afrika einen
andern Charakter erhielten als in Italien. Aber hier würde es sich
nicht bloss um einen graecisierten Typus handeln, sondern es läge
der allen sonstigen Ueberlieferungen widersprechende Fall vor, dass
ein römischer Propraetor mit dem Abzeichen der Königswürde dargestellt worden wäre. Unserer Ansicht nach hat daher die Inschrift
nichts mit dem Kopfe zu thun.

Eine Wiener Büste (im Belvedere Nr. 105 [1]) wird Marcellinus
genannt, offenbar weil man den ähnlichen Kopf auf dem Denar des
Marcellinus [2] für dessen eigenes Bildnis nahm, während vielmehr
Claudius Marcellus (s. d.) gemeint ist. Nur ist es sonderbar, dass
in derselben Sammlung ein anderer älterer Kopf, der mit diesem
nichts gemein hat, den Namen Marcellus führt, da doch eben jene
Münze das einzige Kriterium für die Bildnisse des letzteren ist.

Auf demselben Irrtum beruht die Benennung eines Florentiner
Intaglio Nr. 195 [3], der einen ältern Römer mit kahler Stirn und
starker, etwas gebogener Nase darstellt.

— — —

Cato Uticensis.

M. Porcius Cato war geboren 95 v. Chr. und starb 46, nur
wenig über 48 Jahre alt. Irgend welche besondere sein Aeusseres
betreffende Züge werden nicht überliefert. Dass aber die Unbeug-
samkeit und Standhaftigkeit seines Charakters sich auch in seiner
Miene aussprach, sagt Plutarch an verschiedenen Stellen. Finsterer
Ernst war der gewöhnliche Ausdruck seines Gesichts [4]. Zum Lachen
war er äusserst schwer zu bringen, und nur selten erheiterte er die
Miene bis zum Lächeln [5]. Sein Temperament war ruhig, er geriet

---

[1] Phot. abg. v. Sacken Die ant. Sculpt. Tf. 23. 3.
[2] Des jüngsten der drei Münzmeister dieses Namens.
[3] Bei Gori Mus. Flor. Gemmae Tf. 42. 7. als C. Gracchus abgebildet.
[4] Plut. Cato min. 14. 46.
[5] Plut. a. a. O. 1.

nicht leicht in Zorn; wenn es aber geschah, konnte er sehr heftig
werden. Wie er auch nicht von schneller Fassungskraft war; was
er aber begriffen, behielt er fest im Gedächtnis [1]. Indem wir für das,
was er als Mensch und Staatsmann gewesen, wieder auf die Geschichtschreiber verweisen [2], fügen wir nur noch bei, was über seine
Kleidung gesagt wird. Er soll sich in Bezug auf letztere so wenig
um die herrschenden Anstandsregeln gekümmert haben, dass er oft
nach dem Frühstück ohne Schuhe und Unterkleid an öffentlichen
Orten erschien [3], ja sogar als Vorsitzender bei Criminalprozessen in
solchem Aufzug Recht sprach [4]. Es mag dies zum Teil auf Uebertreibung beruhen, doch stimmt es ganz zu seinem Charakter: die
Furcht vor Spott oder Tadel hatte keinen Einfluss auf sein Benehmen.
Mehr demonstrativer Natur war es, wenn er seit dem Ausbruch des
Bürgerkrieges von dem Tage an, wo er Rom verliess, um dem Pom-
pejus zu folgen, weder Haupthaar noch Bart mehr schor, noch einen
Kranz aufsetzte [5].

Die Gleichgiltigkeit Cato's gegen öffentliche Ehren hinderte nicht,
dass ihm schon zu Lebzeiten ein wohlgemessener Teil von Ruhm und
Ansehen zufiel. Ob auch sein Bildnis öffentlich aufgestellt ward,
wissen wir nicht. Plutarch erwähnt bloss einer Statue mit dem
Schwert in der Hand, die am Meer bei Utica über seinem Grabe
stand [6]. Und bei Caesars libyschem Triumph wurde ein Gemälde,
das seinen Selbstmord darstellte, mit aufgeführt [7]. Jedenfalls wurden
seine Züge der Nachwelt überliefert, und es kann später nicht an
Büsten von ihm gefehlt haben.

Heutzutage ist es ein vergebliches Unternehmen nach dem Bildnis des berühmten Republikaners zu forschen, und die Hypothesen,
die man in dieser Beziehung aufgestellt hat, gehören nicht gerade
zu den glücklichen. Zwar giebt es einen Sardonyx mit einem durch
die drei Buchstaben C. VT. *(Cato Uticensis?)* bezeichneten jugendlichen Bildniss (Cades V. Nr. 231), wonach dann auch noch andere
Gemmenköpfe Cato genannt wurden (Cades V. 230. 232, letzterer
wohl mit Unrecht). Allein dergleichen gegenständliche Aufschriften

[1] Plut. a. a. O.
[2] Drumann Gesch. Roms V. p. 185 ff.; Mommsen R. G. III. p. 166. Dem
abschätzigen Urteil dieser Beiden steht das günstigere von Köchly (Akad. Vor-
träge. I. Bd. 1859) gegenüber.
[3] Plut. a. a. O. 6, 50.
[4] Plut. a. a. O. 44; vgl. Val. Max III. 6. 7.
[5] Plut. a. a. O. 53.
[6] Plut. a. a. O. 71.
[7] Appian B. c. II. 101.

sind äusserst selten antik, das vorliegende Bildnis auch nichts weniger als Vertrauen erweckend, so dass man sich nicht zu wundern braucht, wenn die Ikonographen stillschweigend darüber hinweggegangen.

Eine Zeit lang galt für Cato und seine Tochter Porcia das schöne Sepulcralrelief aus Villa Mattei im Vatican, erstes Büstenzimmer Nr. 388 [1]: Zwei lebensgrosse Halbfiguren, welche der nach Art ihrer Gruppierung als Ehegatten, nach der Verschiedenheit ihres Alters als Vater und Tochter erscheinen. Allein Porcia starb in Rom und war nicht mit ihrem Vater zusammen in Utica begraben. Ausserdem haben wir es offenbar mit einem mehr als 48jährigen Manne zu thun.

Eine capitolinische Büste, Philosophenzimmer Nr. 52 (abg. Righetti Campid. II. 233. 2), mit nacktem modernem Bruststück, wird ihres grünlichen, sittenrichterlichen Ausdrucks wegen und vielleicht auch wegen einer gewissen äusserlichen (in den Proportionen liegenden) Aehnlichkeit mit dem Kopf des Sepulcralreliefs Cato genannt [2]. Aber sie würde den Charakter des letzteren in sehr kleinlicher Weise veranschaulichen. Es ist keine Spur von dem doch immer grossartigen Stoicismus des Porciers in diesen Zügen. »Ein kahler, sauertöpfischer Alter«, wie ihn Burckhardt (Cicerone p. 524. b) richtig charakterisiert [3]. — Eher würde ein verwandter Kopf in den Uffizien zu Florenz über dem ersten Treppenabsatz (Dütschke Ant. Bildw. in Oberit. III. Nr. 12), mit einer Warze auf der linken Wange, den Charaktereigentümlichkeiten Cato's entsprechen. Doch ist er ebenfalls zu alt.

Ohne ersichtlichen Grund werden auf Cato bezogen eine Kölner Büste (Cat. von Düntzer Nr. 22) mit ziemlich breitem Gesicht und zurückliegender Stirn, und eine ehmals im Besitz des Fürsten Georg von Anhalt befindliche bei Cavaceppi Raccolta II. 15.

---

[1] Abg. Mon. Matth. II. Tf. 84; Mus. Pio Clem. VII. 26; Pistolesi V. 47. 2; Duruy Hist. d. Rom. III. p. 413.

[2] Oder sollte der Restaurator, der das magere Bruststück gearbeitet, vielmehr an den älteren Cato gedacht haben, weil Fulvius Ursinus einen Gemmentypus mit ähnlich abgelebten Formen (s. oben p. 65) auf ihn bezogen hatte? Und stellte sich erst nachträglich, als man die Bärtigkeit des Censorius (intonsus Hor.) erwog, die Beziehung auf den jüngeren Cato als eine vermeintliche Verbesserung fest?

[3] Danach scheint auch die kleine Marmorherme in Blundell Hall (Michaelis Arch. Ztg. 1874 p. 28. Nr. 152) mit der (jetzt sehr undeutlichen) Inschrift M. Cato versehen worden zu sein. Das Hermenstück, auf welchem die Inschrift angebracht, ist übrigens dem Kopfe fremd.

Marcus Brutus.

(Tafel XIX. Münztaf. III. 75—79.)

M. Junius Brutus, geboren im Jahre 85 v. Chr., rühmte sich väterlicherseits von dem Gründer der Republik, durch seine Mutter Servilia von Servilius Ahala abzustammen, also beidseitig von Tyrannenfeinden. Indes war seine Familie plebeisch. Bis zum Ausbruch des Bürgerkriegs (49), d. h. bis zu seinem 36. Lebensjahre spielte er keine hervorragende Rolle. Man erwartete, dass er sich für Caesar erklären werde, da er Ursache hatte, dem Pompejus zu grollen, während er umgekehrt Caesar zu Dank verpflichtet war. Allein die politischen Grundsätze giengen bei ihm vor, der Neffe Cato's durfte sich nicht an den Feind der Republik anschliessen; er folgte dem Pompejus nach Griechenland. Nach der Schlacht bei Pharsalus von Caesar begnadigt, machte er seinen Frieden mit dem Dictator und empfieng sogar durch ihn die Verwaltung des cisalpinischen Galliens und im Jahre 44 die städtische Praetur. Aber noch in demselben Jahre bildete sich unter Cassius die Verschwörung. Brutus ward Teilnehmer und Haupt derselben und befleckte seinen Dolch mit Caesars Blut. Zwei Jahre darauf, 43jährig, gab er sich bei Philippi den Tod.

Brutus war von einnehmenden Sitten und von sanfter Gemütsart, ein für seine Zeit reiner und, wie er selbst wohl glaubte, nach Tugend und Gerechtigkeit strebender, aber im Grunde doch eitler und harter Charakter; geistig von einem ziemlich beschränkten Gesichtskreis, ohne psychologischen und politischen Scharfblick, ein Enthusiast, der sich mehr von seiner Phantasie als von seinem Verstande und von seinem Herzen leiten liess[1].

Nicht ganz unwichtig für die Ikonographie des Brutus ist die Notiz, die sich bei Lucan findet[2], dass er sich wie Cato seit dem

---

[1] Genaueres in Beziehung auf seinen Charakter s. bei Drumann Gesch. Roms IV. p. 34 ff.

[2] Luc. Phars. II. 372—376.:

Ille nec horrificam sancto dimovit ab ore
Caesariem, duroque admisit gaudia vultu;
Ut primum bulli ferulia ciderat arma,
Intonsos rigidam in frontem descendere canos
Passus erat moestamque genis increscere barbam.

Beginn des Bürgerkriegs (49) zum Zeichen der Trauer Haar und
Bart habe wachsen lassen. Sie wird durch die Münzen teilweise,
d. h. für die letzten zwei Jahre seines Lebens bestätigt. Dass er
aber 7 Jahre lang ununterbrochen sich so getragen habe, scheint
wenig wahrscheinlich. Es wäre doch eine fast lächerliche Inconsequenz
gewesen, die Gnade des Herrschers und bald sogar sehr weitgehende
Gunstbezeugungen von ihm anzunehmen und dabei mit Ostentation
die Trauer über den Untergang der Republik zur Schau zu tragen.

Der Hauptsache nach beruht unsere Kenntnis seines Bildnisses
auf einigen Münzen, welche die republikanischen Statthalter oder
Unterfeldherrn zwischen den Jahren 44 und 42 mit dem Kopf des
Brutus in Asien prägen liessen. Es liegen vier verschiedene Typen
vor, zwei Goldmünzen, eine silberne und eine von Erz. Die Goldmünze mit dem Revers des Kopfes des ältern Brutus, geschlagen von
Pedanius Costa (abg. Münztaf. III. 76)[1], haben wir bereits bei Anlass
der Besprechung des L. Brutus erwähnt. — Die andere, geschlagen
von Servilius Casca, dem Mörder Caesars (abgeb. Münztaf. III. 77)[2],
hat als Revers eine Trophäe zwischen zwei Proren, anspielend auf
die Siege der Unterfeldherrn des Brutus und Cassius. — Die Silbermünze sodann mit dem Namen des Monetars Plaetorius Cestianus
(abgeb. Münztaf. III. 78. 79)[3] ist dadurch besonders interessant, dass
sie schon von Dio Cassius[4] beschrieben wird: »Auf die Münze, die
Brutus schlagen liess, setzte er sein Bild mit einem Hut und zwei
Dolchen, indem er hiedurch und durch die beigedruckte Inschrift
(EID . MART) sich und Cassius als Befreier des Vaterlands kund
geben wollte«. — Endlich giebt es eine macedonische bloss in zwei
Exemplaren (Berlin und Paris) bekannte Erzmünze (Münztaf. III. 75)[5],
deren Bildniskopf zwar ohne Umschrift ist, aber wegen Aehnlichkeit
mit den vorigen ebenfalls als Brutus gefasst wird. Auch muss die
Münze ihrem Gewicht und Rand nach kurz vor der Schlacht bei
Philippi geprägt worden sein (Imhoof).

Das Gemeinsame dieser Münztypen, abgesehen zunächst vom
macedonischen, ist etwa Folgendes: Eine eckige, oblonge, oben
etwas nach vorn abgeplattete Kopfform, schlichtes volles Haar, und
ein kaum sichtbarer, bloss den Kiefer bedeckender Bart, ein nicht

[1] Cohen Méd. cons. pl. XXIV. Junia 18; Berl. Blätter f. Münzkunde II.
Tf. 13. B. 2.
[2] Coh. a. a. O. Junia 17.
[3] Coh. a. a. O. Junia 16.
[4] Dio XLVII. 25.
[5] Zuerst publiciert von J. Friedländer in den Berl. Blättern f. Münzk.
a. a. O. B. 1.

besonders edel geformtes Profil mit vortretendem Mund und Untergesicht, eine steile, niedrige Stirn und im Winkel damit eine gerade,
fast stumpfe Nase, endlich eine magere Complexion [1], die besonders
in den harten Umrissen des Unterkiefers und in dem dünnen Hals
zu Tage tritt. Die auch sonst (z. B. in der runderen Kopfform und
dem zugespitzteren Profil) abweichende macedonische Münze zeigt
ihn ohne Bart.

Was mir von Brutusköpfen auf Gemmen bekannt ist, nämlich
zumeist nur die Abdrücke bei Cades (V. Nr. 237—244), ist entweder
von den Münztypen abhängig, oder falsch benannt, also im besten
Falle secundäres Quellenmaterial. — Zwei darunter (Nr. 237 und 238)
haben im Felde neben dem Kopfe die Abzeichen des Dolches und
der Freiheitsmütze, zwei weitere (Nr. 239 und 240) bloss das Abzeichen des Dolches. Man sollte denken, über diese vier könne kein
Zweifel obwalten, und in der That sind sie wohl sämmtlich als Brutus
gemeint. Aber ebenso wahr ist, dass man ohne die beigegebenen Abzeichen nur einen darunter (Nr. 238), einen kleinen Onyx der Sammlung Beverley, sofort als Brutus erkennen würde, und zwar als eine
ziemlich genaue Reproduction der Goldmünze des Pedanius Costa.
Nr. 240, ein rother Jaspis unbekannten Aufbewahrungsortes, scheint
zwar ebenfalls den Münztypen nachgebildet, aber ungenau und mit
stärkerem Bart, während Nr. 237 und 239, ein Karneol und ein
Chalcedon, eine gemeinere Physiognomie zeigen, bei der man eher
an einen Afrikaner oder an eine Persönlichkeit wie Spartacus denkt,
obgleich gerade dieser in Wirklichkeit vielleicht kein Repräsentant
des Sklaventypus war [2].

Von den übrigen Abdrücken bei Cades ist Nr. 243 ein schönes
Brutusbildnis vom Charakter der Silbermünzen, bärtig, mit kurzer
vortretender Stirn und dicken, aber geschlossenen Lippen, während
in Nr. 244, einem Sardonyx der Sammlung Vannutelli, wieder der
schon erwähnte äthiopische Typus vorliegt; hier in einer Ausführung
von bewunderungswürdiger Feinheit. Der etwas grössere Kopf ohne
Hals auf einem Cameo der Sammlung Vidoni (Cades Nr. 241), und

---

[1] Die Magerkeit scheint eine Bestätigung zu finden in dem bekannten
Ausspruch Caesars, er fürchte nicht die wohlbeleibten und schönfrisierten Herrn,
sondern die bleichen und hageren, worunter er nach Plutarch den Brutus und
Cassius verstand (Plut. Brut. 8. Antonius 11). In Wahrheit freilich konnte Caesar
nur den Cassius meinen, da er gegen Brutus kein derartiges Misstrauen hegte.
Allein da man die Aeusserung später auch auf Brutus bezog, so musste sie doch
einigermassen zu seiner Körperbeschaffenheit passen.

[2] Aehnlich, doch mit gebogener Nase, der im Museo Worsleyano (Tf.
23. 2) als Brutus abgebildete Gemmenkopf.

der jugendliche auf einem Karneol unbestimmten Besitzes (Nr. 242)
scheinen sehr fragliche Brutusbildnisse zu sein. Ebenso der nicht
bei Cades vertretene Karneol des Cabinet des Médailles zu Paris
(Chabouillet Nr. 2072, abg. bei Durny Hist. d. Rom. III. p. 427).

Von dem sogenannten Brutus auf dem Goldring des Herakleidas
in Neapel (Brunn Geschichte d. gr. Kstlr. II. p. 504) steht mir leider
kein Abdruck zu Gebote.

Unter all den genannten können also nur zwei (Cades Nr. 238
und 243) vollkommene Sicherheit der Person und zugleich Bildnisähnlichkeit beanspruchen.

Es fragt sich, sind diese den Münzen entnommenen und auf den
Gemmen mehr oder weniger treu reproducierten Züge, ihre Zuverlässigkeit vorausgesetzt, genügend, um noch Marmorbildnisse
nach ihnen zu bestimmen, und ist es überhaupt wahrscheinlich, dass
noch solche vorhanden sind?

Mit der Niederlage bei Philippi hatte die Republik den Todes-
stoss erlitten. Wie es fortan keine Ehrenstellen mehr für ihre Anhänger und Vertreter gab, so auch keine öffentlichen Denkmäler.
Indes retteten sich gleichwohl einzelne Bildnisse des Brutus in die
Kaiserzeit hinein. Augustus war als Alleinherrscher in dieser Beziehung tolerant und nahm es sogar beifällig auf, als ihm ein ehemaliger Quaestor des Brutus das Bild desselben in seinem Hause
zeigte [1]. Die Bürger von Mailand, die eine als Bildnis und Kunst-
werk ausgezeichnete Erzstatue des Brutus in ihrer Stadt hatten stehen
lassen, stellte er zwar bei einem Besuch deswegen zur Rede, aber
nur scherzweise und ohne die Bildsäule zu entfernen [2]. Also das
Bildnis kam auf die Nachwelt; und da es in der Kaiserzeit, besonders unter den Claudiern, noch manche stille Verehrer der republikanischen Staatsform und ihrer Verfechter gab, so wird es auch an
späteren Vervielfältigungen desselben nicht ganz gefehlt haben.

Die andere Frage, ob die Münzen ein hinreichend bestimmtes
Bild geben, hängt von dem Gewicht ab, das man dem macedonischen
Typus beilegt. Stellt man ihn gleichberechtigt neben die Denare
und Goldstücke, so ist es schwer, die charakteristischen Züge mit
Bestimmtheit zu erfassen, und man kann höchstens eine gewisse Anzahl von Bildnissen bezeichnen, bei denen die Möglichkeit, Brutus
darzustellen, grösser ist als bei andern. Legt man aber die Gold-
und Silbermünzen als die einzigen zuverlässigen Typen zu Grunde,

---

[1] Appian B. c. IV. 51.
[2] Plut. comp. Dionis et Bruti, fin.

so hat man eine Basis, auf der sich allerdings wohl eine bestimmte
Entscheidung treffen lässt. Auf sie gestützt, kann man entweder
vollkommen in Abrede stellen, dass jetzt noch Brutusbüsten vorhanden seien, oder man kann doch die Möglichkeiten bestimmter
umgrenzen und beschränken. In beiden Fällen ist immer schon ein
Fortschritt über das absolute Nichtswissen gemacht. Uebrigens hat
von jeher bei der Bestimmung der Brutusbüsten auch noch ein anderer Factor mitgesprochen, nämlich die Physiognomik, und die letzte
Entscheidung, wenn man eine solche haben will, wird ihr auch jetzt
noch überlassen bleiben müssen.

Am Allgemeinsten wird auf Brutus bezogen eine Marmorbüste
des capitolinischen Museums, im Zimmer des sterbenden Fechters
Nr. 9 (abg. Taf. XIX)[1], gleich der früher ebenda befindlichen Büste
des ältern Brutus (jetzt im Conservatorenpalast) ein interessanter
Charakterkopf, und zwar von guter und lebendiger Arbeit, was bei
jenem weniger der Fall, wahrscheinlich aus dem ersten Jahrhundert
n. Chr. Er ist ziemlich gut erhalten, auf ungebrochenem, nacktem
Bruststück. Abgesehen von einigen Flicken ist nur die Hälfte der
Nase ergänzt. — Kopfform, Profil und Haar, letzteres voll nach der
Stirn laufend und hier in gerader Linie beschnitten, zeigen diejenige
Aehnlichkeit mit den Münzen, welche die Möglichkeit eines Brutus-
bildnisses bedingt. Dazu kommt dann die Magerkeit der Wangen
bei verhältnismässig noch jugendlichem Aussehen (zwischen 30 u. 40),
der düster brütende Blick, der vielleicht den Verschwörer kennzeichnen
soll, und mit dem auch die übrigen Züge in Einklang stehen. Für
die eigentümlich dicken Lippen (obgleich nicht für das Vortreten der
einen über die andere) dürfte man sich wenigstens auf die Goldmünze
des Casca berufen. Indes, auch zugegeben, dass die Büste den hauptsächlichsten Postulaten eines Brutus entspricht, und dass bis auf
Weiteres kein Grund vorhanden ist von der Benennung abzugehen,
es wäre Selbsttäuschung, wollte man von Gewissheit sprechen. Ueber
den Mangel des Bartes mag man sich hinwegsetzen; derselbe ist
auch auf den Münzen sehr discret angegeben und gehörte damals
nicht zur physiognomischen Charakteristik, sondern war nur ein zeit-
weiliges Trauerzeichen. Aber die Identität mit den Münzen ist und
bleibt doch zweifelhaft. Brutus hat auf denselben weder den langen
Nasenrücken, noch die eigentümliche Bildung des Mundes (die

---

[1] Bei Visconti Icon. rom. VI. 2. 3; Bouillon II; Righetti Campid. I. 7; vgl.
E. Braun Ruinen und Museen Roms, p. 209.

Schwellung der Ober-, das Zurückweichen der Unterlippe), noch die
scharfe Ueberkehlung des Kinns; die ganze Profillinie erscheint an
der Büste, wenn nicht formenschöner, doch edler. Vollends wäre es
eine gewagte Behauptung, dass durch die Friedländer'sche Erzmünze,
die den Benennern der Büste unbekannt war, die Bezeichnung der
letzteren irgendwie bestätigt werde. Jener Typus zeigt höchstens
einen ähnlichen Schnitt der Haare, weicht aber in der Kopfform, in
den Proportionen und namentlich in der Linie des Kiefers beträchtlich ab. Bei solchen Divergenzen kann dem Brutusnamen der capitolinischen Büste natürlich nur der Charakter einer Hypothese, nicht
der einer Thatsache zugesprochen werden.

Eine wahrscheinlich moderne Replik derselben befindet sich im
hintern Saal des Pal. Colonna zu Rom, wegen ihrer hohen Aufstellung nicht genauer zu untersuchen; und eine sicher moderne
in der königl. Samml. zu Madrid (Hübner Ant. Bildw. v. Madrid
p. 164).

Dieselbe Person, nur in etwas jugendlicherem Alter, ist nach de
Petra und Andern dargestellt in einem 1868 im Haus des Popidius
zu Pompeji gefundenen Kopf, jetzt im Corridor der Meisterwerke zu
Neapel (abg. Fig. 26[1]), auf ungebrochenem, nacktem Schulter-
stück, ohne Büste. Namentlich zeigt er eine ähnliche Bildung des
Haares[2] und des Mundes, mehr oder weniger auch der Augen und
des Kinns. Der unbedeutendere Ausdruck liesse sich durch die
grössere Jugend erklären. Es wäre Brutus, bevor er eine politische
Rolle spielte. Allein bei genauerer Vergleichung überzeugt man
sich, dass auch der Knochenbau der Wangen und der Stirn und
die Proportionen der Gesichtsteile von denen des capitolinischen
Kopfes wesentlich verschieden sind. Die kleinen fetten Augen, die,
wenn nicht plumpe, doch aller Feinheit ermangelnde Nase, das kurze,
fast verkümmerte Kinn, der ausladende Contour der Wangen scheinen
auf eine

Fig. 26. Marmorkopf von Pompeji zu Neapel.

---

[1] Ausserdem im Giornale degli scavi di Pomp. N. S. I. Tav. V. 1. p. 133; Duruy
Hist. des Rom. III. p. 414. Vgl. Arch. Ztg. 1869 p. 37.

[2] Woraus allerdings nicht zu viel geschlossen werden darf. Denn auch
andere Köpfe (wie der sonst durchaus verschiedene im lateranens. Museum
Nr. 105a) haben diesen Schnitt.

andere Person zu weisen. Und da nicht abzusehen, warum ein Bildnis aus Brutus' Jugendzeit (wenn es deren überhaupt gab) grade nach Pompeji sollte gekommen sein, so kann ich kein grosses Vertrauen zu der Deutung fassen [1]. Auf die Münzen kann man sich hier noch weniger berufen als beim vorigen.

Ein zweiter Typus, der mit einigem Recht auf M. Brutus bezogen wird, aus farnesischem Besitz, befindet sich bei den Römerbüsten desselben Museums [2] (abg. Fig. 27), auf moderner Togabüste mit Faltenband. Er lässt sich, nach der Vorderansicht zu schliessen, ungefähr gleich gut mit den Münzen vereinigen wie die capitolinische Büste. Doch hat offenbar nicht dies, sondern der physiognomische Ausdruck den Anlass zum Namen gegeben: Ein Mann von ca. 35 Jahren, mit zusammengezogenen Brauen, beschattetem, fast wildem, fanatischem Blick und dünnen zusammengekniffenen Lippen. Damit ist aber für Brutus um so weniger etwas präjudiciert, als der Ausdruck im Uebrigen seinem Charakter nicht zu entsprechen scheint. Es ist eher der finstere Trotz eines Catilina oder dann der verbissene Hass eines C. Cassius, die uns aus diesem Antlitz entgegenblicken [3].

Fig. 27. Farnesische Marmorbüste zu Neapel.

Ob einem von diesen Typen, dem capitolinischen oder dem letztgenannten Neapler, und welchem von beiden der Strickland'sche Kopf zu Boynton in Yorkshire [4] angehöre, kann ich nach der mir vorliegenden schlechten Zeichnung [5] nicht hinreichend beurteilen. In

[1] Ueber den Fundort und die darauf basierte Vermutung de Petra's siehe oben p. 127 Anm. 3.

[2] Wahrscheinlich Gerhard Nr. 323; wenn nämlich unter dem kurz geschorenen Bart gar kein Bart und unter der starken Oberlippe die hohe Nasenlippe verstanden ist.

[3] Ein dritter sog. Brutuskopf zu Neapel, der erst in den siebziger Jahren ins Museum gekommen, aufgestellt im Corridor der Meisterwerke, entspricht im Alter, im Stil und in der Büstenform dem jugendlichen von Pompeji (Fig. 26), hat aber einen mehr claudischen Schädelbau und abstehende Ohren, und wird durch nichts als Brutus empfohlen.

[4] Dallaway Anecdotes p. 386, und Statuary and sculptures among the Ancients, Lond. 1816 p. 341.

[5] Es ist eine Bause *from a drawing by Jenkins or some of his men*, welche Michaelis von Murray erhielt und mir gefällig zustellte. Der Sammler, Sir

der Kopfform und im Charakter von Mund und Kinn stimmt er entschieden mit den Münzen noch besser als der capitolinische. Er hat
namentlich, wie übrigens auch der Neapler, die nach vorn abgeflachte Scheitellinie und das etwas vortretende Untergesicht, dabei
schlichtes, ziemlich kurzes Haar. Sollte er etwa identisch sein mit
dem angeblich in England befindlichen Kopf, der in Cavaceppi's
Raccolta III. 52 als Brutus abgebildet ist?

Sonstige Bildnisse, die ein begründetes Recht auf den Brutusnamen hätten, sind mir keine bekannt, wenn nicht etwa die Petersburger Büste, Cat. Nr. 204 (nach Stephani der capitolinischen ähnlich), dahin zu rechnen ist. Die hie und da noch vorkommenden
scheinen meist nur wegen ihres düsteren Blicks und ihrer nach
vorn gekämmten oder ins Gesicht hängenden Haare — beides
ganz problematische Kriterien — so genannt zu sein. Z. B. der
Berliner Kopf Nr. 302 auf Togabüste mit breitem Faltenband, wo
doch noch wenigstens die allgemeinen Contoure mit den Münztypen
übereinstimmen [1]. Sehr oft ist auch dies nicht der Fall und dann
befindet man sich auf dem Feld der reinen Willkür. So bei der
nackten Statue in Villa Albani Nr. 46 (abg. Clarac. 911. 2319 [2]),
die mit einem Dolch in der erhobenen Rechten ergänzt ist; oder bei
der Campana'schen Statue des Louvre (abg. d'Escamps Marb. ant.
d. Mus. Camp. 54) vom Gewandmotiv des gabinischen Germanicus,
welche trotz dem bewölkten Blick eher einen milden Ausdruck hat [3]
und wahrscheinlich einen kaiserlichen Prinzen darstellt; vollends bei
dem verwandten Kopf im Museo Chiaramonti Nr. 343 A, mit
dem träumerischen Blick und dem abfallenden Kinn, früher ebenfalls Brutus genannt.

Inwiefern diese dann wieder zu andern Taufen Anlass gegeben [4],
oder was für angebliche Brutusköpfe umgekehrt auf ihre Benennung
zurückgewirkt haben, wollen wir hier nicht untersuchen. Kein ein-
ziger unter ihnen trägt seinen Namen, so viel wir sehen können,
mit Recht.

George Strickland, erwarb seine Marmore zwischen 1780 und 1782 in Rom von
Jenkins (Not. von Michaelis).

[1] Der angebliche Brutus von Travertin ebenda Nr. 300) hat meinen Notizen nach etwas Caesarartiges. Indes ist es merkwürdig, dass ein ähnlicher
Kopf der Marlborough Gems (Choix d. pierres ant. d. Cab. Marlb. I. 5) ebenfalls M. Brutus heisst.

[2] Guattani Mon. ant. 1786. Maggio.

[3] Was freilich noch nicht gegen Brutus spräche; vgl. Plut. Brut. 29.

[4] Vgl. Capitolinisches Museum, Vasenzimmer Nr. 45; Louvre Corrid.
der Venus von Milo (Clar. pl. 1110. 3494); Museo Torlonia Nr. 415.

Der Bronzekopf des sog. Brutus im Cabinet des Médailles
zu Paris (Chabouillet Nr. 3119, s. oben p. 160 Nr. 34.) ist eine Replik des Caesarkopfes im Camposanto zu Pisa.

— —

C. Cassius.

C. Cassius Longinus, der Mitverschworene des Brutus, hatte sein
militärisches Talent zuerst im Partherfeldzug des Crassus (53 v. Chr.)
bewiesen. Ihm verdankte der Rest des geschlagenen Heeres seine
Rettung. Im zweiten Bürgerkrieg hielt er sich zu Pompejus, ergab
sich aber nach der Schlacht bei Pharsalus dem Caesar und nahm
wie Brutus dessen Gnade an. Als ihm die Gunst und das Vertrauen
des Dictators nicht in dem Mass zu Teil wurde, wie er es wünschte,
und er sich gegen Andere zurückgesetzt glaubte, reifte in ihm der
Plan der Verschwörung, zu welcher Brutus seinen guten Namen her-
leihen musste, um den persönlichen Beweggründen den Schein von politischen zu geben. Nach der Ermordung Caesars hatte er noch einmal
Gelegenheit, seine militärische Befähigung an den Tag zu legen. Aber
es fehlte ihm der Mut der guten Sache. In der Schlacht bei Philippi
geschlagen, liess er sich in voreiliger Verzweiflung töten (42 v. Chr.).
— Auf ihn im eigentlichen Sinne bezieht sich das Wort Caesars betreffend seine ›bleichen und hageren‹ Freunde (oben p. 189 Anm. 1.).
Es lassen sich kaum zwei Züge denken, welche den selbstsüchtigen,
von Habsucht, Hass und verzehrendem Ehrgeiz erfüllten Verschwörer
besser charakterisierten.

Ein Bildnis dieses ›letzten Römers‹ ist uns vielleicht noch erhalten in einer Togastatue der Villa Massimo beim Lateran (abg.
Clarac 912 B. 2303), über die ich leider nur aus zweiter Hand [1] berichten kann, wie es auch nicht mehr möglich war, eine zweckent-
sprechende Abbildung zu beschaffen. Dieselbe steht im Garten dem Casino gegenüber, 2,15 m. hoch, aus zwei Stücken zusammengesetzt, deren
Verbindungslinie über den Knieen bei Clarac richtig angegeben ist.
Das Gewand zeigt nicht den gewöhnlichen Wurf der Toga, welcher
den rechten Arm freilässt, sondern verhüllt die ganze Figur, so dass
vom rechten Arm bloss die vor die Brust gelegte Hand sichtbar.

---

[1] Durch gefällige Mitteilungen von Dr. E. Maass in Rom.

Die Linke ist gesenkt, ohne einen Gegenstand zu halten, die Füsse
beschuht. Der nie vom Rumpf getrennte wohlerhaltene Kopf ist
oberhalb kahl, bartlos, die Stirn faltig, der Ausdruck trübe, fast
grimmig. Auf der Plinthe die Inschrift C. CASSIVS.

Während nun Matz in der unter der Presse befindlichen, von
Duhn herausgegebenen Beschreibung der zerstreuten Bildwerke Roms
Nr. 1222 den unteren Teil der Figur und somit auch die Inschrift
für modern zu halten geneigt ist[1], schreibt mir Herr Dr. Maass auf
eine dahin zielende Anfrage hin Folgendes: «60 Centimeter über dem
Fuss ist die Statue mitten durchgebrochen, aber ohne wesentliche
Restaurationen aus den alten Teilen wieder zusammengefügt. Auch
die Inschrift ist nach den Buchstaben zu urteilen alt und könnte
noch in republikanischer Zeit entstanden sein; doch sind der Buchstaben zu wenige, um eine genaue Datierung auf sie zu begründen.
Die Mittelmässigkeit der Sculptur spricht eher für nachchristliche
Zeit.» Nach diesem ziemlich positiven, auf specieller Untersuchung
beruhenden Verdict halte ich es nicht für angezeigt, den von Matz
ausgesprochenen Zweifeln weiter Raum zu geben, sondern nehme ich
sowohl die Echtheit als die Zugehörigkeit der Inschrift an. Es würde
sich also bloss noch fragen, ob der Mörder Caesars oder ein anderer Cassius, etwa der unter Nero lebende angesehene Jurist dieses
Namens[2] gemeint sei. Der letztere war nach Sueton[3] seines Augen-
lichts beraubt, wovon an der Statue keine Andeutung. Die übrigen
uns bekannten Cassier mit dem Vornamen Cajus gehören fast alle
einer zu frühen Zeit an (dem 2. u. 1. Jahrh. v. Chr.)[4], sind auch
nicht von solcher Berühmtheit, dass noch erhaltene Bildnisse von
ihnen wahrscheinlich wären. Dagegen erfahren wir grade bei Anlass
der Geschichte des Rechtsgelehrten Cassius, dass es in der Kaiserzeit allerdings Darstellungen des Caesarmörders gab. Denn jener
wurde deswegen von Nero verbannt, weil er das Bild desselben (natürlich keine Wachsmaske, sondern wahrscheinlich eine Marmorbüste)
in seinem Atrium beibehalten hatte[5]. Nach dem Erlöschen der julischen Dynastie konnte Cassius wohl auch als historische Person
unter den verschiedentlich von den Kaisern aufgestellten berühmten
Männern eine Stelle erhalten. Was abgesehen von diesem allge-

---

[1] «Von den Knieen nach unten schien mir die Figur modern, wenigstens
ist mir der Bruch sehr zweifelhaft.»

[2] Tacit, Annal. XII. 12.

[3] Suet, Nero 37.

[4] Vgl. Drumann Gesch. Roms II, Cassii Nr. 9, 10, 11, 12, 15, 19.

[5] *Quod in retere gentili stemmate C. Cassi percussoris Caesaris imagines re-
tinuisset.* Suet a. a. O.

meinen Gesichtspunkt bei unserer Statue einigermassen für den
Caesarmörder spricht, ist der Umstand, dass in der Villa Massimo,
wie Dr. Maass schreibt, mehrere ihr gleichartige Statuen stehen, darunter ein ebenfalls inschriftlich benannter M. Cato (s. den Nachtrag zu p. 65). Darnach wäre es nicht ganz aus der Luft gegriffen,
wenn man sie auf eine Serie berühmter Republikaner zurückführen
wollte. Indes Provenienzangaben giebt es keine. Ob die Statuen
wirklich zusammengehören, müsste zuerst noch genauer untersucht
werden. Die Beziehung auf den berühmten Cassius ist daher einstweilen noch nicht festgestellt.

Unter den Abdrücken bei Cades (V. 236) findet sich ein mit dem
Namen C. Cassius beschriebener Chalcedon, das Brustbild eines
hageren Mannes mit kurzgeschnittenem Haar, von schräg laufender
Kopfaxe. Hier ist ohne Zweifel der Caesarmörder gemeint, allein die
unantike Gewandung lässt deutlich den modernen Ursprung erkennen.

Q. Labienus Parthicus.
(Münztaf. III. 73.)

Quintus Labienus war der Sohn jenes Titus Labienus, der sich
als Unterfeldherr Caesars in Gallien ausgezeichnet hatte, aber beim
Ausbruch des Bürgerkrieges zu Pompejus übergieng. Er hielt sich in
demselben zu Brutus und Cassius und wurde von ihnen an den Hof
des Partherkönigs Orodes geschickt, um dessen Mitwirkung zur republikanischen Sache zu erlangen. Nach der unterdessen erfolgten
Niederlage bei Philippi, rieth er dem König, die Römer anzugreifen.
Orodes vertraute ihm eine ansehnliche Heeresmacht an, an deren
Spitze er zugleich mit dem Sohn des Königs, Pacorus, in Syrien ein-
fiel. Labienus vertrieb die römischen Besatzungen, brandschatzte
die Provinz Asien und war schamlos genug, sich den Titel eines
parthischen Imperators beizulegen. Im Jahre 39 sandte endlich
Antonius seinen erprobten Legaten Ventidius gegen ihn. Labienus
sowohl als die zu Hilfe kommenden Parther wurden geschlagen, und
der erstere auf der Flucht von einem Freigelassenen Caesars in Cilicien getötet. Er scheint kein hohes Alter erreicht zu haben. Strabo
nennt ihn einen jähzornigen und unüberlegten Knaben [1].

---

[1] *Μειράκιον εὐερέθιστον καὶ ἀνοίας πλῆρες.* Strab. XIV. p. 660.

Zur Zeit seines Einfalls in Asien hatte er nach dem Vorgang
des M. Brutus Münzen mit seinem Bildnis prägen lassen, sowohl
Goldstücke als Denare (Münztaf. III. 73) [1]. Der Kopf trägt die Umschrift: *Q. Labienus Parthicus Imp.* Er hat dichtes krauses Haar,
eine abwärts gerichtete Nase und magere Wangen. Auf dem Revers
ist ein Ross mit Beziehung auf die parthische Reiterkunst.

Cn. Domitius Ahenobarbus.
(Taf. XX. Münztaf. III. 74.)

Cnejus Domitius, Sohn des L. Domitius Ahenobarbus, der bei
Pharsalus fiel, und der Porcia, einer Schwester des Cato Uticensis,
war gleich seinem Vater und seinem Oheim ein eifriger Republikaner
und stand sogar im Verdacht, an der Verschwörung gegen Caesar
Teil genommen zu haben. Er machte sich berühmt als Flottenführer,
namentlich durch den Seesieg über Domitius Calvinus bei Brundusium, am Tag der ersten Schlacht bei Philippi (42 v. Chr.). Beim
Ausbruch des Bürgerkrieges zwischen Octavian und Antonius, hielt
er sich zu letzterem. Als er aber sah, wie derselbe, durch Kleopatra
verblendet, seinem Verderben entgegen gieng, trat er kurz vor der
Schlacht bei Actium zu Octavian über. Wenige Tage nachher wurde
er, wie es scheint, noch im besten Mannesalter, durch eine Krankheit hinweggerafft.

Von den seltenen Goldmünzen, die sein Bildnis zeigen, und
welche wohl zu unterscheiden sind von den Silbermünzen mit dem
Bildnis seines mythischen Ahnherrn (s. oben p. 24), lag Visconti
ein einziges Exemplar vor, und auch dieses bloss in einer Abbildung,
aus welcher er fälschlich schloss, dass Domitius wie Scipio die Kopfhaut glatt rasiert getragen habe [2]. In Wirklichkeit (s. Münztaf. III. 74 [3])
erscheint bloss seine Stirne kahl, während er hinten mit Haaren bedeckt
ist und sogar auf dem Scheitel noch einzelne Büschel geblieben sind.

---

[1] Vgl. Cohen Méd. cons. pl. VII. Atia.

[2] Das betreffende Original (in der Bibliothek der Minerva zu Rom) war
damals, nachdem Audifredi es erst vor wenigen Jahrzehnten ans Licht gezogen
hatte, bereits wieder verschwunden.

[3] Wo ein Exemplar des brit. Museums gegeben ist. Das Pariser Exemplar
ist abgeb. Cohen M. Cons. XVI. Domitia 5.

Der Kopf hat niedrige, mehr in die Länge als in die Höhe gezogene Proportionen, eine in der Mitte geteilte, unten vorquellende Stirn, eine kräftige, gebogene, aber edel gebildete Nase, ein sehr markiertes Doppelkinn und einen fetten Hals, wie überhaupt der ganze Kopf auf Wohlbeleibtheit deutet.

Da Domitius schliesslich noch seinen Frieden mit Octavian gemacht, so ist kein Grund ersichtlich, warum etwaige Bildnisse von ihm sollten beseitigt oder die spätere Aufstellung von dergleichen sollte verhindert worden sein. Im Gegenteil wird unter Nero, dessen Urgrossvater Domitius war, gewiss dafür gesorgt worden sein, dass alle berühmteren Mitglieder dieses Geschlechtes in Bildnissen vertreten waren. Es könnte sich daher wohl eines von ihm erhalten haben, und die Züge des Münztypus sind charakteristisch genug, um bei der Aufsuchung zur Handhabe zu dienen.

Allerdings führen sie nicht grade zu einem Bildnisse, wie das des sog. Domitius im capitolinischen Museum, Philosophenzimmer Nr. 74 [1], eines kurzbärtigen, mageren

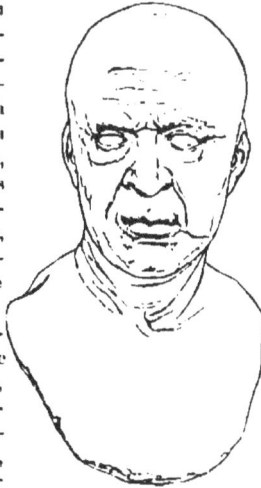

Fig. 29. Marmorbüste im Conservatoren-palast zu Rom.

Römerkopfs, für dessen jetzige Benennung gar kein erdenklicher Grund vorhanden ist.

Wohl aber glaubte P. Erc. Visconti sich auf jene Züge berufen zu dürfen, als er eine 1872 im Castro Pretorio zu Rom gefundene, jetzt im Museum des Conservatorenpalastes aufgestellte Büste (abg. Fig. 28) als Domitius Ahenobarbus publicierte [2]. Es ist ein Kopf von lebendigstem Realismus, von scipioartigem Typus, mit nur

leicht angegebenem kurz geschorenem Haar, nach Charakter, Arbeit und Büstenform (ein nacktes, gerundetes Bruststück) höchst wahrscheinlich ein Republikaner, dem Münzbildnis in Beziehung auf Profil und Fettigkeit ziemlich entsprechend. Doch hat der Erklärer die ungenaue Münzabbildung der Iconographie romaine (Taf. VI. Nr. 7) zu Grunde gelegt, und sich wohl mehr als recht von der scheinbar völligen Kahlheit bestimmen lassen. Grade die Kahlheit existiert

[1] Als spätere Acquisition noch nicht bei Bottari abgebildet.
[2] Im Bullet. della comm. archeol. municip. IV. Tf. 13.

in Wirklichkeit beim Vorbild nicht, und spricht daher eher zu Ungunsten der Deutung. Auch die Proportionen sind an der Büste verschieden, namentlich die Stirn höher, und das Alter ist vorgeschrittener (zwischen 60 und 70), und so möchte für die Hypothese nur ein geringes Mass von Wahrscheinlichkeit übrig bleiben [1]. Wenn völlige Kahlgeschorenheit ein Charakteristicum des Domitius oder bei seinem Bildnis überhaupt nur zulässig wäre, so würde jedenfalls noch vorher der Münchner sog. Maecenas (Glypt. Nr. 211) in Frage kommen.

Indes mehr als beide stimmt mit der Münze überein ein schöner Kopf des Braccio nuovo im Vatican Nr. 115 (abgeb. Taf. XX) auf moderner Togabüste. Abgesehen von letzterer ist bloss die Nasenspitze und ein Stück am Hinterkopf neu. Der Scheitel ist kahl mit noch einzelnen Haarbüscheln in der Mitte über der Stirn. Die Augen tiefliegend mit dem Hahnentritt an den Seiten, die Brauen und Stirnmuskeln leicht emporgezogen, die Nase schön gebogen, Kinn und Hals von jener fetten Bildung, wie sie bei natürlicher Anlage ein längeres Wohlleben zu entwickeln pflegt. Dem Alter nach ein Mann von etwa 50 Jahren, von klugem, etwas ironischem Ausdruck, offenbar den Kreisen der römischen Aristokratie angehörig. Kleine Abweichungen in Auge, Mund und Kinn, sowie in der (höheren) Wölbung der Scheitellinie verbieten allerdings eine kategorische Identificierung, zumal da es nicht sehr viele Bildnisse von Domitius wird gegeben haben. So weit es aber gestattet ist, die Benennung einer Büste auf einen einzigen Münztypus zu bauen, scheinen hier alle Postulate zu einer derartigen Bestimmung vorhanden zu sein.

Sallust.

C. Sallustius Crispus von Amiternum (geboren 86, gestorben 35 v. Chr.), wurde 51 Jahre alt. Er führte ein ausgelassenes und verschwenderisches Jugendleben, wurde dann von den Optimaten aus dem Senat gestossen und schloss sich an Caesar an. Durch diesen erlangte er nach der Schlacht bei Thapsus (46) mit dem Titel eines

[1] Der fälschlich für identisch ausgegebene Kopf im Vasenzimmer des Capitols (es ist ohne Zweifel Nr. 48 gemeint), ebenfalls von vorzüglicher Arbeit, steht der Münze noch ferner.

Proconsuls die Verwaltung von Numidien und stellte dadurch seine zerrütteten Vermögensverhältnisse wieder her. Eine gegen ihn erhobene Erpressungsklage blieb erfolglos. Nach dem Tode Caesars schrieb er im Genusse seines Reichtums *(horti Sallustiani)* die Geschichtswerke, die seinen Namen gross gemacht haben.

Die einzige authentische Quelle für das Bildnis des Sallust sind ein paar Contorniaten, welche seinen Kopf mit der Namensumschrift SALVSTIVS AVTOR zeigen (ein Exemplar des Cabinet des Médailles zu Paris abgeb. Münztafel V. 115)[1]. Darnach trug er schlichtes, in die Stirn gekämmtes und hier rund geschnittenes Haar. Eine detaillierte Beschreibung der Gesichtszüge scheint bei der bekannten Unzuverlässigkeit der Contorniaten überflüssig. Höchstens mag die spitze, gerade Nase, die kurze Stirn und das durch keinen Einschnitt an der Nasenwurzel unterbrochene Profil hervorgehoben werden. Dass er gegen die Sitte seiner Zeit auch mit kurzem Bart dargestellt ist, erklärt Visconti als Zeichen jugendlicher Eleganz, wobei er auf die *barbatuli juvenes* in der Umgebung des Catilina verweist[2]. Longpérier dagegen[3] stellt die Behauptung auf, dass die Münze unter Kaiser Julian geschlagen sei, der bekanntlich den Sallustius Secundus zum Mitconsul für das Jahr 363 annahm. Diesem zu Ehren habe er die Münze mit dem Bildnis seines angeblichen Ahnherrn, aber zugleich nicht ohne eine gewisse Aehnlichkeit mit dem lebenden Nachkommen (daher bärtig) prägen lassen. Jedenfalls möchte, nach der dem constantinischen Zeitalter entsprechenden Gewandung zu schliessen, nicht sowohl ein authentisch überliefertes Vorbild, als vielmehr die Phantasie des Darstellers für das Einzelne verantwortlich zu machen sein.

Während sich nun Visconti mit dieser secundären Quelle begnügte und daher auf den Nachweis von Marmorbildnissen verzichtete, ist durch die Bemühungen des Ritters Campana auch diese Lücke, wie so manche andere, ausgefüllt worden. Eine Büste seiner ehemaligen Sammlung, natürlich in der Nähe der sallustischen Gärten bei Porta Salara gefunden, jetzt in Petersburg Nr. 207 (abgeb. Fig. 29)[4], ist durch die Aufschrift des Fusses (C. SAL. C.) als Cajus Sallustius

---

[1] Ebendasselbe und noch ein zweites dort befindliches bei Visconti Tf. XI. 3 und 4, auf dem letzteren Sallust unbärtig. Ein drittes mit wieder bärtigem Kopf im Besitz von Rollin und Feuardent zu Paris, abgeb. in der Rev. Numism. 1865. pl. 18. 3.

[2] Cicero ad Att. 1. 14.

[3] In der Rev. Numism. a. a. O. p. 405 ff.

[4] Vgl. d'Escamps Marb. ant. du Mus. Camp. pl. 62; Duruy Hist. d. Rom III. p. 733.

Crispus bezeichnet. Der Kopf war zwar abgebrochen, ist aber nach
schriftlicher Mittheilung Stephani's augenscheinlich zugehörig, und
Alles antik. Er hat ein breites Gesicht mit vorstehenden Backenknochen, von wenig ansprechenden Zügen. Die Haare sind wie auf
den Contorniaten schlicht nach vorn gekämmt, aber etwas dünner
als dort; die Nase gebogen, mit abwärts gerichteter Spitze; die
Lippen schmal, das Kinn gross und vorstehend. Der Ausdruck halb

Fig. 29. Marmorbüste des Sallust (?) in Petersburg.

höhnisch, halb pfiffig. Die Brust ist mit einer über den Schultern genäh-
ten Tunica (oder mit Toga und Tunica) bekleidet, auf einer plinthenför-
migen, runden Basis [1]. Die Inschrift wird von Stephani für echt gehalten.
Doch scheint ihre Abfassungsweise immerhin ungewöhnlich und nicht ge-

---

[1] Die Büstenform findet sich ähnlich bei zwei Bildnissen am Denkmal der
Aterier im Lateran, Nr. 343 und 345 (abg. Monum. d. Inst. V. 7) oder bei dem
Demosthenes im Mus. Chiaramonti Nr. 422.

rade geeignet, die aus der Herkunft der Büste entstehenden Zweifel
zu zerstreuen. Ich bin einstweilen zu der Annahme geneigt, dass
die ungefähre Aehnlichkeit des Haarwuchses einen modernen Meissel
veranlasst hat, die Inschrift auf die Büste zu setzen [1].

Marcus Antonius.

(Münzlaf. IV. 80 — 91.)

M. Antonius, der Enkel des berühmten Redners, geboren wahrscheinlich im Jahre 83 v. Chr.[2], wurde auf Caesars Empfehlung Quaestor
im Jahre 52 und vertrat fortan dessen Interesse. Im Jahre 44 Consul
mit Caesar und an den Iden des März thörichter Weise von den
Republikanern verschont, beschliesst er, in die Fusstapfen des Er-
mordeten zu treten, reizt das Volk gegen die Mörder, zieht gegen
D. Brutus in Oberitalien und verbindet sich nach seiner Niederlage
mit Octavian und Lepidus zum Triumvirat (43). Die Proscriptionen
und die Schlacht bei Philippi (42) machen der republikanischen Sache
ein Ende. Von 41 an hält sich Antonius meist in Asien auf, ver-
stösst seine Gattin Fulvia und heiratet Octavia, die Schwester Octavians. Bald aber Spannung zwischen den Machthabern. Antonius
ergiebt sich der Kleopatra, unternimmt nach allzu langem Zögern
den unglücklichen Feldzug gegen die Parther (36), bemächtigt sich
des Königs Artavasdes von Armenien (34) und giebt den Alexandri-
nern das Schauspiel eines Triumphs. Die Verstossung der Octavia
und die Verschenkung von Provinzen an die Kinder der Kleopatra
(32) bringt endlich den Bürgerkrieg zum Ausbruch. Antonius wird
von Octavian bei Actium geschlagen (31) und giebt sich den Tod,
53 Jahre alt, wenn das angegebene Geburtsjahr richtig ist; nach
andern 56jährig [3].

Ueber die geistigen Anlagen und den sittlichen Charakter des
Antonius ist Drumann nachzusehen [4]. So wenig wie über Alkibiades, mit
dem man ihn verglichen hat, kann über M. Anton in kurzen Worten

---

[1] Zugestandenermassen modern und unrichtig ist die Aufschrift Sallustius bei
einer Büste des Braccio nuovo Nr. 78.
[2] S. Drumann Gesch. Roms I. p. 64.
[3] Plut. M. Anton 87.
[4] R. G. I. p. 504 ff.

abgesprochen werden. Er war eine genial angelegte, offene Natur,
aber alles sittlichen Ernstes bar, ebenso gewissenlos in seinem
Streben nach Grösse als schamlos in seinen Ausschweifungen. Herrsch-
sucht und Genusssucht bekämpften sich in ihm oder lösten sich gegenseitig ab, und die letztere behielt schliesslich die Oberhand.

Ueber sein Aeusseres heisst es bei Plutarch [1]: »Mit seinen
glänzenden Eigenschaften verband Antonius Adel und Würde der
Gestalt. Der schöngewachsene Bart, die breite Stirn, die Habichtsnase schienen ihm jene Männlichkeit zu verleihen, welche wir an den
Herakulesköpfen der Maler und Bildhauer bewundern.« Die Antonier
rühmten sich überhaupt von Anteon, einem angeblichen Sohne des
Herakles, abzustammen, und M. Anton suchte der Fabelei für seine
Person nach Kräften Vorschub zu leisten [2], weshalb denn auch der
Monetar Livinejus Regulus, um ihm zu schmeicheln, gradezu das Bild
des Anteon auf die Münzen setzte [3]. Indes muss diese Kräftigkeit
seines Aussehens, die λαμπρότης τῆς ὥρας [4], in Folge seines schwelgerischen Lebens schon ziemlich früh ihren edeln Charakter mehr oder
weniger verloren und den der Beleibtheit angenommen haben. Daher der Ausspruch Caesars, auf den wir schon bei Anlass des Brutus und Cassius hingewiesen, vor diesen wohlbeleibten und schönfrisierten Herren (M. Anton und Dolabella) sei ihm nicht bange [5]. Und
mit Bezug darauf, dass Antonius als Consul an den Lupercalien dem
Caesar das Diadem angeboten hatte, lässt Dio den Cicero ihm vor-
werfen: »Es geziemte einem Beamten deines Ranges nicht, auf dem
Markte als Redner aufzutreten und deinen wundervollen Wuchs,
deinen gemästeten unflätigen Körper zur Schau zu stellen« [6]. Cicero
sieht bei Antonius natürlich Alles von der schlimmsten Seite [7], aber
seinem herculischen Gliederbau lässt er volle Gerechtigkeit wider-
fahren: »Du hattest an der Hochzeit des Hippias so viel Wein in
deinen Schlund, in deine mächtigen Lenden, deinen gladiatorenhaften
Körper gegossen, dass du ihn am folgenden Tag unter den Augen
von ganz Rom wieder ausspeien musstest« [8].

Damit stehn nun die Münzen, wenn man den Vergleich mit

---

[1] Plut. Ant. Cap. 4.
[2] Plut. a. a. O. 4 und 60.
[3] Coh. Méd. cons. XXV. Livin. 8.
[4] Plut. Ant. 2.
[5] Plut. Caes. 62.
[6] Dio XLV. 30.
[7] Wie er denn auch vorkommenden Falls über seine Kleidung spottet:
Per municipia coloniasque Galliae .... cum Gallicis et lacerna cucurristi. Cic.
Philipp. II. 30. 76; vgl. Gellius XIII. 22. 1.
[8] Cic. Philipp. II. 25; vgl. Plut. Ant. 9.

Herakles nicht gar zu buchstäblich und die Bärtigkeit nicht als ein
ständiges Merkmal nimmt, ziemlich in Uebereinstimmung.

Niemandes Bildnis vor Augustus ist so häufig auf Münzen gesetzt
worden, wie das des Antonius, und zwar innerhalb eines verhältnismässig kurzen Zeitraums; denn sie sind alle zu seinen Lebzeiten geprägt, zwischen Caesars und seinem eigenen Tode. Die nachweislich
ersten im Jahre 43 (allerdings schon vor dem Triumvirat) durch den
Münzmeister Sepullius Macer (Münztaf. IV. 80) [1], denselben, der auch
Caesars Kopf geprägt hatte. Antonius erscheint darauf als Augur
(seit 49) verschleiert mit *lituus* und *praefericulum* und, wohl nur
zum Zeichen der Trauer für Caesar, bärtig. Ohne Schleier, aber
ebenfalls bärtig, auf den noch in das gleiche Jahr fallenden des
Livinejus Regulus (Coh. XXV. Liv. 8), und eines unbekannten Münzmeisters (Coh. IV. Ant. 17. 18). Sonst ist er der herrschenden Sitte
gemäss meist rasiert [2].

Nach dem Durchschnitt der Münztypen hat der Kopf des Antonius niedrige Proportionen, eine flache, in scharfem Winkel an die
Stirn ansetzende Scheitellinie, ein senkrechtes Profil, eine kurze Stirn,
ein vorspringendes, fast aufwärts gerichtetes Kinn, einen starken, wenig
hinter das letztere zurücktretenden Hals, so dass der vordere Contour desselben oft nur wie eine Verlängerung der Profillinie erscheint.
Die Nase ist manchmal gerade, häufiger leicht gebogen und fast
immer mit der Spitze abwärts gerichtet, bes. stark auf den syrischen
Tetradrachmen (Münztaf. IV, 84. 85). Von den Nasenflügeln zum
Kinn läuft eine um den Mund herum geschwungene Falte. Das Haar
ist voll und in gekrümmte Büschel gegliedert, weder vollkommen
schlicht noch auch lockig, wie es ziemlich der stehende Charakter
der damaligen Münzbilder ist.

Die im Einzelnen zwischen den verschiedenen Typen bestehenden
Unterschiede sind natürlich grösstentheils auf Rechnung der Unge-
nauigkeit der Stempelschneider zu setzen. Doch scheint daneben
auch die oben berührte, bei Antonius in Wirklichkeit später eintre-
tende Veränderung einen gewissen Einfluss geübt zu haben, insofern
das neronisch aufgedunsene Untergesicht mit dem dicken Hals doch
hauptsächlich erst auf den spätern Münzen ausgeprägt erscheint;
wenigstens die des Jahres 43 zeigen sie noch nicht.

---

[1] Coh. Méd. cons. XXXVII. Sep 11.

[2] Ausnahmen ein paar Bronzemünzen des Oppius Capito vom J. 39 mit den
einander gegenübergestellten Köpfen des Antonius und der Octavia (Cohen LXI.
Oppia. 6, 7), die Denare des Ventidius v. Jahre 38 (Münztaf. IV. 91; Cohen. XL.
Ventidia) und die des Vibius Varus vom J. 36 (Coh. XLII. Vibia 22).

Mit Bezug auf eine Stelle des Plutarch könnte man versucht sein, auch noch die (viel besser ausgeführten) Münzen des Attalos und Eumenes von Pergamos wegen angeblicher Aehnlichkeit als Quelle zu benützen. Plutarch sagt nämlich im 60. Capitel der Biographie des Antonius, dass die Colosse jener Könige in Athen mit dem Namen des Antonius beschrieben gewesen seien. Doch sagt er nicht, aus welchem Grunde dies geschehen war, und da die Stelle ohnehin verderbt ist, so bleibt es höchstens Sache der Vermutung, die Athener hätten es aus Schmeichelei gethan, weil Antonius diesen Fürsten sehr ähnlich war[1]. Abgesehen von dem fetten Halse ist die Aehnlichkeit ihrer Münzköpfe mit denen des Antonius ziemlich problematisch.

Dass bereits zu seinen Lebzeiten, namentlich im Orient, viele Bildsäulen von ihm aufgestellt wurden, versteht sich bei der Stellung, die er einnahm, und bei dem schmeichlerischen Hang seiner Zeit, der sich bis zu göttlicher Verehrung verstieg, von selbst. Manche derselben stellten ihn ohne Zweifel als Bacchus oder Osiris dar, unter deren Namen und Costüm er bei seinen üppigen Festen aufzutreten pflegte. So jedenfalls die mit der Kleopatra gruppierte Statue in Alexandrien[2]. Aber ähnliche Huldigungen erfuhr oder verlangte er auch in Athen[3] und in den asiatischen Städten[4]. Nach der Schlacht bei Actium wurden zwar alle diese Denkmäler durch der Senat umgestürzt und sein Andenken verpönt[5]. Die Nemesis wollte es, dass grade damals (im Jahre 30) Quintus, der Sohn des Cicero, Consul war. Und wie der Beschluss die Statuen zu zerstören auf seinen Antrag gefasst worden war, so wird er auch für die Ausführung desselben wenigstens in Rom und Italien Sorge getragen haben. Indes war mit dem Umsturz nicht immer völlige Vernichtung verbunden, und zumal unter den Antoniern mag es später noch Manche gegeben haben, welche das Bildnis ihres berühmten Geschlechtsgenossen wieder zu Ehren zogen. Obgleich daher die Wahrscheinlichkeit, dass noch Antoniusbüsten vorhanden, keine sehr grosse, ist doch eine Umschau unter unsern Denkmälern nicht von vornherein für überflüssig zu erklären.

Bisher stritten sich namentlich je eine Büste im Vatican und in den Uffizien um das Vorrecht, für Antonius zu gelten. Doch kann

---

[1] Vgl. Visc. Icon. rom. p. 237.
[2] Dio L. 5.
[3] Plut. Anton. 57; Dio XLVIII. 39.
[4] S. die Cistophoren Münzen (Münztaf. VI. 86, 88; Cohen Méd. cons. IV. 26 ff.)
[5] Plut. Ant. 87; Id. Cic. 49; Dio LI. 19.

es jedenfalls nur eine von beiden sein, da sie verschiedene Personen darstellen.

Die vaticanische, im Braccio nuovo Nr. 96 A (abg. Fig. 30 [1]), wird deswegen so genannt, weil sie zusammen mit zwei Büsten der andern Triumvirn (von denen der Lepidus ebenfalls im Braccio nuovo, der Octavian angeblich im Pal. Casali) gefunden sein soll, wie es heisst, in einer Grotte bei Tor Sapienza vor Porta maggiore zu Rom,

Fig. 30. Marmorbüste im Braccio nuovo des Vaticans.

in den dreissiger Jahren dieses Jahrhunderts. Allein im Pal. Casali befindet sich kein Augustuskopf [2]; und wenn etwa vielmehr die Büste, die jetzt unter dem Namen Augustus bei den beiden andern Köpfen im Braccio nuovo (Nr. 102) steht, die mitgefundene sein sollte, so kann sie nichts beweisen, weil ihre Bedeutung durchaus zweifelhaft. Uebrigens würde auch ein sicherer (mitgefundener) Augustus im

[1] Pistolesi il Vat. descr. IV. 28. 2; Duruy Hist. d. Rom. III. p. 439.
[2] S. Arch Ztg. 1864. Anz. p. 156.

Grunde nur dann als massgebend betrachtet werden können, wenn alle drei Büsten durch Gleichheit des Massstabs und des Stils als zusammengehörig und Antonius und Lepidus, durch eine gewisse Aehnlichkeit mit den Münzen als Darstellungen der Triumvirn präjudiciert wären, was beides keineswegs der Fall ist. Es giebt unter den vielen Münzbildnissen des Antonius sehr wenige, die mit diesem Kopf identificiert werden könnten; ausnahmsweise etwa das von Domitius Ahenobarbus wahrscheinlich im Jahre 40 geschlagene, mit der *prora* auf dem Revers (Cohen XVI. Dom. 6). Aber dasselbe gleicht nur deswegen einigermassen, weil es vom Durchschnittstypus abweicht. Nimmt man diesen letzteren zum Massstab, so wird kein Mensch mehr von Aehnlichkeit sprechen können. Von der Nase der vaticanischen Büste ist genug erhalten, um zu sehen, das ihre Spitze ein horizontales Profil hatte, nicht abwärts gegen den Mund geneigt war. Das Kinn ist kräftig gebildet, aber nicht eigentlich vorstehend und von ganz anderem Charakter als auf den Münzen, wo die Profillinie desselben zum Hals abwärts geht, also auf fette Weichteile hinweist, während der Hals der Büste höchstens stark, keinesfalls fett genannt werden kann, auch gar kein Doppelkinn ansetzt. Von Gedunsenheit ist hier überhaupt keine Spur. Vollends verschieden ist das Haar, das am Vorderkopf krause Locken bildet, hinten schlicht nach vorn gestrichen ist, im Gegensatz zu dem gleichmässigen Haarwuchs auf den Münzen. Nach der künstlich raffinierten Behandlung der Vorderhaare würde man den Kopf, wenn er bärtig wäre, ohne anders dem 2. Jahrhundert nach Chr. zuschreiben, wie er denn zufällig auch eine entfernte physiognomische Aehnlichkeit mit Hadrian hat [1]. — Von dem mitgefundenen sog. Lepidus unterscheidet er sich sowohl im Stil als in der (beidemal antiken) Basisform der Büste.

Ist somit die Antoniusbedeutung der vaticanischen Büste (in der sich nach E. Braun [2] das ganze Leben dieses hochbegabten Wüstlings abspiegelt) fallen zu lassen, so wäre wenigstens Raum gewonnen für die der Uffizien Nr. 299 (abg. Fig. 31) [3], welche Visconti mit Berufung auf die Münzen als Antonius publicierte [4]. Dieselbe

---

[1] Als mögliche Replik vgl. den sog. jug. Tiberius im Mus. von Mantua Nr. 60 (Dütschke A. B. in Oberit. IV. Nr. 654; abg. Lahus. I. 37).

[2] Braun Museen Roms p. 253.

[3] Für die Vorderansicht muss ich auf die ziemlich mittelmässige Abbildung bei Visconti verweisen, da die von mir bestellte Zeichnung missraten ist, und wegen Abreise des Zeichners nicht noch einmal unternommen werden konnte.

[4] Visc. Icon. rom. pl. VII. 5. 6; vgl. Dütschke Uffizien Nr. 307. Schon Lauzi (Giornale de', letterati 1782. T. 47 p. 85) hatte Antonius darin erkannt.

befand sich [1] am Ende des 16. Jahrhunderts im Besitz des Prälaten Pacca, Bischoffs von Pavia, der damals in Rom lebte. Der Grossherzog Ferdinand I. von Medici erwarb sie für Florenz, wo sie jetzt in der Inschrifthalle der Uffizien (rechts vom Eingang in den Saal der Malerbildnisse) aufgestellt ist. Leider sind die Formen sehr verwaschen, die ehemals angegebenen Pupillen z. B. kaum mehr sichtbar. Ausserdem die Nasenspitze und das Kinn ergänzt, die Gewandbüste und das gefibelte Paludamentum modern. Die breite Stirn,

Fig. 31. Marmorbüste des M. Antonius (?) in Florenz.

der herculische Nacken stimmen mit den Angaben des Plutarch, das senkrechte Profil, das markierte Kinn und der dicke Hals mit den Münzen überein. Dagegen ist die Stirn nicht besonders niedrig, der Nasenrücken fast gerade (entgegen Plutarch), der Haarwuchs sowohl im Ganzen als namentlich über der Stirn dünner und der Hinterkopf weniger gerundet als auf den Münzen, die ganze Kopfform würfel-

---

[1] Nach Visconti a. a. O. p. 240. Anm. 3.

förmig. Auch möchte es schwer sein, aus diesem wohlwollenden und trotz seiner Fülle nicht sinnlich angeregten Gesicht den Alkibiades-charakter des Antonius herauszulesen. Immerhin deuten die Züge sowohl als die Colossalität auf eine bedeutendere Persönlichkeit, der Stil und die Auffassung am ehesten auf einen Republikaner. Aber dass es sich um ein *monumento d'incontrovertibile autenticità* (Visconti) handelte, kann nicht gesagt werden.

Verwandt damit, aber mit Anklängen an den Augustustypus und schwerlich dieselbe Person darstellend, ein den Namen Antonius füh-render Kopf in Venedig (Valentinelli Marmi scolpiti. Nr. 66)[1], wohlerhalten, doch von flüchtiger und trockener Arbeit. Er ist et-was jugendlicher als der vaticanische, das Haar über der Stirn voller, in der Mitte nach links und rechts geteilt, die Stirn niedrig und ge-wölbt, die Nase gebogen (nicht restauriert), der Mund klein mit zu-rücktretender Unterlippe, das Kinn dagegen wieder vorstehend. Bei nicht zu leugnender Aehnlichkeit mit den Münzen und bei vielleicht noch congenialerem Ausdruck als der vorige, dennoch ein zweifel-hafter Antonius. Auch sein Altertum scheint mir discutierbar.

Inwiefern neben diesen beiden eine Campana'sche Büste in Petersburg (Nr. 208) in Betracht kommt, welche im Catalog als einzig vollkommen sicheres Bildnis des Antonius bezeichnet wird und welche sich zugleich durch grosse Schönheit der Ausführung aus-zeichnen soll, kann ich aus Mangel an Anschauung nicht sagen. Doch gestehe ich, kein grosses Zutrauen zu ihr zu haben.

Ich selbst habe mir als mögliche Antoniusköpfe noch folgende zwei notiert:

Eine Büste in der Glyptothek zu München, 1879 im trojani-schen Saale aufgestellt, mit nacktem (ant.) Bruststück, allerdings ohne ein besonders vortretendes Kinn und überhaupt ohne den oft hässlich carrikierten Ausdruck der Münzen.

Einen Kopf im Museo Torlonia zu Rom (Nr. 25), auf unge-brochener Büste, mit vortretendem Kinn und stark betonter Un-terlippe[2].

———   ——

Gemmen. — Unter den vier bei Cades (V. Classe) abgedruck-ten Gemmen ist der Blacas'sche Karneol im brit. Museum (Cades

---

[1] Abg. Zanetti I. 4.
[2] Die Statuette in Wilton House (Newton Nr. 56. abg. Kennedy Taf. 9; Clarac. pl. 921) mit der Aufschrift M. ANTONIUS wird ihrem Gestus gemäss auf den Redner Antonius bezogen. Es bleibt aber gleichwohl rätselhaft, wie man auf den Gedanken kam, eine Figur in griechischem Gewande, mit liegen-

Nr. 254) richtig benannt, wahrscheinlich auch der Nott'sche mit dem Ammonshorn (Nr. 256), während Nr. 255, in Beziehung auf Arbeit der vorzüglichste, ebensogut einen claudischen Prinzen (Germanicus?) darstellen kann. — Auch der Karneol mit den Köpfen der Triumvirn Nr. 253 zeigt in dem halbverdeckten mittleren das kaum zu verkennende Bildnis des Antonius, und dass die beiden anderen seine Collegen sein sollen, scheint aus den links und rechts befindlichen Attributen (praefericulum und lituus) deutlich hervorzugehn. Indes würde man vom physiognomischen Standpunkt aus in dem kraushaarigen Kopf neben ihm schwerlich den Octavian und in dem gegenübergestellten schwerlich den Lepidus der Münzen erkannt haben.

Nicht unmöglich Antonius die Wiener Gemme (Nr. 805) und die Florentiner (abgeb. Mus. Flor. Gemmae I. Taf. 42. Nr. 12).

Der bei Faber (Imagg. Nr. 23) abgebildete farnesische Gemmenkopf zeigt die charakteristischen Züge des Antonius von der günstigen Seite. Doch ist mir unter den Gemmen Neapels, wo das Original sich wohl befinden muss, kein Antonius aufgefallen.

Ebenfalls bloss aus der Abbildung kenne ich den Stein des Museum Worsleyanum (Taf. XXIII. 1): M. Anton mit den hässlichen Zügen der späteren Münzen.

Fulvia.
(Münztaf. IV. 92.)

Fulvia, die berüchtigte Gemahlin dreier verschiedener Männer, des P. Clodius, der im Jahr 52 v. Chr. ermordet wurde, des C. Curio, der im Jahr 49 in Afrika fiel, und des M. Antonius, mit welchem sie seit 46 verheiratet war. Politisch bethätigte sie sich besonders bei den Proscriptionen des Jahres 43, und dann wieder im Jahre 41 durch Erregung des perusinischen Kriegs. Nach dem für sie unglücklichen Ausgang desselben floh sie nach Griechenland, wo sie bald darauf an einer Krankheit zu Sikyon starb (40 v. Chr.).

Ihr Bildnis glaubt Waddington auf der Münze einer sonst unbekannten (aber offenbar nach der Gemahlin des Antonius genannten) Stadt Fulvia in Phrygien (abg. Münztaf. IV. 92) nachgewiesen zu

dem Delphin zu den Füssen, Antonius zu nennen. Ikonographisch ist sie ohne Bedeutung, da der Kopf (von agrippaartigem Typus) nicht zugehörig und vielleicht nicht einmal antik.

haben [1]. Antonius hatte einen Teil der Jahre 42 und 41 in Asien
zugebracht, und während dieser Zeit wäre die Münze geschlagen
worden. Allerdings zeigt der dargestellte weibliche Kopf den Schul-
terflügeln nach eine Victoria, allein mit so porträtartigen Zügen und
mit einer so an die Mode der Zeit erinnernden Haartracht, dass man
zu der Annahme gedrängt wird, es sei ein Bildnis unter der Gestalt
der Victoria gemeint. Aehnlich wie an einigen auf Octavia bezogenen Victoriaköpfen der gens Mussidia und Numonia [2] sind die Schei-
telhaare in eine über die Stirn vortretende Flechte gelegt, welche
am Hinterhaupt in einen kleinen Knauf endigt. Das Gesicht hat
jugendliche, fast mädchenhafte Züge, aus denen weiter keine Homo-
geneität mit dem Charakter der Fulvia hervorleuchtet.

- - - - -

Kleopatra [3].
(Xbouiaf. IV. 83—96.)

Kleopatra, die Tochter des Königs Ptolemaeus Auletes von Aegypten, geb. 69 v. Chr., bestieg im Jahre 52 gemeinschaftlich mit ihrem
jüngeren Bruder den erledigten Thron. Durch die Ratgeber des
letzteren der Mitregentschaft beraubt, floh sie nach Syrien, wurde
aber von Caesar, dessen Gunst sie gewann, Ende 48 wieder zurückgeführt, und in Aegypten und Rom mit Ehren überhäuft. Nach
Caesars Tod und der Niederlage der Republikaner bei Philippi traf
sie in Cilicien mit Antonius zusammen (41), und machte ihn zum
Sklaven ihrer Reize. Es folgten jene schwelgerischen Jahre, das
28te bis 39te ihres Lebens, meist in Alexandrien, teilweise auch in
Syrien hingebracht, die mit der Niederlage des Antonius bei Actium
und ihrem beiderseitigen Selbstmord endigten (30 v. Chr.).

Obwohl Antonius erst im J. 32 den Scheidebrief an Octavia
sandte, und Kleopatra eigentlich nie seine rechtmässige Gemahlin
war, mag es doch gestattet sein, ihr einen Platz in der römischen
Ikonographie zu gönnen, teils weil Antonius selber in seinem Testa-

---

[1] Vgl. Rev. Numismat. 1853. pl. X. 5, p. 246.
[2] Abg. Rev. Numism. a. a. O. pl. III. 6. 7.
[3] Der vierten Gemahlin des Antonius, Octavia, werden wir bei den Frauen
des augusteischen Hauses einen kleinen Abschnitt widmen, da sonst Einiges
vorweg genommen werden müsste, was besser dort im Zusammenhang besprochen wird.

ment sie als solche anerkannte, teils weil es auch lateinisch beschriebene Münzen mit ihrem Bildnis giebt.

Dass es eine Frau, wenn nicht von grosser Schönheit, doch von dämonischem Liebreiz war, wird durch ihre Geschichte sattsam bezeugt. Indes geben uns die Historiker, wie gewöhnlich in solchen Fällen, kein genaueres Bild. Von einiger Bedeutung sind nur ein paar Stellen Plutarchs, wo er über den Grad und den Charakter ihrer Schönheit spricht. «Dieselbe, sagt er [1], soll an und für sich nicht so ganz unvergleichbar gewesen sein, und auf den ersten Anblick nicht überrascht oder geblendet haben. Aber das Zusammenleben mit ihr hatte seine unentrinnbaren Fallstricke, und ihre Gestalt, verbunden mit der einnehmenden Unterhaltung und der in ihrem ganzen Wesen liegenden Vornehmheit machte einen unauslöschlichen Eindruck [2]. Nur schon ihre Stimme zu hören war ein Vergnügen». Und bei Anlass der Scheidung von Octavia bemerkt er: «Die Römer bedauerten nicht sowohl diese letztere als den Antonius, besonders diejenigen, welche die Kleopatra gesehen hatten und also wussten, dass sie weder an Schönheit noch an Jugendblüte etwas vor Octavia voraus hatte» [3].

Damit stimmen die Münzen (s. Münztaf. IV. 93 — 96) insofern überein, als sie uns in der That, verglichen z. B. mit dem der Livia oder der Antonia, ein Bildnis von zweifelhafter Formenschönheit zeigen. Sie sind fast durchweg in Aegypten oder in Syrien geprägt und mit griechischer Schrift versehen, was aber hier, wo es sich um eine ägyptische Königin handelt, nicht etwa wie bei den griechischen Typen der Kaiser ihrer Zuverlässigkeit Eintrag thut. Im Gegenteil müssen für Kleopatra die ägyptischen und syrischen Münzen in erster Linie zu Rate gezogen werden. Es giebt deren aus sehr verschiedenen Perioden ihrer Regierung [4]. Eine der frühesten ist ohne Zweifel die schöne Tetradrachme von Askalon aus dem Jahre 50 v. Chr. [5], mit welcher die bei uns gegebenen von Alexandria (Münztaf. IV. 93. 94) vollständig übereinstimmen. Dies blieb dann überhaupt der auf den Münzen übliche Typus (vgl. Münztaf. IV. 96), bis etwa seit 36 auch die Unterfeldherrn des Antonius aus Wohldienerei anfiengen, das

[1] Plut. Anton. 27.
[2] Ἧι τι μορφή, μετὰ τῆς ἐν τῷ διαλέγεσθαι πιθανότητος καὶ τοῦ παραθέοντος ἅμα πως περὶ τὴν ὁμιλίαν ἤθους, ἀνέφερε τι κέντρον.
[3] Plut. Ant. 57. Vgl. Drumann Gesch. Roms I. p. 392.
[4] Ueber die Auseinanderhaltung der Münzbildnisse der Kleopatra von denen der Octavia s. Lenormant im Trésor d. Num. Icon. des emp. p. 4.
[5] In Lichtdruck abg. in der Synopsis of the brit. Museum Coins and medals Pl. VII. a 19.

Bildnis der Kleopatra zu prägen, von wo an der Typus einen mehr römischen Charakter erhielt. Das schönste Beispiel dieser letzteren Art ist die Tetradrachme mit dem Revers des Antoninuskopfes (Münztaf. IV. 95), vielleicht in Antiochia geprägt, wovon eine ziemlich genaue, nur verkleinerte Wiederholung auf einem römischen Denar vorkommt (Cohen Méd. cons. V. Anton. 37).

Ein merklicher Altersunterschied tritt übrigens auf den früheren und späteren Münzen nicht zu Tage. Schon die neunzehnjährige Königin auf der Tetradrachme von Askalon hat starke, fast männliche Züge, ein beschattetes Auge, man möchte meinen unter zusammen laufenden Brauen, eine etwas vorstehende, an der Spitze abwärts gebogene Nase, und einen ziemlich grossen Mund; die Haare sind in rückwärts laufende Scheitel gelegt, und im Nacken in einen kleinen Knauf gesammelt, von einem breiten Diadem umwunden, dessen Enden hinten herabfallen. Der spätere, romanisierte Typus unterscheidet sich durch eine höhere, weniger aus dem Profil vorspringende und stärker abwärts gerichtete Nase, sowie durch ein etwas vorspringendes Kinn, beides gleichsam Annäherungen an die Physiognomie des Antonius. Auch ist ihre Haartracht hier etwas künstlicher, in kleinere Scheitel gelegt, mit Zierlöckchen ums Gesicht, die übrigens auch sonst nicht fehlen, und mit äusserst kleinem Lockenknäufchen im Nacken, wenn nicht vielmehr bloss eine Schleife gemeint ist.

In keiner ersichtlichen Beziehung zu diesen der Wirklichkeit nachgebildeten Typen steht die in specifisch ägyptischem Stil ausgeführte Reliefdarstellung im Tempel von Denderah unterhalb Theben (abg. Clarac pl. 1022. 2902)[1].

Bildsäulen der Kleopatra gab es sowohl in Rom als in Aegypten, und es wird sogar ausdrücklich berichtet, dass die letzteren auch nach der Schlacht bei Actium noch stehen blieben, indem ein gewisser Archibios 1000 Talente bezahlte, damit sie nicht gleich denen des Antonius umgestürzt würden[2]. Beim Triumph liess Octavian eine Darstellung der Kleopatra, wie sie nach ihrem Tode auf dem Ruhebett lag, mit einer am Arm hängenden Natter aufführen[3]. Doch möchte dies eher ein für den Moment gefertigtes und auf Illusion berechnetes Wachsbild als eine monumentale Statue gewesen sein. Wohl aber war eine solche das goldene Bildnis der Kleopatra im Tempel der Venus genetrix, das schon von Caesar (46 oder 45

[1] Vgl. Rosellini Mon. stor. II. p. 517. 82; Ménard La vie privée des anc. I. 1880 p. 55.
[2] Plut. Ant. 87.
[3] Plut. Ant. 87; Dio LI. 21.

v. Chr.) dort aufgestellt worden war und das noch zu Appians Zeit
an der gleichen Stelle stand [1].

Bei alle dem ist die Wahrscheinlichkeit, dass sich noch plastische
Darstellungen der Kleopatra erhalten haben, ziemlich gering, und man
wird auch nicht viele Denkmäler aufzählen können, die ein begründetes Recht auf ihren Namen haben.

Bis auf Winckelmann glaubte man bekanntlich des Schlangen-
armbands wegen und mit Bezug auf das Triumphalbild des Octavian
in der schlafenden Ariadne des Vaticans (Pio Clem. II. 44), sowie
in ihren Wiederholungen und Nachbildungen solche zu besitzen, und
übertrug dann den Namen wohl auch auf Figuren, die entweder nur
das Armband [2] oder nur die liegende Stellung [3] mit jener gemein
hatten. Der Irrtum ist jetzt allgemein anerkannt, aber was an dessen
Stelle gesetzt wird, um kein Haar besser beglaubigt.

Bald gelten für Kleopatra Frauenbüsten mit entblösster Brust,
auf welche irgend ein moderner Restaurator eine Schlange gesetzt
hat, wie die in Villa Albani Nr. 867 [4], oder die im Wallraf-Museum
zu Köln Nr. 19 [5]. Bald legt man die melonenartige Haartracht der
Münzen zu Grunde, und benennt danach, ohne nur auf die Verschiedenheit des Knaufes zu achten, Frauenköpfe wie den so gescheitelten
von Herculaneum in Neapel (aufgestellt bei den Römerbüsten) [6],
anderer ganz willkürlicher Kriterien, wie des schmerzlichen Ausdrucks,
zu geschweigen.

Es ist aber klar, dass die Haartracht an sich, selbst bei genauerer Uebereinstimmung und selbst wenn eine gewisse Aehnlichkeit der Gesichtszüge damit verbunden wäre, nicht genügt, um eine
Kleopatra zu bestimmen. Als ein fast notwendiges Merkmal ihrer

[1] App. B. c. II. 102; Dio LI. 22.
[2] Vgl. die zu einer Kleopatra ergänzte Statue im Museo archeol. zu Venedig
Nr. 166 (abg. Zanetti I. 5; Clarac pl. 912. 2322).
[3] Wie die Phaedra (?) auf dem schönen Silberdiskus zu Neapel (abgeb.
Bronzi d'Ercol. I. zu p. 257, und danach bei Weisser Bilderatlas I. Taf. 40, 17.
Vgl. Gerhard und Panofka Neap. ant. Bildw. p. 439. Nr. 13).
[4] Beschr. d. St. Rom III. 2 p. 458.
[5] Vgl. die sehr verdächtige Gemme bei Leon. Agostini (Gemmae et sculpt.
ant. I. 78). Auch der nach Bracci Memorie bei Weisser (Bilderatlas Taf. 40. 18)
abgebildete Stein: Die sterbende Kleopatra von 3 Putten betrauert, macht einen
durchaus modernen Eindruck. Er könnte sonst als Beweis angeführt werden,
dass das Motiv der vaticanischen Ariadne, d. h. die liegende Stellung mit über-
geschlagenem Arm, wirklich für Kleopatra verwendet wurde.
[6] In Gerhards Beschreibung der ant. Bildw. von Neapel, so viel ich sehe,
nicht verzeichnet.

Bildnisse wird ausserdem das Abzeichen der königlichen Würde, das
orientalische Diadem, zu postulieren sein. Mit diesem geschmückt
erscheint sie ausnahmslos auf den Münzen. Wir kennen keine massgebenden, d. h. sichern und sorgfältig ausgeführten Darstellungen
von Königen oder Königinnen, die dieses Schmuckes ermangeln, ausser
solche, wo derselbe durch einen Kranz, einen Helm oder eine Stirnkrone ersetzt ist [1]. — Nun kann es ja sein, dass Kleopatra zur Zeit
ihres Aufenthalts in Rom (vor Caesars Tod), wo sie schwerlich ein
Diadem trug, auch ohne ein solches abgebildet wurde. Aber dass
die Statue im Venustempel desselben entbehrte, wird wenigstens nicht
gesagt. Es ist aller Wahrscheinlichkeit zuwider, anzunehmen, dass
ihr Typus eher nach einem zufällig diademlosen römischen Denkmal
als nach den zahlreichen bediademten in Aegypten festgestellt und
vervielfältigt worden sei. Dieser Gesichtspunkt scheint in unserer
Frage durchaus festgehalten werden zu müssen.

Wo sind nun aber die Frauenköpfe in Marmor oder Bronze, die
ein Diadem tragen und zugleich durch ihre Haartracht und ihre Gesichtszüge an die Münztypen erinnern?

Ein deutliches Diadem trägt, wenn ich nicht irre, bloss die eine
Bronzebüste von Herculaneum in Neapel (Visconti Icon. greeque
Taf. 52. 6. 7) [2], die denn allerdings als Fürstin präjudiciert ist [3],
deren Haare aber unaufgebunden in Spirallocken herabhängen, also
in einer Weise angeordnet sind, die von der der Kleopatra möglichst
verschieden.

Andere bediademte Frauenbildnisse sind mir nicht bekannt;
denn die drei- bis viermal umwundene Binde der sog. Kleopatra im
capitolin. Museum, Philosophenzimmer Nr. 55 [4], welche Anlass zu
deren Benennung gegeben zu haben scheint, ist nicht das Abzeichen
der Königswürde, sondern der Kopfschmuck von griechischen Dichte-
rinnen (Sappho) oder von den Sibyllen der römischen Consularmünzen [5]. Eher dürfte die junonische Stirnkrone als ein Ersatz
des Diadems angesehen werden [6], aber für Kleopatra bezeichnend

[1] Die angebliche Berenice von Herculaneum in Neapel (Br. d'Erc. I. 63.
64; Mus. borb. VII. 12. 2) hätte wenigstens die Haarflechten nach Art einer
Stirnkrone umgelegt. Allein der Mangel des Diadems beweist eben, dass es
keine regierende Fürstin ist; wahrscheinlich überhaupt kein Porträt. Vergl.
Burckh. Cicerone 2. Aufl. p. 453. a.
[2] Bronzi d'Ercol. I. 59. 60; Müller-Wieseler Denkm. I. Taf. 50. 223 a.
[3] Von entschieden weiblichem Charakter; nicht etwa ein Bildnis des Ptole-
macus Apion, wie die herculanischen Akademiker wollten.
[4] Abg. Bottari 1. 57; Righetti I. 87.
[5] Cohen Méd. cons. XL. Valeria 9. 10.
[6] Vgl. die Goldmünzen der beiden Arsinoë b. Visc. Icon. gr. Tf. XIII. 2 u. 7.

doch jedenfalls nur in Verbindung mit einer entsprechenden Haartracht, oder wenn ein äusserer Grund, wie der Fundort oder etwas
Aehnliches, auf Aegypten weist. Dass dies bei der klagend aufwärts
blickenden Büste im Casino Rospigliosi der Fall sei, wird Niemand
behaupten [1].

So bleiben höchstens noch ein paar Gemmenköpfe übrig,
welche durch das Diadem als Königinnen charakterisiert sind; darunter die sog. Kleopatra oder Artemisia des Hyllos auf einem jetzt
in Petersburg befindlichen Karneol (abg. Bracci Mem. degli ant.
inc. II. 79) [2]. Aber auch hier sprechen die Haare kaum je zu Gunsten der Kleopatra. Auf dem Stein des Hyllos sind sie venusartig
geordnet, der (schleifenlose) Kopfschmuck nicht einmal als Diadem
gesichert. Die sog. Kleopatra auf einem Karneol des Gnaios im
Kircher'schen Museum (abg. Bracci I. Tf. 53) [3], wie auch die bei
Leon. Agostini (Gemmae et sculpt. ant. II. 42), haben wieder die
dreifache Haarbinde der Sapphoköpfe.

Der Dresdner Agat endlich, Caesar und Kleopatra genannt
(Hettner Cat. v. 1856 p. 109 Nr. 302), möchte eher den Münzen des
Antonius und der Octavia nachgebildet sein.

M. Antonius d. jüngere.
(Münztaf. IV. 97.)

M. Antonius hatte von Fulvia zwei Söhne, Marcus und Julus,
von denen dem ältern (bei den Griechen Antyllus genannt), bevor
er nur erwachsen, die Ehre wiederfuhr, auf Münzen verewigt zu
werden. Geboren ungefähr im Jahre 46 v. Chr., wurde er als Kind von
seinem Vater mit nach Asien und Aegypten genommen, 36 mit Julia,
der Tochter des Octavian, verlobt, 30 mit der männlichen Toga bekleidet, um bald darauf, circa 16jährig, von dem herzlosen Sieger
in Alexandrien hingerichtet zu werden [4].

Die Goldstücke mit seinem Bildnis und dem Avers des M. Anton

---

[1] Ueber einen vorzüglich gerühmten Reliefkopf der Kleopatra (?) in der
Sammlung Spiegelthal in Smyrna (Arch. Ztg. 1857. Anz. p. 85) ist mir leider
nichts Näheres bekannt.
[2] Vgl. Faber Imagg. Tf. 75. Brunn G. d. gr. Kstlr. II. p. 507.
[3] Brunn a. a. O. p. 564.
[4] Vgl. Visconti Icon. rom. p. 241; Drumann G. Roms I. p. 519—521.

Vater (Münztaf. IV. 97) [1], wurden ungefähr im Jahre 34 in Alexandrien
geprägt. Sie lassen eher einen jungen Mann als einen circa 12jähri-
gen Knaben voraussetzen, und erwecken insofern wenig Vertrauen.
Indes hat der Kopf Aehnlichkeit mit dem seines Vaters, namentlich
dasselbe vorstehende und kurze Kinn und ein senkrechtes Profil.
An erhaltene Marmorbildnisse ist nicht zu denken.

Lucius Antonius.
(Münztaf. IV. 98.)

L. Antonius war der jüngste Bruder des Triumvirs. Wenn jener,
wie es wahrscheinlich, im Jahre 83 geboren, so wird man die Geburt
des Lucius, da noch ein dritter Bruder, Cajus, zwischen ihnen stand,
nicht vor das Jahr 81 setzen dürfen. Er war Quaestor im Jahre 50
und gieng dann als Proquaestor nach Asien. Seine Hauptrolle spielte
er als Volkstribun im Jahre 44, in welchem er für seinen Bruder ein
Ackergesetz beantragte, und dann als Consul im perusinischen Krieg
(41). Nach obigem Geburtsjahr kann er damals höchstens 40 Jahre
alt gewesen sein, obgleich das fürs Consulat vorgeschriebene Alter
das dreiundvierzigste war. Schon im Jahre 40 wurde er in Perusia
gefangen und nach Spanien geschickt, und ist von da an verschollen.

Bekanntlich ist bei den pergamenischen Ausgrabungen die Basis
einer Ehrenstatue des L. Antonius im dortigen Gymnasium gefunden worden [2]. Sie war ihm als Proquaestor von Asien, also im
Jahre 49 oder bald nachher, und zwar von der Hand des Künstlers
Menophilos errichtet. Ausserdem verdankte er seinen agrarischen
Umtrieben eine nicht gewöhnliche Anzahl von Ehrendenkmälern in
Rom, darunter eine vergoldete Reiterstatue auf dem Markte, welche
ihn als Patron der 35 Tribus bezeichnete. Ebenso errichteten ihm
die Ritter und die Militärtribunen Statuen, und durch eine weitere
mit der Aufschrift: »Dem Patron des mittleren Janus« bezeugten ihm
die Geldwechsler ihren Dank [3]. Doch ist die Wahrscheinlichkeit,
dass noch eines derselben erhalten sei, oder dass später noch weitere

---

[1] Cohen Méd. imp. 2 éd. p. 58 Nr. 2. Vgl. Méd. cons. V. Antonia 36:
Sallet Zeitschr. f. Numism. II. Tf. IX. 2. p. 289.
[2] S. Ausgrabb. zu Pergamon 1880. p. 215.
[3] Cicero Philipp. VI. 5; VII. 6.

Bildnisse von ihm aufgestellt wurden, sehr gering. Er gehört nicht zu den Männern, die sich dauernder Sympathien erfreuten. Nachdem einmal seine politische Rolle ausgespielt war, wurde er vergessen, und es konnte höchstens noch seinen Geschlechtsgenossen einfallen, sein Andenken durch Büsten fortzupflanzen. Die öffentlichen Ehrensäulen aber wurden nach dem Sieg des Octavian ohne Zweifel zugleich mit denen seines Bruders Marcus beseitigt.

In dem immerhin möglichen Fall, dass noch solche erhalten, würde es nicht ganz an Hilfsmitteln zur Wiederauffindung fehlen. Vor Allem haben wir zwei Münzen mit seinem Bildnis, welche zur Zeit seines Consulats im Jahre 41 von M. Cocceius Nerva und M. Barbatius Philippus, den Proquaestoren des M. Antonius, geschlagen worden waren (die des Nerva abgeb. Münztaf. IV. 98)[1]. Sie zeigen die Köpfe der beiden Brüder auf Avers und Revers verteilt: Lucius mit zurückweichender, kurzer und kahler Stirn, abwärts gerichteter Nasenspitze und vortretendem Kinn, ohne die Fettigkeit des Marcus, obgleich auch hier die Entfernung des Halses von der Kinnspitze keine grosse.

Seine Kahlheit wird durch die Aufschriften zweier bei Perusia gefundener Schleuderkugeln bestätigt[2]. Ausserdem trug er eine Narbe im Gesicht, welche er in einem Scheingefecht, wo er als Gladiator auftrat, erhalten hatte, und auf welche Cicero bei jeder Gelegenheit höhnische Anspielungen macht[3]. Indes ist es sehr fraglich, ob sie auch an seinen Bildnissen zu Tage trat.

Eine auf ihn gedeutete Büste des Braccio nuovo im Vatican (Nr. 88) soll sowohl durch Familienähnlichkeit mit dem ebenda befindlichen sog. M. Antonius (Nr. 96 A) als durch den Münztypus beglaubigt sein, was beides ganz subjective, um nicht zu sagen aus der Luft gegriffene Behauptungen sind. Die Büste zeigt zwar einen kahlköpfigen Mann in den besten Jahren des Lebens, wie man es bei L. Antonius voraussetzen muss. Aber ebendasselbe passt auf hundert andere berühmte und unberühmte Männer. Das krausgelockte Haar und die hohe Stirn bei eher niedriger Kopfform werden durch die Münze dementiert, und die Familienähnlichkeit mit der angeblichen Büste des M. Anton ist weder vorhanden noch würde sie etwas beweisen (s. oben p. 207 f.).

Schon des Alters wegen ist auszuscheiden — es scheint sich um

---

[1] Cohen M. C. XIII. Cocceja. 1; vgl. VIII. Barbat. 2.

[2] Corp. Inscr. lat. I. Nr. 684: L. A(ntoni) calve, Fulvia, culum pan(dite). Und Nr. 685: L. Antoni calve, peristi C. Caesarus (sic) victoria.

[3] Vgl. namentlich Philipp. V. 7.

einen Siebziger zu handeln — die schöne Togastatue in Holkham
Hall (Michaelis Arch. Ztg. 1874. p. 19 Nr. 17)[1], die den Namen des
L. Antonius führt. Wenn der Betreffende nach seiner Verbannung
auch noch länger gelebt hat, so sind ihm doch gewiss keine Denkmäler mehr gesetzt worden, und übrigens ist die Aehnlichkeit mit
der Münze bei Weitem nicht gross genug, um uns den Widerspruch
annehmbar zu machen, der zwischen dem grossartig edeln Ausdruck
des Statuenkopfes und dem zweifelhaften Charakter des angeblich
Dargestellten besteht.

Wenn man sich darauf einlassen wollte, möglichen Bildnissen
des L. Antonius nachzuspüren, so könnte die bei Anlass des Marius
erwähnte Gemme des Fulvius Ursinus (oben p. 81) und vielleicht
auch diese oder jene verwandte Statue in Frage kommen. Allein es
ist, wie gesagt, von vornherein keine Aussicht vorhanden, dass dergleichen noch existieren.

— — —

Der Triumvir Lepidus.

(Münztaf. IV. 99. 100.)

M. Lepidus ist der Sohn jenes Consuls Lepidus, der im Jahre
78 v. Chr. einen unüberlegten Versuch zum Sturz der sullanischen
Verfassung machte und im folgenden Jahre starb. Sein Geburtsjahr
kennen wir nicht; wir wissen aber, dass er bis zum Jahre 13 v. Chr.
lebte, dass er also ein hohes Alter erreichte, indem nur schon vom
Tode seines Vaters an bis dahin 64 Jahre verflossen. Die politische
Stellung, die er eine geraume Zeit als Anhänger Caesars und dann
als Triumvir neben Antonius und Octavian einnahm, stand in keinem
Verhältnis zu seinen geistigen Fähigkeiten. Er verdankte sie seinem
Reichtum und seiner Vornehmheit und dem Umstand, dass ihn die
Machthaber für ihre Zwecke nötig hatten. Auch sittlich war er
nichts weniger als ein grosser Mann, vielmehr schlaff, charakterlos
und ohne Ehrgefühl, nur von seiner Eitelkeit zu einer angestreng-
teren Thätigkeit gespornt[2].

Sein Bildnis ist noch auf verschiedenen Münzen erhalten, die

---

[1] Abg. Maffei Racc. 147 mit ganz verfehltem Kopf; Clarac Mus. d. sc. pl. 303.
[2] S. Drumann R. G. I. p. 23.

zur Zeit des Triumvirats geschlagen wurden [1], am besten auf einem
Goldstück des Livinejus Regulus, Münzmeisters im Jahre 43, mit nach
rechts gekehrtem Kopf (abg. Münztaf. IV. 99) [2]; ausserdem aber auf
Goldstücken von dessen Collegen Mussidius Longus (abg. Münztaf.
IV. 100) [3] und P. Clodius [4], mit Kopf nach links; endlich auf Goldstücken und Denaren, auf deren Revers der Kopf des Octavian oder
des Antonius [5]. Ueberall erscheint er bartlos, mit schlichtem vollem
Haar, von verhältnismässig jugendlicher Bildung; doch herrscht im
Einzelnen keine genaue Uebereinstimmung. Auf der des Livinejus
ist er dem M. Brutus ähnlich, mit stumpfer, nicht in der Stirnflucht
liegender Nase. Auf den andern ist die Nase spitzer, das Kinn zuweilen vortretend, das Profil gerade.

Diese Abweichungen zwischen den einzelnen Typen erschweren
das Auffinden von Marmorbildnissen ungemein, obgleich kaum
daran zu zweifeln ist, dass noch solche von ihm vorhanden. Mochte
Lepidus auch an Macht und Ansehen hinter den anderen Triumvirn
zurückstehen, so hatte er doch selbstverständlich seinen Teil an den
Ehren und Huldigungen, die ihnen jeweilen entgegengebracht wurden. Schon vor dem Abschluss ihres Bundes hatte Cicero im Senat
beantragt, dass ihm eine vergoldete Reiterstatue auf der Rednerbühne sollte errichtet werden [6]. Dieselbe wurde zwar, als Lepidus
bald darauf für einen Feind des Vaterlandes erklärt wurde, für kurze
Zeit entfernt [7], doch gewiss nur, um bei der Gründung des Triumvirats wieder aufgerichtet oder durch andere ersetzt zu werden.

Unter den erhaltenen Denkmälern, die dem Lepidus zugeteilt
werden, steht oben an:

Die schöne Büste des Braccio nuovo im Vatican Nr. 106
(abg. Fig. 32) [8], welche zusammen mit einem Octavian (j. angeblich
im Pal. Casali) und einem Antonius (Braccio nuovo Nr. 96 A) gefunden
sein soll, und deren Bezeichnung eben deshalb eine gewisse Autorität

[1] Vgl. Cohen Méd. imp.; 1. 2. éd. p. 32 ff.; Boutkowski Dictionn. numism. I.
p. 109 ff.
[2] Cohen Méd. cons. XXV. Livineia 7.
[3] Cohen Méd. cons. XXIX. Mussidia 9.
[4] Abg. Zeitschr. f. Numism. VI. 1679. Tf. 1.
[5] Abg. Visc. Icon. rom. VII. 7; Cohen Méd. cons. II. Aemilia 18.
[6] Cic. Phil. V. 15.
[7] Dio XLVI. 51.
[8] Pistolesi il Vatic. descr. IV. 9. 4; Duruy Hist. d. Rom. III. p. 461. Eine
moderne Copie in der k. Sammlung zu Madrid (Hübner Ant. Bildw. v. Madr.
p. 164. Nr. 14).

erlangt hat[1]. Sie zeigt den Kopf eines jungen Römers mit etwas
gelocktem, sorgfältig ausgearbeitetem Haare, von mageren Formen,
zugespitztem Profil, schmaler, länglichter Nase und abfallendem Kinn;
letzteres, wie auch Lippen und Wangen, von keimendem Barte bedeckt. Dem physiognomischen Ausdruck nach ein Mann von lebendigem Temperament, aber ohne hervorragende Bedeutung nach Seite
des Geistes oder des Willens. Wenn die mitgefundenen Büsten wirk-

Fig. 32.   Marmorbüste im Braccio nuovo des Vaticans.

lich seine Collegen im Triumvirat darstellten, so läge trotz dem Barte
eine nicht zu leugnende Wahrscheinlichkeit für Lepidus vor. Allein
die Bezeichnung des angeblichen Antonius (s. oben p. 207) ist offenbar falsch, und die Behauptung, dass beide eine völlig gleiche Behandlung zeigen (E. Braun) meines Erachtens ebenfalls. Man sieht
dies namentlich an den Haaren, die nicht bloss ihrem Charakter

---

[1] Vgl. E. Braun Ruinen und Mus. Roms p. 254.

nach verschieden, sondern auch von verschiedener Hand und schwerlich gleichzeitig gearbeitet sind. Die des Lepidus im Stil der augusteischen Zeit, die des Antonius in dem des 2. Jahrhunderts, obgleich allerdings die Haare der Augbrauen und die Pupillen bei letzterem nicht augegeben sind. Ist man aber bei unserer Büste einzig auf die Münzen verwiesen, so ist ihre Uebereinstimmung mit denselben viel zu gering, um darauf eine Namengebung zu begründen.

Dieser vermeintliche Lepidus ist nun zur Grundlage von noch weiteren Taufen gemacht worden. Hauptsächlich mit Berufung auf ihn hat P. Erc. Visconti einen bartlosen Kopf von Parma (abgeb. Gazette archéol. 1879 pl. IX. 2, vgl. p. 61)[1] auf Lepidus gedeutet. Die kleinen Unterschiede erklärt er durch das höhere Alter desselben. Er sei hier etwa zur Zeit des sicilianischen Krieges (36 v. Chr.), dort als Triumvir (43) dargestellt, daher die Büste zu Parma in den Formen um ein Weniges voller. — Ebenfalls nach der vaticanischen Büste benannt und wieder bärtig ein Kopf des Museo Torlonia Nr. 414. In Wahrheit bleibt aber beidemal die Identität der Person höchst zweifelhaft.

Bloss auf der Vergleichung mit den Münzen beruht der Name Lepidus bei dem in Paris gefundenen, durch Caylus ins Cabinet, d. Médailles gekommenen Bronzekopf, der früher Coelius Caldus genannt wurde (Chabouillet Cat. gén. Nr. 3120)[2]. Das Verdienst ›dieser Entdeckung‹ gebührt Duchalais, von dem die Publication in den Mémoires de la soc. des antiquaires de France herrührt. Sie wird von Chabouillet als *généralement adoptée* bezeichnet, was indes die Richtigkeit derselben noch nicht beweist. Ein in Paris zum Vorschein gekommener Bronzekopf, für dessen Bedeutung sich nichts sagen lässt, als dass er einige Aehnlichkeit mit den Lepidusmünzen hat (der Abbildung nach hauptsächlich nur mit der des Livinejus), bleibt vorderhand besser namenlos. Dasselbe gilt in noch höherem Grade von dem pompejanischen (jetzt Sulla genannten) Bronzekopf in Neapel (Br. d'Erc. I. Tf. 43. 44), bei dem man umgekehrt eher die Münze des Mussidius zu Grunde legen müsste, und bei der übrigens unbedeutenden Marmorbüste im Museo archeol. des Dogenpalastes zu Venedig Nr. 81 (abgeb. Zanetti I. 3).

Wie man endlich bei dem Kopf des Louvre Nr. 382 (abgeb. Clar. pl. 1089)[3], Aehnlichkeit mit den Münzen hat sehen können,

---

[1] Duruy Hist. d. Rom. III, p. 469.

[2] Abg. Caylus Recueil III. pl. 108 (Face u. Prof.); Dumerman Notice etc. pl. IV. 1 (Face); Mém. de la société des antiqu. de France T. XXI. pl. 6 (Prof.); Duruy Hist. d. Rom. III. p. 618 (Face). Vgl. oben p. 86.

[3] Bouillon III. bustes pl. 9. inconn. 3.

begreife ich nicht. Er gleicht vielmehr den Gemmenköpfen des Solon
mit dem angeblichen Maecenasbildnis.

Von zwei unter sich verschiedenen sog. Lepidusköpfen bei Cades
(V. 259 u. 260) möchte der eine mehr wegen des *lituus* als wegen
besonderer Uebereinstimmung mit den Münzen einiges Recht auf seine
Bezeichnung verdienen. Es ist ohne Zweifel der bei Leon. Agostini
abgebildete (Gemmae et sculpt. ant. II. 48).

Die Söhne des Pompejus.

Cnejus Pompejus.

(Münztaf. II. 47. 48.)

Cnejus, der ältere Sohn des Pompejus und der Mucia (geboren
zwischen 80 und 75, gestorben 45 v. Chr.), wurde nach der Schlacht
bei Pharsalus und dem Tode seines Vaters (48) veranlasst nach Spanien zu gehen. Hier warb er, mehr für sich als für die Optimaten,
ein beträchtliches Heer, das bald durch die Flüchtlinge von Thapsus
(46) noch verstärkt wurde. Aber in der Schlacht bei Munda wurde
er von Caesar geschlagen und fand bald darauf seinen Tod.

Etwa sieben Jahre später liess Sextus Pompejus ein Goldstück
mit seinem eigenen Bildnis prägen, auf dessen Revers die Köpfe seines Vaters und seines Bruders einander gegenübergestellt waren (abg.
Münztaf. II. 47. 48)[1]. Da der Kopf des Vaters trotz dem winzigen
Masstab genau den sonst von ihm bekannten Typen entspricht, so
darf man auch bei dem des Cnejus eine zutreffende Bildnisähnlichkeit annehmen. Danach hatte er einen hochgewölbten Schädel, pe-
rückenartiges Haar, eine ziemlich martialische, je nach dem Stempel
negerartige Physiognomie, und trug er gleich seinem Bruder einen
kurz geschnittenen Bart. Völlig unmöglich wäre es nicht, nach diesem
Typus ein Monumentalbildnis des Cnejus Pompejus zu erkennen. Allein
die geringe Beliebtheit des heftigen und grausamen jungen Mannes, und
sein frühzeitiges Ende (zwischen dem 30. und 35. Lebensjahr) machen
es höchst unwahrscheinlich, dass noch solche von ihm vorhanden sind.

---

[1] Cohen M. cons. XXXIV. Pompeja 10.

Ein mit der Münze genau übereinstimmender Gemmenkopf, nur unbärtig, befand sich auf einem Karneol des Fulvius Ursinus (abg. bei Faber Imagg. P[1]).

Sextus Pompejus.
(Münztaf. II. 51. 52.)

Sextus, der jüngere und berühmtere Bruder des vorigen (geboren 75 v. Chr.), war 27 jährig Zeuge der Ermordung seines Vaters, und focht dann in den unglücklichen Schlachten bei Thapsus (46) und Munda (45). Nach dem Tode Caesars erhielt er vom Senat den Oberbefehl über die Flotte. Er zog die Proscribierten an sich, setzte sich in Sicilien fest und zwang die Triumvirn zu dem Vertrag von Misenum (39), worin ihm Sardinien, Sicilien und der Peloponnes überlassen wurden. Nach dem Abgang des Antonius und Lepidus brach sofort zwischen Octavian und S. Pompejus der Krieg aus. Letzterer war anfangs siegreich, und nannte sich Sohn des Neptun; aber der Seesieg des Agrippa bei Naulochos (36) machte seinem Uebermut ein Ende. Er floh nach Asien und wurde bald darauf von einem Legaten des Antonius in Milet ermordet, 40 Jahre alt (35 v. Chr.). — Sextus war der Rolle, die ihm das Schicksal zuteilte, nicht gewachsen. Gleich seinem Vater durch die Umstände empor-getragen, aber ohne dessen Glück und Feldherrntalent, musste er bald seinem klügeren und energischeren Gegner weichen. Persönlich war er, wie auch sein Bruder, von fast wilder Tapferkeit, aber es fehlte ihm an sittlichem Mut[2].

Die einzige ikonographische Grundlage für Sextus ist die bereits erwähnte seltene Goldmünze (Münztaf. II. 51. 52), auf deren Avers in vortrefflichem Stil der Kopf desselben in der Umfassung eines Eichenkranzes geprägt ist, wahrscheinlich aus dem Jahre 38, wo Sextus auf Sicilien eine gebietende Machtstellung einnahm. Er hat volles, schlichtes, gleichsam in Stufen abgeteiltes Haar und einen fast die ganze Wange bedeckenden kurzen Bart. Die Kopfform ist der seines Vater ähnlich. Die zurückliegende Stirn quillt über dem Auge etwas vor, die Nase ist gerade, die Formen sind die eines reifen zur Beleibtheit neigenden Mannes.

Nach dieser Münze hat Winckelmann[3] auch den wundervollen

---

[1] Und danach auch bei Gronov Thes. ant. graec. III. aaa.
[2] Vgl. über ihn Drumann G. R. IV. p. 560 ff.
[3] Winckelm. W. VI. 1. p. 211, vgl. Tf. VIII. c.

Karneol des Agathangelos, jetzt in Berlin (Cades V. 182), für ein Bildnis des Sextus Pompejus erklärt, und Tölken (Verz. p. 459)[1] ist ihm darin nachgefolgt. Allein abgesehen davon, dass die Gesichtszüge und der Charakter des Haares nicht im mindesten dazu berechtigen, und dass höchstens der dichte kurze Bart und die Fülle des Kinns eine gewisse Aehnlichkeit aufweisen, ist bekanntlich ein Streit um die Echtheit des Steines entbrannt, der bis jetzt noch nicht als geschlichtet betrachtet werden kann[2].

Der ebenfalls von Einigen auf S. Pompejus gedeutete Aquamarin des Agathopus in Florenz (Cades V. 190)[3] zeigt eine davon ganz verschiedene Person und wiederum nicht die der Münze.

Sicher identische Gemmenköpfe giebt es überhaupt keine. Am nächsten möchten ein Wiener Chalcedon (Nr. 754) und ein Pariser Sardonyx (Chabouillet Nr. 184)[4] kommen.

Ein einzelner Münztypus ist immer eine prekäre Grundlage für Bildnisbestimmungen. Denn erst durch Vergleichung mit andern sieht man, welches die bezeichnenden, stets wiederkehrenden Züge sind. Wo eine solche Controle nicht möglich ist, kann selbst unanfechtbare Aehnlichkeit täuschen.

Die französischen Archäologen (Visconti, St. Victor, Clarac) haben eine heroische Statue des Louvre (Descr. Nr. 150)[5], die durch den Panzertronk als Feldherr bezeichnet ist, wegen angeblicher Aehnlichkeit mit der Münze Sextus Pompejus genannt. Dieselbe ist bei Monte Porzio in der Nähe von Tusculum gefunden und trägt auf der Rückseite die Künstlerinschrift: Ophelion, des Aristonidas Sohn[6]. An dem Mangel eines Bartes brauchte man sich nicht zu stossen. Dagegen sind die Gesichtszüge weder von überzeugender Aehnlichkeit, noch überhaupt zuverlässig, weil schon im Altertum restauriert[7]. Die verhältnismässig mageren Formen und der schlanke Hals machen auf den unbefangenen Betrachter den Eindruck, dass es sich um eine von der des Münztypus verschiedene Person handle. Man würde

---

[1] Vgl. Sendschreiben an die k. Akad. zu Petersburg p. 75—88.
[2] Vgl. Brunn Gesch. der griech. Künstler II, p. 539 ff. Sicher modern sind wohl alle Wiederholungen des Steines, z. B. Cades V. Nr. 183; von einer besonders schönen in Florenz (Cades IX, 16) ist Natter als Urheber bekannt.
[3] Brunn a. a. O. p. 470.
[4] Abg. Duruy Hist. d. Rom. III. p. 462.
[5] Abg. Bouillon II; Clarac pl. 332, 2320, der Kopf pl. 1101.
[6] ΟΦΕΛΙΩΝ . . ΡΙΣΤΩΝΙΔΑ. Vgl. Brunn Künstlergesch. I. p. 465. Corp. Inscr. Graec. Nr. 6177.
[7] Visconti Mon. Gab. p. 22.

sich vielleicht weniger Mühe gegeben haben, einen berühmten Namen
für die Statue ausfindig zu machen, wenn man beachtet hätte, dass
der Kopf aufgesetzt und, nach seiner Kleinheit zu schliessen, wahrscheinlich gar nicht zugehörig ist. Mag sich dies aber auch anders
verhalten, so liegt für S. Pompejus kein irgendwie stichhaltiger Grund
vor, und die Darstellung selbst weist eher auf den Feldherrn eines
Landheeres, als auf einen Flottenführer, der sich Sohn des Neptun
nannte.

Noch weniger Anwartschaft hat die unter dem Bild des Apollo
dargestellte Porträtfigur des Museo Torlonia Nr. 69. Der ungebrochene Kopf ist von niedriger, länglichter Form, bartlos, mit
vollem, in lange Büschel gegliedertem Haar, das Gesicht von grad-
linigem senkrechtem Profil. Ob ein Republikaner, ist hier so wenig
wie bei der vorigen Statue sicher zu entscheiden.

Die Petersburger Büste (Ermitage Nr. 236), welche als »einziges Marmorbildnis des S. Pompejus« erklärt wird, ist mir unbekannt. Doch ist nach den übrigen Namengebungen des Catalogs
nicht zu zweifeln, dass es sich auch bei der vorliegenden um eine
ziemlich subjective Meinungsäusserung handelt.

Statue des sog. Germanicus.
(Tafel XXI.)

Zu den schönsten und besterhaltenen Bildnisstatuen aus der
Spätzeit der Republik gehört der sog. Germanicus aus Villa Mon-
talto, jetzt im Louvre, erster Kaisersaal, Descr. Nr. 712 (abg. Fig.
33 und Taf. XXI) [1]. Der obere Teil des Kopfes, etwa an der Stelle,
wo bei den Königen das Diadem hinzulaufen pflegt, war abgetrennt
und ist jetzt wieder aufgesetzt: ein rätselhafter Bruch, wenn es anders ein solcher ist, da die Statue im Uebrigen, abgesehen von zwei

---

[1] Sonstige Abbildungen bei Maffei Raccolta tav. 69; Musée Napoléon IV.
21; Millin. Gall. mythol. pl. 148, 418 b; Visconti Opere varie IV. tav. 39 (p.
229 ff.); Bouillon II. 36; Clarac. Mus. d. sc. pl. 318 (von 4 Seiten); Müller-
Wieseler Denkm. I. Taf. 50 Nr. 225. Overbeck Gesch. d. gr. Plast. 2. Aufl. II.
p. 303. — Vgl. O. Müller Gött. gel. Anzeigen 1823. II. p. 1326; Welcker Kunstmuseum Nr. 50; Göttling Ges. Abhh. I. p. 392; Braun Bullet. 1845, p. 18; Brunn
Gesch. d. gr. Künstl. I. p. 544; Fröhner Notice de la sc. ant. du Louvre I.
Nr. 184; Friederichs Bausteine Nr. 693.

Fig. 33. Statue des sog. Germanicus im Louvre.

Fingern der linken Hand und von einigen unbedeutenden Gewand-
splittern, vollkommen unverletzt. Sie stellt, wie man aus dem Schnitt
und der Anordnung der Haare glaubt abnehmen zu dürfen, und worauf auch die Bartlosigkeit und das Gepräge der Gesichtszüge deutet,
einen Römer dar, aber in griechischer Auffassung, unter dem
Bild des Gottes Hermes. Der Kopf hat edle Verhältnisse und
ein fast griechisches Profil; doch erkennt man den Porträtcharakter
deutlich an dem schlichten, über der Stirn büschelweise ins Gesicht
tretenden Haar, an den leisen Furchen der Stirn, dem etwas grossen
Mund und den magern Wangen. Der Hermescharakter andrerseits
geht sowohl aus dem Attribut der Schildkröte zu seinen Füssen [1]
als namentlich aus der ganzen Haltung und dem Wurf der Chlamys
hervor, welche unmittelbar den Darstellungen des Hermes logios entnommen sind [2]. Es ist auch keinem Zweifel unterworfen, dass er in
der gesenkten Linken, an welcher bloss Daumen und Zeigefinger neu,
ein den Gott charakterisierendes Attribut gehalten. Nach der jetzigen Haltung der Finger muss man annehmen, dass es ein abwärts
gerichteter Heroldstab war, wie ja bei der ludovisischen Replik sich
wirklich die Reste eines solchen im Innern der Hand gefunden haben
sollen (Schreiber). Indes ist nicht zu leugnen, dass ein aufwärts
gerichteter an die Schulter gelehnter Stab, der dann einfach auf dem
(etwas gestreckter zu restaurierenden) Zeigefinger gestanden haben
würde, besser zur Composition passt. Die umgekehrte Haltung scheint
der Geschlossenheit derselben Eintrag zu thun.

Nicht ganz klar in seiner Bedeutung ist das Motiv des bis zur
Kopfhöhe erhobenen rechten Armes, verbunden mit dem Aufein-
anderlegen von Zeigefinger und Daumen. Im Allgemeinen wird es
wohl mit Recht als rednerische Geberde [3], und speciell als

---

[1] Vgl. Preller Griech. Myth. 3te Auflage p. 313. 338. — Göttling (a. a. O.)
fasst die Schildkröte als Symbol der Tapferkeit, weil sie nur durch Zerschlagen
des Schildes getötet werden könne. Aber wo giebt es hiefür einen Beleg in der
bildenden Kunst?

[2] Vgl. die Statue in V. Ludovisi (Schreiber Die ant. Bildw. in V. Lud.
Nr. 94, mit vertauschten Seiten abg. Denkm. d. a. Kst. II. 818) und ihre Wieder-
holung im Pal. Colonna zu Rom (Beschr. der St. Rom III. 3. p. 170). —
Sonstige Porträtstatuen unter dem Bild des Hermes sind der jugendliche Com-
modus (?) in Mantua (Dütschke Ant. Bildw. in Oberit. IV. Nr. 876; abg.
Clar. pl. 958) und die im Grab der Manilier gefundene Statue des Vaticans,
Sala a croce gr. Nr. 561 (abg. Clar. pl. 601).

[3] Fröhner Not. a. a. O. führt hiefür eine Stelle des Apulejus an (Metamorph.
II. p. 142): *Porrigit dextram et ad instar oratorum conformat articulum, duobusque
infimis conclusis digitis ceteros eminus porrigit.* Doch passt sie in Bezug auf unsere Figur nicht ganz.

Gestus der ruhigen demonstrativen Auseinandersetzung gefasst. Dann
darf man aber kaum auf die Statue des kephisodotischen Volksred-
ners[1] als auf eine vielleicht ähnliche oder gar vorbildliche Darstellung verweisen. Einen Volksredner, d. h. einen zur Menge Redenden,
stellt weder das vorliegende Motiv dar, noch wäre der Charakter
eines solchen dem Gotte, dem das Motiv entlehnt ist, angemessen.
Es handelt sich vielmehr um die Beredsamkeit des Gedankens, um die
feine und anmutige Kunst der Ueberredung, die ohne äussere ora-
torische Mittel durch ihren blossen Inhalt wirkt. Der Dargestellte
wendet sich, wenn man überhaupt nach der Zuhörerschaft fragen
darf, nicht an die Masse, sondern an den Einzelnen; er appelliert
nicht an die Leidenschaften, sondern an den Verstand. Und diese
Gattung der Rede scheint durch das vorliegende Motiv so adäquat
ausgedrückt und zugleich so sehr die einzige für Hermes passende
zu sein, dass man nicht umhin kann, anzunehmen, auch der ludovisische Hermes habe ursprünglich statt des pathetisch vorgestreckten
Armes (obgleich derselbe noch nicht gerade einen Volksredner bezeichnet) die Haltung unserer Statue gehabt.

Nun will aber der Gestus, so gefasst, mit ein paar anderen
Zügen, wie mir vorkommt, nicht ganz stimmen. Der sinnende, in sich
gekehrte Ausdruck des Gesichts und die gesenkte Haltung des Kopfes
lassen die Figur tiefer in geistige Thätigkeit versunken erscheinen
als einem Redner, oder wenigstens einem Redenden zukommt. Es
besteht ein leiser Widerspruch zwischen der scharf nach der Schulter
zurückgebogenen gesticulierenden Rechten und diesem ernst-sinnenden
Blick, der mehr eine allgemeine Seelenstimmung als die Beschäfti-
gung mit einem bestimmten Problem ausdrückt. Und derjenige Zug,
der dann allein wieder etwas Momentanes hätte, der geschlossene
Mund, dient jedenfalls nicht dazu, einen Redner zu charakterisieren.
Ich suche den Grund dieses Zwiespalts darin, dass das für den Gott
berechnete Motiv unmittelbar auf einen Menschen übertragen wurde,
ohne nach dem veränderten Gegenstand modificiert zu werden. Am
Hermesoriginal, wo der Gestus gleichsam nur symbolische Bedeutung
hat, findet kein eigentlicher Widerspruch statt. Ein solcher wird erst
fühlbar, wenn das Motiv, wie hier, auf einen realistischen Boden
gesetzt wird, und nun als ein zur Situation passendes Moment gefasst werden muss. — Uebrigens bleibt immer noch die Annahme
frei, die ich sehr geneigt bin zu teilen, dass mit der gewöhnlichen
Erklärung die Bedeutung des erhobenen rechten Armes nicht völlig

---

[1] *Fecit (Cephisodotus) et concionantem manu elata, persona in incerto est.*
Plin. XXXIV. 87.

erschöpft sei. Der dahin zielende Deutungsversuch Clarac's [1], der die
Statue auf den Prätor Marius Gratidianus († 82 v. Chr.) bezog,
welcher sich durch ein Münzgesetz populär gemacht hatte [2], und wonach der Puntello zwischen den Fingern der rechten Hand als Münz-
stempel oder etwas dergleichen zu fassen wäre, hat zwar mit Recht
keinen Anklang gefunden. Er beweist aber, dass auch Andere noch
etwas Mehreres hinter dem Gestus vermuten möchten, als nur eine
allgemeine Andeutung des rednerischen Charakters.

Einstweilen ist nach dem sachlichen Motiv, wie schon Visconti
bemerkte, am ehesten an einen Römer zu denken, der sich als Ge-
sandter (Götterbote) im Verkehr mit den Griechen ausgezeichnet,
und dem diese aus Dank oder aus Schmeichelei eine Statue errichtet.

Für die weitere Bestimmung der Persönlichkeit haben wir einen
chronologischen Fingerzeig an der Künstlerinschrift auf der Schildkröte (Κλεομένης Κλεομένους Ἀθηναῖος ἐποίησεν), deren Buchstabenformen spätestens aus augusteischer Zeit datieren [3]. Damit lässt sich
der früher übliche Name Germanicus schon nicht mehr vereinigen,
obwohl das Motiv des Götterboten die Absendung des Germanicus
nach dem Orient und der ernste, fast kummervolle Ausdruck seinen
frühzeitigen Tod in ansprechender Weise versinnbildlichen würde.
Auch die Münzen des Germanicus zeigen ein anderes Bildnis, ein
jüngeres, wie es bei dem im 34sten Jahre gestorbenen Prinzen notwendig, und eines von claudischem Typus, wie es bei dem Sohne
des Drusus zu erwarten. In den Adern der Pariser Statue fliesst
offenbar kein claudisches Blut. Der Name Germanicus [4] ist daher
jetzt allgemein aufgegeben, und wird höchstens noch als Notbehelf zur
Bezeichnung der Statue benützt.

Unter Augustus selbst wurde wohl kein ausserhalb des Kaiserhauses stehender Römer mehr in so anspruchsvoller Form gebildet,
wenigstens in Rom nicht, wo man wahrscheinlich den Aufstellungsort dieser Statue zu suchen hat [5]; und da die Mitglieder jenes Hauses
uns entweder bekannt sind oder Alters halber nicht dargestellt sein
können — unsere Statue zeigt einen c. 40jährigen Mann —, so werden
wir die augusteische Zeit ebenfalls ausschliessen müssen. Wir hätten

---

[1] Clarac sur la stat. de Vénus victr. 1821. p. 57 ff.
[2] Cicero Off. III. 20. 80; Plinius H. N. XXXIII. 132; XXXIV. 27.
[3] S. die genaue Wiedergabe derselben bei Fröhner Not. du Louvre p. 214.
Vgl. Bruun Gesch. d. gr. Künst. I. p. 546.
[4] Noch befürwortet von Göttling Ges. Abh. I. p. 390, und gebilligt von
E. Braun Bullet. d. Inst. 1845. p. 18.
[5] Sie taucht zuerst in den Gärten von Sixtus V. auf.

es also mit einem Republikaner zu thun, und zwar nach dem oben
Bemerkten mit einem, der sich als Abgesandter des Senats den Dank
der Griechen erworben, wobei freilich der Begriff des Gesandten nicht
zu enge gefasst werden darf, da es sich der vergötterten Darstellung
nach um eine hochstehende, als Staatsmann überhaupt und wohl
auch als Feldherr ausgezeichnete Persönlichkeit handelt. Der zeit-
liche Kreis aber wäre aus epigraphischen und stilistischen Gründen
auf das letzte Jahrhundert v. Chr. beschränkt, wenn man nicht annehmen will, dass die Statue einem längst Verstorbenen gesetzt
wurde: in jedem Fall höchstens auf die zwei letzten; denn vorher
hatten die Griechen kaum Gelegenheit, sich einem Römer auf solche
Weise dankbar zu erzeigen.

Thiersch [1] und Visconti [2] waren nun allerdings geneigt, über die
Grenze des letzten Jahrhunderts zurückzugehen, weil man dann in eine
Periode gelangt, wo einerseits sehr lebendige Beziehungen zwischen
den beiden Culturvölkern bestanden, andrerseits wirklich Männer
vorhanden waren, die wegen ihrer Sympathie für Griechenland und
wegen der Stellung, die sie als Redner einnahmen, zu einer derartigen Darstellungsweise Anlass geben konnten. Es ist keine Frage,
dass Namen wie Titus Flamininus (s. d.), Paullus Aemilius,
Metellus Macedonicus gegenständlich besser begründet erscheinen
als irgend welche späteren. Aber der Realismus, mit welchem die
Statue ausgeführt ist, erlaubt nicht ihre Entstehung in die Zeit dieser Männer zu versetzen. Und kaum viel wahrscheinlicher ist die
Annahme, dass einem von ihnen nachträglich in den unruhigen Zeiten
des 2. oder 3. Bürgerkrieges, wo alles Interesse auf die Gegenwart
gerichtet sein musste, in Rom eine Statue errichtet ward. Die Porträtbildnerei stand damals doch hauptsächlich im Dienst der lebenden Geschlechter, und so werden wir den Gegenstand eines Bildnisses,
das sich, soweit es den Kopf betrifft, als Original zu erkennen giebt,
im Rahmen desselben Jahrhunderts suchen müssen, in welchem die
Statue gearbeitet ist. — Indes ist es nicht möglich aus den letzten
Zeiten der Republik eine stichhaltige Vermutung aufzustellen. Sulla,
Lucullus, Pompejus als Hermes oder auch nur speciell als Redner
dargestellt, liegen ausserhalb der Wahrscheinlichkeit. Bei Sulla und
Pompejus sprechen schon die Münzen dagegen, bei allen dreien der
besondere Charakter des Heerführers, unter welchem sie allein zu
den Griechen, resp. dem Orient in Beziehung traten. — Etwas mehr
Berechtigung scheint der Name Caesar zu haben, der gegenwärtig

----

[1] Thiersch Epochen 1826. 3. Abhandl. p. 91. 6.
[2] Visconti Opere vario a. ob. a. O.

am Aufstellungsort der Statue im Schwange geht [1]. Er kann sich
wenigstens auf eine bemerkenswerte Aehnlichkeit des Kopfes mit
gewissen Caesarmünzen (Gens Flaminia) stützen. Aber was hat
Caesar mit Hermes und mit den Griechen zu thun? Und wie lässt
sich unsere Statue mit den besser beglaubigten Monumentalbildnissen
Caesars vereinigen?

Man mag sich hinwenden, wo man will, überall trifft man auf
Bedenken und Schwierigkeiten. Es bleibt, wie so häufig, nichts
Anderes übrig, als auf eine Namengebung zu verzichten. Ich kann
es aber nicht unterlassen, zu Handen eines künftigen Divinators noch
einmal auf die rätselhafte Restauration hinzuweisen, die, wie es
scheint, schon im Altertum am Kopf der Statue vorgenommen wurde,
und die möglicher Weise an die Stelle eines früheren Diadems oder
eines Kranzes trat. Wer weiss, ob die richtige Erklärung dieses
Umstandes nicht den Schlüssel zum Namen bietet!

Apokryphe Republikanerbildnisse.

Es gehört zwar nicht zu unserer Aufgabe, alle falschen ikonographischen Benennungen zurückzuweisen. Was in dieser Beziehung
gefordert werden kann, ist bei den einzelnen Abschnitten im Anschluss
an die mehr oder weniger beglaubigten Bildnisse oder auch im Anschluss an die Basis, welche die Quellen liefern, bereits gesagt worden. Gleichwohl mögen hier noch einige nachgeholt werden, zu
deren Erwähnung im Bisherigen sich kein Anlass bot, darunter namentlich auch, so weit uns das Material zu Gebote steht, die Gemmenbildnisse, die mit den Namen der angeblich Dargestellten bezeichnet sind. Dass diese Aufschriften durchgängig gefälscht seien,
wagen wir nicht zu behaupten. Indes ist uns keine bekannt, die
für sicher authentisch angesehen werden dürfte. Bis wir durch specielle Gemmenkenner eines Besseren belehrt werden, können wir
nicht umhin, die betreffenden Bildnisse den apokryphen beizuzählen.

Camillus. — Kopf en face auf einem Karneol bei Cades V.
129, mit den drei Buchstaben M. F. C. (*Marcus Furius Camillus?*). Er

---

[1] Vgl. oben p. 180.

hat die Haare ins Gesicht gekämmt, und trägt einen rings umlaufenden kurzen Bart. — Danach, obwohl mit Unrecht, ist vielleicht auch der Profilkopf ebenda Nr. 128 Camillus benannt.

Manlius Capitolinus. — Jugendlicher Kopf mit sprossendem Wangenbart auf einem Karneol bei Cades V. 130, rechts die Beischrift M. MAN (MA im Monogramm). — Die Antiquare des 17. Jahrhunderts kamen bekanntlich auf den seltsamen Gedanken, den Schleifer in Florenz als Manlius zu deuten. Als solcher ist er u. A. bei Gronov Thes. ant. graec. II. 86 abgebildet.

Naevius (zw. 264 und 194 v. Chr.). — Das angebliche Bildnis dieses Dichters auf einem Marmordiskus des brit. Museums ist nichts Anderes als eine tragische Maske mit der modernen Namensumschrift *Naevius poeta Cap*(nanus) [1].

Q. Ennius (239 bis 169 v. Chr.). — Amethyst bei Cades V. 214, mit der Büste eines kahlköpfigen Mannes nach rechts. Er hat ein Gewand um die Brust geschlungen, welches die rechte Schulter bloss lässt. Vor ihm ein Lorbeerzweig, hinter ihm die Buchstaben Q. E.

Der sog. **Scipio Nasica** (Cos. 191 v. Chr.) auf einer Münze bei Faber (Imagines II.) ist ein Augustuskopf, geprägt von der Stadt Calagurris in Spanien, mit der Beischrift NASSICA [2]. Der sogen. **Scipio Asiaticus** auf dem Denar bei Weisser (Bilderatlas Taf. 37. 33) [3] ein Jupiterkopf, geschlagen von L. Scipio Asiagenus (Cos. 183 v. Chr.) oder seinem Sohn [4].

Cinna (Cos. 87 bis 84 v. Chr.). — Kopf mittleren Alters nach links, unbärtig, mit kurzem Haar und von leidenschaftlichem Ausdruck, auf einem Sardonyx bei Cades V. 177. Hinter ihm die 3 Buchstaben L. C. C. (*Lucius Cornelius Cinna?*).

Sertorius. — Bildniskopf mit der Beischrift SERTORIVS, dahinter ein Caduceus, auf einem Denar in Brüssel, publicirt von Rapp (in den Jahrb. des Alterthumsvereins im Rheinl. 1864. 37. Heft, p. 166 Taf. V. 2); angeblich von den ersten Pariser Autoritäten als authentisch anerkannt; allein nach Waddington, wie mir Imhoof mittheilt, entschieden falsch. — Ob ein Gemmenbildnis mit der Umschrift Q. SERTOR (Cades V. 180), von männlichen, nicht unedlen Zügen, besser beglaubigt ist, muss ich dahin gestellt sein lassen. — Die Centurionen L. und Q. Sertorius auf den Grabsteinen des Museo

---

[1] Vg. Hübner Arch. Ztg. 1875 p. 114 fin.
[2] Vgl. Cohen Méd. imp. 2 éd. I. p. 154. Nr. 673.
[3] Cohen M. cons. XIV, Corn. 3.
[4] Vgl. Mommsen Gesch. d. r. Münzw. Nr. 201, und d. Nachtrag z. S. 44.

lapidario zu Verona (Dütschke Ant. Bildw. in Oberit. IV. Nr. 570.
574) haben natürlich mit dem marianischen Feldherrn nichts zu thun.
Metellus Creticus (Cos. 69 v. Chr.). — Nach einer Notiz, die ich
nicht mehr genauer nachweisen kann, soll etwa im Jahre 1875 eine
Metellusstatue auf Kreta entdeckt worden sein. Wenn der Name
Metellus gesichert ist und bloss die nähere Bestimmung fehlt, so
würde dem Fundort nach am ehesten an Metellus Creticus, den
Gegner des Pompejus, zu denken sein. Indes ist man bekanntlich
schnell bereit, berühmte Namen aus dem Fundort abzuleiten. Es
möchte sich mit der Kretenser Statue leicht ähnlich verhalten wie mit
einem Kopf zu Palma auf Mayorka, welcher für **Metellus Balearicus**
(Cos. 123 v. Chr.) galt, bis Hübner ihn für einen jugendlichen
Augustus erkannte [1].

Lucrez (c. 98 bis 55 v. Chr.). — Kurzbärtiger Kopf von männlichen Zügen, mit starker etwas gebogener Nase, deren Spitze abwärts gerichtet, auf einem Sardonyx der Sammlung Nott bei Cades
V. 226, mit der Umschrift LVCR.

M. Varro (116 bis 27 v. Chr.). Schöne Hermenbüste in Neapel
(Gerhard Neap. ant. Bildw. Nr. 422) [2], jetzt mit Recht bei den Grie-
chenköpfen aufgestellt, wohin sie sowohl durch den Bart als durch
die Haarbinde als durch den ganzen fast sophokleischen Typus verwiesen wird. Sonst ist es allerdings nicht unwahrscheinlich, dass
noch Varrobüsten vorhanden sind. Schon zu seinen Lebzeiten waren
Bildnisse von ihm in den Bibliotheken aufgestellt, z. B. in der des
Asinius Pollio [3].

L. Calpurnius Piso und **A. Gabinius** (Coss. 58 v. Chr.). — Nicht
sowohl apokryph als gänzlich verfehlt sind die Deutungen zweier her-
culanischer Büsten in Neapel, des früher sog. Seneca (Visconti Icon.
rom. pl. XIV. 1. 2) und der sog. Berenice (Visc. Icon. gr. pl. LII.
6. 7), auf die beiden genannten Römer durch Comparetti [4]. Da die
Villa, in der sie gefunden wurden, die Bibliothek des Epikureers Philo-
demos enthielt, dieser aber bei seinem reichen Gönner Piso lebte, so
könne es sich, meint C., nur (?) um ein Landhaus des letzteren handeln.
Aus den gelegentlichen Schilderungen Ciceros sodann gehe deutlich
hervor, dass in der einen Büste, dem sog. Seneca, Niemand anders
als eben der Besitzer der Villa, L. Piso (*unus ex barbatis illis, capillo
horrido, genis pilosis, dentibus putridis; subhorridus atque incultus,*

---

[1] Vgl. Hübner Die ant. Bildw. in Madr. p. 292.
[2] Abg. Mus. borb. XV. 3. 2.
[3] Plin. H. N. VII. 115.
[4] Comparetti La villa de' Pisoni, in der Festschrift: Pompei e la regione
sotterrata del Vesuvio nell' anno 79. Neapel 1879.

superciliosus, tristis et taciturnus), in der andern sein College Gabinius
(calamistratus, madentibus cincinnorum fimbriis, fluentibus buccis) dargestellt sei. Es ist aber weder sehr wahrscheinlich, dass die Pisonen
in Herculaneum eine Villa gehabt, noch lassen sich die ciceronian-
schen Invectiven alle mit den Büsten vereinigen, von gewissen Unzu-
träglichkeiten, wie dem Barte des angebl. Piso, dem Diadem des Gabinius, zu schweigen [1]. Beidemal sind vielmehr griechische Personen,
in dem bediademten Kopf offenbar ein Weib dargestellt.

Munatius Plancus (Cos. 42 v. Chr.). — Greisenkopf mit kahler
Stirn und Stülpnase auf einer Bronzemünze oder Bronzetessern des
Cabinets Ennery (abg. Visconti Icon. rom. pl. VI. 8), jetzt allgemein
für unecht erkannt [2]. — Nibby hatte darnach einen vortrefflichen
Marmorkopf des Museo Chiaramonti (abg. oben p. 83. Fig. 11)
als Plancus publiciert. — Angeblich ebenfalls Plancus, dem Genius
von Lyon opfernd, auf einem bei Duruy (Hist. des Rom. III. p. 453)
abgebildeten Thon(?)-Médaillon, nach der sehr gezwungenen Erklärung de Witte's im Bull. de la soc. des antiquaires 1877. Es ist
eine Togafigur ohne ikonographische Bedeutung.

Die Büsten des sog. **Coriolan**, des **Scipio Asiaticus**, des **Dolabella**,
der **Porcia** in der Sammlung Pembroke in Wilton House sind alle
wahrscheinlich modern und jedenfalls höchst unglücklich getauft [3].

---

[1] Vgl. u. A. die Wiederlegungen von Mau im Bull. dell' Inst. 1880 p. 125,
und von Mommsen in d. arch. Ztg. 1880. p. 32 ff.

[2] S. Cohen Méd. cons. p. 222, Anm. 2.

[3] Ueber den auf den jüng. Scipio gedeuteten Gypsabguss eines Porträtkopfs
in Zürich (Blümner Die arch. Sammlg. im Polytechn. Nr. 352) weiss ich keine
Auskunft zu geben.

Kaiserzeit.

Maecenas [1].

C. Maecenas stammte aus dem altetruskischen Geschlechte der Cilnier zu Arretium. Sein Geburtsjahr wird nicht angegeben. Da er aber bald nach Caesars Tod (44 v. Chr.) als einflussreicher Ratgeber des jungen Octavian auftritt, so ist anzunehmen, dass er älter als letzterer war. Giebt man ihm damals auch nur 25 Jahre, so war er bereits ziemlich betagt (61 Jahre alt), als er 8 v. Chr. starb. Nach dem Epitheton *senex* in der Elegie des Pedo Albinovanus (v. 2 und 8) möchte er wohl noch einige Jahre älter gewesen sein. — Er wurde von Octavian in den Kriegen mit Sextus Pompejus und mit Antonius zu den wichtigsten diplomatischen Sendungen verwendet und mit unbegrenzten Vollmachten ausgerüstet. Doch verschmähte er alle öffentlichen Ehren und Würden, und begnügte sich mit seinem Ritterstand und mit dem alten Ruhm seines Geschlechtes. Er war ein Mann, der zu wachen und zu handeln wusste, wo es Not that, der sich aber in der Musse einer fast unwürdigen Ueppigkeit hingab [2]. Seine grösste Bedeutung liegt in der wahrhaft fürstlichen Unterstützung, die er den Dichtern und Schriftstellern seiner Zeit zu Teil werden liess. Als Freund des Horaz und des Vergil, mit denen er in persönliche intime Beziehungen trat, hat er sich Verdienste erworben, die seinen Namen unzertrennlich von dem dieser Dichter gemacht haben.

---

[1] In historischer Beziehung ist besonders zu vergleichen: Frandsen C. Cilnius Maecenas, eine histor. Untersuchung über dessen Leben und Wirken. Altona 1843. In archaeologischer Beziehung: Die Sammelschrift von P. E. Visconti, Cicognara, Missirini und Raoul-Rochette Di un busto colossale di Mecenate etc. Paris, Didot, 1837.

[2] Vellej. II. 88. 2.

Ueber den Charakter seiner Gesichtszüge haben wir keine
Andeutung; doch werden sie ebensowenig die Feinheit seines Geistes
und das neidlose Wohlwollen seiner Gesinnung, wie seinen Hang zur
Ueppigkeit und Weichlichkeit ganz verleugnet haben. Es war ein
Zeichen der letzteren, was ihm Seneca zum Vorwurf macht, dass er
nur mit verhülltem Haupt in öffentlichen Versammlungen zu erscheinen pflegte [1]. Denn dass er kahl gewesen sei und sich bloss verhüllt habe, um seine Kahlheit zu verdecken, wie die Ausleger gewöhnlich annehmen [2], geht aus dieser Stelle nicht hervor. In seinen
späteren Jahren war er übrigens kränklich, namentlich durch immer-
während Fieber und durch Schlaflosigkeit heimgesucht [3], welchen
Uebeln er schliesslich erlag.

Die angebl. Maecenasbildnisse sind hauptsächlich auf Gemmen
begründet und haben eine überaus schwache Beglaubigung, obwohl
sonst besonnene Archaeologen ihre Autorität für sie eingesetzt haben.
Im Cabinet des Médailles zu Paris befindet sich ein Amethyst
mit dem Kopf eines unbärtigen bejahrten Mannes und der Künstlerinschrift *ΛΟΣΧΟΥΡΛΙΟΥ* (abg. Fig. 34) [4]. Das Bildnis ist charakterisiert durch eine Glatze, senwurzel vorquel-
welche von der Stirn lende Stirn, den Hah-
durch einen dün- nentritt am Auge, eine
nen Kranz gelockter leicht (auf der Vis-
Haare getrennt ist. conti'schen Abbildung
Es hat ein senkrechtes viel zu stark) gebo-
Profil, eine durch- gene Nase, abwärts
furchte über der Na- gezogene Mundwinkel,

Fig. 34. Amethyst   Fig. 35. Karneol
in Paris.   in Neapel.

eine vorstehende Unterlippe und ein schnell zum Hals abfallendes Kinn.
In Beziehung auf den Gegenstand sprach zuerst der Herzog Philipp
von Orléans die Vermutung aus, es werde, da der Steinschneider Dios-

---

[1] *Hunc esse, qui solutis tunicis in urbe semper incesserit …, qui in publico
coetu sic adparuerit, ut pallio velaretur caput exclusis utrimque auribus.* Sen.
Epist. 114. 6.
[2] Missirini, Raoul-Rochette a. a. O. p. 61 und 98.
[3] Plin. H. N. VII. 172.
[4] Vergrössert bei Bracci Memorie II. 59, Visconti Icon. rom. XIII. 5; in
Originalgrösse bei Lenormant Trés. de Num. Icon. rom. pl. IV. 11; Abdruck bei
Cades V. 307. Die Litt. der Abbildungen bei Köhler Ueber die geschnittenen
Steine mit Künstlernamen, p. 296. Anm. 53. Ueber Herkunft und Geschichte
des Steines vgl. Brunn Gesch. d. gr. Künstler II. p. 462 f. — Im Jahre 1812 wurde
er im Auftrag Napoleons weggenommen, um zu einem Schmuck verwendet zu
werden. Indes kehrte er im Anfang der dreissiger Jahre wieder in das Cabinet
zurück. S. Raoul-Rochette in der oben angeführten Schrift Di un busto di
Mecen. p. 100, Anm. 12, wonach Brunn zu vervollständigen.

knrides unter Augustus lebte, irgend ein berühmter Zeitgenosse des letzteren dargestellt sein, am ehesten der als Liebhaber von geschnittenen Steinen bekannte[1] Maecenas; welche Ansicht dann Bandelot de Dairval in einer besonderen Abhandlung 1717 näher zu begründen suchte[2]. Diese Namengebung wurde ziemlich allgemein acceptirt und zugleich auf eine Anzahl anderer Gemmenköpfe ausgedehnt, denen meist der Künstlername des Solon ($\Sigma O \Lambda \Omega N O \Sigma$) beigeschrieben ist[3], und wovon folgende Exemplare bekannt sind:

1. Ein schöner Karneol in der farnesischen Sammlung zu Neapel (abgeb. Fig. 35)[4]. Die Buchstaben der Künstlerinschrift auswärts gekehrt.

2. Ein Karneol früher in der Riccardi'schen, später in der Poniatowski'schen Sammlung (Cades V. 311)[5]. Die Buchstaben sind rückläufig und auswärts gekehrt. Nach Raoul-Rochette und Köhler modern.

3. Ein grosser, flachgeschnittener Karneol des Fürsten Piombino-Ludovisi zu Rom (Cades V. 310)[6]. Die Aufschrift dem Kopfe zugekehrt.

4. Ein ebenfalls grosser Karneol soll sich nach Köhler in Wien befinden, wieder mit auswärts gekehrten Buchstaben, aber gleichwohl identisch mit dem bei Faber (Illustr. imagg. Tf. 135) und danach bei Bellori, Gronov und La Chausse abgebildeten aus der barberinischen Sammlung, wo die Schrift (aus Nachlässigkeit?) einwärts gekehrt gegeben ist. Wie es scheint, zu unterscheiden von dem modernen bei Sacken und Kenner Nr. 737.

5. und 6. Derselbe Gelehrte[7] führt endlich zwei Petersburger Steine ohne Aufschrift, einen Amethyst und einen Karneol, als Wiederholungen jenes Typus an[8]. Der Karneol soll der schönste von allen sein, also auch den Neapler übertreffen[9].

[1] Vgl. den Brief des Augustus bei Macrob. Saturn. II. 4. und die Verse des Maecenas bei Isidor Orig. 79. 39.

[2] Ein Auszug derselben in den Mémoires de l'Acad. III. Hist. p. 268–273.

[3] Vgl. Raoul-Rochette a. a. O. p. 100; Köhler a. a. O. p. 123; Brunn a. a. O. p. 527.

[4] Vgl. Lenormant a. a. O. pl. IV. 10 (sic); Cades V. 312; vergrössert bei Visconti Icon. XIII. 4.

[5] Vgl. Bracci Memorie II. 105; Lenormant a. a. O. IV. 9 (sic).

[6] Vgl. Lenormant a. a. O. pl. IV. Nr. 8. Die daselbst p. 8 angegebenen Publicationen beziehen sich aber nicht auf diesen Stein.

[7] Köhler p. 129.

[8] Wenn die Abdrücke bei Cades V. 308 u. 309 gemeint sind (welche aber beide als Karneole bezeichnet werden), so handelt es sich um sehr fragliche Wiederholungen. S. oben p. 143.

[9] Unberücksichtigt lassen wir das in Voransicht gegebene, ebenfalls die

Die Contorniatmünzen mit ähnlichem Kopf und entsprechender Aufschrift (eine davon abgeb. bei Visconti Icon. rom. pl. XIII. 6) sind, wie alle angeblichen Maecenasmünzen, Fälschungen des 16. oder 17. Jahrhunderts [1].

Die Identität nun der Gemmenköpfe des Solon mit dem des Dioskurides hat Köhler, wie ich glaube mit Recht, in Abrede gestellt. Sie unterscheiden sich von dem letzteren, abgesehen von dem Mangel eines Gewandes, durch ein jüngeres Alter und trotzdem durch eine grössere Glatze, durch einen mehr nach oben ausladenden Hinterkopf, eine niedrigere Stirn, eine höckerige Nase, eine edlere Bildung von Mund, Kinn und Hals, bei immerhin stark betonter Unterlippe. Eher liessen sich die Köpfe der zwei inschriftlosen Gemmen bei Cades V. 308 und 309 (oben p. 239 Anm. 8) mit dem Pariser Stein vereinigen. Indes ist die grössere oder geringere Zahl der Repliken für die Namengebung von wenig Belang. Die Hauptsache wäre, dass für die Maecenasbedeutung des Pariser Amethystes eine bessere Begründung erbracht werden könnte, als die eben doch unzureichende des Bandelot, resp. des Herzogs von Orléans. Es mag ja etwas für sich haben, wenn man die Männer, deren Bildnisse Dioskurides schnitt, zunächst unter seinen Zeitgenossen und bei Hofe sucht. Aber ich sehe nicht, dass die Darstellung in besonderem Grade zu Maecenas passt, von dem überliefert ist, dass er nur mit verhülltem Haupte ausgieng. Schon Visconti meinte, es könne ebensogut Asinius Pollio gemeint sein [2]. Und wenn wir auch, so weit es sich um diese beiden handelt, dem Maecenas wegen seiner Liebhaberei für kostbare Steine den Vorzug geben, so ist damit doch nur ein minimes Mass von Wahrscheinlichkeit gewonnen. Denn jene Liebhaberei schliesst noch nicht in sich, dass sich Maecenas auch selber gerne auf Gemmen darstellen liess. Endlich kommt hinzu, dass diese kaum den Namen verdienende Wahrscheinlichkeit noch abhängig ist von der Echtheit oder Unechtheit der Aufschrift Dioskurides, worüber man sich bisher nicht hat einigen können. Köhler hält den ganzen Stein für eine flüchtige moderne Nachbildung eines weit vorzüglicheren antiken

---

Inschrift ΣΟΛΩΝΟΣ tragende Bildnis auf einer Gemme des Museo Worsleyano (ed. Labus Tf. XXIX. 8), da es nicht wahrscheinlich, dass es sich um die gleiche Person handelt, die Identität jedenfalls nicht bewiesen werden kann. Es ist ein Kahlkopf mit Doppelkinn und kurzem, dickem Hals, um welchen ein Gewand gelegt ist, ähnlich dem Seneca der Berliner Doppelherme. Fundort Palestrina 1794.

[1] So auch die auf dem Esquilin gefundene des Missirini und die von Boxhorn publicierte mit bärtigem Kopf und Revers des Vergil. S. Raoul-Rochette Di un busto col. etc. p. 95 f. Köhler p. 126.

[2] Visconti Icon. rom. p. 396.

Vorbildes [1]. In seiner jetzigen im besten Falle sehr überarbeiteten
Gestalt kann er unmöglich von Dioskurides herrühren.

Sollte das Bildnis identisch sein mit dem der zwei bei Cades
daneben gestellten Gemmen Nr. 308 und 309, welches allerdings eine
edlere Formenbildung zeigt, so könnte man nicht umhin, Cicero
darin zu erkennen, während der Kopf der Solongemmen vielmehr an
die Pariser Büste des sog. Lepidus Nr. 382 (Clarac pl. 1089)[2] erinnert.

Wenn also dieses angebliche Maecenasbildnis an sich zu problematisch ist, als dass weitere Schlüsse daraus abgeleitet werden
dürften, so fragt es sich, ob ausserhalb des Gebiets der geschnittenen Steine in den danach zu bemessenden Denkmälern selber vielleicht noch Momente liegen, welche die Deutung zu unterstützen geeignet sind.

Von keinem wesentlichen Gewicht ist das Fragment eines Fresco-
gemäldes, welches in der Mitte des vorigen Jahrhunderts in den
Ruinen der Kaiserpaläste auf dem Palatin entdeckt worden ist, und
darauf nach England kam[3]: nach der gewöhnlichen Deutung der
Partherkönig Phraates IV. vor Augustus knieend, um seine Krone
zurückzuempfangen (20 v. Chr.). Eine der fünf Figuren, welche den
Kaiser umgeben, und unter welchen allerdings wohl auch Maecenas
vorauszusetzen ist, ist kahlköpfig und soll den Gemmenbildnissen
(welchem von beiden?) ähnlich sein. Es ist aber klar, dass eine
darauf basierte Namengebung im Grunde ein Zirkelschluss ist, und
für die Richtigkeit der Gemmenerklärung wenig beweist. Denn die
Kahlheit ist ja nicht überliefert; man entnimmt sie nur aus seiner
Gewohnheit, das Haupt zu verhüllen. Und wie in einem ähnlichen Fall
bei Scipio (p. 56) möchte man fragen, wenn diese Gewohnheit ihm denn
eigen war, warum wurde sie von den Künstlern nicht zu seiner nähern
Bezeichnung benützt? Das erwähnte Gemälde ist, so viel ich sehe,
niemals von unbefangenen Ikonographen untersucht worden, und so
wird auch die Bestimmung der Maecenasfigur auf demselben, bis einmal eine genaue Vergleichung gemacht werden kann, auf sich beruhen müssen.

Ein anderes Moment, das für unsere Frage in Betracht kommt,
hat man, wenn ich nicht irre, in dem colossalen Massstab zweier
mit den Gemmenbildnissen einigermassen übereinstimmender Marmorköpfe zu finden geglaubt.

[1] Köhler a. a. O. p. 122.
[2] Siehe oben p. 223.
[3] Abg. Turnbull Treatise on ancient painting pl. III. p. 172.

Der eine davon ist jetzt im Museum des Conservatorenpalastes zu Rom (abg. Fig. 36 [1]), früher im Besitz des Finders
Cav. Pietro Manni, dann von A. Castellani erworben, der ihn dem
capitolinischen Museum schenkte [2]. Er wurde an der via Flaminia
zwischen Narni und Todi gefunden, an einem Orte, wo schon verschiedene Statuen und Architecturreste zum Vorschein gekommen
waren, umgeben von einer kalkartigen Masse, welche ihn vor jeder
Verletzung schützte; daher vollkommen erhalten, von etwas graulichem
Marmor. Er stellt abgekehlt. Beson-
einen bartlosen ders charakteri-
Römer von etwa stisch die kugel-
60 Jahren dar, mit förmig gewölbte
oberwärts ganz Oberstirn bei fla-
kahlem Scheitel, cher, nach hinten
durchfurchter abschüssiger
Stirn und tief- Scheitellinie, und
liegenden Augen, dann, was freilich
letztere unter ho- ebensogut eine
rizontal abfallen- Eigentümlichkeit
den Augenkno- des ausführenden
chen. Pupillen Künstlers, die wul-
sind keine ange- stigen Adern an
geben; was man der Nase und die
dafür nehmen hässlichen Hals-
könnte, sind Fle- falten. Abgesehen
cken im Marmor. von Mund und
Das Profil bildet Kinn lässt sich
an der Nasen- nicht leugnen,
wurzel einen star- dass eine gewisse
ken Einschnitt, Verwandtschaft
die Nase ist kräf- mit dem Gemmen-
tig gebogen, das kopf des Dioscu-
Kinn gegen Mund rides vorhanden
und Hals scharf ist. Grösser aber

Fig. 36. Colossalkopf im Conservatorenpalast
zu Rom.

jedenfalls ist die mit den Köpfen des Solon, wo nur das Profil weniger steil und die Glatze (wie übrigens auf allen Gemmen) durch
einen Kranz von Haaren von der Stirn getrennt ist. Immerhin können zu Gunsten der Beziehung auf Maecenas bei unserer Büste drei

---

[1] Weniger genau auf dem Titelblatt der Didot'schen Sammelschrift.
[2] Eine Marmorcopie soll sich nach Welcker (Müller Handb. p. 734. 3) im
Museum zu Neapel befinden, worüber mir sonst nichts bekannt ist.

Punkte angeführt werden: Die Colossalität des Massstabs, die zum
voraus eine ausserordentlich hoch stehende Persönlichkeit vermuten
lässt (ob gerade den Maecenas, ist freilich die Frage), die Uebereinstimmung mit Gemmen, welche schon aus andern Gründen für
Maecenas ausgegeben wurden, endlich der etruskische Fundort, der
wenigstens im Allgemeinen mit der Heimat des cilnischen Geschlechtes
stimmt [1]. Dass dagegen auch die Arbeit dem Zeitalter des Augustus
zuzuweisen sei, scheint mir trotz ihrer verhältnismässigen Einfachheit nach den angegebenen Merkmalen und nach dem ganzen Eindruck weder sicher noch wahrscheinlich. Damals hätte man die
Nase nicht mit diesen hervortretenden Adern gebildet [2].

Wir haben also den Kopf einer hervorragenden Persönlichkeit,
möglicherweise derselben, die in den Gemmenköpfen des Solon dargestellt ist, gefunden auf etruskischem Boden. Sind wir damit wirklich bei Maecenas angelangt? Diese Gemmenköpfe sind ja allem
Anschein nach verschieden von dem sog. Maecenas des Dioskurides?
Und wenn nicht, was für mannigfache Zweifel hängen sich noch an
die Deutung des letzteren an? Wir glauben daher den capitolinischen Kopf einstweilen zu den unbekannten Bildnissen stellen zu
müssen, um so mehr, da sein strenger Ausdruck unserer Vorstellung
von Maecenas im Ganzen wenig entspricht. Will man durchaus einen
Namen, so möchte den Münzen nach der des Galba das meiste Recht
dazu haben. Oder haben wir es am Ende mit einem Beispiel republikanischer Plastik zu thun? Dann könnte man trotz den Münzen
nicht umhin, an Sulla zu denken.

Ein zweiter sehr colossaler auf Maecenas bezogener Kopf befindet sich im Republikanersaal des Louvre (abg. Fig. 37 [3]), wie es
scheint, erst nach Clarac in das Museum gekommen. Er ist auf ein
nacktes Bruststück mit einem Gewand auf der linken Schulter gesetzt. Dieses Bruststück und die Nasenspitze sind die einzigen neuen
Bestandteile. Der Kopf ist nicht kahl; nur über den Schläfen treten
die Haare in je einem Winkel zurück. Das Gesicht zeigt eine in
den Formen etwas chargierte, aber immerhin bedeutende Physiognomie:

---

[1] Speciellere locale Beziehungen sind ohne Beglaubigung (vgl. Raoul-
Rochette gegen Missirini Di un busto col. etc. p. 83).

[2] Arbeit und Marmor machen zusammen einen eigentümlichen, fast unantiken
Eindruck. Der Marmor scheint derselbe zu sein wie an dem modernen Bruststück des sog. Sulla in Braccio Nuovo Nr. 60. Indes lauten die Fundnotizen zn
bestimmt, um einen Verdacht an der Echtheit aufkommen zu lassen.

[3] Durch Versehen in zu kleinem Massstab abgebildet; er ist mindestens
ebenso gross wie der des Conservatorenpalastes. Leider ist er so aufgestellt,
dass keine Profilzeichnung genommen werden konnte.

Die Augen fast übermässig gross und hoch aufgeschlagen, in tiefen Höhlen liegend, mit eigentümlich knochigem Zug der Brauen. Die Oberstirn glatt, die untere durchfurcht, und beide seitwärts in einem scharfen Winkel gegen die Schläfen abfallend. Die Nase unter der Wurzel ziemlich stark gebogen, der Nasenrücken schmal, der Mund geöffnet, mit abwärts gehenden Winkeln, das Kinn vorstehend und gespalten, die Wangen fleischlos. Am Halse starke, nach der Halsgrube abwärts gehende Runzeln mit etwas vortretendem Knorpel. Der Kopf erinnert teils an ein in Florenz und München vorkommendes, dort Marius, hier Cicero genanntes Bildnis (s. oben p. 82 Fig. 9), das

Fig. 37. Colossalbüste im Louvre.

freilich wegen des wilden beschatteten Blickes einen von diesem verschiedenen Ausdruck hat, teils an die schöne Togastatue in Holkham, die unter dem Namen L. Antonius geht. Mit dem Amethyst des Dioskurides oder mit den Gemmen des Solon stimmt er nicht überein, man müsste denn die herabgezogenen Mundwinkel des Pariser Steins für ein hinreichendes Zeichen der Aehnlichkeit nehmen. Sonst hat er nicht einmal die charakteristische Kahlheit des Scheitels. Uebrigens haben wir es auch hier wieder mit einem so energischen Kopf zu thun, dass man eher einen Mann der That und des Charakters, als den in vorgerückten Jahren doch jedenfalls etwas erschlafften Maecenas hinter ihm sucht.

An dritter Stelle kommen wir noch kurz auf die (echte oder
vermeintliche) Cicerobüste im Philosophenzimmer des Capitols Nr. 75
(oben p. 139) zu sprechen, für deren Hiehergehörigkeit [1] Visconti
zuerst aufgetreten ist, ohne freilich viel Anklang zu finden [2]. Er basierte seine Vermutung auf die Aehnlichkeit mit dem Pariser Amethyst und mit den Gemmen des Solon, die er dem Gegenstand nach
nicht unterschied. Nun hat der capitolinische Kopf allerdings zunächst einen Anflug der bezeichnenden Glatze, und wenn man die
allgemeine Kopfform und die Nase mit dem Pariser Amethyst, die
Stirnbildung, den Mund und das Kinn mit den Solonköpfen vergleicht,
so stimmen schliesslich alle Hauptteile mehr oder weniger miteinander
überein. Allein auf diese Weise können die heterogensten Gegen-
stände einander ähnlich gemacht werden. Beschränkt man sich auf
die Vergleichung mit dem Pariser Amethyst, der allein einen Schim-
mer von berechtigter Maecenasbedeutung hat, so treten uns in der
Steilheit der Stirn, in dem grämlichen Ausdruck des Mundes und
der Kürze des Unterkinns so viele Abweichungen von der capitolinischen Büste entgegen, dass wir uns nicht von der Identität der
Personen überzeugen können. Und wenn es der Fall, so würde dies
eher dazu führen, dass man den Kopf des Dioskurides Cicero, als
dass man die capitolinische Büste Maecenas nennte, wie denn auch
offenbare Ciceroköpfe bei Cades mit jenem Stein zusammengestellt
werden. Zuzugeben ist, dass speciell physiognomische Gründe hier
nicht gegen Maecenas sprächen, wie bei den beiden vorigen Köpfen,
dass im Gegenteil sowohl das Geniessende, das in seiner Natur lag,
als der wohlwollende Zug seines Herzens, in diesem Gesichte deutlich
zum Ausdruck kämen. Nur von der Kränklichkeit seines Alters wäre
wenig zu bemerken. Da jedoch aus andern Gründen die Wahrscheinlichkeit vorliegt, dass die capitolinische Büste Cicero darstellt, so ist
es ziemlich überflüssig, dergleichen Möglichkeiten abzuwägen.

Ohne Grund gelten für Maecenas eine Büste in Mantua, Nr. 188
(Dütschke Ant. Bildw. in Oberit. IV. Nr. 635) [3], mit krauslockigem
Haar, und eine wie Scipio glatt rasierte in München (Glypt.
Nr. 211), letztere ein vortrefflicher Charakterkopf aus guter Kunstzeit.

---

[1] Maecenas oder Asinius Pollio.
[2] E. Braun schloss sich der Benennung Pollio an.
[3] Wohl zu unterscheiden von dem ebenfalls Maecenas genannten Cicero
dieses Museums Nr. 184 (oben p. 138).

Vergil.

P. Vergilius Maro, geb. im Jahre 70 v. Chr. zu Andes bei Mantua, gest. 19, wurde 51 Jahre alt. Er verlebte einen Teil seiner Jugend zu Rom und Neapel, zog sich aber bald (c. 44) wieder auf sein väterliches Gut zurück, um sich dem Landbau und der Dichtkunst zu widmen. Zweimal (41 und 40 v. Chr.) wegen Ackerverteilungen in seinem Besitzstand bedroht und zeitweise vertrieben, erhielt er beidemal durch Vermittlung des Asinius Pollio und des Maecenas sein Gut zurück. Die Gönnerschaft namentlich des letzteren brachte ihn zugleich in Berührung mit Augustus und verschaffte ihm ein sorgenfreies Leben. Noch während des Bürgerkriegs, aber wenig von demselben berührt, dichtete er die Georgica, und nach Herstellung der Monarchie die Aeneis, meist in Campanien und Sicilien sich aufhaltend. Eben von einer Reise nach Griechenland zurückgekehrt, starb er plötzlich zu Brundusium. Er wurde zu Neapel an der Strasse nach Puteoli begraben, welche Stätte denn auch schon im Altertum wie noch heute den Verehrern des Dichters heilig war.

Die vita des Donart 8 (19) sagt: ‹Vergil war von grosser Gestalt, hatte eine dunkle Hautfarbe und eine bäurische Physiognomie. Seine Gesundheit war schwankend, öfters sogar spie er Blut. Nahrung und Getränke nahm er in äusserst geringem Masse zu sich.› Dies ist Alles, was uns über seine Person berichtet wird, man müsste denn mit einigen Auslegern auch die Stelle des Horaz auf ihn beziehen (Sat. I. 3. v. 29 ff.):

> Reizbar ist er ein wenig zum Zorn, nicht ganz für die feinen
> Nasen der heutigen Welt. Man muss fast lachen ob seinem
> Bäurisch geschnittenem Haar und der kunstlos sitzenden Toga,
> Oder dem schlottrigen Schuh. Doch ist's eine wackere Seele,
> Wie nicht leicht eine zweite fürwahr, und ein grosses Gemüt wohnt
> Unter der rauheren Hüll' im Verborgenen.

Aus einem Epigramm des Martial [1] erfahren wir, dass es schon in der Mitte des 1. Jahrhunderts Abschriften seiner Gedichte gab, die sein Bildnis an der Stirne trugen. Ebenso gehörte Vergil zu den

---

[1] Martial XIV. 186:

> Quum brevis immensum cepit membrana Maronem,
> Ipsius cultus prima tabella gerit.

Schriftstellern, deren Büste mit besonderer Vorliebe in den römischen
Bibliotheken [1] und zusammen mit der des Horaz in den Schulstuben
aufgestellt wurde [2]. Caligula hatte zwar die Schrulle, ihn wie den
Livius zur Zielscheibe seines allerhöchsten Hasses zu machen. Doch
konnte dies der Verbreitung seiner Bildnisse höchstens in den nächsten
Hofkreisen auf kurze Zeit Eintrag thun. In der Folgezeit nahm sein
Ansehen als Dichter eher noch zu. Alexander Severus nannte ihn
den Plato der Dichter und setzte sein Bild mit dem des Cicero in
seine Hauscapelle [3]. Und während das Christentum im Allgemeinen
dem Cultus der heidnischen Dichter ein Ende machte, blieb Vergil
nicht bloss bei den Kirchenvätern, sondern das ganze Mittelalter hindurch in hohen Ehren [4]. Man sollte glauben, dass unter diesen Umständen eine ansehnliche Zahl von Bildnissen auf uns gekommen wären.

Dem entspricht nun allerdings der Thatbestand, resp. unser
Wissen davon, in keiner Weise. Was wir heut zu Tage von Bildern
des Vergil kennen, beschränkt sich auf einige von jenen Miniaturen,
mit denen man, auch noch im späteren Mittelalter, seine Gedichte
zu zieren pflegte. Sie befinden sich in einer vaticanischen und in
einer Wiener Handschrift [5]. Die vaticanische (Nr. 3867), aus der
Abtei St. Denys stammend, wird von Rumohr und Plattner ins 12.
oder 13. Jahrhundert gesetzt [6]. Vergil ist darin drei Mal in der
gleichen Weise, nur einmal etwas kleiner, en face sitzend dargestellt [7]:
Ein unbärtiger Jüngling mit schwärzlichem Haar und breiten, unten
zugespitztem Gesicht, in einem weissen Mantel, der ebensogut eine
Toga als ein Pallium (Visconti) sein kann, mit carmesinrotem Saum,
eine Schreibtafel in den Händen; zu seinen Seiten ein Pult und ein
Scrinium, welche aber je nach den Bildern verschieden verteilt sind.
Aus dem antiken Costüm, das auch in den andern Bildern der Handschrift wiederkehrt [8], geht deutlich hervor, dass der Maler mittelbar

---

[1] Suet. Cajus. 34.
[2] Juven. VII. 225 ff.
[3] Lampridius Al. Sev. 31.
[4] Die Litteratur über den Zauberer Virgil s. bei Teuffel Gesch. der röm.
Lit. § 216, 7.
[5] Letztere mir bloss aus O. Müllers Handbuch der Archaeologie p. 734
bekannt.
[6] Vgl. Beschr. der St. Rom II. 2 p. 347, wo der Irrtum Visconti's, der sie
ins 4. Jahrhundert setzte (Icon. rom. p. 374), auf die Verwechslung mit einem
andern daselbst befindlichen Codex zurückgeführt wird.
[7] Eine Abbildung des ersten Bildes bei Visconti Icon. rom. pl. XIII. 1; eine
solche des zweiten bei d'Agincourt Denkm. d. Mal. Taf. 63 Nr. 1.
[8] Z. B. in der Darstellung des zu Tische Liegens p. 101, bei der Stelle:
Conticuerunt omnes. Tum sic fortissimus heros etc.

oder unmittelbar ein Vorbild aus der Kaiserzeit vor Augen hatte.
Indes sind die Gesichtszüge so flüchtig und conventionell behandelt,
dass ihnen deswegen doch nicht die mindeste Authenticität zugesprochen
werden kann.

Nach der Meinung des Fulvius Ursinus, welche die Antiquare
des 17. Jahrhunderts und sogar noch Gelehrte des 19. (Tölken) be-
reitwillig acceptirten, hätten wir ausserdem in einer Anzahl bekränzter Gemmenköpfe oder Gemmenfiguren, vor denen eine ge-
flügelte Maske aufgestellt ist, Bildnisse des Vergil zu erkennen.
Ursinus hatte zunächst nur ein paar museenartige Köpfe mit jugendlich langem Lockenhaar im Auge, darunter den Karneol bei Cades V.
Nr. 219 [1]; später fanden sich auch entschieden menschliche Figuren
mit jenen Attributen hinzu [2]. Aber abgesehen von der willkürlichen Motivierung, wonach die Maske ein Abzeichen bald der
bucolischen Poesie, bald der Aeneis sein soll, spricht beim Typus
des Ursinus schon das langgelockte weibliche Haar dagegen. Die
ähnlichen sonstigen Darstellungen mögen Schauspieler oder scenische
Dichter sein. Der Kopf über der flötenspielenden Cikade in Berlin
(Tölken Verz. V. 2. 115) ist wahrscheinlich ein Satyr, und der angeblich ähnliche (Nr. 116) irgend ein römischer Knabenkopf.

Was uns somit unmöglich gemacht ist, auf dem Wege ikonographischer Forschung festzustellen, das hat der weniger skrupulöse
Localpatriotismus dadurch zu erreichen gesucht, dass er einen angeblich aus Mantua stammenden und im dortigen Museum aufgestellten antiken Kopf (abgeb. Labus Mus. d. Mant. I. 1) [3] mit Hilfe
der Tradition zu einem Vergilius stempelte. Derselbe hat ebenfalls
langgelocktes, von einer Binde umwundenes Haar, und insofern kam
die Hypothese des Ursinus den patriotischen Erklärern entgegen.
Aber man wollte grössere Sicherheit und stellte daher den Beweis
auf eine historische Basis.

Nach den Geschichtschreibern des 15. Jahrhunderts stand im
Mittelalter auf Piazza d'Erbe in Mantua eine grosse und schöne

---

[1] Abgeb. Imagg. II. 67; Faber Nr. 148 (keine Münze, wie es bei Bellori
und Gronov heisst).

[2] Vgl. die Köpfe und Halbfiguren bei Cades Nr. 220 — 222, wovon zwei in
Florenz (abg. Gori Mus. Flor. Gemme I, Tf. 43. 7 und 10). Eine ganze Figur
vor der Maske sitzend auf der Gemme des Stephanoni (abg. Bellori Imagg. 48;
Gronov Thes. III rrr) und auf dem Berliner Cameo Nr. 17.

[3] Borsa Mus. della R. Acad. di Mant. 1790; Mus. Nap. IV. 73. Vgl. Dütschke
Ant. Bildw. in Oberit. IV. Nr. 711.

Marmorstatue, in welcher die Bürger ihren berühmten Landsmann
verehrten. Dieselbe wurde im Jahre 1392 durch Carlo Malatesta,
den Herrn von Rimini, unter dem Vorwand, dass Statuen sich nur
für Heilige ziemten, von ihrem Postament gestürzt und in den Po
oder Mincio geworfen[1]. Etwa zwei Jahrhunderte später erwarb
Vespasiano Gonzaga (1531—91) einen Marmorkopf, den er, gestützt
auf die ursinische Gemme und auf den Fundort (Gebiet von Mantua)
für ein Bildnis des Vergil ausgab und demgemäss restaurierte (mit
vergoldetem Lorbeerkranz). Derselbe wurde mit den übrigen Kost-
barkeiten Vespasiano's in seinem Schloss zu Sabbionetta aufgestellt,
und blieb, wie es scheint, ziemlich unbeachtet, bis der Abate Carli
im Jahre 1775 ihn nach Mantua versetzte, und dann zugleich den
Nachweis zu führen suchte, dass es sich um einen Bestandteil eben
jener in den Fluss gestürzten Statue handle[2]. Diese Zugehörigkeit
ist nun aber nicht nur nicht verbürgt, sondern im Gegenteil höchst
unwahrscheinlich und in keinem Fall ein Beweis für die Echtheit des
Bildnisses. Zwar kann die jetzige Büste möglicherweise aus einem
Statuenfragment zurecht gemacht sein; denn vom Hals an abwärts
ist Alles ergänzt. Aber es liegt nicht das Mindeste vor, woraus wir
schliessen dürften, dass sie grade mit der von Malatesta zerstörten
Statue etwas zu thun habe. Hätte diese einen langgelockten Jüngling dargestellt, so würde sich ohne Zweifel ein Reflex davon in den
Vergilsköpfen zeigen, welche die Mantuaner im 15. und 16. Jahrhundert auf ihre Münzen prägten. Dieselben tragen aber meist ganz
kurzes Haar, bald mit, bald ohne Lorbeerkranz.

Uebrigens sind die in dem Büstentypus selbst liegenden Gründe
vollkommen genügend, die Unrichtigkeit der Benennung darzuthun.
Die jugendlich idealen Züge, die langen, von einem schmalen Reif
umwundenen Locken deuten auf alles Andere eher als auf ein römisches
Porträt. Die einzige Analogie in letzterer Beziehung wäre das seltsame Contorniatbild des Apulejus (Münztaf. V. Nr. 117), mit dem
schon wegen seines exceptionellen Charakters nicht argumentiert

---

[1] Da ich nicht aus den Originalquellen schöpfen kann, so halte ich mich
an Labus (Museo di Mantova I. p. 4 ff.), der sich auf sie beruft. Danach muss
ich annehmen, dass es ein Irrtum ist, wenn Roth behauptet, in Folge der scharfen Invective Vergerio's habe Malatesta die Statue wieder aufrichten lassen
(C. L. Roth Ueber den Zauberer Virgil in Pfeiffers Germania IV. Separatabdr.
p. 44). Labus spricht ausdrücklich von vergeblichen Versuchen, die Statue wieder
aufzufischen.

[2] Carli Dissert. sopra un antico ritratto di Virgilio, welche Schrift mir leider
so wenig wie die von Mainardi (1833) und der betreffende Abschnitt aus Millin
(Voyage en Italie) zugänglich war.

werden kann. Vollends ist es verkehrt, in der unrömischen Haar-tracht den «bäurischen Schnitt» erkennen zu wollen, welcher dem angeblichen Vergil bei Horaz [1] nachgesagt wird.

Dass die Bezeichnung trotzdem ein gewisses Glück gemacht hat, ist nicht zu leugnen. Sie ist auch von deutschen Archäologen [2] ge-billigt und auf die Wiederholungen der Büste in andern Museen übertragen worden. So auf die im capitolinischen Museum [3], und die in der Ermitage zu Petersburg Nr. 326 [4]. Aehnliche unter anderm Namen befinden sich in Villa Albani Nr. 48 (Alexander genannt), und im Musée Calvet zu Avignon (Vestibule) [5].

Schliesslich erwähnen wir, dass Maffei auf Grund einer Namens-aufschrift die Togastatue eines jungen Mannes im Conservatoren-palast zu Rom als Vergil abgebildet hat [6]. Indes ist der Kopf und vermutlich auch die Inschrift modern, weshalb die Statue gegenwärtig nicht mehr unter den öffentlich aufgestellten Denkmälern figuriert.

Ebenso scheint die Marmorbüste mit dem Namen Vergils, welche Herr Durocher 1837 in Capri ausgegraben haben soll, und worin der Dichter sowohl in den Zügen als in dem melancholischen Ausdruck mit Talma als Hamlet oder Orest Aehnlichkeit habe [7], apokryph zu sein.

Horaz.
(Münztaf. V. 116.)

Q. Horatius Flaccus, geboren zu Venusia 65, starb 8 v. Chr. nicht ganz 57 Jahre alt. Er wurde zu Rom erzogen, studierte dann

---

[1] *Rusticius tonso*, in der oben angef. Stelle (Sat. I. 3).

[2] Z. B. von Welcker Akad. Kunstmus. Nr. 199, allerdings im Widerspruch mit seiner Ausgabe von O. Müllers Handbuch p. 734. 3.

[3] Abg. Bottari I. 2; Righetti I. 15. 3.

[4] Abg. d'Escamps Marbr. ant. du Mus. Campana pl. 63.

[5] Die Beantwortung der Frage, wer denn aber in diesen Büsten darge-stellt sei, gehört nicht hierher. Nur so viel mag bemerkt werden, dass nach dem lockig in die Stirn fallenden und sie beschattenden Haar weder für Alexander, noch für Helios (Heydemann), noch auch für einen der Dioskuren (Dütschke) eine grosse Wahrscheinlichkeit vorhanden ist. Visconti und Mainardi deuteten sie als Darstellungen strassenbeschützender Laren (Iconogr. rom. p. 376).

[6] Danach auch bei Clarac pl. 907; Righetti Camp. II. 246. Vgl. Beschr. der Stadt Rom III. 1. p. 124.

[7] Welcker Kunstmus. zu Nr. 199.

zu Athen, und folgte (23jährig) dem Brutus von dort nach Philippi als *tribunus militum*. Durch die Beschränktheit seiner pecuniären Hilfsmittel zur Veröffentlichung von Gedichten getrieben, wurde er seit 39 mit Maecenas und bald darauf auch mit Augustus bekannt, mit welchen beiden er bis zu seinem Tod in freundschaftlichem Verkehr lebte. Neben dem Grabhügel des Maecenas auf dem Esquilin wurde er bestattet.

Aus einigen gelegentlichen Notizen, die er selbst in seinen Gedichten giebt, erfahren wir, dass er von heissblütigem Temperament und von kleiner Statur war, dass er schwarzes Haar, eine niedrige Stirn und ebenfalls schwarze, zum Triefen geneigte Augen hatte. Mit den Jahren wurde er fett und frühzeitig grau [1].

Sonst beruht die Kenntnis seines Porträts auf ein paar Contorniaten, die nur leider, wie sie schon an und für sich wenig zuverlässig, nicht ganz mit einander übereinstimmen. Von den zwei bei Visconti abgebildeten (Icon. rom. XIII. 2. 3) stammt der eine, mit der Umschrift HORATIVS und dem Lorbeerzweig, aus der Sammlung Gonzaga und befindet sich jetzt in Paris [2]; der Revers zeigt ein Pferd mit seinem Stallmeister. Der andere Contorniat, mit der Umschrift ORATIVS, war zu Visconti's Zeit in der Sammlung Poniatowski zu Rom. Er zeigt uns den Dichter in einem nach byzantinischer Weise verzierten Gewande [3]. Revers: Die sitzende Figur des Dichters Accius mit Namensumschrift (s. Nachtr. zu p. 66). — Man kann nicht sagen, dass die Bildnisse dieser Münzen der Selbstschilderung des Dichters besonders entsprächen. Horaz ist auf ihnen sehr jugendlich dargestellt, ohne auffallende Niedrigkeit der Stirn, ohne irgend welche Anzeichen von Fettigkeit; bartlos, mit schlichtem nach claudischer Weise geschnittenem Haar, gerader Nase und fast griechischem Profil. Auf dem Contorniaten der Sammlung Poniatowski hat er eine nach vorn abschüssige Schädelbildung.

[1] Hor. Epist. I. 20. 24:
Corporis exigui, praecanum, solibus aptum,
Irasci celerem, tamen ut placabilis essem.
Epist. I. 8. 25:
Reddes
Forte latus, nigros angusta fronte capillos;
Reddes dulce loqui, reddes ridere decorum.
Epist. I. 4. 15:
Me pinguem et nitidum bene curata cute vises.

[2] Wo auch noch ein zweites daherstammendes Exemplar. Ganz ähnlich der schon bei Fulv. Ursinus. 1 Ausg. p. 45 und bei Faber Nr. 73 verkehrt abgebildete, sowie der bei Bellori Taf. 54 aus der Sammlung der Königin Christine.

[3] Eine bessere Replik im Besitz von Dr. A. Colson ist in der Rev. numism. 1859. pl. 19. 2 publiciert. Im Ganzen soll es bloss drei Exemplare davon geben.

Dasselbe Bildnis findet sich auf einer Paste im Musée Fol zu
Genf (Nr. 3008), über deren Echtheit ich freilich nicht urteilen kann.
Und dann in offenbarer Abhängigkeit von den Münzen auf einem
Smaragd bei Cades V. 218, wo zu beiden Seiten des Kopfes die
Buchstaben H. F. *(Horatius Flaccus)* nebst Lorbeerzweig. — Die
übrigen Gemmen, welche bei Cades den Namen des Horaz führen
(Nr. 219 — 222), sind die mit der Maske, von denen wir bei Anlass
des Vergil gesprochen haben. — Bei dem Berliner Amethyst (Tölken
V. II. Nr. 117) handelt es sich überhaupt nur um einen unbärtigen
jungen Mann.

Meines Wissens wird für keine wirklich antike Büste oder Statue
der Anspruch erhoben, dass in ihr ein Bildnis des Horaz erhalten
sei[1]. Krüger hat seiner Zeit einen doryphorosartigen Kopf von Char-
lottenburg (j. in Saussouci?) als solchen bekannt gemacht (Antiquités
du roi de Prusse Taf. a 10), und in den Museums-Catalogen wird etwa
einmal schüchtern auf derartige Benennungen hingewiesen, z. B. bei
Nr. 433 des Museo Chiaramonti. Allein überall sind es mehr Ein-
fälle als Hypothesen. — In England haftet der Name an einem Bildnis, von dem ich mehrfach moderne Copien oder Abgüsse getroffen,
ohne dass ich sagen könnte, wo das Original zu suchen sei. So heisst
in Wilton House (Double Cube room)[2] eine wahrscheinlich moderne
Porphyrbüste Horatius, allerdings mit dem Beisatz Consular, wonach
man an den Zeitgenossen des Poplicola oder an den der Decemvirn
denken sollte. Indes ist ein ganz ähnlicher und vielleicht auf diesen
Kopf zurückgehender Abguss in der Bibliothek von Trinity College
zu Cambridge als Dichter Horaz bezeichnet. — Lenormant glaubt
den Horaz zu erkennen auf einem Elfenbeindiptychon im Louvre
(vgl. De Witte Cat. Durand Nr. 2256).

M. Agrippa.

(Tafel XXII. Münztaf. V. 101—105.)

M. Vipsanius Agrippa wurde 63 v. Chr. geb. und starb 12 v.
Chr., erst 51 Jahre alt. Er war von dunkler Herkunft, zu der er

[1] Ueber die Aufstellung von Horazbüsten in den Schulen der römischen
Grammatiker s. Juvenal VII. 225 ff.
[2] Vgl. den Cat. von Newton.

sich nicht gern bekannte [1], aber von Jugend an mit dem gleichaltrigen Octavian aufs engste befreundet, und bald sein erster Ratgeber und Feldherr. Ihm hauptsächlich verdankte Octavian den Sieg bei Actium. Nach dem Tode des Marcellus (23 v. Chr) heiratete Agrippa in dritter Ehe dessen Witwe Julia, die Tochter des Augustus, und erhielt von ihr fünf Kinder, darunter Cajus und Lucius Caesar, welche beide vom Kaiser adoptiert wurden, und die ältere Agrippina. Sein Tod erfolgte in Campanien, als er eben aus dem pannonischen Kriege zurückgekehrt war. Augustus liess den Leichnam nach Rom führen und in seinem Mausoleum beisetzen.

Agrippa war ein durch und durch loyaler C h a r a k t e r, seinem Herrn und Freunde aufs treuste ergeben, in seinen politischen Anschauungen mit ihm einig und dessen Ziele mit ganzer Kraft in uneigennützigster Weise fördernd, was denn auch von Augustus aufs dankbarste anerkannt wurde. Güte und Festigkeit waren in ihm harmonisch geeinigt. Von seiner Bildung legen seine schriftstellerischen Arbeiten, die leider verloren sind, von seiner Liebe zur Kunst seine teilweise noch erhaltenen Bauten [2] Zeugnis ab. Doch galt seine Prachtliebe nur dem gemeinen Wesen und der Grösse Roms. Er selbst scheint keine künstlerisch angelegte Natur gewesen zu sein. Plinius nennt ihn einen *vir rusticitati propior quam deliciis* und giebt ihm mit Bezug auf seine Invective gegen den Privatluxus das Epithet der *torritas* [3].

Die anerkannte Feldherrn- und Charaktergrösse Agrippa's, die Freigebigkeit, mit der er überall aufzutreten pflegte — ausserhalb Roms hatte er namentlich in Gallien, Griechenland und Asien die Spuren seiner Wohlthaten hinterlassen —, endlich die ungewöhnliche Stellung, die er in der Freundschaft des Augustus einnahm, um von seinen verwandtschaftlichen Beziehungen zum Kaiserhause zu schweigen [4], mussten ihn zu einer sehr gefeierten Persönlichkeit machen. Noch sind die Widmungsaufschriften verschiedener ihm errichteter E h r e n s t a t u e n erhalten, welche einen Schluss auf die Zahl und Verbreitung der untergegangenen ähnlichen Denkmäler gestatten.

---

[1] Senec. Controv. Nr. 12.

[2] Senec. de benef. III, c. 32: *Tot in urbe maxima opera excitavit, quae et priorem magnificentiam vincerent et nulla postea vincerentur.* Vgl. Beschr. d. St. Rom. III, 3. p. 93.

[3] Plinius. H. N. XXXV. 26: *Exstat ejus oratio magnifica et maximo civium digna de tabulis omnibus signisque publicandis, quod fieri satius fuisset, quam in villarum exilia pelli; — cerum eadem illa torvitas tabulas duas Ajacis et Veneris mercata est a Cyzicenis HS. XII.*

[4] Er war Schwiegersohn des Augustus, Schwiegervater des Tiberius, Grossvater des Caligula.

Sie rühren von den Athenern, den Kerkyräern, den Lesbiern her.
Die der Athener bezieht sich auf eine Reiterstatue beim Aufgang zur
Akropolis, welche ihm im Jahre 27 v. Chr. oder in der darauffolgenden Zeit (als er zum drittenmal Consul war), decretiert worden
war [1]. Natürlich durfte die Hauptstadt in dieser Beziehung nicht
zurückstehen; doch kennen wir von römischen Statuen bloss die eine
im Pantheon, die er sich selber als Gegenstück einer Augustusstatue
gesetzt, und deren Errichtung Dio mit den Worten entschuldigt, dass
es nicht aus dem Streben, sich dem Augustus gleichzustellen, sondern
aus grosser Anhänglichkeit an ihn und aus eifrigem Gemeinsinn geschehen sei, weshalb denn auch Augustus, weit entfernt einen Ein-
wand zu erheben, ihn darob nur noch mehr geehrt habe [2]. Visconti
bringt damit die Reversdarstellung eines Denars des C. Marius
Tromentina [3] in Verbindung: Augustus und Agrippa in ganzer Figur,
jener mit dem Lorbeerkranz (?), dieser mit der Mauerkrone, beide
in der Toga. Allein nach Dio [4] hielt die Bildsäule des Augustus im
Pantheon einen Speer, (der einst von einem Blitzstrahl getroffen
wurde), was zu den Togafiguren nicht passt. — Im Uebrigen wird
es rühmend hervorgehoben, dass Agrippa alle übertriebenen oder
auch nur das gewöhnliche Mass übersteigenden Huldigungen mit Mässigung und Bescheidenheit zurückwies.

Unter den ihm zuerkannten Ehren ist es nicht die letzte und
unbedeutendste, dass sein Bildnis wie das eines Mitregenten oder
eines Prinzen des augusteischen Hauses sowohl vom Senat als von
den kaiserlichen Monetaren auf die Münzen geprägt wurde.

Für die Ikonographie kommen hauptsächlich die schönen Mittelbronzen mit dem Revers des stehenden Neptun in Betracht (abgeb.
Münztaf. V. Nr. 101 bis 103) [5], aus der Zeit zwischen seinem dritten

[1] S. Stuart und Rev. Allert. von Athen. II. 5. p. 96 f.; Leake Topogr. von
Athen, übersetzt von Baiter und Sauppe p. 236 ff. – Ueber die andern vergl.
Visconti Icon. rom. p. 271. Anm. 1.

[2] Dio LIII. 27. Eine ähnliche Gleichstellung kommt vielfach auf den
Münzen vor. Abgesehen von dem Denar des Tromentina (Anm. 3) vgl. den des
Platorinus: Augustus und Agrippa neben einander auf einem Thron von Schiffs-
schnäbeln (Cohen M. cons. XXXVIII. Sulpicia 6) und die Münzen mit den auf
Avers und Revers verteilten Köpfen des Augustus und des Agrippa (Cohen M.
imp. 2 éd. I. p. 177 f.). Auch die Reiterstatue vor den Propylaeen war vielleicht
mit einem Augustus gruppiert (Leake a. a. O. p. 237).

[3] Abg. Icon. rom. pl. VIII. 8, vgl. p. 280 Anm. 1.

[4] Dio LIV. 1.

[5] Cohen Méd. imp. 2 éd p. 175. 3. Ebenda werden ein paar mit abwei-
chendem Revers namhaft gemacht, darunter eine von Tiberius, der in erster Ehe
Agrippa's Schwiegersohn gewesen war; sowie die Restitutionen des Titus und
Domitian.

Consulat (27 v. Chr.) und seinem Tode. Sie zeigen seinen Kopf mit einer diademartigen Schiffskrone *(corona rostrata)* umwunden, die Belohnung für den Seesieg bei Naulochos im Jahre 36 [1]. Er ist von schöner, wohlproportionierter Form, ein oblonges Viereck bildend, indem die Linie des Profils fast ihrer ganzen Länge nach mit dem Contour des Hinterkopfs und des Nackens parallel läuft. Charakteristisch der durch die herabgedrückten Brauen verdüsterte Blick, die gerade Nase, die auf eine gewisse Fülle deutende Bildung von Kinn und Hals.

Ebenfalls noch zu seinen Lebzeiten (um das Jahr 18 v. Chr.) prägte Sulpicius Platorinus einen Denar und ein Goldstück mit seinem Bildnis und dem Revers eines Augustuskopfs. Auf dem Denar (Münztafel V. Nr. 104) [2] ist er unbekränzt, auf dem Goldstück (Münztafel V. Nr. 105) [3] mit einer Mauer- und Schiffskrone zugleich geschmückt, wofür meines Wissens eine genügende Erklärung noch nicht aufgestellt ist. Der letztere Kopf wiederholt sich in etwas kleinerem Massstabe auf der silbernen Restitution des Trajan [4].

Auf den Colonialmünzen von Nemausus (Augustus und Agrippa einander gegenüber) kommt Agrippa ausnahmsweise auch bärtig vor [5].

Mit Hilfe dieser Münzen, namentlich der erwähnten Mittelbronzen, sind 3 oder 4 auf das gleiche Original zurückgehende Marmorbüsten (im Louvre, in den Uffizien, im Museo Torlonia und vielleicht auch eine in Petersburg) sowie ein Basaltkopf im Camposanto zu Pisa als Bildnisse des Agrippa erkannt worden, und ihre Benennung wird durch die Statue eines als Seeheld charakterisierten Feldherrn in Venedig, dessen Gesichtszüge mit jenen übereinstimmen, bestätigt.

Die Büste des Louvre, Descr. Nr. 196 (abg. Fig. 38) [6], auf ungebrochenem nacktem Bruststück, gehört zu den gabinischen Funden des Jahres 1792 und vereinigt alle möglichen Vorzüge: Grösse des Gegenstandes, meisterhafte Arbeit, unanfechtbares Altertum, vortreffliche Erhaltung. Es ist ein Charakterkopf ersten Ranges, mit herabgedrückten, fast überhängenden Brauenmuskeln bei sonst mässig gerunzelter Stirn, mit tiefbeschatteten, finsterblickenden Augen, einer

---

[1] Vellej. II. 81; Serv. zu Virg. Aen. VIII. 684 u. A.
[2] Cohen a. a. O. p. 178. 3.
[3] Cohen a. a. O. p. 177. 2.
[4] Cohen a. a. O. p. 178. 6.
[5] S. Rhein. Mus. 35 Bd. 1863. p. 99.
[6] Mon. Gab. Taf. III. Nr. 2; Mon. scelt. Borghes. II. 23; Bouillon III. pl. 8; Visc. Icon. rom. pl. VIII. 1. 2.

an der Wurzel leicht gebogenen Nase, senkrechtem Profil, und
Doppelkinn.

Die der Uffizien in Florenz Nr. 48 (Dütschke Nr. 66)[1], auf
moderner Feldherrnbüste, steht ihr, was die Ausführung betrifft, etwas nach, ist aber ebenfalls noch ein lebendiges und wohlerhaltenes
Exemplar. Der Kopf ist wie beim Pariser nach links gewandt und
entspricht demselben bis auf die einzelnen Haarbüschel, wobei es
auf sich beruhen mag, ob der Florentiner unmittelbar nach dem
Pariser, oder beide nach einem dritten gearbeitet sind. An modernen
Ursprung darf man beim Florentiner schon deswegen nicht denken,

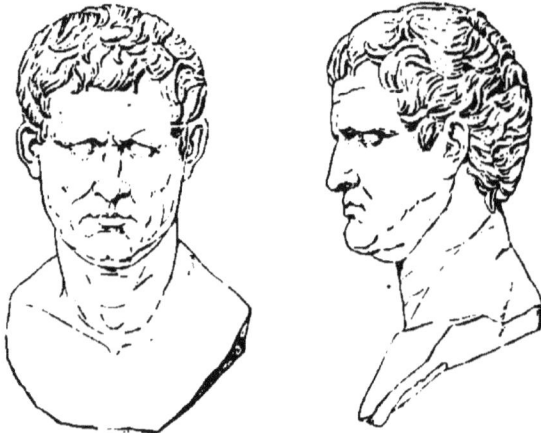

Fig. 34. Marmorkopf des Agrippa im Louvre.

weil er lange in der mediceischen Sammlung existierte (Inventar vom
Jahre 1704), bevor der gabinische, nach dem er allein gemacht sein
könnte, entdeckt war[2]. Die Gleichheit mit dem Bildnis der Bronzemünze ist beidemal unverkennbar.

Allerdings ist der Gesichtsausdruck dieser Büsten nicht entfernt
derjenige, den man bei dem edeldenkenden Staatsmann, dem hoch-
sinnigen Pfleger der Künste, dem ergebenen Freunde des Augustus
erwartet. Er hat im Gegenteil etwas Unheimliches, Trotziges, Ver-

---

[1] Abg. Duruy Hist. d. Rom III. p. 688.
[2] Vgl. Dütschke a. a. O., welcher vermutet, dass es dieselbe Büste sei,
welche Sixtus IV. dem zur Begrüssung des neuen Palates nach Rom gekommenen
Lorenzo de' Medici im Jahre 1471 zusammen mit einem Augustuskopf schenkte.

schlossenes, etwas von dem, was in potenzierter Weise bei den auf
Caligula bezogenen Köpfen und bei den Bildnissen des Caracalla
wiederkehrt. Aber im gegenwärtigen Fall ist die Richtigkeit der Benennung zu evident, als dass sie deshalb in Frage gestellt werden
könnte, und es bedarf nicht der falschen Erklärung der plinianischen
torvitas, um sie zu sichern. Der scheinbare Zwiespalt ist nur wieder
eine Mahnung für die Ikonographen, die Ergebnisse der Physiognomik in der Wissenschaft nicht zu hoch zu taxieren. Wie selten ist
auch im wirklichen Leben das Gesicht der deutliche Spiegel des
Charakters!

Zu diesen zwei längstbekannten und wohlverbürgten Exemplaren
kommt dann noch je eines im Museum Torlonia zu Rom und in der
Ermitage zu Petersburg, die einen etwas zweifelhafteren Charakter
aufweisen. Das im Museo Torlonia (Nr. 419) [1] ist zwar ebenfalls
eine Wiederholung des gabinischen und wie dieses nach links gewandt, mit fast übertrieben düsterem Blick; aber höchst wahrscheinlich eine moderne Arbeit. — Das Petersburger (Nr. 206) ist mir
bloss aus dem Catalog von Gnédéonow bekannt, wo es als *portrait
des plus authentiques d'Agrippa* bezeichnet wird. Allein wenn dies in
Beziehung auf die Bedeutung auch richtig, so unterliegt es doch
ähnlichen Zweifeln wie das vorige, weil es aus der frühern Sammlung
Campana stammt.

Sicher antik, aber nach einem andern Original, ist der Basaltkopf im Camposanto zu Pisa (abg. Fig. 39) [2]. Hals und Kinn sind
etwas fetter und die Stirn etwas weniger steil. Doch ist die Gleichheit der Person trotz der schlecht ergänzten Nase auch hier nicht zu
verkennen [3]. Nur schon die charakteristische Bildung der Augen, von
der Anlage der Haare und dem Uebrigen zu schweigen, erweisen das
Bildnis als das des Agrippa. Der Mund ist geschlossen mit herab-
gehenden Winkeln, von vorn einen Bogen bildend, am Hals drei
schräg nach hinten empor laufende Falten. Arbeit und Erhaltung
lassen zu wünschen übrig.

Einen dritten, wieder etwas verschiedenen Kopftypus zeigt die
Colossalstatue im Museo civico zu Venedig, früher im Pal. Grimani

---

[1] Nicht das bei Vitali (Marmi scolp. nel Pal. Torlonia I. 46) abgebildete;
oder die Abbildung müsste über alle Massen schlecht sein.

[2] Lasinio Raccolta di sarcofaghi etc. Taf. 119. 186. Vgl. Dütschke Ant.
Bildw. in Oberitalien I. Nr. 80.

[3] Wer Angesichts der Zeichnung Zweifel hegt, den muss ich auf das Original
verweisen. Die Zeichnung konnte leider nicht von mir revidiert werden. Obgleich sie von sonst zuverlässiger Hand, möchte doch das Untergesicht (en face)
etwas zu fett und die Oberlippe zu hoch, resp. die Nase zu niedrig gerathen sein.

(abg. Taf. XXII) [1]: Agrippa in heroischer Nacktheit, 3,17 M. hoch,
also noch etwas grösser als der Pompejus Spada, rechts vorschreitend,
mit einem Schwert in der Rechten, dessen Scheide an seiner linken
Seite hängt, mit der Linken einen abwärts gekehrten Delphin haltend
(als Neptun). Ausser dem Wehrgehenk trägt er bloss ein kleines
Mäntelchen über dem linken Arm, mit dem sonst nicht vorkommenden
Motiv, dass die Schulter zwischen den Falten desselben hervorblickt.
Der nie vom Rumpf getrennte Kopf ist jetzt leider wie die ganze
Statue etwas verwaschen, die Ohrmuscheln abgeschlagen, die Nase
neu, die Lippen zerstossen. Er ist dem Pariser Typus in Formen
und Ausdruck sehr ähnlich, obgleich er nicht als das unmittelbare
Original desselben angesehen werden kann, wie schon seine Richtung
nach vorn und die Disposition der Haarbüschel zeigt. Auch ist die

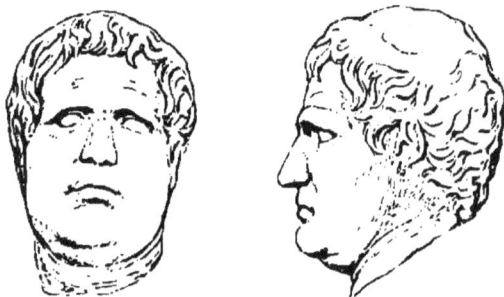

Fig. 39. Marmorkopf des Agrippa im Camposanto zu Pisa.

Scheitellinie gegen die Stirn zu etwas abschüssiger und weniger gewölbt. Seiner decorativen Ausführung nach war er überhaupt nicht
geeignet, als Vorbild für Büsten zu dienen.

An der Statue ist der ganze rechte Arm mit dem Schwerte, der
linke Unterarm mit dem Schwanz des Delphins, beide Wadenstücke
und die Fersen des linken Fusses neu, ausserdem die Schenkel an
vielen Stellen zerbrochen. Das Bandelier des Schwertes ist nach
sicher antiken Fragmenten restauriert. Dass auch die Plinthe und

---

[1] Pococke Descript. of the east II. pl. 97; Monum. del Mus. Grimani Ven.
1831; Visc. Icon. rom. VIII. 7; Clarac. Mus. d. sculpt. pl. 916 (von 2 Seiten);
Müller-Wieseler Denkm. I. Nr. 353; Revue archéol. IX. 1852. pl. 188 mit Text
von Raoul-Rochette p. 170 ff. Vgl. E. Braun Ruinen und Mus. Roms p. 172.
Die Monographie von Gian Antonio Moschini Della statua d'Agrippa nel cortile
Grimani, Venez. 1829 fol. ist mir leider nicht zugänglich gewesen.

die mit ihr zusammenhängenden Teile (der gewaltige Baumtronk
und der Delphin mit seinem altarähnlichen Untersatz) modern
seien, wage ich zwar nicht mit vollkommener Bestimmtheit zu behaupten, halte es aber für sehr wahrscheinlich[1]. Auch Heydemann[2] möchte dem Augenschein nach Stütze, Plinthe, Altar und
Delphin für neu nehmen, und traut nur die Erfindung des Delphins
einem modernen Restaurator nicht zu. Wenn aber der Restaurator,
wie es wahrscheinlich ist, von der Agrippabedeutung der Statue unterrichtet war, — man kannte ja das Bildnis (die Büste der Uffizien?)
bereits im Jahr 1471[3] —, so konnte er wohl auch ohne weitere In-
dizien auf den Gedanken kommen, den siegreichen Seehelden durch
den Delphin zu charakterisieren. — Wie dem nun sein mag, jedenfalls hängt die Bedeutung der Statue nicht von der Authenticität
des Motivs ab, sondern ist hinlänglich durch die Bildnisähnlichkeit
des Kopfes verbürgt[4]. Ist der Delphin alt, so ist er eine zwar nicht
notwendige, aber immerhin erwünschte Bestätigung des in letzter
Instanz auf der Münzvergleichung beruhenden Namens. Ist er neu,
so lässt sich fragen, ob der Ergänzer das Richtige getroffen. Man
könnte ja auch ein Motiv wie das des Neptun auf dem Revers der
Agrippamünze[5], den Dreizack in der Linken, den Delphin in der vorgestreckten Rechten, vermuten. Indes ist der gesenkte linke Oberarm einer Ergänzung mit dem Dreizack nicht günstig; und da die
umgekehrte Verteilung noch weniger zulässig, ein Schwert aber dem
Wehrgehenk nach jedenfalls vorhanden war, so sieht man sich schliesslich doch zur Annahme eines der jetzigen Restauration analogen
Motivs gezwungen.

Auf keiner sehr festen Grundlage dagegen beruht die vielfach
(z. B. von Cavaceppi, Raoul-Rochette, Thiersch) geteilte Vermutung,
dass dieses Werk identisch mit der einst im Pantheon aufgestellten
Statue sei. Ant. Grimani (Anf. d. 16. Jahrh.) hatte allerdings manche
seiner Sachen aus Rom bezogen. Auch war die Statue früher mit

---

[1] Die Angaben der Archaeologen gehen hierüber auseinander. Visconti
äussert keinen Zweifel an ihrem Altertum (Icon. rom. p. 279) und O. Müller
(Denkm. d. a. Kst. J. Nr. 353) sagt ausdrücklich, dass ein Stück des Delphins
alt sei. Thiersch dagegen (Reisen in Italien 1826. p. 250) erklärt den Delphin
für modern.

[2] Mitt. aus den Antikensammlungen v. Oberitalien 1879. p. 16.

[3] Toscana illustrata p. 194, citiert von Dütschke Ant. Bildw. in Oberitalien
III. Nr. 66.

[4] Beanstandungen wie die Winckelmanns (W. VI. 1. p. 224), der die Statue
bloss aus schlechten Abbildungen kannte, sollten nicht mehr geltend gemacht
werden (vgl. Heydemann a. a. O.).

[5] Abg. Visconti Icon. rom. Taf. VIII. 4.

einem Augustus «von mehr als natürlicher Grösse» im Palazzo
Grimani zusammengestellt (Thiersch). Aber ein ausdrückliches und
zuverlässiges Zeugnis über ihre Herkunft und über die Zusammengehörigkeit der beiden Statuen giebt es nicht. Und auf die angebliche Congruenz der Plinthe mit der noch im Pantheon an Ort und
Stelle befindlichen Basis [1] ist um so weniger zu geben, als weder das
Altertum der Plinthe noch der genaue Aufstellungsort im Pantheon
über alle Zweifel erhaben sind. Die Masse der c. 11 M. hohen
Nischen in der Vorhalle des Pantheon lassen Statuen voraussetzen,
die noch um ein Beträchtliches colossaler waren als die unsrige.
Zudem haben wir einen doppelten Fingerzeig, dass auch das Motiv
derselben ein anderes war. Wenn Dio's Angabe, dass Agrippa selber
die Standbilder im Pantheon gesetzt habe, wahr ist, so konnte es
sich um keine vergötterten Darstellungen, also um keine Statuen in
heroischer Nacktheit handeln. Und dann wissen wir, dass die des
Augustus einen Speer trug [2], was fast notwendig an eine militärische
Auffassung, d. h. an eine Bekleidung mit dem Panzer denken lässt.
In diesem Fall war aber gewiss auch der Agrippa eine Panzerfigur [3].

Die venezianische Statue scheint daher trotz der kategorischen
Behauptungen von Cavaceppi und Raoul-Rochette mit der ehemals
im Pantheon aufgestellten nichts zu thun zu haben. Wo sie her-
stammt, wissen wir einfach nicht. Will man sich auf Vermutungen
einlassen, so ist unseres Erachtens die von Visconti, der sie aus
Griechenland herleitete, bei weitem die wahrscheinlichste. Die breite
und grossartige Ausführung weist auf eine verhältnismässig frühe
und wohl auf augusteische Entstehungszeit. Damals gehörten nackte
Porträtdarstellungen noch zu den Seltenheiten in Rom, während sie
bei den Griechen sich längst eingebürgert hatten. Venedig stand
aber mit Griechenland und dem Orient Jahrhunderte lang in engster
Verbindung. «Ueberall begegnet dem Suchenden in Venedig Griechisches [4].» Brauchte man sich zu wundern, wenn auch von Lesbos
oder von dem verhältnismässig nahegelegenen Kerkyra, wo erwiesener-

---

[1] Vgl. die Behauptungen Cavaceppi's bei Cicognora in der Sammelschrift
Di un busto col. di Mecenate. Par. 1837. p. 45.

[2] Dio LIV. 1.

[3] Die Spur der Pantheonstatuen möchte vielmehr in jenem Stück eines
bronzenen Agrippakopfs zu finden sein, der unter Eugen IV. bei der Rotonde
zum Vorschein kam, und von dem Vacca meint, man werde ihn eingeschmolzen
haben (Flaminio Vacca Memorie Nr. 35, bei Fea Miscell. p. 70). Die Notiz Dio's
von dem Blitzstrahl deutet ja in der That auf Bronze.

[4] O. Müller Hdb. p. 348.

massen Agrippastatuen errichtet waren (s. oben), Denkmäler nach
Venedig gebracht worden wären?

Von den bisher genannten gesicherten Bildnissen zu trennen ist
der auf Agrippa bezogene, angeblich in der Umgebung des Pantheon
gefundene [1] Colossalkopf, welcher 1743 von dem sienesischen Patricier
Lactantius Sorgardi dem Pabst Benedict XIV. geschenkt und von
diesem im capitolinischen Museum aufgestellt wurde, anfangs
in der äussern Gallerie [2], jetzt im Philosophenzimmer Nr. 16 (abgeb.
Fig. 40) [3]. Es ist keine Büste, bloss Kopf und Hals, wie es scheint,
zum Aufsetzen auf eine Statue gemacht, aber das Erhaltene unversehrt aus Einem Stück, von streifigem Marmor. Die Kopfhöhe beträgt etwa das Doppelte der Lebensgrösse. Es ist eines von jenen Bildnissen (s. oben p. 167), bei denen man ihrer Colossalität wegen nur auf den Namen eines Kaisers oder eines Mannes wie eben Agrippa glaubt raten zu dürfen. Ein Kaiser ist es nun sicherlich nicht; aber ob Agrippa, erscheint ebenfalls sehr zweifelhaft. Formen und Ausdruck sind vom Pariser Typus in ein paar massgebenden Punkten verschieden. Der Schädel ist weniger gerundet, nach oben schmaler, die Brauen an der Nasenwurzel mehr abwärts gewölbt und ihre Muskeln nicht überhangend, Stirn und Wangen durchfurcht,

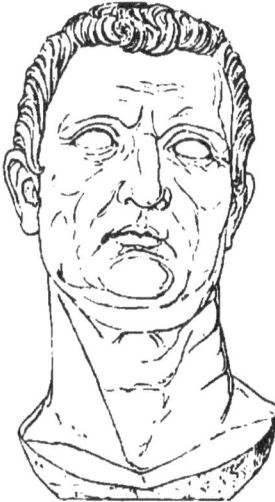

Fig. 40. Colossalkopf im capitolin. Museum.

an den äussern Augenwinkeln strahlenförmige Fältchen, wovon bei den andern Köpfen
keine Spur. Der Ausdruck endlich hat zwar wohl etwas Trübes, das
durch die leicht aufwärts gerichtete Haltung des Kopfes noch verstärkt wird, aber keineswegs den finstern Trotz, den wir sowohl

[1] Bottari Mus. Cap. II. p. 11.
[2] Beschr. d. St. Rom III. 1. p. 168. Nr. 34.
[3] Bottari II. 4. wo er dem Pariser Typus zu sehr angenähert ist; ganz
schlecht bei Righetti Campid. II. 237, gut bei Duruy Hist. d. Rom III. p. 758.

auf dem Münzbildnis als bei den Büsten gefunden haben. Auch wenn man den deutlich sichtbaren Unterschied der Jahre in Rechnung bringt — der capitolinische Kopf steht auf der äussersten Grenze des bei Agrippa möglichen Alters —, kann man sich, zumal bei einem so sorgfältig gearbeiteten Kopf, schwer überzeugen, dass dieselbe Person gemeint sei.

Zweifelhaft ferner ein lebensgrosser Marmorkopf im Museo Chiaramonti Nr. 60, von etwas runderer Form, aber mit dem charakteristischen Blick und den herabgedrückten Brauen. — Ein mir unbekannter von Béziers im Museum von Toulouse (Cat. Nr. 210).

Modern: Der sogenannte Agrippakopf im Vestibule des Museums von Grenoble, 1873 durch Geschenk des Staates aus Versailles dorthin gelangt[1]; die fälschlich auf Agrippa bezogene Büste in Mantua Nr. 238[2]; der lorbeerbekränzte Reliefkopf im Mus. Disnejanum pl. 38, jetzt wahrscheinlich im Fitzwilliam Museum zu Cambridge[3].

Für Agrippa endlich wird von Einigen die Panzerfigur auf dem Relief von San Vitale zu Ravenna[4] genommen; der Kopf zwar übel zugerichtet, aber «nach wiederholter Vergleichung mit den guten und sicheren Agrippabildnissen nicht mehr zweifelhaft» (Conze). Dies ist nun wohl etwas zu viel gesagt, insofern die entscheidenden Momente jedenfalls mehr in den sachlichen Gründen als in der physiognomischen Aehnlichkeit liegen. Denn wenn auch die Kopfform und die Fülle des Untergesichts im Ganzen entsprechen, so fehlt doch der eigentümlich düstere Blick und die steile Bildung der Stirn. Indes halten wir die Deutung auf Agrippa einstweilen ebenfalls für die plausibelste. Sie ist sowohl durch die persönlichen Beziehungen des Feldherrn zum augusteischen Hause, als durch das kriegerische Costüm und vielleicht, wie Conze glaubt, auch durch den Fundort Ravenna (Hauptflottenstation der Adria unter Augustus) nahe gelegt. Die früher beliebte und von J. Friedländer[5] wieder aufgenommene Deutung auf den Kaiser Claudius steht in zu offenbarem Widerspruch mit dessen Bildnissen. Wir werden bei den Denkmälern des julischen Kaiserhauses auf das Relief zurückkommen.

Gemmen. — Unter den geschnittenen Steinen möchten ihrer

---

[1] Notiz von Dr. Robert Schneider in Wien.

[2] Unkenntlich abgeb. bei Labus Mus. di Mantua III. 46. 2. Vgl. Dütschke Ant. Bildw. in Oberitalien IV. Nr. 795.

[3] Arch. Ztg. 1847 p. 159.

[4] Abg. Conze Die Familie des Augustus 1867.

[5] Arch. Ztg. 1867. p. 111.

Schönheit und Bildnisähnlichkeit wegen folgende Cameen hervorzuheben sein:

1. Ein Onyx in Wien Nr. 51 (abg. auf unserer Münztaf. V. 106)[1]:
Kopf nach links ohne Kranz. Der ebenfalls unbekränzte Kopf nach
rechts bei Cades V. Nr. 313 und die ihm ähnlichen sind nicht sicher
Agrippa.

2. Ein Chalcedon in den Uffizien zu Florenz, Cameen Nr. 96
(abg. Mus. Flor. Gemmae I. Taf. 2. 6)[2], mit Schiffskrone wie auf
den Mittelbronzen. Aehnlich der grosse Karneol bei Cades V. 314,
während der kleine grüne Jaspis Nr. 316 einen etwas verschiedenen
Ausdruck zeigt.

3. Ein in Email gefasster Agat im Cab. des Médaillos zu
Paris (Chabouillet Cat. gén. p. 33. Nr. 200)[3]: Kopf nach links mit
breiter corona rostrata. Auf dem Revers ein weibliches Bildnis
(Julia).

4. Ein Sardonyx ebenda (Chabouillet Nr. 199)[4]: Die Köpfe
des Augustus und des Agrippa einander gegenüber, Agrippa mit der
Mauer- und Schiffskrone wie auf Münztafel V. Nr. 106. — Ein
ähnlicher Agrippakopf für sich allein in der Sammlung Piombino
(Cades V. Nr. 315).

Zwei Steine der Sammlungen Rondanini und Poniatowski
erwähnt Visconti Op. Var. II. p. 305 und 379.

Römische Proconsuln.

(Münztaf. II. 49; V. 107 — 113.)

In den Zeiten des letzten Bürgerkriegs (seit 44 v. Chr.) hatten
nach Caesars Vorgang nicht nur die Triumvirn, sondern auch andere
Generale, wie Sextus Pompejus, Brutus, Labienus, Domitius Ahenobarbus, ihr Bildnis auf die Münzen gesetzt, und hatte M. Anton dieselbe Ehre sogar für seinen Bruder, seine Gemahlinnen und seinen
Sohn in Anspruch genommen. Es war eine Licenz, die sich ebenso-

---

[1] Arneth Die ant. Cameen XX. 11. vgl. p. 37. Moderne Nachabmungen
von G. Pichler bei Cades IX. 135 und 266.

[2] Moderne Nachahmung von Hecker bei Cades IX. 472.

[3] Abg. Lenormant Trés. d. Num. Iconogr. des emperours pl. VI. Nr. 10.

[4] Abg. Duruy Hist. d. Rom III. p. 698.

wenig mit den Grundsätzen der republikanischen Staatsform wie mit denen der Monarchie vertrug. Seit der Schlacht bei Actium machte sich denn auch das Princip der letzteren insoweit geltend, als auf stadtrömischen Münzen bloss noch das Bildnis des Augustus und einiger seiner nächsten Familienglieder (Livia, Agrippa, Drusus) geprägt wurde. In den Provinzen jedoch setzte sich das selbstherrliche Verfahren der Statthalter noch eine Zeitlang fort, und diesem Umstande verdanken wir es, dass eine Anzahl von Proconsularbildnissen aus der Zeit des Augustus auf uns gekommen sind. Die Prägung fand allerdings nicht in offenbarem Widerspruch zur Monarchie oder zum Monarchen statt. Denn es betrifft nur Personen, die durch ihr Ansehen oder ihre Verwandtschaft dem Hofe besonders nahe standen. Gleichwohl musste die Sitte als eine Schmälerung der kaiserlichen Machtvollkommenheit erscheinen, und hörte daher bei der fortschreitenden Consolidierung der Monarchie schon in den letzten Regierungsjahren des Augustus vollständig auf.

L. Müller war es, der zuerst auf Münzen afrikanischer Städte dergleichen Bildnisse nachwies[1], und Waddington fügte dann noch einige asiatische hinzu[2]. Bis jetzt sind uns, abgesehen von M. Plautius Silvanus, der auf einer pergamenischen Münze in ganzer Figur dargestellt ist, die Köpfe acht solcher Proconsuln bekannt, nämlich die des Veidius Pollio, des M. Cicero, des P. Scipio, des Quinctilius Varus, des Saturninus, des Paullus und des Africanus Fabius Maximus, des Asinius Gallus. Bei Veidius Pollio ist es allerdings zweifelhaft, ob er als Beamter oder als Wohlthäter von Tralles auf den Münzen erscheint. Es sind mit einer oder zwei Ausnahmen sonst wenig bekannte Männer; auch erhält man durch die Münzen meist nur ein sehr notdürftiges Bild von ihrer Person. Indes mag ihnen der Vollständigkeit halber, und weil es sich denn doch um ziemlich hochstehende und angesehene Beamte handelt, eine kurze Besprechung eingeräumt werden.

Veidius Pollio.
(Münstaf. V. 113.)

P. Veidius Pollio, ein Zeitgenosse des Augustus und in den Freundeskreis desselben aufgenommen, † 15 v. Chr. Er ist uns haupt-

[1] Müller Numismatique de l'ancienne Afrique II.
[2] Waddington Les portraits des proconsuls d'Asie et d'Afrique sur les monnaies, in den Mélanges numism., wieder abgedruckt in der Rev. numismat. 1867. p. 102 ff.

sächlich nur seiner Schwelgerei und seiner Grausamkeit wegen bekannt, indem er das Beispiel gegeben haben soll, die Muränen mit
Sklaven zu füttern, um das Schauspiel zu geniessen, wie ein Mensch
lebendig in Stücke gerissen wird[1]. Ein früher auf Ovid (weil neben
der Umschrift *ΠΩΛΛΙΩΝ* auch *ΟΥΙΙΙΑΙΟΣ* vorkommt), dann auf
Augustus bezogenes Bildnis trallianischer Münzen (Münztaf. V. 113[2])
ist unzweifelhaft als das des Veidius nachgewiesen[3]. Es gehört zu
den besten und ausdruckvollsten dieser Reihe: Hohe, gewölbte Kopfform, tief in den Nacken gehendes Haar, jugendliche Bildung. Doch
ist es, wie gesagt, nicht sicher, dass Veidius Proconsul von Asien war.
Die Trallianer ehrten in ihm vielleicht einen Tempelgründer[4] oder
sonst einen freigebigen Gönner ihrer Stadt, in welchem Fall die
Prägung der Münze wahrscheinlich erst nach seinem Tod fällt[5].

M. Tullius Cicero.
(Münztaf. II. 49.)

Ueber die Magnesiamünze und das darauf befindliche Porträt
ist bereits bei Anlass des Redners Cicero (oben p. 134) das Nötige
gesagt worden. Aller Wahrscheinlichkeit nach ist der gleichnamige
Sohn des letzteren, welcher Asien im Jahre 24 v. Chr. verwaltete,
sowohl in der Aufschrift als im Bildnis gemeint. – Derselbe war
65 v. Chr. geboren, zur Zeit seines Proconsulats also 41 Jahre alt.
Er hatte früher unter M. Brutus in Asien und unter Sextus Pompejus
in Sicilien gedient, wusste sich aber trotzdem die Gewogenheit des
Octavian zu erwerben und kam durch diesen zu Amt und Würden.
Als Consul machte er im J. 30 den Antrag, die Statuen des Antonius
umzustürzen. Vom Geiste seines Vaters war nur ein geringes Mass
auf den Sohn übergegangen, und dieses Wenige wurde durch das
Laster der Trunkenheit bald vollends ertötet[6]. Wodurch er sich die
Magneten verpflichtet hatte, bleibt daher ein Rätsel[7].

---

[1] Plinius H. N. IX 77; Seneca De ira III. 40; Tacit. Annal. I. 10.
[2] Mionnet. Suppl. VII. p. 466. Nr. 691. 694; Zeitschr. f. Numism. III. Taf. 2. 7.
[3] Zeitschr. f. Num. IV. p. 198 f.
[4] Vgl. den achtsäuligen Tempel auf dem Revers der Münze.
[5] v. Sallet Zeitschr. f. Num. III. p. 136 ff.
[6] *Homo qui nihil ex paterno ingenio habuit praeter urbanitatem.* Seneca Suas. 6.
Natura memoriam dempserat, et ebrietas, si quid ex ea supererat, subducebat. ibid. 7.
[7] Vgl. Waddington a. a. O. p. 116 ff.

P. Cornelius Scipio.
(Münztaf. V. 107.)

P. Scipio war ein Sohn des Publius und der Scribonia, welche
später den Octavian heiratete (40 v. Chr.), also ein älterer Stief-
bruder der Julia Augusti, ebendeshalb wahrscheinlich nicht, wie
Borghesi meinte [1], identisch mit dem P. Scipio, welcher als Liebhaber
der Julia in deren Sturz verflochten wurde [2]. Sein Bildnis mit der
Beischrift *Π. ΣΚΙΠΙΩΝΑ* wurde wohl hauptsächlich der hohen Verwandtschaft zu Ehren von der Stadt Pitane in Mysien auf eine
Bronzemünze geprägt (Münztaf. V. 107 [3]). Es zeigt einen jugendlichen Kopf mit flacher Scheitellinie und kräftiger gerader Nase. —
Da sein Consulat ins Todesjahr seiner Schwester Cornelia, der Gemahlin des L. Aemilius Lepidus, also 16 v. Chr. fällt, so wird er in
einem der folgenden Proconsul von Asien gewesen sein [4].

Quinctilius Varus.
(Münztaf. V. 108.)

P. Quinctilius Varus, Consul mit Tiberius im J. 13 v. Chr., verwaltete die Provinz Afrika im J. 7 v. Chr., war dann mehrere Jahre
hindurch Statthalter von Syrien, bis er, schon hochbejahrt, nach Ger-
manien gesandt wurde, wo er durch seine rücksichtslose Verwaltung
den Aufstand des Arminius veranlasste. Derselbe führte bekanntlich
zu der Niederlage der Römer im Teutoburger Wald und zu seinem
Tod (9 n. Chr.). Durch seine Gemahlin Clodia Pulcra, eine Consine
der älteren Agrippina [5], war er mit dem Hause des Augustus verwandt.
Sein Bildnis, früher für das des Agrippa genommen, findet sich
auf Bronzemünzen der Stadt Achulla in Afrika (Münztaf. V. 108 [6]).
Das Gepräge ist ziemlich roh und bietet, wie die meisten dieser
Proconsularmünzen, keine genügende Basis für Porträtbestimmungen.

---

[1] Borghesi Oeuv. compl. V. p. 215.
[2] Vellej. II. 100.
[3] Mionnet Descr. VI. Incertaines Nr. 401.
[4] S. darüber Waddington Fastes des provinces asiatiques 1872. p. 92 f.
[5] Tacit Annal. IV. 52.
[6] Müller Num. de l'anc. Afr. II. p. 44. Nr. 7; Waddington Rev. Num. 1867
pl. IV. 6.

Varus hat darauf eine oblonge Kopfform, ein unschönes, an der Nasenwurzel gebrochenes Profil und grobe Züge, bei denen schwer zu sagen, was dem blossen Gepräge und was dem Bildnis angehört. — Denselben Kopf vermutet Waddington in dem sog. Augustus auf einer Münze von Hadrumet (abg. Müller u. a. O. II. p. 52 Nr. 26)[1]. — Dass aber das Gemmenbildnis bei Cades V. 162 mit der Aufschrift Q. VAR nichts damit zu thun hat, liegt auf der Hand. Hier bilden Stirn und Nase eine einzige ungebrochene Linie, die Nase ist spitz und abwärts gerichtet, Lippen und Wangen sind von einem krausen Barte bedeckt.

Volusius Saturninus.
(Münztaf. V. 109.)

L. Volusius Saturninus, ein Vetter des Kaisers Tiberius, *consul suffectus* 12 v. Chr., dann Censor zur Ergänzung des Ritterstandes[2], Proconsul von Afrika 6 5 v. Chr. und später von Syrien. † 20 n. Chr. — Sein Kopf erscheint ebenfalls auf Bronzemünzen von Achulla[3] und Hadrumet[4] (Münztaf. V. 109): Ein älterer Mann von mageren Gesichtsformen, mit starker etwas gekrümmter Nase, letztere bald in der Stirnflucht (Hadrumet), bald aus dem Profil vorspringend (Achulla). Das Gepräge von ähnlicher Rohheit wie beim vorigen.

Paullus Fabius Maximus.
(Münztaf. V. 110.)

Paullus Fabius Maximus, Consul 11, Proconsul von Asien 5 v. Chr., war mit einer Cousine des Augustus, Marcia, verheiratet, und stand in grösstem Ansehen bei Hofe, bis er sich durch eine Indiscretion

---

[1] Aus dem Umstande, dass die Proconsulate dieses und der vier folgenden Statthalter zwischen die Jahre 6 und 1 v. Chr. fallen, d. h. in eben die Zeit, wo Tiberius in der Verbannung zu Rhodus war, schliesst Mommsen, Augustus habe damals wirklich Teilnahme des Senats an der Reichsregierung durchführen wollen, sei aber durch den Sturz und Tod der Julia (2 v. Chr.) und die darauf erfolgte Rückkehr des Tiberius (1 v. Chr.) wieder davon abgekommen. Vgl. seinen Aufsatz über die Bildnisse der röm. Proconsuln auf den Provinzialmünzen der augusteischen Epoche im Hermes III. p. 268 ff. Arch. Ztg. 1868. p. 59 f.

[2] Tacit. Annal. III. 30.

[3] Abg. Müller a. a. O. II. p. 44. Nr. 9 und 10; Waddington R. N. pl. IV. 7.

[4] Müller p. 52 Nr. 27.

die Uugnade des Kaisers zuzog. Seinen bald darauf erfolgten Tod
schrieb man einem Selbstmord zu [1]. Sein Bildnis mit beigeschriebenem Namen findet sich auf Münzen von Hierapolis in Phrygien
(Münztaf. V. 110 [2]), geschlagen von demselben Zosimus, der auf
andere Münzen das Bildnis des Augustus setzte. Und da kein Vor-
fahr des Fabius eine Rolle in der Provinz gespielt, so kann nur der
Zeitgenosse des Augustus gemeint sein. Sein Bildnis wurde früher
als das des Kaisers gefasst, ist aber trotz der allgemeinen Aehnlichkeit bestimmt davon unterschieden, wenn auch nicht so individuell
ausgeprägt, dass noch Büsten danach könnten identificiert werden.

Africanus Fabius Maximus.
(Münztaf. V. 111.)

Africanus Fabius Maximus, Bruder des vorigen, Consul im J. 10,
Proconsul von Afrika wahrscheinlich im J. 4 v. Chr., und *septemvir
epulonum*. Den Namen Africanus führte er, weil er von dem Bruder
des jüngeren Scipio abstammte. Sein Bildnis auf Bronzemünzen
von Hadrumet und Cercina (Münztaf. V. 111 [3]) hat etwas feinere
Züge als die des Varus und des Saturninus. Er hat volles Haar,
und eine edle, länglichte Kopfform, die Nase leicht gebogen und in
der gleichen Flucht mit der Stirn. Er erinnert, besonders auch
wegen der Art wie der Kopf auf dem Halse sitzt, an den Triumvir
M. Antonius.

Asinius Gallus.
(Münztaf. V. 112.)

C. Asinius Gallus, Consul 8, Proconsul von Asien um 1 v. Chr.,
war der Sohn des Asinius Pollio, des bekannten Freundes des Augustus.
Er heiratete die Vipsania Agrippina, die Tochter des Agrippa, welche
in erster Ehe mit Tiberius vermählt gewesen war, aber zu Gunsten
der Julia sich hatte müssen scheiden lassen. Diese Ehe und seine
Anwandlungen von Freimut [4] zogen ihm den Hass des Tiberius zu, der

---

[1] S. Waddington a. a. O. p. 110 ff.
[2] Waddington pl. IV. 1 und 3.
[3] Müller II. p. 52. Nr. 29 und p. 61. Nr. 37; Waddington pl. IV. 8.
[4] Tacit Annal. I. 12, IV. 71.

ihn drei Jahre lang im Kerker schmachten liess, bis er des Hungertodes starb (33 n. Chr.). — Während seines Proconsulats hatte der Magistrat von Temnos sein Bildnis auf Münzen prägen lassen, wovon noch mehrfache Exemplare vorhanden (abg. Münztaf. V. 112 [1]). Es ist ein von Augustus sehr wohl zu unterscheidender Kopf, von niedrigen Proportionen, mit flacher Scheitellinie, ausladendem Hinterkopf, aufgestülpter Nase.

Nonius Balbus und seine Familie.

Den genannten Proconsuln schliesst sich als Träger desselben Titels der in Herculaneum durch Statuen geehrte M. Nonius Balbus an. Wir kennen ihn aus den zwei im Wesentlichen gleichlautenden Inschriften einer Toga- und einer Reiterstatue, welche 1750 in Herculaneum gefunden wurden, jene im Theater, diese in der Basilica, jetzt beide im Neapler Museum aufgestellt. — Die Inschrift der Reiterstatue lautet: M. NONIO M. F. BALBO PR(aetori) PRO. COS. HERCULANENSES; die der Togastatue ganz gleich, nur statt des letzteren Wortes D. D(ecurionum decreto). Verbindet man damit das Fragment einer ebenda gefundenen andern Inschrift: BALBO PRO. COS. CRETENSES PATRONO, so ergiebt sich als diejenige Provinz, welche Balbus verwaltet hatte, das miteinander vereinigte Creta und Cyrene. — In welchem Verwandtschaftsverhältnis er zu dem Volkstribun Nonius Balbus des Jahres 32 v. Chr. steht, der als Parteigänger des Octavian den für Antonius wirkenden Consuln entgegentrat [2], ist nicht mehr auszumachen. Aber gewiss hat jene Verwendung zu Gunsten Octavians dazu beigetragen, dass die Familie zu Aemtern und Ehren kam.

Da die Togastatue (abg. Clarac 908. 2346 D) ohne Kopf aufgefunden wurde [3] und ihr jetziger nach dem der Reiterstatue ergänzt ist, so kann als Bildnis nur die letztere in Betracht kommen, die auch der Arbeit nach mehr Beachtung verdient (abg. Clarac 922) [4].

[1] Waddington pl. IV. 4.
[2] Dio L. 2.
[3] Vgl. Gerhard Neap. ant. Bildw. Nr. 44.
[4] Mus. borb. II. 38; der Kopf bei Visconti Icon. rom. pl. XV. 1. 2. im Text fälschlich als der der Togastatue bezeichnet; vgl. Gerhard Nr. 62. Finati Nr. 81.

Es ist neben der mitgefundenen, die gewöhnlich auf den Vater bezogen
wird (s. unten), die einzige Consularstatue zu Pferde, welche erhalten
ist; in der Anlage von fast griechischer Einfachheit, das Pferd wie
bei der M. Aurelstatue mit parallel gesetzten Beinen, der Reiter ohne
Sattel, mit einem gegürteten Lederkoller oder Panzer über der Tunica,
in der Linken den Zügel, die Rechte zur Höhe des Kopfes erhoben.
Der Kopf wurde 1799 durch eine Kanonenkugel, die ihn im königlichen Palaste zu Portici traf, zerstückelt, aber von Brunelli wieder
zusammengesetzt. Derselbe ist für einen Proconsul ziemlich jugendlich; er hat eine rundliche Form, die Brauen etwas zusammengezogen.

Zu gleicher Zeit mit der kopflosen Togastatue waren im Theater
von Herculaneum die Statuen des gleichnamigen Vaters des Balbus,
sowie seiner Mutter Viciria Archas, und, wie man annimmt, seiner
vier Schwestern gefunden worden, die ersteren beiden mit den dazu
gehörigen Inschriften, alle jetzt im Neapler Museum: Der Vater,
in Haltung und Gewandung ganz mit dem Sohn übereinstimmend,
die Rechte an den Bausch der Toga gelegt (abg. Clarac 915 [1]). Die
Mutter mit übers Haupt gezogener Palla (abg. Clarac a. a. O [2]).
Die Bezeichnung der vier jugendlichen Frauenstatuen als Balbus-
töchter beruht nicht auf Inschriften, sondern nur auf der Gleichheit des Fundorts und der Arbeit, sowie auf einer gewissen Aehnlichkeit der Gesichtszüge, wodurch sie jedenfalls unter sich als Schwestern
charakterisirt sind [3]; zwei davon mit dem bekannten Polyhymnia-
motiv, die Palla über die Schulter schlagend, eine mit emporge-
zogenem Mantelzipfel, und eine mit halb vorgestreckter Rechten.
    Endlich wurde in der Basilica noch eine zweite, der andern voll-
kommen gleiche Reiterstatue gefunden, an der aber der Kopf fehlte.
Sie wurde ohne genügenden Grund als Balbus Vater ergänzt (abg.
Clarac. pl. 921) [4].
    Die im Theater gefundenen Statuen scheinen, obgleich wohl auch
die übrigen Familienglieder Verdienste aufzuweisen hatten, doch hauptsächlich nur dem Sohne zu Ehren gesetzt worden zu sein. Wenigstens ist der ältere Balbus in der Aufschrift mit dem blossen Titel
Vater bezeichnet: M. NONIO M. F. BALBO PATRI D. D. Dass
wir in ihm den Volkstribun des Jahres 32 zu erkennen hätten, ist

--- --- ---
    [1] Sein Kopf Visconti Icon. rom. pl. XV. 3. 4; vgl. Gerhard Nr. 54.
    [2] Der Kopf Visconti pl. XV. 5.
    [3] Vgl. Gerhard a. a. O. p. 17; Abbildungen Mus. borb. II. 40—43, Clarac
pl. 921 und 923.
    [4] Mus. borb. II. 39. Vgl. Gerhard Nr. 63; Finati Nr. 82.

danach höchst unwahrscheinlich, da sonst die Bekleidung dieses
Amtes in der Aufschrift erwähnt wäre. Eher kann der Proconsul
der Volkstribun gewesen sein; doch möchte dem die auf claudische
Zeit hinweisende Haartracht der Schwestern entgegenstehen.

Domitius Corbulo.

(Taf. XXIII.)

Cn. Domitius Corbulo nahm als Feldherr unter Claudius und
Nero eine ähnliche Stellung ein wie Agrippa unter Augustus, erfreute sich aber trotz seiner Loyalität nicht des gleichen Vertrauens.
Im Jahre 47 n. Chr. wurde er von Claudius nach Untergermanien,
im Jahre 54 von dessen Nachfolger nach dem Orient geschickt. Er
sollte Armenien für das Reich behaupten und die Prätensionen des
Partherkönigs zurückweisen, eine Aufgabe, deren er sich in dreizehn-
jähriger Kriegführung mit glänzendem Erfolg entledigte. Indessen
sein Ruhm war die Ursache seines Falles. Nero mochte ahnen, dass
es bloss vom Willen des beliebten und bewunderten Feldherrn ab-
hieng, statt seiner den Thron zu besteigen [1]. Er liess ihn im Jahre
67 zu sich nach Korinth entbieten, und schickte ihm bei seiner
Landung den Befehl sich zu töten. — Fünfzehn Jahre nachher gelangte Corbulo's Tochter Domitia durch Heirat zu der Ehre, die der
Vater verschmäht hatte durch Empörung für sich zu gewinnen.

Wenn der Feldherr Corbulo identisch mit dem gleichnamigen
Praetor des J. 21 [2] und dem Consul des J. 41 [3], so muss er bei seinem
Tode (67) ein ziemlich hohes Alter, jedenfalls mehr als 70 Jahre, gehabt haben. Ist er von ihm verschieden, so lässt sich sein Alter aus
den schriftlichen Quellen auch nicht mehr annähernd bestimmen [4].

---

[1] Dio LXII. 23.
[2] Tacit. Annal. III. 31.
[3] Dio LIX. 15.
[4] Vgl. das Prenzlauer Schulprogramm von Wolffgramm: Cn. Domitius
Corbulo, sowie den Berichterstatter in den N. Jahrbb. f. Philologie und Pädag.
1878 p. 606, wo die Identität der beiden Corbulo gegen Nipperdey und Merivale
in Schutz genommen wird. Von Wichtigkeit ist namentlich die taciteische Stelle,
wo es heisst: *Domitius Corbulo, praetura functus, de L. Sulla, nobili juvene, questus
est apud senatum, quod sibi inter spectacula gladiatorum loco non decessisset.
Pro Corbulone actas, patrius mos, studia seniorum erant etc.* Wenn unter actas

Ueber seinen militärischen Charakter ist Tacitus und Dio Cassius
nachzusehen. Es genügt, auf seine oft fast übermässige Strenge [1]
und auf sein wahrhaft soldatisches, aller Weichlichkeit fremdes Wesen [2]
hinzudeuten. Er war schon äusserlich eine Hünengestalt, dazu ein Mann
von glänzender Rede, der abgesehen von seiner Erfahrung und Ein-
sicht auch in Kleinigkeiten imponierte [3], ein Römer von altem Schrot
und Korn, der nicht nur durch den Glanz seines Geschlechtes,
sondern ebenso durch Körperstärke und Geistesgegenwart sich auszeichnete [4].

Im Jahr 1792 wurden bei den gabinischen Ausgrabungen des
Prinzen Borghese eine Büste und ein in der Person identischer Sta-
tuenkopf gefunden, von denen man bereits eine oder mehrere unter
dem Namen M. Brutus gehende Wiederholungen kannte.

Die Büste stand noch an ihrem ursprünglichen Ort in einer
Nische innerhalb eines kleinen Tempels, welcher nach der Inschrift
auf dem Fries und Architrav der Eingangsthüre dem Andenken des
Hauses der Kaiserin Domitia geweiht war: IN. HONOREM. MEMO-
RIAE. DOMVS. DOMITIAE. AVGVSTAE. CN. DOMITI. CORBV-
LONIS. FIL. etc. [5], und zwar im dritten Consulat des Antoninus Pius,
in welchem M. Aurel sein College war, also im Jahre 140 n. Chr.
Aus dieser Inschrift in Verbindung mit einigen andern Erwägungen
hat Visconti mit Recht geschlossen, dass es sich nur um das Bildnis des Corbulo, des Vaters der Domitia, handeln könne.

Die Büste ist zusammen mit den übrigen gabinischen Sachen [6]
in den Louvre gekommen und war anfangs im Karyatidensaal aufgestellt, jetzt bei den römischen Bildnissen hinter dem sog. Vestibule
(Descript. Nr. 693) [7], vollkommen erhalten bis auf ein paar Ver-

---

auch bloss ein relativ höheres Alter als das des *juvenis Sulla* verstanden ist, so
muss es doch bei einem Praetor auf circa 30 Jahre angesetzt werden. Dann
wäre Corbulo im Jahre 9 v. Chr. geboren und 76jährig gestorben, ein wohl etwas hohes Alter für einen mitten aus der Thätigkeit herausgerissenen Feldherrn.
Die *studia seniorum* deuten übrigens darauf, dass der Praetor des Jahres 21 eher
älter als 30 Jahre war. Ich möchte daher der Annahme eines doppelten Corbulo
den Vorzug geben.

[1] Tac. Annal. XI, 18.
[2] Ders. O. XIII. 35.
[3] Ders. O. XIII. 8.
[4] Dio LXII. 19.
[5] Der Fries mit der ganzen Weihinschrift abgeb. Visconti Pio Clem. VI.
Taf. 62. Vgl. die Erklärung p. 239 Anm. 1.
[6] S. Visconti Monum. Gabin. ed Labus p. 7.
[7] Abgeb. im Profil Monum. Gab. Nr. 6; von vorn Mon. scelti Borghesiani
II. 14; Bouillon II; Clarac. pl. 1077. 3273.

stossungen an den Ohren, auf kleinem nacktem Bruststück, wie die
mitgefundene Agrippabüste von pentelischem Marmor.

Der andere gabinische Kopf im Louvre (Descript. Nr. 696)[1],
jetzt mit einem ähnlichen nackten Bruststück versehen, gehörte
nach Visconti ursprünglich zu einer Statue und ist von italischem
Marmor.

Von den schon früher bekannten Wiederholungen des Bildnisses
befindet sich die schönste und sicherste jetzt im capitolinischen
Museum, Philosophenzimmer Nr. 48 (abg. Taf. XXIII.)[2], zu Visconti's
Zeit noch im Büstenzimmer des Vaticans unter dem Namen M. Brutus
aufgestellt (wofür sie selbst von Winckelmann[3] genommen wurde).
Nase und rechte Ohrmuschel ergänzt, das runde Bruststück zusammengesetzt, aber antik.

Alle drei Büsten zeigen das gleiche, auf dasselbe Original zurückgehende Bildnis eines unbärtigen alten Mannes, dessen Kopf
etwas nach links gewandt ist. Er hat schlichtes noch volles Haar,
das ähnlich in die Stirn fällt wie beim capitolinischen Brutus (woher
denn auch die frühere sonst ganz ungerechtfertigte Bezeichnung).
Das Gesicht ist im Ganzen oval, nach unten zu eher spitz. Die Stirn
zurückliegend, in der Mitte vertical vertieft; die Nase in der gleichen
Flucht mit ihr, ebendeshalb kräftig vorspringend, etwas gebogen
und mit der Spitze leicht abwärts gerichtet. Das wenig geöffnete
Auge wie sinnend einen Gegenstand fixierend. Der Mund breit und
etwas nach rechts verzogen, ohne markierte Winkel, die Lippen fest
geschlossen. Die Haltung des Kopfes wie Alters halber vorgebeugt.
Der Ausdruck ernst und nicht ohne Energie; doch würde man dem
Gesicht nach eher einen feinen geistreichen Gelehrten, als einen
Kriegsmann von der gefürchteten Strenge des Corbulo hinter ihm
vermuten[4].

Diese Verschiedenheit zwischen dem physiognomischen Eindruck
des Bildnisses und dem historischen Charakter des angeblich Dargestellten ist auffallend und könnte bei Manchen Zweifel an der
Richtigkeit der Deutung erregen. Indes ist sie kaum hinreichend,
um die durch den Fundort präjudicierte Wahrscheinlichkeit zu ent-
kräften. Das seit den ältesten Zeiten zerstörte Gabii wurde erst
unter den Kaisern wieder hergestellt und erhielt als Badeort aufs

[1] Abgeb. Mon. Gab. Nr. 8; Bouillon III. bustes, pl. 6; Clarac. pl. 1077. 3274.
[1] Visconti Pio Clem. VI. Taf. 61; Iconogr. rom. IX. 1. 2. Vgl. E. Braun
Ruinen und Museen Roms p. 173.
[3] W. W. VI. 1. p. 215.
[4] Visconti und A. wollen die kriegerische Strenge deutlich auch in seinen
Zügen ausgeprägt sehen.
Bernoulli, Ikonographie I. 18

Neue einige Bedeutung. Büsten älterer Republikaner wird man also zum voraus dort nicht suchen. Aber die unsrige hat ausserdem eine specielle Beziehung zum Hause der Kaiserin Domitia. Was für ein berühmter (weil mehrfach dargestellter) Römer ausser Corbulo sollte in dem Tempel oder Grabmal aufgestellt worden sein, welches ihren Vorfahren geweiht war. Der ganze Zweig der ahenobarbischen Domitier (z. B. der Vater Nero's) gehörte nicht dazu. Corbulo ist der einzige berühmte Mann von ihrer Verwandtschaft, den wir kennen, und als Vater der Kaiserin zugleich der, welcher das nächste Recht auf Vertretung hatte. Und da Domitia in der Inschrift, abgesehen vom Titel *Augusta*, bloss als Tochter des Corbulo bezeichnet wird, wahrscheinlich wegen der Verfluchung des Andenkens ihres Gemahls, so ist um so eher zu erwarten, dass unter den Bildnissen, mit denen die Donatoren das Grabmal ausschmückten [1], auch das ihres Vaters sich befand. Stil und Bartlosigkeit stimmen mit der Kunst und Sitte der damaligen Zeit überein, und das Alter lässt sich mit dem Leben des Feldherrn vereinigen, ob er nun identisch mit dem Praetor, oder von ihm zu unterscheiden, besser sogar im ersteren Falle, weil er ja wirklich einen circa 70 jährigen Mann darstellt. Unter diesen Umständen wird man kaum berechtigt sein, bloss wegen des anscheinend nicht ganz zutreffenden physiognomischen Charakters Bedenken gegen die Deutung zu erheben.

Nun spricht aber Visconti von mehr als drei Wiederholungen und nennt als solche noch einen Kopf in der ehemaligen Sammlung Rondanini zu Rom, und ein paar in Rom gefundene, die durch Gavin Hamilton nach England gekommen seien [2]. Mit der grösseren Zahl von Exemplaren hat es wohl seine Richtigkeit, weniger mit ihrer speciellen Bezeichnung. Der rondaninische Kopf wenigstens, jetzt in der Glyptothek zu München Nr. 221 [3], ist, obgleich er früher ebenfalls auf M. Brutus bezogen wurde [4], keine Darstellung der gleichen Person. Und über die englischen kann ich nicht urteilen, da ich nicht weiss, welche gemeint sind. Der sog. Corbulo, früher Brutus, im Fitz-William Museum zu Cambridge (abg. Mus. Disnej. pl. 18) ward erst 1824 bei Tor di Sapienza vor Porta maggiore zu Rom gefunden [5], kann also nicht durch G. Hamilton († 1795) nach England gebracht worden sein; übrigens der Abbildung nach ebenfalls kein Corbulo.

---

[1] *Exornacerunt statuis et reliquis rebus* (Inschrift).

[2] S. Pio Clem. VI. p. 245 Anm. 2 und Icon. rom. p. 289.

[3] Zur Halbfigur ergänzt abgeb. bei Guattani Not. d'ant. e belle arti 1786 maggio Taf. 4.

[4] Winckelm. W. VI. 2. p. 292.

[5] Vgl. Archäolog. Ztg. 1847. p. 158.

Möglicher Weise richtig benannt der Polignac'sche Kopf in Berlin
Nr. 351; aber der ganze Schädel und alle hervorstehenden Teile des
Profils sind hässlich ergänzt. — Auch ein Campana'scher Kopf in
der Ermitage zu Petersburg Nr. 64 soll nach Mitteilung Stephani's
mit Recht seinen Namen tragen. Nasenspitze und Teil des Hinterkopfes neu.

Ausserdem dürfte man sich nicht wundern, wenn folgende früher
Cicero genannte Köpfe [1] trotz ihrer kleinen Abweichungen als Corbulo
gefasst würden:

Der sog. Cicero in den Uffizien zu Florenz, Saal der venezi-
nisch-lombardischen Schule (abgeb. Fig. 41) [2]: von ähnlich vorge-

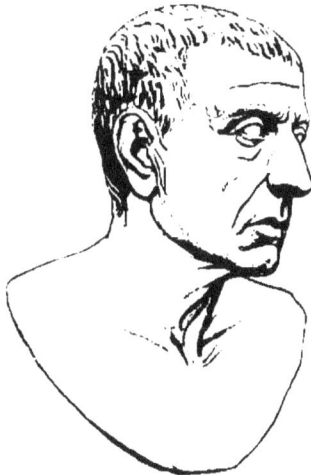

Fig. 41. Marmorbüste in den Uffizien zu Florenz.

beugter Haltung wie die gabinischen, aber etwas älter und magerer
und ohne den umwölkten Blick, mit kurzgeschnittenem, den Schädel
gleichmässig bedeckendem Haar. Der Kopf ist aufgesetzt und die
Nase neu, sonst wohl erhalten.

Der angebliche Cicero in der Glyptothek zu München Nr. 177,
vielleicht nach dem gleichen Original wie der vorige, mit hoher Na-

[1] Vgl. oben p. 140 unten.
[2] Dütschke Ant. Bildw. III. Nr. 543.

senlippe und magerem Hals. Brunn setzt ihn, ohne an Corbulo zu denken, in die zweite Hälfte des 1. Jahrhunderts [1].

Ein unterlebensgrosser Kopf im Cabinet des Médailles zu Paris (Chabouillet Nr. 3294), ebenfalls für Cicero ausgegeben, aber diesmal nach rechts gewandt und im Schnitt des Haares wieder auf die gabinischen Köpfe zurückgehend [2].

Von zweifelhafter Echtheit der gleichsam carrikierte Corbulo im Museo Torlonia zu Rom Nr. 133 (abg. Vitali Marmi scolp. nel pal. Torlonia I. 19).

Sehr mit Unrecht ist endlich der Name auch auf jugendliche Bildnisse von zufälliger Formenähnlichkeit übertragen worden, wie z. B. auf den vortrefflichen Kopf mit der höckerigen Nase in Villa Borghese (Zimmer des Hermaphroditen Nr. 13), der eher mit einem namenlosen im Vasenzimmer des Capitols Nr. 50 und einem farnesischen in Neapel zusammenzustellen ist.

L. Seneca.
(Taf. XXIV.)

Wo es sich um Senecabildnisse handelt, ist überall der Philosoph L. Annaeus Seneca gemeint, nicht sein Vater, der Rhetor M. Seneca, der an Bedeutung wie an Berühmtheit weit hinter seinem Sohne zurücksteht.

L. Seneca war zu Corduba in Spanien geboren, und starb im J. 65 n. Chr. in hohem Alter [3]. Nachdem er sich schon am Hof des Claudius Einfluss und Reichtümer verschafft, wurde er durch die Intrigen der Messalina verbannt, und lebte von 41 bis 49 in Corsica. Durch Agrippina zurückgerufen, übernahm er die Erziehung des jungen Nero, dessen erste Regierungsjahre (54 ff.) die Glanzperiode seines Lebens bezeichnen. Geschmeidigen Geistes wusste er ein volles

---

[1] Die vermeintliche Cicerobedeutung dieses Typus hat auch moderne Nach-ahmungen veranlasst, wie deren z. B. in der Bibliothek zu Parma und in Wilton House, sowie Nachbildungen auf Gemmen von Hecker (Cades IX. 470) und Garelli (Cades IX. 888).

[2] Von welchem dieser Köpfe der Berliner Gypsabguss Nr. 1191 (Cat. v. 1879) entnommen ist, kann ich nicht sagen.

[3] Tac. Annal. XV. 63.

Jahrzehnt seine Stellung an dem tyrannischen Hofe zu behaupten.
Als er sich nach dem Aufkommen des Tigellinus zurückziehen wollte,
erregte er den Verdacht des argwöhnischen Kaisers. Er wurde der
Teilname an der Verschwörung des Piso beschuldigt und zum Selbstmord gezwungen.

Trotz seinem Reichtum und seiner schwelgerischen Umgebung
huldigte Seneca, wenigstens seiner eigenen Behauptung nach [1], einer
frugalen Lebensweise: Er trank weder Wein, noch gebrauchte er
Salben und Bäder. Er hatte von jeher eine schwächliche Gesundheit gehabt und galt schon unter Caligula (also im besten Mannesalter) für schwindsüchtig [2]. Er litt an Atmungsbeschwerden [3] und
fortwährenden Katarrhen [4]. In den letzten Jahren war er ganz ab-
gemagert und durch spärliche Nahrung geschwächt [5]. Auf Schönheit
scheint er niemals Anspruch gemacht zu haben [6]. — Sein Charakter
endlich wurde schon im Altertum sehr verschieden beurteilt, wie
immer wo Gutes und Schlechtes bei einander ist. Er war ein geist-
reicher und glänzender Vertreter der stoischen Philosophie, hat aber
als Mensch und Staatsmann eine ziemlich zweideutige Rolle gespielt,
und durch sein Leben bewiesen, dass es ihm mit seinem Denken nicht
Ernst war.

Seit Fulvius Ursinus pflegte man einen ausserordentlich häufig
vorkommenden Greisenkopf, zu dessen schönsten Exemplaren eine
herculanische Bronzebüste in Neapel (abg. Visconti Ic. rom. XIV.
1. 2) und eine Marmorherme in Florenz Nr. 322 [7] gehören, als
Seneca zu bezeichnen. Die Namengebung gründete sich nicht sowohl
auf die erwähnte Ueberlieferung von seiner Magerkeit, obwohl der
Kopf ein wahres Charakterbild verwahrlosten Alters und körperlicher
Hinfälligkeit ist, als vielmehr auf einen Contorniaten mit einem
durch Aufschrift als Seneca bezeichneten Bildnis. Dieses Medaillon,
damals im Besitz des Cardinals Bernardino Maffei, ist aber verschwunden und somit keine Prüfung oder weitere Vergleichung mehr
möglich. Und da sowohl der Typus im Allgemeinen als gewisse spe-

[1] Seneca Epist. 108.
[2] Dio LIX. 19.
[3] *Suspirio.* Ep. 54.
[4] *Destillationibus* Ep. 78.
[5] *Ad summam maciem deductus saepe impetum cepi abrumpendae vitae.* Ep. 78.
— *Corpus parco victu tenuatum* Tac. Annal. XV. 63.
[6] *Quod libros meos tibi mitti desideras, non magis ideo me disertum puto, quam
formosum putarem, si imaginem meam peteres.* Ep. 45.
[7] Dütschke Uffizien Nr. 530.

cielle Merkmale, wie namentlich der Bart, und das öftere Vorkommen
der Hermenform (Pompeji, Capitol, V. Albani, Galleria geografica,
Florenz), sowie die mit dem herculanischen Exemplar zugleich gefundenen Büsten (sog. Heraklit, Demokrit, Archytas) auf einen Griechen,
der Epheukranz des palatinischen Exemplars [1] auf einen Dichter
oder wenigstens eher auf jeden andern als auf den Stoiker Seneca
weisen, so müsste auch ohne die Entdeckung der gleich zu nennenden
Herme die von Fulvius Ursinus aufgebrachte Bezeichnung aufgegeben werden [2].

Nun ist aber im Jahr 1813 bei der Kirche S. Maria in Domnica
auf dem Terrain der V. Mattei in Rom eine nicht ganz lebensgrosse
Doppelherme gefunden worden, jetzt vom Berliner Museum acqui-
riert (abg. Taf. XXIV [3]), welche die antiken Namensaufschriften
Sokrates und Seneca trägt. — An dem hier allein in Betracht kommenden Seneca ist die Nase mit einem Teil der Stirn zwischen den
Augen ergänzt, das linke Auge geflickt. Er ist, wie zu erwarten,
unbärtig, etwa als Sechziger dargestellt, mit kahlem flachem Scheitel
und kurzem Haar. Er hat emporgezogene, zugleich laufende Brauen,
einen kleinen Mund mit vollen Lippen, ein schlaffes Doppelkinn und
einen kurzen dicken Hals. In den Augen sind die Pupillen angegeben. Von der linken Schulter läuft ein Gewandstück nach rechts
abwärts, sonst ist die Brust nackt. Dass er einen besonders tief-
sinnigen Ausdruck habe, wird man nicht behaupten dürfen; seine
Gedanken sind offenbar mehr nach aussen gekehrt als auf geistige
Probleme gerichtet. Indes ist dies mit dem Charakter von Seneca's
Philosophie nicht grade im Widerspruch; beschäftigte er sich doch

---

[1] Abg. Annal. d. Inst. 1873 tav. l. mit Text von Brizio.

[2] In der That ist sie denn schon von Winckelmann verworfen worden
(W. W. VI. 1. p. 251 ff.); aber Visconti hat sie aufs Neue befürwortet (Pio
Clem. III. p. 81). — Was die wahre Bedeutung der Köpfe betrifft, so ist
man bis jetzt leider nicht über vage Vermutungen hinausgekommen; vergl.
Robert in d. Arch. Ztg. 1880 p. 35. Kallimachos (Dilthey), Philetas (Brizio)
sind nur je eine von so und so viel Möglichkeiten, L. Piso, der Consul des Jahres 58
v. Chr. (s. oben p. 235), so ziemlich eine Unmöglichkeit, obgleich es vielleicht nicht
absolut notwendig einen Dichter zu postulieren. Nach der durch die Menge der
Exemplare bezeugten Berühmtheit der dargestellten Person zu schliessen, müsste
man am ehesten an einen Mann wie Plato oder Aristoteles denken.

[3] Nach dem mir freundlichst von Herrn A. Frisch überlassenen Cliché,
welches bereits in der Arch. Ztg. 1880 Taf. V. zur Verwendung gekommen, mit
Text von E. Hübner p. 20. Früher publiciert von Lorenzo Re: Seneca e Socrate,
Roma 1816 fol. und in den Mem. dell' Academia di Archaeol. Rom. Taf. II
p. 157. Danach auch die nachträgliche Umrisszeichnung bei Visconti Icon.
rom. pl. XVI. 5.

in den Jahren, in welchen ihn die Herme zeigt, hauptsächlich mit
naturwissenschaftlichen Fragen [1]. Eher liegt in den Formen selber
ein Moment, das uns über die Bedeutung stutzig machen könnte.
Das Bildnis zeigt zwar einen kahlköpfigen Alten, aber einen Mann,
wie es scheint, von strotzender Gesundheit und in Beziehung auf
Körpercomplexion das gerade Gegenteil von dem, was Seneca über
sich aussagt. Visconti hat dies für genügend erachtet, um die Aufschrift für eine Fälschung oder wenigstens für einen Irrtum zu erklären [2]. Er meint, die Namen seien zwar schon im Altertum, aber
nicht vom Sculptor sondern auf Veranlassung eines späteren Be-
sitzers auf die Hermen gesetzt worden, wobei man es in der Bezeichnung des einen Kopfes versehen habe. Auf eine solche nachträgliche Hinzufügung weise auch der Umstand, dass beide Namen
unmittelbar auf dem nackten Bruststück statt auf einem ausgesparten
Hermenrande angebracht seien.

Es ist hier zu unterscheiden zwischen der Annahme der Un-
gleichzeitigkeit und der der Unrichtigkeit. Dem einstimmigen Urteil
der Epigraphiker gegenüber kann an dem Altertum der Aufschriften
nicht gezweifelt werden [3]. Dagegen bin ich allerdings geneigt, wegen
des unpassenden Ortes [4] und ausserdem wegen der verschiedenen
Schreibweise (der eine Name griechisch, der andere lateinisch) eine
spätere Hand für die Aufschriften zu vermuten. Nur folgt daraus
noch keineswegs der weitere Schluss, dass der Schreiber, welcher
bei Sokrates das Richtige sah, bei dem andern sich geirrt habe. Die
Verbindung des griechischen und des römischen Philosophen ist trotz
der himmelweiten Verschiedenheit ihrer geistigen Bedeutung eine an
sich plausible Zusammenstellung. Oder welchen andern Römer, da
doch offenbar ein solcher dargestellt ist, hätte man als Gegenstück
zu Sokrates wählen sollen? Scheint es doch Seneca selber darauf
abgesehen zu haben, wenigstens im Tode für einen zweiten Sokrates
zu gelten. Wenn daher das wohlgenährte Aussehen des Hermenkopfs mit der Schilderung seiner körperlichen Beschaffenheit nicht
stimmt, so ist die Lösung des Widerspruchs am einfachsten darin
zu suchen, dass jene Abmagerung erst eintrat, nachdem der Typus
seines Bildnisses bereits festgestellt war, oder dass sie, weil seiner
Natur fremd, von den bildenden Künstlern unbeachtet gelassen wurde.

---

[1] Quaestiones naturalium l. VII. ad Lucilium.
[2] Icon. rom. p. 431.
[3] S. Hübner in der Arch. Ztg. a. a. O. p. 20.
[4] Aus dem man vielleicht auch anderwärts den gleichen Schluss zu
ziehen hat.

Ich halte dies für wahrscheinlicher, als dass schon im Altertum und vielleicht bald nach seinem Tode eine Verwechslung seiner Bildnisse stattgefunden habe.

Gestützt auf die Abbildung des Lorenzo Re, glaubte Brunn früher auch einen schönen Charakterkopf in München (Glyptoth. Nr. 272) als Seneca bezeichnen zu dürfen. Die autoptische Vergleichung der Berliner Herme hat ihn jedoch eines Besseren belehrt, wie denn in der That die Köpfe nichts als Aeusserlichkeiten mit einander gemein haben. — Wirkliche Aehnlichkeit dagegen zeigt der Kopf der chiaramontischen Statuette Nr. 286, welche von Visconti fälschlich für Aristoteles erklärt wurde (abg. Iconogr. grecque pl. XX. 7 [1]).

Ein Gemmenbildnis von zweifelhafter Identität mit der Berliner Herme, früher in andalusischem Privatbesitz, hat Hübner publiciert in der Arch. Zeitung a. a. O. p. 22.

Ursus Servianus.

Julius Servilius Ursus Servianus, geb. c. 47 n. Chr., Feldherr und einflussreicher Staatsmann unter Trajan und Hadrian und mit des letzteren Schwester Paulina vermählt. Nachdem er bis in sein Alter das höchste kaiserliche Vertrauen und die höchsten Ehren genossen, und noch im J. 134 das dritte Consulat bekleidet hatte, erregte er als fast neunzigjähriger Greis durch die zur Schau getragenen Hoffnungen auf Nachfolge die Eifersucht des kränkelnden Kaisers und beschwor damit seinen Untergang herbei. Er wurde samt seinem jugendlichen Enkel Fuscus im J. 136 hingerichtet [2].

. Eine früher in Rom befindliche, dann nach Paris gekommene und dort von Visconti als Servianus erkannte Marmorbüste mit seiner Namensaufschrift ist jetzt im Besitz des Herzogs von Wellington in Apsley House zu London (abg. Fig. 42 [3]), mir leider nicht durch Autopsie bekannt. Sie zeigt das Bildnis eines ältlichen bartlosen Römers mit kahlem Scheitel und nach vorn gestrichenem schlichtem Haar. «Die Stirn ist gerunzelt, die Lippen schmal, der Ausdruck

---

[1] Vgl. Monum. Matth. I. 72.
[2] Dio LXIX. 17. Spart. Hadr. c. 15. 23. 25.
[3] Visconti Icon. rom. pl. IX. 3. 4.

des Mundes energisch. Neu sind Nase und Ohren, desgleichen die
Schultern an dem nie gebrochenen Bruststück, unter welchem eine
niedrige Platte. Die ausdrucksvolle, aber durchaus nicht feine Ausführung ist von der gesuchten Eleganz der Büsten Hadrians weit
entfernt» (Michaelis). Die Aufschrift befindet sich auf einem vier-
'eckigen Steinblock, welcher dem nackten Bruststück zum Untersatz dient, und lautet: L. VRSVM. COS. III. CRESCENS. LIB. (ertus
honorat) [1]. Sie nennt allerdings bloss den einen Beinamen Ursus und
den nicht ganz sicheren Vornamen Lucius. Auch haben wir es der

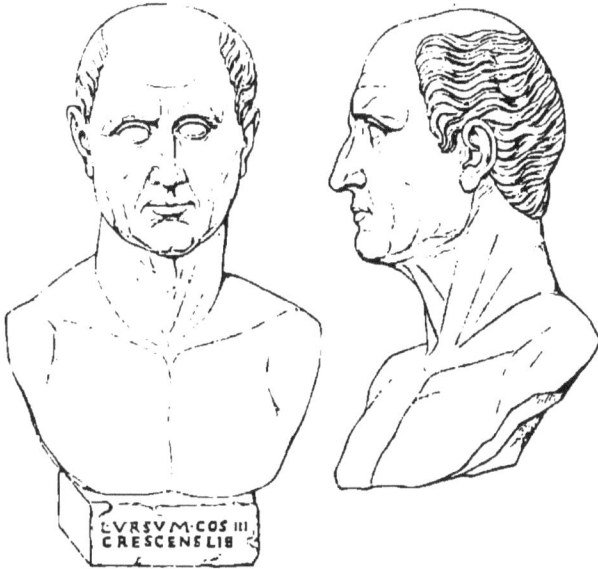

L·VRSVM·COS III
CRESCENS LIB

Fig. 41. Marmorbüste des Ursus Servianus in Apsley House zu London.

Abbildung nach mit einem jüngeren Manne zu thun, als Servianus
zur Zeit seines 3ten Consulates war (88 J. alt). Indes ist uns sonst
kein Ursus bekannt, von dem man voraussetzen dürfte, dass er dreimal Consul gewesen. Und die Schwierigkeit wegen des Alters lässt
sich durch die Annahme beseitigen, die Büste sei erst nach dem
Tode des Servianus mit Benützung eines bereits vorhandenen Bild-

[1] C. I. lat. VI. 1432.

nisses aus früherer Zeit gemacht, wobei die Angabe des 3. Consulats
als blosser Ehrentitel zu betrachten. Gleichwohl möchte man wünschen,
dass die Bedeutung noch durch andere Kriterien unterstützt würde,
was leider nicht der Fall ist. Stil und Costüm (Bartlosigkeit) sprächen
eher für das erste Jahrhundert.

Eine sehr ähnliche Feldherrnbüste mit dem Schwertriemen über
der Brust befindet sich im Museum des Lateran Nr. 180 und noch
einmal im Museo Tortonia Nr. 418 A (s. oben p. 105). Hier ist
aber der Stil noch entschiedener vorhadrianisch (nach Benndorf und
Schöne sogar republikanisch), so dass an die gleiche Person nur
dann gedacht werden kann, wenn die Visconti'sche Deutung der
Londoner Büste unrichtig ist.

L. Junius Rusticus.

Fulvius Ursinus hatte in der ersten Ausgabe seiner *Imagines*
p. 69 eine Herme abbilden lassen, welche durch die Aufschrift als
L. Junius Rusticus bezeichnet war, welche aber seitdem verschollen
ist. Diese Abbildung (Fig. 43) wurde dann auch in die Ikono-
graphicen von Bellori[1], Gronov[2] und Visconti[3] aufgenommen. Dagegen fehlt sie in der Faber'schen Ausgabe des Fulvius Ursinus von
1606, woraus Visconti schliesst, dass schon damals das Original ab-
handen gekommen.

Sie zeigt das Bildnis eines ältern Mannes von ernstem Ausdruck,
mit durchfurchter Stirn und leicht zusammen gezogenen Brauen, von
runder Gesichtsform, gelocktem Haar und kurzem, wenig gepflegtem,
am Kinn zweigeteiltem Bart. — Die Aufschrift vorn an der Herme
lautet in ihrer Vollständigkeit:

L. JVNII. RVSTICI. PHILOSOPHI. STOICI (*imago*).
L. JVNIVS. L. L.(*ibertus*) MYRINVS P(*atrono*) P(*osuit*).

Von den beiden uns bekannten Stoikern dieses Namens, dem
L. Junius Rusticus Arulenus, der unter Domitian wegen seiner Lob-
schrift auf Thrasea Paetus hingerichtet wurde[4], und seinem mut-

---

[1] Imagg. Phil. 31.
[2] Thes. ant. graec. III. gggg.
[3] Icon. rom. XIV. E. 5.
[4] Suet. Domit. 10.

masslichen Enkel, dem Lehrer des M. Aurel, ist höchst wahrscheinlich der letztere gemeint, 1° weil sonst der Beiname Aruleuus nicht
fehlen würde [1], und 2° weil der Hermenkopf bärtig, während zur Zeit
des Domitian noch die Sitte des Rasierens herrschte. — Der Junius
Rusticus der antoninischen Zeit wurde von seinem kaiserlichen Gönner
zweimal zum Consul (das erstemal für 162), später wahrscheinlich
auch zum Präfecten von Rom designiert und sein Andenken nach

Fig. 48. Hermenbüste des Jus Rusticus.

seinem Tode durch Statuen geehrt [2]. Freilich erfahren wir nirgends,
dass er zum Vornamen L. geheissen; auch kann es auffallen, dass

---

[1] Vgl. Tac. Ann. XVI. 26; Hist. III. 80; Agric. 2. Plin. Ep. 1. 14.

[2] Capitolin. M. Ant. Philos. 3: *Audivit praecipue Junium Rusticum, quem
et reveritus est et sectatus, qui domi militiaeque pollebat. Stoicae disciplinae peri-
tissimum; cum quo omnia communicavit publica privataque consilia, cui etiam ante*

die Inschrift ihn kurzweg als stoischen Philosophen bezeichnet, ohne
auf die erwähnten politischen Ehrenstellen Rücksicht zu nehmen.
Indessen bei der hohen Geltung, welche die Philosophie unter M. Aurel
hatte, ist so etwas wohl denkbar; vielleicht auch ward ihm die Herme
gesetzt, bevor er Consul geworden. Immerhin bleiben sowohl in Beziehung auf die dargestellte Persönlichkeit als auf den Charakter des
Bildnisses, das eben bloss noch in den Abbildungen vorhanden ist,
erhebliche Zweifel zurück.

Ganz unberechtigt ist die weitere Uebertragung des Namens auf
eine capitolinische Herme, Philosophenzimmer 71 (abgeb. Bottari
I. 23)[1], an der zwar Augen, Nase und Mund ähnlich gebildet sind,
die mehr quadratische Kopfform aber und der vollere Bart auf eine
andere Person, ohne Zweifel auf einen Griechen, weisen.

Eine wiederum beträchtlich abweichende Büste beim Kunsthändler
Milani in Rom, mit schlichtem Haar und krausem Bart, wird für
den älteren Junius Rusticus ausgegeben, während er dem Bart und
Stil nach gerade dem Zeitalter des jüngern angehörte.

Was für ein Namensverwandter auf dem Wiener Karneol Nr. 795
mit der Aufschrift M. I. RVSTICVS MP. gemeint ist, kann ich nicht
sagen. Es ist ein schönes bärtiges Bildnis ohne Aehnlichkeit mit
der Herme, wie auch der Name eine Identificierung nicht zuliesse.

Apulejus.
(Münztaf. V. 117.)

Auf einem Pariser Contorniaten aus der Sammlung der Kö-
nigin Christine von Schweden (abg. Münztaf. V. Nr. 117)[2], ist das
Brustbild eines Jünglings mit langem, von einer Binde umwundenem
Lockenhaar dargestellt und durch Umschrift als Apulejus bezeichnet.
Auf dem Revers ein gepanzerter Krieger mit Helm und Schild, einem

------

praefectos praetorio semper osculum dedit, quem et consulem iterum designavit, cui
post obitum a senatu statuas postulavit.
   [1] Righetti Campid. I. 197 links.
   [2] Visconti Icon. rom. XIV. Nr. 6. Nach einer Bemerkung dieses Gelehrten
(Icon. p. 425 Anm. 3) soll A. Morell (1683) die Münze zuerst publiciert haben.
Aller Wahrscheinlichkeit nach ist es aber die gleiche, die schon Faber (Imagg.
Nr. 25) als im Besitz des Ursinus befindlich abgebildet hat.

Tempel zugewendet, dessen Akroterien drei Büsten bilden. Es kann wohl nicht bezweifelt werden, dass damit der als Rhetor, Philosoph und Magier berühmte L. Apulejus aus Madaura in Numidien gemeint ist, der, um 125 geboren, unter den Antoninen blühte, und hauptsächlich in Karthago seine rhetorische Wirksamkeit übte, der Verfasser des grossen Romans «die Metamorphosen oder vom goldenen Esel», welcher die bekannte Erzählung von Amor und Psyche enthält.

Das bartlose Jünglingsgesicht mit den auf die Schultern fallenden Locken erweckt freilich eher jede andere Vorstellung als die eines Philosophen. Indes aus einer Stelle seiner noch erhaltenen Verteidigungsrede (wegen Anklage auf Zauberei) geht hervor, dass er in der That von anmutiger Gestalt war[1] und dass er langes Haar wie auf dem Münzbild trug, nur vielleicht nicht so wohl gepflegtes, wie ihm seine Gegner zum Vorwurf machten[2]. Auch ist die Eitelkeit, die er in seinen Schriften bekundet, ganz dazu angethan, ein ungewöhnliches Auftreten in Beziehung auf Costüm und Haartracht bei ihm erwarten zu lassen. Die Binde kann man sich zur Not aus seiner Eigenschaft als Epopt erklären. Trotzdem ist Grund genug vorhanden der Authenticität des Bildnisses zu misstrauen, teils wegen der übertrieben jugendlichen Auffassung des Kopfes selbst, teils wegen des unzuverlässigen Charakters der Contorniaten. Und wenn es nicht gerade unmöglich ist, dass der Verfertiger sich nach damals (4. od. 5. Jahrh.) noch vorhandenen Statuen gerichtet — Christodor erwähnt eine solche als im Zeuxippus zu Constantinopel befindlich[3] —, so kann der Münztypus doch leicht auch ein blosses Phantasiegebilde sein.

Bottari hat danach eine in Haartracht und Jugendlichkeit übereinstimmende, nur der Binde ermangelnde Herme des capitolinischen Museums, Philosophenzimmer Nr. 26 (abg. Mus. Cap. I. 1)[4], Apulejus genannt; mit Unrecht ohne Zweifel, da es sich vielmehr um

---

[1] *Formosus philosophus*. Apologia 4.

[2] *Capillus ipse quem isti aperto mendacio ad lenocinium decoris promissum dicere, vides quam non sit amoenus et delicatus, horrore implexus atque impeditus, stuppeo tomento adsimilis et inaequaliter hirtus, globosus et congestus: prorsum inenodabilis diutina incuria non modo comendi sed saltem expediendi et discriminandi.* Apologia a. a. O. Womit zu vergleichen Metamorphos. II. 2: *Cetera corporis execrabiliter ad regulam sunt congruentia: inenormis proceritas, succulenta gracilitas, flavum et inadfectatum capillitium, oculi caesii quidem, sed vigiles, et in aspectu micantes prorsus aquilini, os quoquoversum floridum, speciosus et immeditatus incessus.*

[3] Christ. Eophr. v. 303 — 305. Ohne Zweifel gab es oder hatte es deren auch zu Karthago gegeben; vgl. Apul. Florid. III. 16.

[4] Righetti Camp. I. 47, 2.

einen Idealtypus zu handeln scheint, was der Restaurator auch durch
die nackte Brust bezeichnet hat. — Ebensogut könnte man den sog.
Vergil (s. oben p. 250) oder den angeblichen Ptolemaeer Nr. 85
ebenda [1], welche beide noch dazu die Binde tragen, mit dem Contorniaten in Beziehung bringen. Und eine ähnliche wirklich Apulejus
genannte Büste soll im 17. Jahrh. aus dem Besitz des Cardinals
Camillo Massini in den des spanischen Gesandten in Rom D. Gaspero
de Haro übergegangen sein [2].

Nicht ganz übergangen werden darf die Hypothese von Flasch [3],
wonach wir in der gewöhnlich auf einen Barbaren gedeuteten Büste
des capitolinischen Museums, früher in der äussern Gallerie,
jetzt im Philosophenzimmer Nr. 59 (abg. Righetti Camp. II. 233) [4],
ein Bildnis des Apulejus zu erkennen hätten. Es ist ein bei Neapel
gefundener wohlerhaltener Kopf auf ungebrochenem nacktem Bruststück, nach rechts gewandt und den Blick seitwärts gerichtet (mit
angegebenen Pupillen). Eigentümlich das reiche, aber ungepflegte,
über der Stirn aufstrebende und dann in kleinen durcheinanderge-
worfenen Strängen über Schläfen und Ohren herabfallende Haar, bei
dem man unwillkürlich an die Selbstschilderung der Apologie (oben
Anm. 2) erinnert wird; sowie die stumpfe, etwas breite Nase mit
den geblähten Nüstern und die aufgeworfenen Lippen, welche als
Merkmale des afrikanischen Typus angesehen werden können. Dazu
kommt die der Münze entsprechende, hier von einem kaum sichtbaren Halsbart begleitete Jugendlichkeit, und der offenbar dem Ende
des 2. Jahrh. angehörige malerische Stil, was Alles vortrefflich zu
der vorgeschlagenen Namengebung stimmt. Weniger zutreffend (der
inenormis proceritas und *succulenta gracilitas* gegenüber) erscheinen
die Proportionen und die kräftigen Schultern und (bei einem Philo-
sophenbildnis) die völlige Nacktheit der Brust; wie auch das Fehlen
der Binde, wenn man denn doch von dem Contorniaten ausgeht —
und in solchen Aeusserlichkeiten könnte die Münze wohl genau sein —,
Zweifel erregen muss. Der physiognomische Ausdruck endlich, ein
Gemisch von Stolz und Unmut, könnte zwar durch die Stimmung, in
welche die Ankläger den Apulejus versetzt, motiviert werden; indes wäre dies bei einem antiken Porträt ohne Analogie. Die Künstler
haben wohl ständige Charakterzüge in dieser Weise symbolisiert
(z. B. bei Caracalla), niemals aber momentane Stimmungen. — Wir

---

[1] Abg. Bottari I. 83; im Gegenstand identisch mit Braccio nuovo Nr. 24.
[2] Bellori Imagg. vet. illustr. p. 2.
[3] Bullet. d. Inst. 1873. p. 9 f.
[4] Vgl. Beschr. d. St. Rom III. 1. p. 164, Nr. 17; E. Braun Ruinen und
Museen Roms p. 174.

können daher der Vermutung nur einen sehr relativen Grad von
Wahrscheinlichkeit zuschreiben. Brunn hat dieselbe Büste bekanntlich auf Arminius deuten wollen. Er hat es in der Species des nationalen Typus allem Anschein nach versehen. Aber ein als Held ge-
feierter Barbar, mag er sich in römischem Dienst oder im Kampf
mit Rom hervorgethan haben, scheint auch uns am ehesten in der
Büste dargestellt zu sein.

— — —

Apokryphe Römerbildnisse der Kaiserzeit.

Auch hier, wie am Schlusse der republikanischen Periode, mögen
noch einige berühmte Männer genannt werden, von denen man früher
Bildnisse zu besitzen wähnte.

Livius (59 v. bis 17 n. Chr.) — Als Bildnis des Geschicht-
schreibers Livius figuriert auf seinem Denkmal im Palazzo della
Ragione zu Padua (1547 errichtet) eine antike Marmorbüste, früher
im Besitz des Alessandro Bassano von Padua: «Ein schmaler, gräm-
licher alter Kahlkopf irgend eines unbekannten Römers»[1]. Schon
Gronov wollte die Büste vielmehr auf T. Livius Halys, den Freigelassenen der Livia Quarta, beziehen, von dem im Jahr 1413 eine
Inschrift und angeblich auch die Gebeine aufgefunden worden waren,
was damals zu dem Glauben Anlass gegeben, man habe das Grabmal des Historikers entdeckt. In Wahrheit hat die Büste mit keinem
von beiden etwas zu thun.

Ovid. — Bellori (Imagg. 57) und Gronov (Thes. III. ttt.) geben
den Kopf einer Bronzemünze mit der Umschrift *OYHI.IIOΣ
NAΣΩN*, welchen Nic. Heinsius in seiner letzten Ausgabe des Ovid
zuerst publiciert hatte, als Bildnis des Dichters. Es ist aber nichts
Anderes als der Kopf des Vedius Pollio (oben p. 264), willkürlich mit
einem Lorbeerkranz versehen, und die schlecht gelesene oder undeut-
liche Beischrift *KAIΣAPEΩN* in *NAΣΩN* zurecht gemacht. — Die
gleichlautende Umschrift eines (allerdings unbekränzten) jugendlichen
Kopfes auf einem **Sardonyx** bei Cades V. Nr. 225 wird wohl am
ehesten auf diese Quelle zurückzuführen sein. — Bellori erklärte

— — —

[1] Thiersch Reisen in Italien p. 102. Das Denkmal ist abgebildet in den
Monum. Patavina Sertorii Ursati, 1652 p. 27; der Kopf bei Bellori Imagg. 88,
und Gronov Thes. III. Taf. vvv.

ausserdem die bekränzte Figur auf einem Wandgemälde des Grab-
mals der Nasonen in Rom (Bartoli Pitture antiche del sepolcro de'
Nasoni Taf. 5) als Ovid, in der Meinung befangen, dass das Grabmal der Nasonen mit der Familie des Ovid etwas zu thun habe. —
Worauf endlich die herkömmliche Bezeichnung Ovidius bei einer
Florentiner Herme, Inschrifthalle Nr. 268 (Dütschke Nr. 496),
beruht, finde ich nirgends angedeutet.

Persius. — Marmorrelief eines ephenbekränzten, flaumbärtigen
Kopfes auf einem Grund von Lapislazuli in der Villa Albani
Nr. 960 (abgeb. Faber Imagg. 103; Zoega Bassiril. II. 115), von
seinem einstigen Besitzer, dem Cardinal Sadoletto, wegen des Kranzes
und des Ausdrucks jungfräulicher Schüchternheit [1] auf Persius bezogen, was schon Winckelmann zurückwies [2]. Aber ebensowenig
Hadrian, wie E. Braun wollte [3]. — Der Aehnlichkeit wegen bezeichnete man früher auch die jetzt sog. Alkibiadesköpfe [4] als Persius,
z. B. das capitolinische Exemplar bei Bottari I. 39. — Die
Gemmen, auf denen das gleiche Bildnis vorkommt, sind modern.

Plinius. — Guter ältlicher Porträtkopf mit fast kahler Stirn und
Doppelkinn auf einem Karneol der Sammlung Vanuntelli bei
Cades V. 211, mit der Beischrift C. PLIN. Er erinnert an eine
Büste im Museo Spada, welche gleich der dortigen Colossalstatue
Pompejus genannt wird (s. oben p. 126).

Martial (unter Domitian). — Jugendlich unbärtiger Kopf auf
einem Karneol bei Cades V. 224, mit der Umschrift MARTIALIS.

Auf **S. Julius Frontinus,** Ingenieur und Schriftsteller unter Vespasian, bezog Spon [5] den Herakleskopf auf einer smyrnäischen Münze.
wegen der Umschrift ΑΝΘΥ(πατου) ΦΡΟΝΤΕΙΝΩ (s. Mionnet Suppl.
VI, p. 319. 1562). Als solcher ist er dann auch bei Gronov Thes.
III. dddd abgebildet.

Tacitus. — Gemme mit unbärtiger, an Napoleon I. erinnernder
Büste, hinter welcher die ohne Zweifel moderne Aufschrift C. TAC.

Ganz aus der Luft gegriffene Benennungen, wie die des (modernen)
Lucan in Wilton House Nr. 158 (abg. Kennedy Descript. pl. 22),
des Stoikers **Cornutus** aus Sammlung Campana in Petersburg
Nr. 39 u. A., verdienen selbst an dieser Stelle keine Erwähnung.

[1] *Fuit morum lenissimorum, eerecundiae fere virginalis, forma pulchra.* Vita Persii.
[2] W. W. VI. 1, p. 255.
[3] Ruinen und Mus. Roms p. 676.
[4] Vgl. Helbig Annali dell' Inst. 1866 p. 228 ff.
[5] Misc. erud. ant. 1865.

Nachträge und Berichtigungen.

S. 8 unten l. Memminmünze st. Memminsmünze.

Zu S. 9, Alinea 1: Den Romulus Triumphator scheinen auch zwei auf Marcellus bezogene Gemmen bei Cades (V. Nr. 146 und 147) darzustellen.

Zu S. 21. Die sog. Brutusbüste in Holkham ist nach Michaelis (A Catal. of anc. marbl. in Great Britain, Holkham Nr. 14) modern.

S. 24 am Ende des ersten Abschnitts l. Münztafel III. st. II.

S. 26 Anm. 1. Neben dem Wachsbild des Ahala war auch auf die S. 2 erwähnte Statue desselben hinzuweisen.

S. 30 Anm. 1 l. XII. st. CXII.

S. 39 Anm. 1: Dieser sog. Scipio ist neuerdings trefflich publiciert bei Falke Hellas und Rom, p. 321.

S. 40 Nr. 18: Der Mantuaner Scipio ist verzeichnet bei Dütschke A. Bildw. in Oberit. IV. Nr. 842.

S. 44 Geschn. Steine: In keiner verwandtschaftlichen Beziehung zum gewöhnlichen Scipiotypus steht der jugendliche Idealkopf mit dem helmartig übergezogenen Rinderfell und der Umschrift P (?) SCIPI. AF auf einem Karneol bei Cades V. 158, in dem beigegebenen geschriebenen Verzeichnis seltsamer Weise Scipio Asiaticus genannt.

Zu S. 65 unten: Ueber die Togastatue des Cato in der Villa Massimo heisst es bei Matz Zerstreute Bildwerke von Rom Nr. 1289 (nach gef. Mitteilung v. Duhn's): „Lebensgross. Der r. Arm hängt herab, die l. Hand liegt vor der Brust; am zweiten Finger ein Ring. Der ältliche unbärtige Kopf ist etwas nach l. gewandt. Zwischen den Füssen wird ein Bündel Schriftrollen sichtbar. Unterschrift: M. P. CATO.“ Letztere jedenfalls sehr spät. Dr. Maass hält sie „seiner Erinnerung nach“ für echt. Auch Matz äussert keinen Verdacht.

In der Sammlung des Fulvius Ursinus hatte sich noch eine kopflose Herme mit der Namensaufschrift: M. PORCIVS M. F. CENSORINVS befunden (abgeb. in der Ausg. von 1570 Taf. 19).

S. 61 Z. 25 l. NEOΣ st. NEOS.

S. 66 Durch ein Versehen ist folgendes Anhängsel zu dem Abschnitt Terentius im Texte ausgefallen:

Keinen besonderen Abschnitt widmen wir dem Tragiker Lucius Accius (170 bis nach 103 v. Chr.), welcher in ganzer Figur sitzend auf dem Revers eines Horazcontorniaten dargestellt ist (abg. Visconti Icon. rom. pl. XIII. 3), wenn anders die Umschrift ACCIVS zur Bestimmung genügt. Er ist mit einem griechischen Mantel bekleidet, der mit zwei Zipfeln über die Schultern herüberhängt und den Vorderteil der Brust bloss lässt; mit der L. hält er eine Rolle aufs Knie gestützt. Ob die Darstellung ein willkürliches Phantasiebild ist, oder ob sie auf ein altes Denkmal zurückgeht, ist schwer zu sagen. Im Tempel der Kamenen zu

Rom soll ja wirklich eine grosse Statue von ihm gestanden haben, die er sich selber gesetzt.[1] Und was wir bei Anlass derselben über ihn erfahren, dass er nämlich von kleiner Gestalt gewesen, scheint dem Münzbild nicht zu widersprechen. Indes für die Gesichtszüge ist der Massstab zu klein, um etwas Anderes als höchstens die Bartlosigkeit daraus entnehmen zu können, ein Merkmal, welches man auch ohne die Münze aus der Sitte der Zeit abstrahieren durfte.

Zu S. 71 Anm. 4. Meine Annahme, dass die sog. Büste des Praetors Cornelius sich in Holkham befinde, beruht auf gefälliger Mitteilung von Michaelis, der die Identität sowohl durch die Aehnlichkeit der Gesichtszüge als durch die Spuren eines metallenen Ringes im Nacken für gesichert hält ("Entdeckung des Rev. A. Napier"). Ich glaube um so weniger zweifeln zu dürfen, als die auf meine Bitte von Hrn. Dr. Dressel im Conservatorenpalast gemachten Nachforschungen das Resultat ergaben, dass die Büste dort jedenfalls nicht mehr vorhanden. Nun sehe ich aber aus dem mir gütigst vom Verfasser (Michaelis) zur Verfügung gestellten Manuscripte des *Catalogue of anc. marbles in Great Britain*, dass der Architekt Kent die Büste zwischen 1714 u. 1718 in Rom für Th. Coke gekauft haben soll. In diesem Fall kann es unmöglich dieselbe sein, welche Platner in der Beschr. Roms s. s. O. aufführt, und muss also doch wohl die Identität der Holkhamer Büste mit der von Tivoli in Frage gestellt werden.

S. 86 Z. 26 l. Nr. 3120 st. 312.

S. 96 Z. 10. Nach v. Sallet Zeitschr. f. Num. IV. p. 135 ff., dem auch wir bei Anlass des Regulus (p. 27 und p. 97) gefolgt sind, wäre im Collegium der Münzmeister des Jahres 43 v. Chr. kein Platz mehr für Arrius Secundus und Numonius Vaala. Sollte also Cavedoni doch die richtige Zeitbestimmung für letztere getroffen haben (vgl. p. 97 Anm. 1)?

S. 122 Anm. 2. Auch Brizio (Bull. d. Inst. 1872 p. 36), Mau (Bull. 1880 p. 125) und Mommsen (Arch. Ztg. 1880 p. 35) sprechen von einer der albanischen ähnlichen Doppelherme in der Galleria geografica. Aber in der Beschreibung d. St. Rom II. 2. p. 278 ff. steht nichts davon, so dass ich annehmen muss, sie seien durch den Visconti'schen Text dazu veranlasst worden.

S. 134 Z. 7 l. catilinarisch st. capitolinisch.

Zu S. 220 oben. Der Kopf der Togastatue des sog. L. Antonius in Holkham ist nach Michaelis (Cat. of anc. marbl. in Great Britain) ebenfalls modern. Brettingham nennt als Urheber den Bernini.

S 238 Z. 18 sowie auf der folgenden Seite und S. 260 ist in den griechischen Aufschriften Σ. st. C. gesetzt worden, weil sich die letztere Form des Buchstabens nicht grade in entsprechender Gestalt vorfand.

S. 246 Z. 17 l. Donat st. Donart.

Zu S. 250, Alinea 1. Den Typus des mantuanischen sog. Vergil. scheint auch ein lebensgrosser Jünglingskopf in der Sammlung Despuig auf Mayorka (Hübner A. Bildw. in Madrid p. 306 Nr. 793) wiederzugeben.

---

[1] Plin. H. N. XXXIV. 19: *Notatum ab auctoribus et L. Attium poetam in Camenarum aede maxima forma statuam sibi posuisse, cum brevis admodum fuisset.*

Beschreibung der abgebildeten Münzen.

———

Münztafel I.

Nr. 1 u. 2. Memmia Arg. C. MEMMI. C. F. QVIRINVS. Kopf des Romulus-Quirinus.
Rs. MEMMIVS AED. CERIALIA PREIMVS FECIT. Ceres sitzend.
Nr. 1 Cab. d. Méd.

Nr. 3. Vettia. Arg. SABINVS. K. des Tatius, darunter TA (im Monogramm), rechts s. c.
Rs. T. VETTIVS. Togatus mit Scepter auf einer biga, darüber IVDEX. *Turin.*

Nr. 4. Tituria. Arg. SABIN. K. des Tatius, davor TA (im Monogramm).
Rs. L. TITVRI. Zwei Jünglinge Sabinerinnen tragend.

Nr. 5. Calpurnia. Arg. CN. PISO PROQ. K. des Numa mit Diadem, auf welchem der Name NVMA.
Rs. MAGN. PRO COS. Schiffsvorderteil. *Berlin.*

Nr. 6. Marcia. Aes. NVMA POMPILI ANCVS MARCI. Die Köpfe des Numa und Ancus.
Rs. C. CENSO(rinus). ROMA. Zwei Schiffsvorderteile mit Victoria. *Brit. Mus.*

Nr. 7. Marcia. Arg. ANCVS. Bediademter Kopf des Ancus, hinter ihm ein Augurstab.
Rs. PHILIPPVS. Wasserleitung, zwischen deren Bogen AQVA MAR(cia), darüber eine Reiterstatue.

Nr. 8 u. 9. Junia. Arg. BRVTVS. K. des L. Brutus. Avers von Nr. 13.

Nr. 10. Junia. Aur. L. BRVTVS PRIM. COS. K. des L. Brutus in einem Eichenkranz. Avers von Nr. 76.

Nr. 11. Postumia. Arg. A. POSTVMIVS COS. K. des Postumius Regillensis.
Rs. ALBINVS BRVTI F., in einem Aehrenkranz.

Nr. 12. Domitia. Arg. AHENOBAR. K. des Domitius, des Ahnherrn der Ahenobarbi.
Rs. CN. DOMITIVS IMP. Eine Trophaee auf einem Schiffsvorderteil.

Nr. 13. Junia. Arg. AHALA. Kopf des Servilius Ahala. Revers von Nr. 8 u. 9.

Nr. 14 u. 15. Sulpicia. Arg. I. SERVIVS RVFVS. Kopf des Ser. Sulpicius Rufus.
Rs. Die Dioskuren. Auf der einen ausserdem die Restitutionsumschrift IMP. CAES. TRAIAN. AVG. GER. DAC. P. P. REST(ituit).

Nr. 16. Claudia. Arg. MARCELLINVS. K. des Marcellus nach r. Hinter ihm die Triquetra.
Rs. MARCELLVS COS. QVINQ(uies). Marcellus die Spolia opima des Virdumar in den Tempel des Jupiter tragend.

Nr. 17. Dieselbe Münze von Trajan restituiert.

Nr. 18 u. 19. Cornelia. Arg. CN. BLASIO CN. F. Behelmter Kopf des Scipio (?), darüber ein Zahlzeichen, dahinter ein Kranz oder ein anderes Symbol.
Rs. ROMA. Juno, Jupiter und Minerva. Vatican.

Nr. 20. Macedonia. Aur. K. des Flamininus (?).
Rs. T. QVINCTI. Victoria stehend. Cab. d. Méd.

Nr. 21 u. 22. Coelia. Arg. C. COEL. CALDVS COS. K. des Coelius Caldus. Dahinter Täfelchen mit L(ibero) D(amno).
Rs. CALDVS III. VIR. K. des Sol mit Strahlenkrone.

Nr. 23 bis 25. Cornelia. Arg. SVLLA COS. K. des Sulla. Avers von Nr. 26 u. 27.

Nr. 26 u. 27. RVFVS COS. Q. POM. RVFI. K. des Pompejus Rufus. Revers von Nr. 23 25.

Münztafel II.

Nr. 28 und 29. Antia. Arg. RESTIO. K. des Antius Restio.
Rs. C. ANTIVS C. F. Hercules mit Keule und Trophaee. Cab. d. Méd. u. brit. Mus.

Nr. 30 u. 31. Arria. Arg. M. ARRIVS SECVNDVS. K. des Q. Arrius.
Rs. Speer zwischen Kranz und militärischem Ehrenzeichen Nr. 31 Cab. d. Méd.

Nr. 32 u. 33. Numonia. Arg. C. NVMONIVS VAALA. Kopf des Numonius Vaala.
Rs. VAALA. Soldat eine Verschanzung angreifend, die von zwei anderen Soldaten verteidigt wird. Turin u. Basel.

Nr. 34. Livineja. Arg. REGVLVS PR(aetor). K. des Liv. Regulus.
Rs. L. LIVINEIVS REGVLVS. Sella curulis zwischen 6 Ruthenbündeln.

Nr. 35. Livineja. Arg. K. des Liv. Regulus.
Rs. L. REGVLVS. Zwei Gladiatoren mit wilden Tieren kämpfend.

Nr. 36. Minatia. Arg. CN. MAGNVS IMP. K. des Pompejus.
Rs. M. MINAT. SABIN. PR. Q(uaestor). Der Sohn des Pompejus einer auf Waffen stehenden Frau mit Thurmkrone die Hand reichend (46 od. 45 v. Chr.) Brit. Mus.

Nr. 37--41. Nasidia. Arg. NEPTVNI (filius). K. des Pompejus. Davor ein Dreizack, darunter ein Delphin.
Rs. Q. NASIDIVS. Galeere mit geblähtem Segel, im Feld ein Stern (38 v. Chr.). Nr. 37 Turin. Nr. 38 Vatican.

Nr. 42 u. 43. Pompeja. Arg. MAG. PIVS IMP. ITER. K. des Pompejus, zu den Seiten praefericulum und lituus.
Rs. PRAEF. ORAE MARIT. ET CLAS. EX S. C. (Nr. 42) oder PRAEF. CLAS. ET ORAE MARIT. EX S. C. (Nr 43). Neptun zwischen den cataneischen Brüdern (36 v. Chr.).

Nr. 44. Pompeja. Aes. MAGN. Lorbeerbekränzter Doppelkopf des Pompejus als Janus.
Rs. PIVS. IMP. Vorderteil eines Schiffes. Brit. Mus.

Nr. 45. Pompejopolis. Aes. K. des Pompejus.
Rs. ΠΟΜΠΗΙΟΠΟΛΙΤΩΝ. Schreitende Victoria oder sitzende Pallas? (163 n. Chr.) Berlin.

Nr. 46. Dieselbe Münze mit einem Stern vor und einem andern Symbol hinter dem Kopf. Brit. Mus.

Nr. 47 u. 48. Pompeja. Aur. PRAEF. CLAS. ET ORAE MARIT. EX S. C. Köpfe des Pompejus und seines Sohnes Cnejus einander gegenüber. Hinter dem ersteren ein Augurstab, hinter dem letzteren ein Dreifuss. Revers von Nr. 51 u. 52. Nr. 48 brit. Mus.

Nr. 49. Magnesia. Aes. ΜΑΡΚΟΣ ΤΥΛΛΙΟΣ ΚΙΚΕΡΩΝ. K. des Proconsuls Cicero.
Rs. ΜΑΓΝΗΤΩΝ ΤΩΝ ΑΠΟ ΣΙΠΥΛΟΥ ΘΕΟΔΩΡΟΣ. Eine r. Hand mit Kranz, Lorbeerzweig und Rebschoss. Brit. Mus.

Nr. 50. Rother Jaspis mit K. des Cicero nach r. Aus der Sammlung Stosch, jetzt in Berlin. (Tölken Verzeichn. V. 2. 111.)

Nr. 51 u. 52. Pompeja. Aur. MAG. PIVS IMP. ITER. K. des Sextus Pompejus. Ringsum ein Eichenkranz. Avers von Nr. 47 u. 48 Nr. 52 brit. Mus.

Münztafel III.

Nr. 53—56. Flaminia. Arg. K. des Caesar.
Rs. L. FLAMINIVS IIII. VIR. Eine Frau mit Heroldstab und Lanze (44 v. Chr).

Nr. 57. Mettia. Arg. CAESAR IMP. Kopf des Caesar. Dahinter simpulum und lituus.
Rs. M. METTIVS. Venus mit Siegesgöttin in der R. (44 v. Chr.).

Nr. 58. Aemilia. Arg. CAESAR DICT. PERPETVO. K. des Caesar.
Rs. L. BVCA. Heroldstab und Ruthenbündel im Kreuz. Dazwischen Kugel, Beil und 2 verbundene Hände (44 v. Chr.).

Nr. 59. Aemilia. Arg. CAESAR IM. P. M. K. des Caesar.
    Rs. L. AEMILIVS BVCA. Venus mit Siegesgöttin und Scepter
    (44 v. Chr.).

Nr. 60. Julia. Aur. C. CAESAR. K. des Caesar mit Schleier und Lor-
    beerkranz.
    Rs. Ohne Legende. Augurstab, Opfergefäss und Beil (44 v. Chr.).

Nr. 61. Cossutia. Arg. CAESAR PARENS PATRIAE. K. des Caesar ver-
    schleiert und lorbeerbekränzt, zwischen Augurstab und Priester-
    mütze.
    Rs. C. COSSVTIVS MARIDIANVS A. A. A. F. F. in vier Linien,
    welche sich kreuzen (44 v. Chr.).

Nr. 62. Sepullia. Arg. CAESAR IMP. K des Caesar. Dahinter ein Stern.
    Rs. P. SEPVLLIVS MACER. Venus mit Siegesgöttin und Scepter
    (44 v. Chr.).

Nr. 63. Antonia. Arg. CAESAR DIC. K. des Caesar. Dahinter ein Opfer-
    gefäss. Avers von Nr. 81 (43 v. Chr.).

Nr. 64. Livineja. Arg. K. des Caesar zwischen Heroldstab und Lor-
    beerzweig.
    Rs. L. LIVINEIVS REGVLVS. Stier nach r. laufend (43 v. Chr.).

Nr. 65. Mussidia. Arg. K. des Caesar.
    Rs. L. MVSSIDIVS LONGVS. Steuerruder, Kugel, Füllhorn,
    Heroldstab und Priestermütze (43 v. Chr.).

Nr. 66. Sempronia. Arg. K. des Caesar.
    Rs. TI. SEMPRONIVS GRACCVS Q. DESIG. Feldzeichen, Adler,
    Pflug und Scepter (38—36 v. Chr.).

Nr. 67. Voconia. Arg. K. des Caesar.
    Rs. Q. VOCONIVS VITVLVS Q. DESIGN. Linkswärts gehendes
    Kalb. Im Feld s. c. (38—36 v. Chr.).

Nr. 68. Vipsania. Arg. IMP. DIVI IVLI F. TER. III. VIR R. P. C. Jugend-
    licher K. des Caesar. Oben ein Stern.
    Rs. M. AGRIPPA COS. DESIG. im Felde (38 v. Chr.). *Brit. Mus.*

Nr. 69. Julia. Aes. DIVOS IVLIVS. K. des Caesar.
    Rs. CAESAR DIVI F. K. des Augustus (ausserhalb Roms nach
    Caesars Tod geprägt). *Brit. Mus.*

Nr. 70. Julia. Aur. DIVVS IVLIVS. K. des Caesar.
    Rs. IMP. CAES. TRAIAN AVG. GER. DAC. P. P. REST. Nemesis
    mit Heroldstab nach r. schreitend (unter Trajan). *Cab. d. Méd.*

Nr. 71. Julia. Aur. C. IVLIVS CAES. IMP. COS. III. K. des Caesar ohne
    Lorbeerkranz.
    Rs. Legende wie auf der vorigen. Venus auf eine Säule
    gestützt, Helm und Lanze haltend (unter Trajan). *Haag.*

Nr. 72. Atia. Aes. M. ATIVS BALBVS PR(aetor). K. des Atius Balbus
    nach l.
    Rs. SARD(us) PATER. Männlicher K. mit Federschmuck, da-
    hinter ein Scepter. *Brit. Mus.*

Nr. 73. Atia. Arg. Q. LABIENVS PARTHICVS IMP. K. des Q. Labienus.
Rs. Gesatteltes und gezäumtes Pferd. *Vatican.*

Nr. 74. Domitia. Aur. AHENOBAR. K. des Cn. Domitius Aheno-
barbus.
Rs. CN. DOMITIVS L. F. IMP. Tempel mit vier Säulen, darüber
NEPT(uno). *Brit. Mus.*

Nr. 75. Macedonia. Aes. K. des M. Brutus.
Rs. Insignien des Quaestors (Scrinium und Sessel), darunter
Q(uaestor). *Berlin.*

Nr. 76. Revers von Nr. 10. M. BRVTVS IMP. COSTA LEG(atus). K. des
M. Brutus in einem Eichenkranz.

Nr. 77. Junia. Aur. BRVTVS IMP. K. des M. Brutus in einem Eichen-
kranz.
Rs. CASCA LONGVS. Trophaee zwischen 2 Proren und Waffen.
Vatican.

Nr. 78 u. 79. Junia. Arg. BRVT. IMP. L. PLAET(orius) CEST(ianus). Kopf
des M. Brutus.
Rs. EID(us) MAR(tiae). Freiheitsmütze zwischen 2 Dolchen.
Vatican.

Münztafel IV.

Nr. 80. Sepullia. Arg. Bärtiger K. des M. Antonius mit Schleier,
zwischen Augurstab und Opfergefäss.
Rs. P. SEPVLLIVS MACER. Reiter mit zwei Pferden (43 v. Chr.).
Brit. Mus.

Nr. 81. Revers von Nr. 63. M. ANTON. IMP. K. des M. Antonius,
bärtig, dahinter ein Augurstab (43 v. Chr.).

Nr. 82. Antonia. Aur. ANTONIVS IMP. K. des M. Antonius.
Rs. CAESAR IMP. Bärtiger K. des Augustus (43 v. Chr.).

Nr. 83. Antonia. Arg. ANT. AVGVR III. VIR R. P. C. K. des M. Antonius.
Rs. IMP. TER. Trophaee über einer Prora und einem Schild
(36. v. Chr.). *Turin.*

Nr. 84 u. 85. Aegypten. Arg. ANTΩNIOΣ AYTOKPATΩP TPITON. TPIΩN
AΝΔPΩΝ (A. zum drittenmal Imperator. Triumvir). K. des M.
Antonius. Avers von Nr. 95.

Nr. 86. Antonia. Arg. M. ANTONIVS IMP. COS. DESIG. ITER. ET TERT. Die
Köpfe des Antonius und der Octavia nach r.
Rs. III. VIR. R. P. C. Bacchus in Weiberkleidung auf der
cista mystica, um welche sich 2 Schlangen emporringeln (39—37
v. Chr.).

Nr. 87. Antonia. Arg. ANT. AVG. IMP. III. VIR R. P. C. K. des M. Antonius.
Rs. PIETAS COS. Pietas nach l., mit Steuer und Füllhorn,
zu ihren Füssen ein Storch (41 v. Chr.).

Nr. 88. Antonia. Arg. M.·ANTONIVS IMP. COS. DESIG. ITER ET TERT.
K. des M. Antonius, mit Epheu bekränzt, darunter ein Augurstab. Um das Ganze ein Epheu- und Traubenkranz.
Rs. III. VIR. R. P. C. K. der Octavia auf der cista mystica
(39—37 v. Chr.).

Nr. 89. Barbatia. Arg. M. ANT. IMP. AVG. III. VIR. R. P. C. M. BARBAT.
Q. P. Kopf des M. Antonius.
Rs. CAESAR IMP. PONT. III. VIR R. P. C. K. des Octavian
(41 v. Chr.)

Nr. 90. Zacynthus. Aes. IMP. K. des M. Antonius.
Rs. G. SOSIVS Q. ZA. Adler auf Blitz, davor ein Caduceus.

Nr. 91. Ventidia. Arg. M. ANT. (im Monogramm) III. VIR R. P. C. Bärtiger Kopf des M. Antonius, hinter ihm ein Augurstab.
Rs. P. VENTIDI(us) PONT. IMP. Nackter Soldat mit Lanze
und Lorbeerzweig (38 v. Chr.).

Nr. 92. Fulvia in Phrygien. Aes. K. der Fulvia (?) mit Flügeln, wie bei
Victoria.
Rs. ΦΟΥΛΟΥΙΑΝΩ(Ν). ΖΜΕΡΤΟΡΙΓΟ. ΦΛΑΟΝΙΟΥ. Pallas nach l.
Cab. d. Méd.

Nr. 93. Alexandria. Aes. K. der Kleopatra mit breitem Diadem.
Rs. ΚΛΕΟΠΑΤΡΑΣ ΒΑΣΙΛΙΣΣΗΣ. Adler auf Blitz. r. der Buchstabe M, l. Füllhorn. *Baron Hirsch.*

Nr. 94. Alexandria. Aes. K. der Kleopatra mit Diadem.
Rs. Dieselbe Legende. Adler auf Blitz, r. II. l. Füllhorn.
Baron Hirsch.

Nr. 95. Revers von Nr. 84 u. 85. ΒΑΣΙΛΙΣΣΑ ΚΛΕΟΠΑΤΡΑ ΘΕΑ ΝΕΩΤΕΡΑ
Brustbild der Kleopatra mit Diadem und Gewand.

Nr. 96. Syria (?). Arg. K. der Kleopatra mit Diadem.
Rs. ΚΛΕΟΠΑΤΡΑΣ ΒΑΣΙΛΙΣΣΗΣ. Adler auf Blitz. Jahresangabe
und Sonnenscheibe.

Nr. 97. Antonia. Aur. M. ANTONIVS F. M. N. AVG. IMP. TERT. K. des
Antonius.
Rs. COS. ITER. IESIGN (sic). TERT. III. VIR R. P. C. K. des
jüngern M. Anton (zw. 34 u. 32 v. Chr.). *Berlin.*

Nr. 98. Cocceja. Arg. L. ANTONIVS COS. K. des L. Antonius.
Rs. M. ANT. IMP. AVG. III. VIR R. P. C. M. NERVA PROQ. P.
K. des M. Antonius (41 v. Chr.).

Nr. 99. Livineja. Aur. M. LEPIDVS III. VIR R. P. C. K. des Lepidus
nach r.
Rs. L. REGVLVS IIII. VIR A. P. F. Vestalin mit simpulum
und Lanze (43 v. Chr.).

Nr. 100. Mussidia. Aur. Dieselbe Legende, aber der Kopf nach l.
Rs. L. MVSSIDIVS LONGVS. Füllhorn (43 v. Chr.). *Imhoof-*
Blumer.

Münztafel V.

Nr. 101—103. Vipsania. Aes. M. AGRIPPA L. F. COS. III. K. des Agrippa.
Rs. s. c. Neptun mit Dreizack u. Delphin (27—12 v. Chr.).

Nr. 104. Sulpicia. Arg. M. AGRIPPA PLATORINVS III. VIR. K. des
Agrippa.
Rs. CAESAR AVGVSTVS. K. des Augustus (c. 18 v. Chr.).
Brit. Mus.

Nr. 105. Sulpicia. Aur. M. AGRIPPA PLATORINVS III. VIR. K. des
Agrippa mit Mauer- und Schiffskrone.
Rs. CAESAR AVGVSTVS. K. des Augustus (c. 18 v. Chr.).
Brit. Mus.

Nr. 106. Onyx im Antikencabinet zu Wien: Unbekränzter K. des
Agrippa nach l.

Nr. 107. Pitane in Mysien. Aes. ΓΑΙΜΑΙΤΩΝ ΜΙΤΑΝΑΙΟΙ. K. des Augustus.
Rs. II. ΣΚΙΠΙΩΝΑ. K. des Proconsuls Scipio nach r. Im
Feld ein Ammonskopf und ein Pentagramm. Imhoof-Blumer.

Nr. 108. Achulla in Byzacena (Afrika). Aes. AVG. PONT. MAX. Kopf des
Augustus und seiner 2 Enkel.
Rs. P. QVINCTILI VARI. ACHVLLA. K. des Quinctilius
Varus. Berlin.

Nr. 109. Hadrumetum in Byzacena. Aes. L. VOLVSIVS SATVR. K. des
Saturninus.
Rs. HADR. K. des Sonnengotts. Brit. Mus.

Nr. 110. Hierapolis in Phrygien. Aes. ΓΑΒΙΟΣ ΜΑΞΙΜΟΣ. K. des Paullus Fabius.
Rs. ΖΩΣΙΜΟΣ ΦΛΑΒΙΑΤΡΙΣ ΙΕΡΟΠΟΛΕΙΤΩΝ ΓΧΙΑΡΑΞ. Bipennis
mit Bändern. Berl. Mus.

Nr. 111. Hadrumetum. Aes. AFRIC. FABIVS MAX. COS. PROCOS. VII. EPVL.
K. des Africanus Fabius.
Rs. HADRVM. Bruststück eines bärtigen Gottes mit Capuze
und Tiara. Berl. Mus.

Nr. 112. Temnos in Mysien. Aes. ΑΞΙΝΙΟΣ ΓΑΛΛΟΣ ΑΓΝΟΣ. K. des As.
Gallus.
Rs. ΑΠΟΛΛΑΣ ΦΑΙΝΙΟΥ ΤΑΜΝΙΤΑΝ K. des Bacchus. Imhoof-
Blumer.

Nr. 113. Tralles (?) in Lydien. ΒΕΛΛΙΩΝ ΚΑΙΣΑΠΕΩΝ. K. des Veidius
Pollio, dahinter ein Täfelchen (?).
Rs. ΜΕΝΑΝΔΡΟΣ ΒΑΡΡΑΣΙΟΥ. Achtsäuliger Tempel. Berlin.

Nr. 114. Contorniat. Aes. TERENTIVS. Bruststück des Terenz mit Pal-
lium. Davor im Palmzweig.
Rs. . . . IVS. Sieger in den Cirkusspielen mit Pferd nach r.
Cabinet v. Gotha.

Nr. 115. Contorniat. Aes. SALLVSTIVS AVTOR. K. des Sallust mit
bekleidetem Bruststück. Vor ihm ein Palmzweig.
   Rs. PETRONI PLACEAS. Drei griechisch bekleidete Männer
   (Musiker?). Cab. des Médailles.

Nr. 116. Contorniat. Aes. HORATIVS. K. des Horaz nach l. mit bekleidetem Bruststück.
   Rs. ALSAN(us). Sieger in den Cirkusspielen mit Pferd. Gotha.

Nr. 117. Contorniat. Aes. APVLEIVS. Brustbild des Apulejus mit Haar-
binde. Davor ein Palmzweig.
   Rs. Krieger vor einem Tempel, dessen Akroterien 3 Büsten.
   Cab. d. Médailles.

ORTSREGISTER.

Tusculum (Fundort).
n. Cicero (St.) 142.

Fulv. Ursinus (chm. bei).
Marmore. Cato maj. 3. Nachtr.
Poplicola 25.
Rusticus 282.
Gemmen: Ang. Cato maj. 65.
Sog. Marius 81. 220.
Cn. Pompejus fil. 225.
Scipio 44.

Vannutelli (chm. Sammlg.).
Gemmen:
M. Brutus ? 189.
Plinius 288

Velletri (früher in).
u. Cicero (R) 141. 176 (A. 1).

Venedig.
Museo archeologico.
M. Antonius ? 210.
Caesar (mod.) 159.
n. Cicero (St.) 141.
Sog. Kleopatra (St.) 215.
n. Lepidus 223.
Pompejus ? 116. 126.
Museo civico.
Agrippa (St.) 257.

Verona.
Museo civico.
n. Hortensius (St.) 99.
Museo lapidario.
Centurionenreliefs 234.
Casa Alessandri.
Pompejus ? 123.

Vidoni (ehm. Sammlg.).
Gemme des M. Brutus 189.

Warwick Castle.
Scipio 42.

Wien.
Antikensammlung im Belvedere.
L. Brutus ? 21.
Cicero 138.

Sog. Marcellinus 31. 184.
Sog. Marcellus 30.
Scipio 42. 43.
Sog. Scipio Aemil. 46. 55 (A. 3).
Münz- und Antikenkabinet.
Sog. Augustus (Br.) 91
Gemmen:
Agrippa 263.
n. Ahala 26.
M. Antonius 211.
Caesar 180.
Sog. Maecenas 239.
Pompejus ? 130.
Sext. Pompejus ? 226.
Rusticus 284.
Hofbibliothek.
Handschr. d. Vergil 247.
Gewerbemuseum.
Scipio 43 (A. 1).

Wilton House.
M. Antonius (St.) 210 (A. 2).
Sog. L. Brutus 22.
Caesar 163.
Corbulo (Bus.) ? 141. 276 (A. 1).
Sog Coriolan 236.
Sog. Dolabella 236.
Sog. Horaz 252.
Numa ? 15.
n. Pompejus 129.
Sog. Porcia 236.
Scipio 42 (A. 2).
Sog. Scipio Asiat. 236.

Windsor.
Gemme: n. Scipio 44.

Woburn Abbey.
Caesar ? 163. 177.
Cicero 137.

Mus. Worsleyanum (ehm.).
Gemme des M. Anton. 211.

Zürich.
Gypssammlung im Polytechnikum.
Sog. jüng. Scipio 236 (A. 3).

MARMORBÜSTE DES SCIPIO —

BASALTKOPF DES SCIPIO —

IM PAL. ROSPIGLIOSI ZU ROM.

BRONZEBÜSTE DES SCIPIO (?) IN NEAPEL.

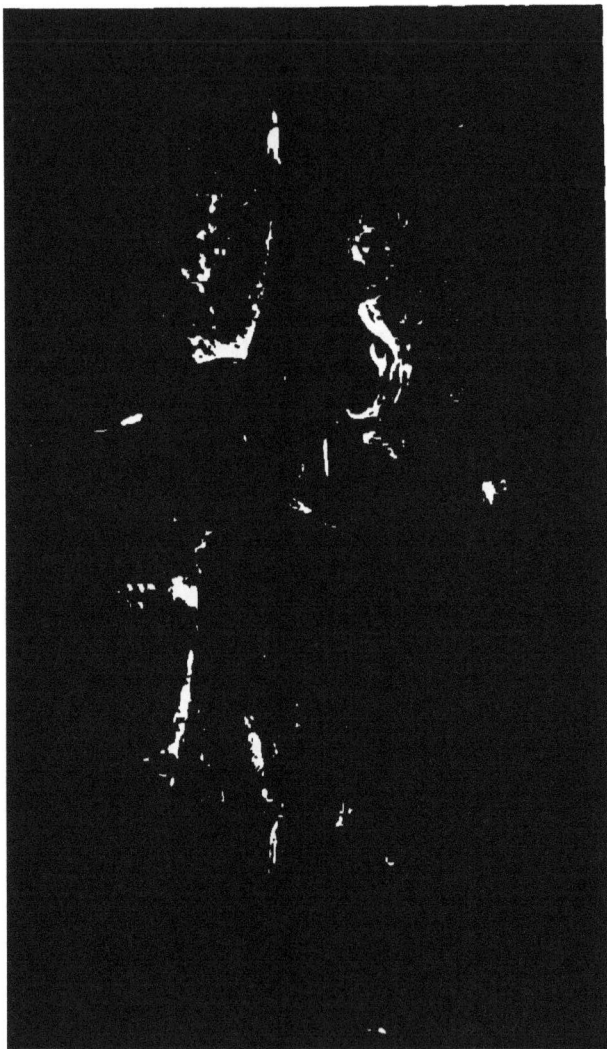

POMPEJANISCHES WANDGEM

ILDE (SCIPIO UND SOPHONIBA?).

MARMORKOPF (DES SULLA ?) —

IM MUSEO CHIARAMONTI.

HORTENSIUS.

MARMORHERME DER VILLA ALBANI.

Bernoulli Röm. Ikon. I. (S. 112).

KOPF DER STATUE DES POMPEJUS? –

IM PAL. SPADA ZU ROM.

MARMORKOPF (POMPEIUS?). —

IM MUS. CHIARAMONTI DES VATIKANS.

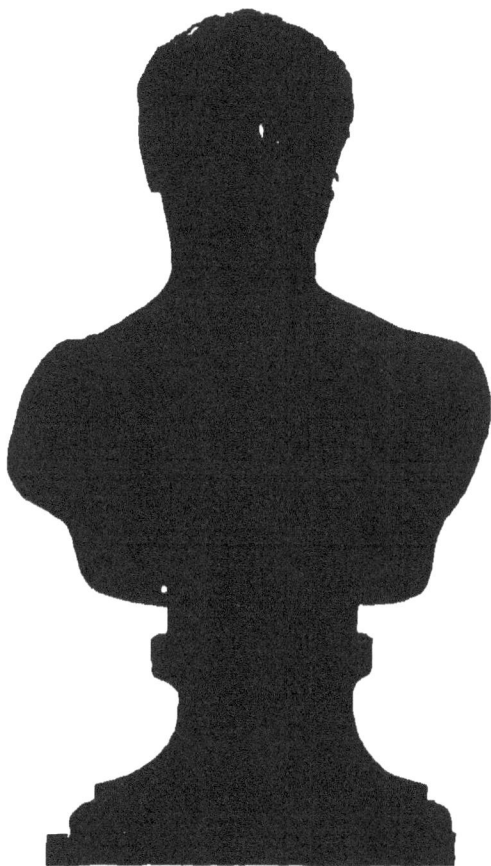

MARMORBÜSTE IM MUSEO —

CHIARAMONTI DES VATIKANS.

MARMORBÜSTE DES CICERO —

IM MUSEUM ZU MADRID.

MARMORKOPF DES CICERO —

IM MUSEO CHIARAMONTI.

MARMORBÜSTE DES CICERO
IM CAPITOLINISCHEN MUSEUM.

COLOSSALKOPF DES CAESAR —

IM MUSEUM ZU NEAPEL.

IM CONSERVATOREN-PALAST ZU ROM.

MARMORKOPF DES CAESAR —

IM BRITISCHEN MUSEUM.

MARMORBÜSTE DES CAESAR (?) —

IM MUSEUM ZU BERLIN.

KOPF DER CAESAR(?)-STATUE IN BERLIN.

Bernoulli Röm. Ikon. I. (S. 177).

BASALTBÜSTE DES CAESAR? −

IM MUSEUM ZU BERLIN.

Bernoulli Röm. Ikon. I. (S. 191).

MARMORBÜSTE DES M. BRUTUS —

IM CAPITOLINISCHEN MUSEUM.

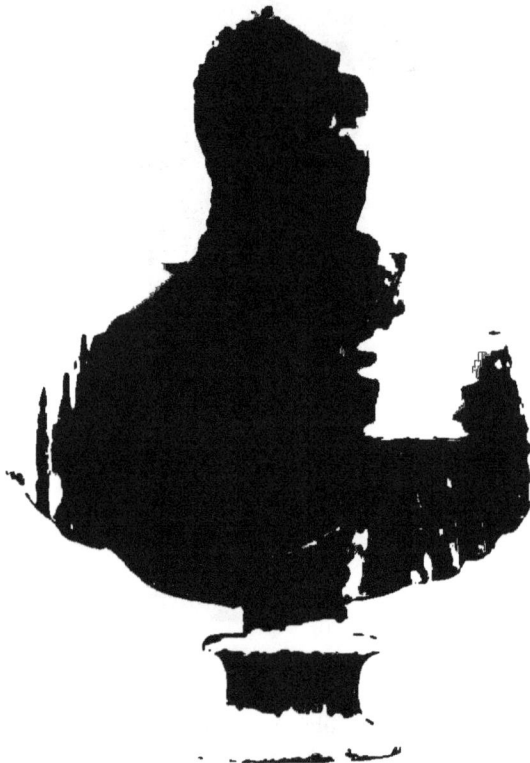

MARMORBÜSTE IM BRACCIO NUOVO DES VATICANS.

(CN. DOMIT. AHENOBARBUS?)

OBERTEIL DER STATUE DES SOG. GERMANICUS IM LOUVRE.

STATUE DES AGRIPPA IN VENEDIG.

MARMORBÜSTE DES CORBULO
IM CAPITOLINISCHEN MUSEUM.

Bernoulli Röm. Ikon. I. (S. 278).

DOPPELHERME DES SENECA –

UND DES SOKRATES IN BERLIN.

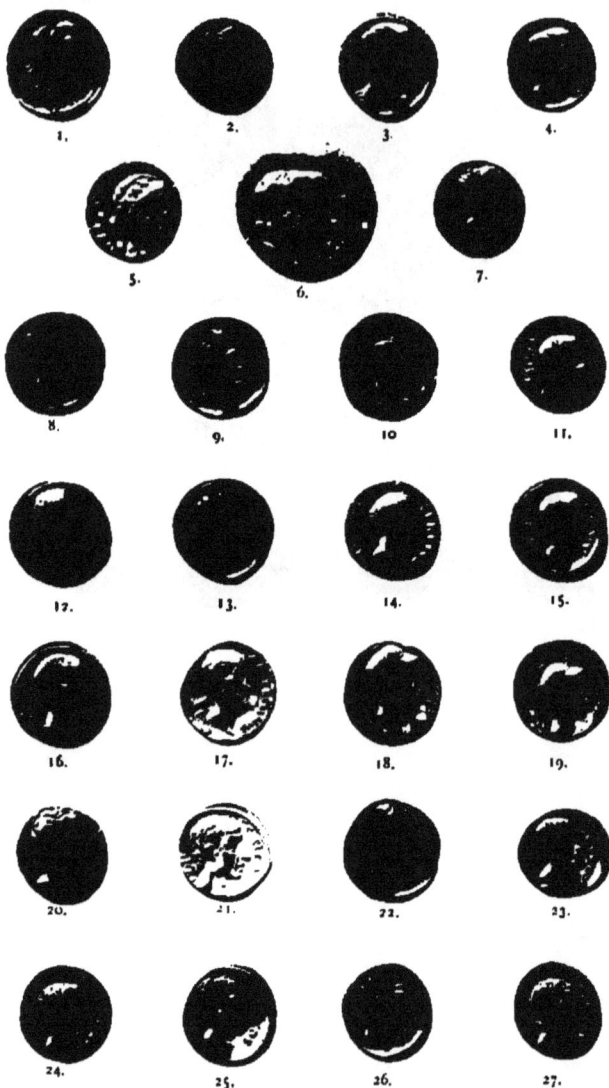

1—2. Romulus.   3—4. T. Tatius.   5. Numa.   6. Numa u. Ancus.   7. Ancus.   8—10. L. Brutus.
11. Postumius.   12. Dom. Ahenobarbus.   13. Ahala.   14—15. S. Sulpicius.   16—17. Marcellus.
18—19. Scipio.   20. Flaminious.   21—22. C. Caldus.   23—25. Sulla.   26—27. Pomp. Rufus.

28.

29.

30.

31.

32.

33.

34.

35.

36.

37.

38.

39.

40.

41.

42.

43.

45.

44.

46.

47.

49.

48.

51.

52.

50.

28.—29. A. Restio.   30—31. Arr. Secundus.   32—33. Num. Vaala.   34—35. L. Regulus.
36—46. Pompejus.   47—48. Cn. Pompejus, Vater u. Sohn.   49. Cicero Pracus.   50. Cicero
51—52. S. Pompejus.

53.

54.

55.

56.

57.

58.

59.

60.

61.

62.

63.

64.

65.

66.

67.

68.

70.

69.

71.

72.

73.

74.

75.

76.

77.

78.

79.

53—71. Caesar.   72. Atius Balbus.   73. Labienus.   74. Domit. Ahenobarbus.
75—79. M. Brutus.

80. 81. 82. 83.

84. 86. 85.

87. 88. 89.

90. 92. 91.

93. 94. 95. 96.

97. 98. 99. 100.

80—91. M. Antonius. 92. Fulvia. 93—96. Kleopatra. 97. M. Antonius d. j. 98. L. Antonius. 99—100. Lepidus.

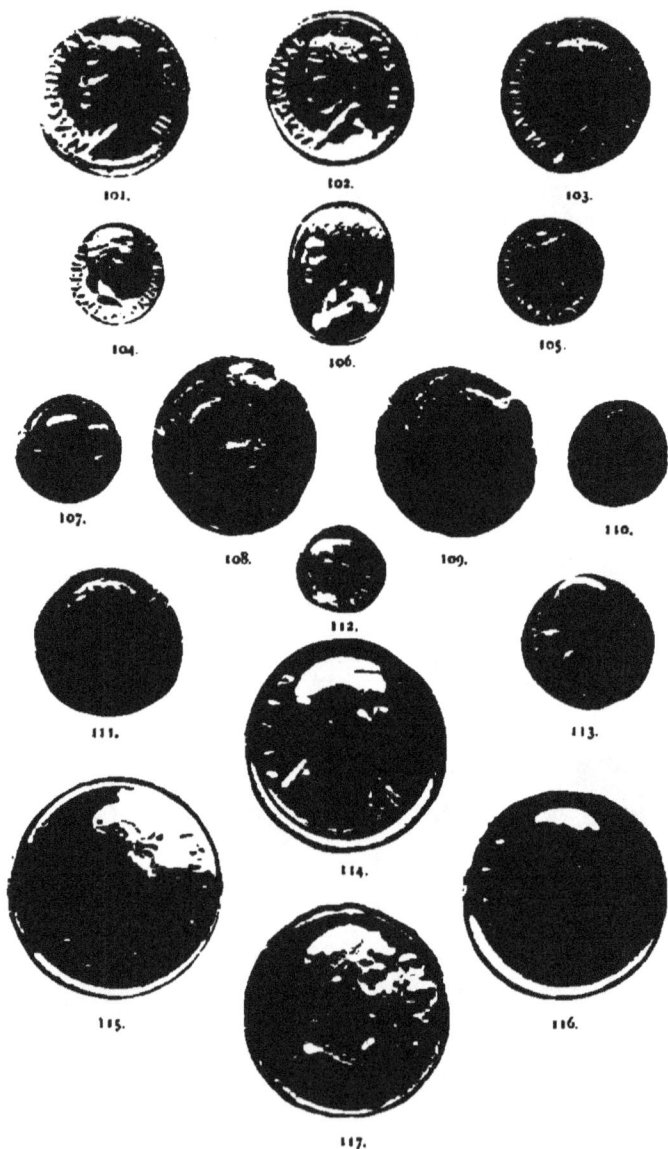

101—106. Agrippa.   107. P. Scipio.   108. Q. Varus.   109. Saturninus.   110. Fabius Maximus.
111. Africanus Fabius.   112. As. Gallus.   113. V. Pollio.   114. Terenz.   115. Sallust.
116. Horaz.   117. Apulejus.